危害生产安全犯罪
办案手册

主　编／高憬宏
副主编／滕　伟

法律出版社
LAW PRESS·CHINA
——北京——

图书在版编目(CIP)数据

危害生产安全犯罪办案手册 / 高憬宏主编 ; 滕伟副主编. -- 北京 : 法律出版社, 2022
ISBN 978-7-5197-7030-3

Ⅰ. ①危… Ⅱ. ①高… ②滕… Ⅲ. ①安全生产－违法－案件－处理－中国 Ⅳ. ①D922.545

中国版本图书馆 CIP 数据核字(2022)第 152479 号

危害生产安全犯罪办案手册
WEIHAI SHENGCHAN ANQUAN FANZUI BANAN SHOUCE

高憬宏 主编
滕　伟 副主编

策划编辑 李　群
责任编辑 张红蕊　赵雪慧
装帧设计 汪奇峰

出版发行 法律出版社
编辑统筹 法规出版分社
责任校对 李慧艳　王　皓
责任印制 耿润瑜
经　　销 新华书店

开本 710 毫米×1000 毫米　1/16
印张 25.5　　**字数** 429 千
版本 2022 年 9 月第 1 版
印次 2022 年 9 月第 1 次印刷
印刷 固安华明印业有限公司

地址:北京市丰台区莲花池西里 7 号(100073)
网址:www.lawpress.com.cn
投稿邮箱:info@lawpress.com.cn
举报盗版邮箱:jbwq@lawpress.com.cn
销售电话:010-83938349
客服电话:010-83938350
咨询电话:010-63939796

书号:ISBN 978-7-5197-7030-3
定价:98.00 元
凡购买本社图书,如有印装错误,我社负责退换。电话:010-83938349

危害生产安全犯罪
办　案　手　册

主　　编　高憬宏

副 主 编　滕　伟

執行主編　万永海　陈鸿翔　郝银钟
叶邵生　王军强　董保军

責任編輯　（按姓氏笔画排序）
丁成飞　孙明秋　杜军燕
李加玺　郭艳地　章晓瑜

前　言

安全生产关系到人民群众的生命财产安全，是经济社会协调健康发展的标志，意义十分重大。党的十八大以来，以习近平同志为核心的党中央对安全生产工作空前重视，习近平总书记多次对安全生产工作作出重要指示批示，反复强调要坚持发展决不能以牺牲安全为代价这条红线。2016 年 12 月 9 日，中共中央、国务院印发《关于推进安全生产领域改革发展的意见》。这是新中国成立以来第一个以党中央、国务院名义出台的安全生产工作的纲领性文件。司法机关如何贯彻落实好上述意见要求，进一步充分发挥职能作用，依法有效惩治危害生产安全违法犯罪，值得认真研究。

1997 年《刑法》在“分则”第 2 章中规定了多个危害生产安全犯罪罪名。为适应安全生产工作形势发展的需要，2006 年 6 月 29 日起施行的《刑法修正案（六）》和 2021 年 3 月 1 日起施行的《刑法修正案（十一）》先后对多个危害生产安全犯罪罪名作出重要修改，并增设强令、组织他人违章冒险作业罪，危险作业罪，大型群众性活动重大安全事故罪和不报、谎报安全事故罪等多个新罪名。安全生产工作形势的不断发展变化和刑法对危害生产安全犯罪的修改完善，对司法机关提出了新的要求和挑战。

最高人民法院始终高度重视危害生产安全犯罪审判指导和理论研究等方面工作，坚持对全国范围内发生的有重大社会影响的重特大危害生产安全犯罪案件依法进行指导，积累了丰富的审判工作经验；不断加强调查研究，及时提炼裁判规则，先后制定出台了多个危害生产安全犯罪司法解释和规范性文件，为各级司法机关依法办理危害生产安全犯罪案件提供了统一的裁判标准，同时也为有关生产经营单位和负有安全生产监督管理职责的部门提供了明确的行为规范指引。

为便于有关生产经营单位管理和工作人员、负有安全生产监督管理职责的部门工作人员和司法工作人员准确理解、正确适用刑法和相关司法解释、规范性文件，充分发挥危害生产安全犯罪典型案例的指导和教育功能，助力推动安全生产形势根本好转，我们组织编写了这本《危害生产安全犯罪办案手册》。全书共分为三个部分。第一部分是司法解释、规范性文件和理解与适用，对现行有效的危害生产安全犯罪司法解释和规范性文件进行了系统梳理，并附有司法解释和规范性文件起草人撰写的理解与适用文章；第二部分是案例评析，汇编了近年来作出生效裁判的天津港“8·12”特大火灾爆炸事故案、江苏响水天嘉宜化工有限公司“3·21”特大爆炸事故案、福建泉州欣佳酒店“3·7”坍塌事故案、江西丰城发电厂“11·24”冷却塔施工平台坍塌特大事故案等15篇重特大事故案例或者具有普遍指导意义的危害生产安全犯罪典型案例，并结合案例深入阐述了司法实践中常见的重大疑难法律问题；第三部分是中央文件和法律、行政法规、部门规章，汇编了《中共中央、国务院关于推进安全生产领域改革发展的意见》、《安全生产法》和《危险化学品安全管理条例》等安全生产领域的重要中央文件和法律、行政法规、部门规章，可为办理危害生产安全犯罪案件提供系统、权威的规范依据。

本书由最高人民法院副院长高憬宏担任主编，最高人民法院审判委员会委员、刑四庭庭长滕伟担任副主编，刑四庭副庭长万永海、陈鸿翔、郝银钟、叶邵生、王军强和党务廉政专员董保军担任执行主编。刑四庭员额法官丁成飞、孙明秋、杜军燕、李加玺、郭艳地、章晓瑜参与编写。李加玺具体负责统稿。

本书的出版得到了法律出版社领导和编辑的大力支持与帮助，在此表示感谢！因时间仓促，书中恐有疏漏之处，敬请广大读者提出宝贵意见和建议。

本书编写组

二〇二二年八月

目　　录

第一部分　司法解释、规范性文件和理解与适用

第二部分 案例评析

第三部分　中央文件和法律、行政法规、部门规章

第一部分

司法解释、规范性文件和理解与适用

最高人民法院、最高人民检察院关于办理危害生产安全刑事案件适用法律若干问题的解释

（2015年11月9日最高人民法院审判委员会第1665次会议、2015年12月9日最高人民检察院第十二届检察委员会第44次会议通过　自2015年12月16日起施行　法释〔2015〕22号）

为依法惩治危害生产安全犯罪，根据刑法有关规定，现就办理此类刑事案件适用法律的若干问题解释如下：

第一条　刑法第一百三十四条第一款规定的犯罪主体，包括对生产、作业负有组织、指挥或者管理职责的负责人、管理人员、实际控制人、投资人等人员，以及直接从事生产、作业的人员。

第二条　刑法第一百三十四条第二款规定的犯罪主体，包括对生产、作业负有组织、指挥或者管理职责的负责人、管理人员、实际控制人、投资人等人员。

第三条　刑法第一百三十五条规定的“直接负责的主管人员和其他直接责任人员”，是指对安全生产设施或者安全生产条件不符合国家规定负有直接责任的生产经营单位负责人、管理人员、实际控制人、投资人，以及其他对安全生产设施或者安全生产条件负有管理、维护职责的人员。

第四条　刑法第一百三十九条之一规定的“负有报告职责的人员”，是指负有组织、指挥或者管理职责的负责人、管理人员、实际控制人、投资人，以及其他负有报告职责的人员。

第五条　明知存在事故隐患、继续作业存在危险，仍然违反有关安全管理的规定，实施下列行为之一的，应当认定为刑法第一百三十四条第二款规定的“强令他人违章冒险作业”：

（一）利用组织、指挥、管理职权，强制他人违章作业的；

（二）采取威逼、胁迫、恐吓等手段，强制他人违章作业的；

（三）故意掩盖事故隐患，组织他人违章作业的；

（四）其他强令他人违章作业的行为。

第六条 实施刑法第一百三十二条、第一百三十四条第一款、第一百三十五条、第一百三十五条之一、第一百三十六条、第一百三十九条规定的行为，因而发生安全事故，具有下列情形之一的，应当认定为“造成严重后果”或者“发生重大伤亡事故或者造成其他严重后果”，对相关责任人员，处三年以下有期徒刑或者拘役：

（一）造成死亡一人以上，或者重伤三人以上的；

（二）造成直接经济损失一百万元以上的；

（三）其他造成严重后果或者重大安全事故的情形。

实施刑法第一百三十四条第二款规定的行为，因而发生安全事故，具有本条第一款规定情形的，应当认定为“发生重大伤亡事故或者造成其他严重后果”，对相关责任人员，处五年以下有期徒刑或者拘役。

实施刑法第一百三十七条规定的行为，因而发生安全事故，具有本条第一款规定情形的，应当认定为“造成重大安全事故”，对直接责任人员，处五年以下有期徒刑或者拘役，并处罚金。

实施刑法第一百三十八条规定的行为，因而发生安全事故，具有本条第一款第一项规定情形的，应当认定为“发生重大伤亡事故”，对直接责任人员，处三年以下有期徒刑或者拘役。

第七条 实施刑法第一百三十二条、第一百三十四条第一款、第一百三十五条、第一百三十五条之一、第一百三十六条、第一百三十九条规定的行为，因而发生安全事故，具有下列情形之一的，对相关责任人员，处三年以上七年以下有期徒刑：

（一）造成死亡三人以上或者重伤十人以上，负事故主要责任的；

（二）造成直接经济损失五百万元以上，负事故主要责任的；

（三）其他造成特别严重后果、情节特别恶劣或者后果特别严重的情形。

实施刑法第一百三十四条第二款规定的行为，因而发生安全事故，具有本条第一款规定情形的，对相关责任人员，处五年以上有期徒刑。

实施刑法第一百三十七条规定的行为，因而发生安全事故，具有本条第一款规定情形的，对直接责任人员，处五年以上十年以下有期徒刑，并处罚金。

实施刑法第一百三十八条规定的行为，因而发生安全事故，具有下列情形之一的，对直接责任人员，处三年以上七年以下有期徒刑：

（一）造成死亡三人以上或者重伤十人以上，负事故主要责任的；

（二）具有本解释第六条第一款第一项规定情形，同时造成直接经济损失五百万元以上并负事故主要责任的，或者同时造成恶劣社会影响的。

第八条　在安全事故发生后，负有报告职责的人员不报或者谎报事故情况，贻误事故抢救，具有下列情形之一的，应当认定为刑法第一百三十九条之一规定的“情节严重”：

（一）导致事故后果扩大，增加死亡一人以上，或者增加重伤三人以上，或者增加直接经济损失一百万元以上的；

（二）实施下列行为之一，致使不能及时有效开展事故抢救的：

1. 决定不报、迟报、谎报事故情况或者指使、串通有关人员不报、迟报、谎报事故情况的；

2. 在事故抢救期间擅离职守或者逃匿的；

3. 伪造、破坏事故现场，或者转移、藏匿、毁灭遇难人员尸体，或者转移、藏匿受伤人员的；

4. 毁灭、伪造、隐匿与事故有关的图纸、记录、计算机数据等资料以及其他证据的；

（三）其他情节严重的情形。

具有下列情形之一的，应当认定为刑法第一百三十九条之一规定的“情节特别严重”：

（一）导致事故后果扩大，增加死亡三人以上，或者增加重伤十人以上，或者增加直接经济损失五百万元以上的；

（二）采用暴力、胁迫、命令等方式阻止他人报告事故情况，导致事故后果扩大的；

（三）其他情节特别严重的情形。

第九条　在安全事故发生后，与负有报告职责的人员串通，不报或者谎报事故情况，贻误事故抢救，情节严重的，依照刑法第一百三十九条之一的规定，以共犯论处。

第十条 在安全事故发生后，直接负责的主管人员和其他直接责任人员故意阻挠开展抢救，导致人员死亡或者重伤，或者为了逃避法律追究，对被害人进行隐藏、遗弃，致使被害人因无法得到救助而死亡或者重度残疾的，分别依照刑法第二百三十二条、第二百三十四条的规定，以故意杀人罪或者故意伤害罪定罪处罚。

第十一条 生产不符合保障人身、财产安全的国家标准、行业标准的安全设备，或者明知安全设备不符合保障人身、财产安全的国家标准、行业标准而进行销售，致使发生安全事故，造成严重后果的，依照刑法第一百四十六条的规定，以生产、销售不符合安全标准的产品罪定罪处罚。

第十二条 实施刑法第一百三十二条、第一百三十四条至第一百三十九条之一规定的犯罪行为，具有下列情形之一的，从重处罚：

（一）未依法取得安全许可证件或者安全许可证件过期、被暂扣、吊销、注销后从事生产经营活动的；

（二）关闭、破坏必要的安全监控和报警设备的；

（三）已经发现事故隐患，经有关部门或者个人提出后，仍不采取措施的；

（四）一年内曾因危害生产安全违法犯罪活动受过行政处罚或者刑事处罚的；

（五）采取弄虚作假、行贿等手段，故意逃避、阻挠负有安全监督管理职责的部门实施监督检查的；

（六）安全事故发生后转移财产意图逃避承担责任的；

（七）其他从重处罚的情形。

实施前款第五项规定的行为，同时构成刑法第三百八十九条规定的犯罪的，依照数罪并罚的规定处罚。

第十三条 实施刑法第一百三十二条、第一百三十四条至第一百三十九条之一规定的犯罪行为，在安全事故发生后积极组织、参与事故抢救，或者积极配合调查、主动赔偿损失的，可以酌情从轻处罚。

第十四条 国家工作人员违反规定投资入股生产经营，构成本解释规定的有关犯罪的，或者国家工作人员的贪污、受贿犯罪行为与安全事故发生存在关联性的，从重处罚；同时构成贪污、受贿犯罪和危害生产安全犯罪的，依照数罪并罚的规定处罚。

第十五条　国家机关工作人员在履行安全监督管理职责时滥用职权、玩忽职守，致使公共财产、国家和人民利益遭受重大损失的，或者徇私舞弊，对发现的刑事案件依法应当移交司法机关追究刑事责任而不移交，情节严重的，分别依照刑法第三百九十七条、第四百零二条的规定，以滥用职权罪、玩忽职守罪或者徇私舞弊不移交刑事案件罪定罪处罚。

公司、企业、事业单位的工作人员在依法或者受委托行使安全监督管理职责时滥用职权或者玩忽职守，构成犯罪的，应当依照《全国人民代表大会常务委员会关于〈中华人民共和国刑法〉第九章渎职罪主体适用问题的解释》的规定，适用渎职罪的规定追究刑事责任。

第十六条　对于实施危害生产安全犯罪适用缓刑的犯罪分子，可以根据犯罪情况，禁止其在缓刑考验期限内从事与安全生产相关联的特定活动；对于被判处刑罚的犯罪分子，可以根据犯罪情况和预防再犯罪的需要，禁止其自刑罚执行完毕之日或者假释之日起三年至五年内从事与安全生产相关的职业。

第十七条　本解释自 2015 年 12 月 16 日起施行。本解释施行后，《最高人民法院、最高人民检察院关于办理危害矿山生产安全刑事案件具体应用法律若干问题的解释》（法释〔2007〕5 号）同时废止。最高人民法院、最高人民检察院此前发布的司法解释和规范性文件与本解释不一致的，以本解释为准。

【理解与适用】

《最高人民法院、最高人民检察院关于办理危害生产安全刑事案件适用法律若干问题的解释》的理解与适用

2015年11月9日最高人民法院审判委员会第1665次会议、2015年12月9日最高人民检察院第十二届检察委员会第44次会议通过了《最高人民法院、最高人民检察院关于办理危害生产安全刑事案件适用法律若干问题的解释》（本文以下简称《解释》），自2015年12月16日起施行。《解释》的出台，对于切实保障生产安全，保护人民群众生命财产安全，推动安全生产形势持续稳定好转具有重要意义。为便于实践理解和适用，现就《解释》的制定背景、起草过程中的主要考虑和主要内容说明如下。

一、《解释》的制定背景

安全生产工作关系人民群众生命财产安全，关系改革、发展和稳定大局。当前，全国安全生产形势呈现总体稳定、持续好转的态势，但形势依然严峻，造成群死群伤的重特大生产安全事故仍然时有发生。其中，2015年8月12日发生的天津港瑞海公司危险化学品仓库爆炸事故造成100多人死亡、大批房屋损毁和巨额经济损失，社会影响十分恶劣。习近平总书记、李克强总理多次作出重要批示，强调发展不能以牺牲人的生命为代价。党的十八届五中全会强调指出，实现“十三五”时期发展目标，破解发展难题，厚植发展优势，必须牢固树立并切实贯彻创新、协调、绿色、开放、共享的“五位一体”发展理念，解决过去发展中不平衡、不协调、不可持续、发展方式粗放等问题，转入经济增长速度适宜、结构优化、社会和谐的新状态。贯彻落实“五位一体”发展理念，必须坚决遏制经济社会建设活动中生产安全事故易发、高发的态势。最高人民法院2015年9月印发的《关于充分发挥审判职能作用切实

维护公共安全的若干意见》提出，人民法院要切实履行起依法惩治危害生产安全犯罪，促进安全生产形势根本好转，切实维护公共安全的职能。依法维护生产安全，司法机关责无旁贷。

危害生产安全犯罪涉及行业领域广泛，行为方式复杂多样。司法机关办理危害生产安全刑事案件时，罪名确定、责任划分以及刑事政策具体把握等方面存在许多问题亟待解决。2007 年 2 月，最高人民法院、最高人民检察院联合发布的《关于办理危害矿山生产安全刑事案件具体应用法律若干问题的解释》，对于依法惩治矿山生产安全犯罪，保障矿山生产安全，具有重要意义；但该解释的规制对象仅限于矿山生产经营领域内发生的部分类型刑事犯罪案件，涉及罪名和适用范围均较为有限。

2010 年 8 月，最高人民法院会同最高人民检察院、公安部、监察部、国家安监总局等九部委联合组成检查组，对全国 15 个省市的安全生产事故责任追究落实情况进行了专项检查，并根据检查过程中发现的问题，总结相关案件审判经验，于 2011 年年底出台了《关于进一步加强危害生产安全刑事案件审判工作的意见》，对此类案件的审判原则、法律适用标准、刑事政策把握以及缓刑、免予刑事处罚措施的具体应用等问题作出了明确规定，施行效果良好。但部分地方法院以及行政主管部门反映，《关于进一步加强危害生产安全刑事案件审判工作的意见》强制效力不够，社会知晓度偏低，对危害生产安全犯罪震慑力有限。

2013 年 10 月，国家安监总局分别致函最高人民法院和最高人民检察院，建议“两高”联合出台办理危害生产安全刑事案件司法解释。最高人民法院、最高人民检察院经共同研究，认为现阶段确有制定司法解释的必要性和可行性，经共同认真深入调研，广泛听取立法机关、行政机关和专家学者等方面意见，制定了本解释。

二、《解释》起草过程中的主要考虑

（一）关于危害生产安全犯罪的范围

关于哪些罪名属于危害生产安全犯罪的范畴，《解释》制定过程中曾存在争议。经多次研究，形成了较为一致的意见。危害生产安全犯罪是指在现代社会生产经营活动领域中发生的责任事故类刑事犯罪活动，绝大多数属于业务过失犯罪，涉及《刑法》第131条规定的重大飞行事故罪、第132条规定的铁路运营安全事故罪、第134条规定的重大责任事故罪和强令违章冒险作业罪①、第135条规定的重大劳动安全事故罪、第136条规定的危险物品肇事罪、第137条规定的工程重大安全事故罪、第139条规定的消防责任事故罪和第139条之一规定的不报、谎报安全事故罪等9个罪名。上述罪名中，除《最高人民法院、最高人民检察院关于办理危害矿山生产安全刑事案件具体应用法律若干问题的解释》涉及的重大责任事故罪、强令违章冒险作业罪、重大劳动安全事故罪和不报、谎报安全事故罪外，其余几个罪名，包括近年来多发、频发的危险物品肇事罪、消防责任事故罪等，均无明确的定罪量刑标准，实践中难以把握。在广泛调研的基础上，《解释》对上述罪名的定罪量刑标准作出了明确规定。其中，重大飞行事故罪虽属危害生产安全犯罪的范畴，但在《解释》中未予涉及，主要考虑是，实践中以重大飞行事故罪定罪处罚的案件极少，难以对审判规律进行归纳总结，且飞行事故涉及的专业技术问题极为复杂，现阶段通过司法解释进行规制的可行性不高。实践中如有需要，可通过个案答复的方式解决。

另外，《刑法》第135条之一规定的大型群众性活动重大安全事故罪和第138条规定的教育设施重大安全事故罪不发生在生产经营领域，严格来讲，不属于危害生产安全犯罪的范畴，但亦一并在本解释中作出了规定。主要考虑在于：首先，上述两罪名均属于业务活动中发生的责任事故类犯罪，犯罪行为方式、法定刑结构、案件总体处理原则等均与危害生产安全犯罪类似，且在《刑法》中的条文位置亦与危害生产安全犯罪相邻，在同一司法解释中作出规定具有可行性。其次，根据通行理论观点，《刑法》第139条之一规定的不报、谎报安全事故罪中的“安全事故”，不仅包括生产安全事故，也包括大型群众性活动重大安全事故和教育设施重大安全事故。《解释》既然对故意不报、谎报大型群众性活动重大安全事故和教育设施重大安全事故行为的定罪处罚作出了规定，对导致上述两种事故的行为本身的定罪处罚问题亦以同时作出规定为宜。

---

① 2021年3月1日起施行的《刑法修正案（十一）》将强令违章冒险作业罪修改为强令、组织他人违章冒险作业罪。下同。——编者注

（二）关于与《最高人民法院、最高人民检察院关于办理危害矿山生产安全刑事案件具体应用法律若干问题的解释》的关系

关于如何妥善处理与《最高人民法院、最高人民检察院关于办理危害矿山生产安全刑事案件具体应用法律若干问题的解释》的关系，《解释》制定过程中存在争议。有意见认为，《最高人民法院、最高人民检察院关于办理危害矿山生产安全刑事案件具体应用法律若干问题的解释》对于打击矿山生产安全犯罪、维护矿山生产经营秩序稳定发挥了积极作用，特别是其中有关犯罪主体方面的规定仍有实践指导意义，建议予以保留；在时间效力方面，《解释》发布实施后，《最高人民法院、最高人民检察院关于办理危害矿山生产安全刑事案件具体应用法律若干问题的解释》可仍然有效，与《解释》不一致的内容，以《解释》为准即可。

研究认为，《解释》和《最高人民法院、最高人民检察院关于办理危害矿山生产安全刑事案件具体应用法律若干问题的解释》的内容存在诸多交叉，且部分内容的规定不尽一致，如果同时有效，可能造成法律适用方面的严重冲突。将《最高人民法院、最高人民检察院关于办理危害矿山生产安全刑事案件具体应用法律若干问题的解释》的主要内容吸收进《解释》中并进行必要的修改完善，在《解释》发布实施后，《最高人民法院、最高人民检察院关于办理危害矿山生产安全刑事案件具体应用法律若干问题的解释》同时废止，是较为稳妥的做法。具体处理方式方面，鉴于《最高人民法院、最高人民检察院关于办理危害矿山生产安全刑事案件具体应用法律若干问题的解释》为解决出台时实践中存在的突出问题，设专条对相关罪名的主体范围等问题进行了规定，特别明确单位幕后出资人、实际控制人也应纳入犯罪主体范围，起到了严密刑事法网的积极作用，上述规定在现阶段仍具有重要意义，确有必要予以保留。《解释》吸收《最高人民法院、最高人民检察院关于办理危害矿山生产安全刑事案件具体应用法律若干问题的解释》中有关犯罪主体范围认定、定罪处罚标准以及刑事政策具体把握等方面的规定，并结合法律规定和实践需要作了进一步的修改完善。为突出打击重点、避免条文繁芜，《解释》对于《最高人民法院、最高人民检察院关于办理危害矿山生产安全刑事案件具体应用法律若干问题的解释》中的一些提示性规定未再沿用；对于《最高人民法院、最高人民检察院关于办理危害矿山生产安全刑事案件具体应

用法律若干问题的解释》规定的非法采矿罪的定罪处罚问题，拟留待将来出台的专门司法解释进行统一规定，《解释》不再涉及。

三、《解释》的主要内容

《解释》共计17条，内容涵盖相关罪名主体范围、定罪量刑标准、宽严相济刑事政策具体把握、相关公职人员贪污贿赂以及渎职犯罪的认定处理等法律适用方面的多个问题。择要说明如下：

（一）关于犯罪主体范围

《最高人民法院、最高人民检察院关于办理危害矿山生产安全刑事案件具体应用法律若干问题的解释》对重大责任事故罪、强令违章冒险作业罪、重大劳动安全事故罪和不报、谎报安全事故罪四个罪名的主体范围作出了明确规定。《解释》吸收《最高人民法院、最高人民检察院关于办理危害矿山生产安全刑事案件具体应用法律若干问题的解释》的规定，并根据司法实践的需要，将适用范围由原来的矿山领域扩大到一般生产经营领域。具体适用过程中，应明确以下问题：

1. 关于扩大适用范围领域的合理性。《最高人民法院、最高人民检察院关于办理危害矿山生产安全刑事案件具体应用法律若干问题的解释》对相关罪名犯罪主体范围的规定仅限于矿山生产经营领域，《解释》取消上述限制是否会导致解释内容与实践具体情况不相适应？研究认为，《解释》扩大适用范围领域具有合理性，主要考虑如下：首先，2007年《最高人民法院、最高人民检察院关于办理危害矿山生产安全刑事案件具体应用法律若干问题的解释》制定过程中，就有意见提出删除标题中的“矿山”二字，使该解释的适用范围扩大到所有危害生产安全犯罪。但当时考虑到在不同行业领域中发生安全生产事故的情况不尽相同，涉及的罪名较多，在一个司法解释中一并解决不利于突出打击重点，故对上述意见未予采纳；但不采纳上述意见，并不意味着否认危害矿山生产安全犯罪与其他领域中的危害生产安全犯罪在某些方面存在共性。《关于进一步加强危害生产安全刑事案件审判工作的意见》也规定，非矿山生产安全事故中，认定相关行为人的犯罪主体资格，可以参照《最高人民法院、最高人民检察院关于办理危害矿山生产安全刑事案件具体应用法律若干问题的解释》的相关规定。经过司法实践长期检验证明，《最高人民法院、最高人民检察院关于办理危害矿山生产安全刑事案件具体应用法律若干问题的解释》关于犯罪主体范围的规定适用于非矿山领域，适用效果良好。其次，在市场经济条件下，相关生产经营单位的经营结构相对类似，普遍存在一线职工与单位管理层的区别，而管理层中不外乎单位负责人、管理人员、实际控制人、投资人等类别。扩大《最高人民法院、最高人民检察院关于办理危害矿山生产安全刑事案件具体应用法律若干问题的解释》相关规定的适用范围，并不存在理论和实践上的障碍。

2. 关于实际控制人与投资人的具体认定。《解释》将对生产、作业负有组织、指挥或者管理职责的负责人、管理人员等具有生产经营单位管理者身份和职务的人员纳入相关犯罪的犯罪主体范围。由于单位负责人、管理人员的业务过失行为与事故后果之间的因果关系一般较为明显，逻辑上容易理解，实践中较好把握，司法实践中大部分案件的处罚对象也主要是上述人员。除此之外，《解释》还明确将单位实际控制人、投资人纳入刑事追究的范围；但实践中对于实际控制人、投资人的范围界定问题，一直存在争议，需要进一步明确。

首先，根据《公司法》的规定，实际控制人，是指虽不是公司股东，但通过投资关系、协议或者其他安排，能够实际支配公司行为的人。实践中比较常见的实际控制人是所谓的“隐名持股人”，即某些国家机关工作人员或者具有特定职务身份的公司、企业管理人员，为了规避法律、法规关于国家机关工作人员不得投资入股生产经营企业，或者公司、企业管理人员不得违规从事与所任职公司、企业同类业务等方面的禁止性规定，以他人名义投资入股公司、企业，从而达到隐藏自己股东身份的目的。上述人员通过他人代持公司、企业股份，自己隐藏在幕后的真实目的在于，一方面可以行使对公司、企业生产经营、人事任免等重大事项的决定权；另一方面可以逃避承担股东依法应当承担的生产经营责任和安全生产责任。从理论上讲，实际控制人作为对生产经营单位的生产经营活动起实际支配作用的人员，如果其在行使组织、指挥、管理职权过程中违反安全管理规定，进而引发安全事故，理应认定为犯罪，否则就是放纵真正犯罪人，亦无法达到从源头上预防事故发生的实际效果。

其次，投资人，是指从事投资活动、具有一定资金来源、享有投资收益的权、责、利的统一体，是生产经营单位资金的参与者和经营收益的分享者。根据《安全生产法》的规定，生产经营单位应当具备的安全生产条件所必需的资金投入，由生产经营单位的决策机构、主要负责人或者个人经营的投资人予以保证，并对由于安全生产所必需的资金投入不足导致的后果承担责任。不按规定保证资金投入的，依法承担相应责任。此处规定的主要是个人经营企业投资人的安全生产资金投入义务。在有限责任公司、股份有限公司等类型的生产经营实体中，投资人是指享有投资权益、对公司经营方针和投资计划享有管理权或决策权的股东。因投资人的行为导致生产经营单位安全生产资金投入不足，或者投资人在生产经营活动中违反安全管理规定，进而导致发生安全事故的，应当依法追究其刑事责任。但是，由于市场经济条件下所有权与经营权相分离的情况大量存在，投资人参与公司、企业经营管理的程度不一，特别是通过股市交易方式购买上市公司少量股票的小股东，一般不参与公司的经营管理决策活动，追究其对公司安全生产方面的刑事责任，明显不符合权责一致原则。因此，《解释》将作为相关犯罪主体的投资人限定为"对生产、作业负有组织、指挥或者管理职责的"投资人。

3. 关于强令违章冒险作业罪的犯罪主体。《解释》起草过程中，有观点提出，《刑法修正案（六）》将强令违章冒险作业罪从原重大责任事故罪中剥离出来，两罪名同在一个刑法条文中，且均属责任事故过失类犯罪，主体范围应当一致。且从司法实践看，与被强令者处于同等地位的主体也存在作出强令行为的可能性。比如，资格较老的员工要求刚刚参加工作的新员工从事冒险作业，造成严重后果的，也可认定为强令违章冒险作业罪。

研究认为：首先，《刑法修正案（六）》增设强令违章冒险作业罪的立法本意在于，考虑到实践中某些从事生产经营活动的单位和个体业主为追求经济利益，不顾安全管理规定的限制，采用各种手段强令一线生产、作业者违章冒险作业，最终导致重特大安全事故，造成重大人员伤亡和巨大经济损失；上述行为比一般违章生产、作业行为的社会危害性大，应处以更重的法定刑，故强令违章冒险作业罪的打击重点是生产经营单位的管理层，而非一线生产、作业者。其次，强令他人违章冒险作业行为的本质在于，强令行为本身具有迫使他人必须执行的效力，达到了使一线生产、作业者不得不违背个人意志从事违章冒险作业的心理强制程度；而不具有职务隶属关系的一线生产、作业者之间的所谓“强令”，一般难以达到上述心理强制程度，不宜认定为强令违章冒险作业，造成严重后果的，可以重大责任事故罪定罪处罚。基于以上理由，《解释》将强令违章冒险作业罪的主体范围确定为对生产、作业负有组织、指挥或者管理职责的负责人、管理人员、实际控制人、投资人等，不包括直接从事生产、作业的人员。

（二）关于定罪标准

《解释》原则上以造成死亡1人以上或重伤3人以上，或者造成直接经济损失100万元以上作为危害生产安全犯罪相关罪名的定罪标准。但是，根据《刑法》第138条的规定，教育设施重大安全事故罪的定罪标准为“致使发生重大伤亡事故”，故该罪的定罪标准仅限定为人员伤亡结果，具体伤亡人数采用与其他危害生产安全犯罪罪名相同的标准。

《解释》制定过程中，曾考虑根据近年来出台的多个司法解释的一般做法，在定罪人身伤亡标准中增加轻伤结果，对死亡、重伤和轻伤结果依次按照3倍的比例进行折算，并将经济损失标准中的“直接经济损失”修改为“经济损失”，将部分间接经济损失纳入定罪标准。征求意见过程中，多个部门提出：(1) 国务院制定的《生产安全事故报告和调查处理条例》未将轻伤结果和间接经济损失作为事故等级分类标准，行政监管部门出具的事故调查报告一般不统计轻伤人数和间接经济损失。实践中，生产安全事故发生后，一般先由行政监管部门组成事故调查组开展调查，形成事故调查报告后再移送公安、检察机关作进一步侦查，不经行政机关调查、由司法机关直接介入处理的案件极少，这种情况下，司法解释规定的定罪量刑标准以与行政机关事故调查报告相关内容保持一致为宜，否则可能造成案件处理的不协调，增加司法机关办案难度。(2) 一般情况下，危害生产安全犯罪案件导致的死亡、重伤人数众多，事故影响时间较长，往往涉及被害人后期伤病救治费用以及亲属赡养、抚养等问题，损失计算和费用支付情况较为复杂，如规定为“经济损失”，可能引发认识分歧，不利于案件处理。研究认为，上述意见具有合理性，遂未将轻伤人数和间接经济损失数额纳入定罪量刑标准。

部分行政主管部门提出，《刑法》规定的危害生产安全犯罪的定罪量刑标准应分别与《生产安全事故报告和调查处理条例》以及《铁路交通事故应急救援和调查处理条例》规定的重大事故、特别重大事故认定标准相对应，以死亡10人以上或重伤50人以上为定罪标准，以死亡30人以上或重伤100人以上为处第二档法定刑的标准。研究认为，上述意见涉及的问题由来已久，在《最高人民法院、最高人民检察院关于办理危害矿山生产安全刑事案件具体应用法律若干问题的解释》起草过程中既已存在，并曾引发激烈争论。经慎重考虑，《解释》未采纳上述意见，主要理由在于，行政机关关于生产安全事故等级的分类是依据事故的危害程度、社会影响、处理效果以及事故调查权限等标准划分的，与《刑法》规定的相关犯罪定罪量刑标准含义不同，如果按照行政机关关于事故等级的划分标准确定相关犯罪的定罪量刑标准，将导致现有的定罪量刑标准大幅提高，之前大量可被认定为犯罪或处第二档法定刑的行为无法被归入犯罪范畴或仅能处以较低的法定刑，既不利于严惩犯罪，也无法与玩忽职守罪、滥用职权罪等其他相关犯罪的追诉标准保持平衡。

（三）关于量刑标准

《最高人民法院、最高人民检察院关于办理危害矿山生产安全刑事案件具体应用法律若干问题的解释》规定的处第二档法定刑的标准为事故造成的人身伤亡结果和直接经济损失数额，即主要以事故后果的严重程度确定刑罚。但是，上述标准在实践中适用效果不佳，并造成了一些消极后果，主要体现在以下几个方面：(1) 唯事故结果量刑，导致轻罪重罚，重刑聚集。危害生产安全犯罪绝大多数属于过失犯罪，对于过失犯罪中因果关系的确定，司法实践中的做法接近条件说，过失行为与事故结果之间具有条件因果关系的行为人，均有可能被认定为犯罪嫌疑人或被告人。同时，我国刑法不承认过失共同犯罪，对于危害生产安全犯罪中处于同一因果链条上的多个犯罪人，无法适用共同犯罪从犯、胁从犯减轻、免除处罚的规定。实践中，某一生产安全事故发生后，对事故负有责任的人员众多，其中既有直接责任人和主要责任人，也有间接责任人和次要责任人，其均需对同一事故结果承担刑事责任，适用同一档法定刑。根据《最高人民法院、最高人民检察院关于办理危害矿山生产安全刑事案件具体应用法律若干问题的解释》的规定，只要事故后果达到一定程度，对该事故承担责任的相关人员均需处以第二档法定刑，在案众多被告人的量刑幅度无法拉开，特别是对于事故次要责任人的处刑明显过重。(2) 引起法律适用方面的连锁反应。部分案件中，由于对某些负次要责任的被告人无法降档处刑，有的法院为追求个案量刑的合理性，将不具备法定自首条件的被告人认定为自首，导致自首情节认定过多，引起认定标准的混乱；有的法院则直接对被告人适用免予刑事处罚措施，导致免予刑事处罚措施适用过滥，造成不良社会影响。(3) 不利于突出打击重点，预防再次犯罪。从刑事政策的角度考虑，刑法打击重点应当是对安全事故的发生起最直接作用、负最主要责任的犯罪人。对众多事故次要责任人科以重刑，对于预防犯罪人再次犯罪、防止事故再次发生并无太大意义，且处刑范围过广、判决刑期过重，甚至可能引发案件当事人和社会公众对安全生产工作的抵触心理。

研究认为，对于危害生产安全犯罪处第二档法定刑的条件，应当坚持实事求是的态度，改变现阶段唯事故结果论罚的不利局面。从理论上讲，安全事故造成的危害后果是客观存在的，但是，行为人的行为对引发事故后果所起的原因力是不同的。各被告人应负的刑事责任是主客观相统一的结果，对于同一事故后果，主要责任人和次要责任人应负责任大小不一，理应在量刑幅度上有所体现，而不应一律处以第二档法定刑，这是现代刑法罪责刑相适应原则的当然要求。

经慎重考虑、反复研究，《解释》对第二档法定刑量刑标准采取了"事故后果+责任大小"的规定方式，即原则上安全事故造成的后果达到一定程度，同时行为人又对事故承担主要责任的，才处以第二档法定刑；对于事故仅负次要责任的被告人，即使事故后果达到了一定的严重程度，原则上也不应处以第二档法定刑。理解《解释》的上述规定，应注意以下问题：

首先，关于事故后果标准。《最高人民法院、最高人民检察院关于办理危害矿山生产安全刑事案件具体应用法律若干问题的解释》对于处第二档法定刑的事故后果标准，采用了总体3倍于定罪标准的方式予以认定。研究认为，在当前安全生产形势依然严峻的情况下，社会公众对动辄造成群死群伤的安全事故的反映依然强烈，以人为本、生命至上的理念必须始终坚持。与数年前相比，社会心理对于人身伤亡结果的容忍度并未发生根本性转变，故对于人身伤亡标准不宜更改。但是，《最高人民法院、最高人民检察院关于办理危害矿山生产安全刑事案件具体应用法律若干问题的解释》出台已经8年，其间我国的人均国民生产总值翻了一番，对于事故造成的某一直接经济损失数额，人民群众在2007年和在2015年的心理感受是不同的。从严惩危害生产安全犯罪的角度出发，对于定罪的直接经济损失标准可不作更改，但是，在保持定罪标准不变的情况下，根据经济社会发展的实际情况，适当提高处第二档法定刑的直接经济损失标准是合理可行的。基于以上考虑，《解释》按照近年来司法解释的通常做法，对于处第二档法定刑的直接经济损失数额标准作了适当提高，按照定罪标准的5倍确定。另外，关于教育设施重大安全事故罪处第二档法定刑的条件，《刑法》第138条规定为“后果特别严重”。为与定罪标准相协调，《解释》初期拟仅将其限定为人身伤亡结果。征求意见过程中，有部门提出，为严密刑事法网，建议在考虑造成的人员伤亡结果的同时，考虑经济损失、造成恶劣社会影响等因素。经研究，采纳了该意见，规定教育设施安全事故达到定罪人身伤亡标准，同时造成直接经济损失500万元以上，或者同时造成恶劣社会影响的，也可认定为达到了处第二档法定刑的事故后果标准。

其次，关于事故责任标准。《解释》将处第二档法定刑的犯罪人原则上限定为对事故负主要责任的人员。如何认定主要责任人，在案件审判过程中就变得至关重要。由于具体案情千差万别，在诸多被告人中如何区分主要责任人和次要责任人，难以在《解释》中作出明确规定，需要在个案中由司法工作人员具体把握。基本原则是，应当以犯罪人所承担的工作职责为基础，考察其过失行为在引发事故发生的因果链条中所起原因力大小，以及过失行为反映出的个人主观罪过程度，综合全案情况，正确划分责任。具体划分标准，可以按照《关于进一步加强危害生产安全刑事案件审判工作的意见》第8条的相关规定处理。

危害生产安全犯罪案件具体情况千差万别。在某些案件中，是否可能出现绝大多数被告人均被认定为次要责任人，进而导致全案量刑偏轻的情况呢？研究认为，对于上述问题，首先，应当严格裁判标准，坚持事故责任划分原则，切实防止将主要责任降格认定为次要责任、将主要责任人错误认定为次要责任人的情况；其次，对于部分次要责任人不处以第二档法定刑难以做到罪责刑相适应、不利于全案量刑平衡且可能造成不良社会影响的情况，可以考虑适用兜底条款，认定为“其他造成特别严重后果、情节特别恶劣或者后果特别严重的情形”。

另外需要注意的是，根据《刑法》的规定，重大劳动安全事故罪、大型群众性活动重大安全事故罪的犯罪主体为“直接负责的主管人员和其他直接责任人员”，工程重大安全事故罪、教育设施重大安全事故罪和消防责任事故罪的犯罪主体均为“直接责任人员”。对于上述罪名，是否所有的被告人均可以被认定为主要责任人呢？研究认为，恐怕无法作出这种简单判断。根据《企业职工伤亡事故调查分析规则》（GB 6442—86）等的规定，在进行事故责任分析时，应当通过对直接原因和间接原因的分析，确定事故直接责任者和领导责任者；在直接责任者和领导责任者中，还应根据其在事故发生过程中的作用，确定主要责任者。据此，对于直接责任者，应进一步分析其在事故发生过程中所起的作用大小，区分主要责任和次要责任，不能将直接责任简单等同于主要责任。

（四）关于强令违章冒险作业罪的认定

《刑法修正案（六）》增设强令违章冒险作业罪，法定最高刑为有期徒刑15年，属于过失犯罪中的重罪，但实践中司法机关对本罪名的适用率偏低。调研发现，问题主要在于两个方面。一方面，错误认定行为人对危害结果所持主观心态，将某些强令违章冒险作业行为认定为以危险方法危害公共安全罪等故意犯罪，导致处刑过重；另一方面，对“强令”一词理解不当，将某些强令违章冒险作业行为认定为普通的违规生产、作业行为，错误认定为重大责任事故罪，导致处刑过轻。为指导各级法院正确适用本罪名，《解释》第5条对如何理解“强令违章冒险作业”作出了专门规定，内容包括以下几个方面：

1. 关于《刑法》规定的“违章”的含义。此处的“违章”，是指违反有关安全管理的规定。关于安全管理规定的具体范围，《关于进一步加强危害生产安全刑事案件审判工作的意见》第7条规定：“认定相关人员是否违反有关安全管理规定，应当根据相关法律、行政法规，参照地方性法规、规章及国家标准、行业标准，必要时可参考公认的惯例和生产经营单位制定的安全生产规章制度、操作规程。”

2. 关于《刑法》规定的“冒险”一词的内涵。《解释》制定过程中，有意见提出，从根本上讲，所有安全生产管理规章制度均具有防范安全风险和安全事故发生的基本属性。一般情况下，行为人违反安全管理规章制度的行为本身就应被视为冒险行为。《刑法》罪状中之所以出现“冒险”一词，是为了强调违章行为通常所造成或引发的状态。因此，被强令者的违章作业行为本身即应被视为冒险行为，无须再对作业环境是否存在现实危险进行具体判断，故解释无须再对“冒险”一词作出具体解释。研究认为，《刑法》条文将“违章”和“冒险”两词并列规定，没有理由认为“冒险”一词无具体含义，且安全管理规定种类繁多，违反其中一些规定并不一定意味着作业一定会冒较大风险。据此，《解释》在第5条句首部分将“冒险”解释为“明知存在事故隐患、继续作业存在危险”。

3. 关于“强令”的具体行为方式。(1)《解释》第5条第1、2项规定“强令”的两种常见行为方式。首先，采取威逼、胁迫、恐吓等强制性手段强制他人违章作业，如采取威胁实施罚款、降低工资待遇、解除劳动关系等强制手段，均系强令违章冒险作业的典型行为方式，也是“强令”一词的核心含义，一般争议不大。其次，生产经营单位管理者利用自身享有的组织、指挥、管理职权，强制他人违章作业，这种行为方式的强制性特征不太明显；但由于管理者与一线作业者之间存在领导与被领导、管理与被管理的权属关系，管理者作出的安排或者下达的指令自然带有一线作业者必须服从的权威，从而在客观上对一线作业者形成一种心理压力。因此，管理者利用自身组织、指挥、管理职权提出的指令和要求，足以对一线作业者的心理意志产生强制效力，也应认定为“强令”。(2) 第3项规定强令违章冒险作业的其他行为方式。实践中，有的生产经营单位管理人员在明知存在事故隐患、继续作业存在危险的情况下，采用关闭、破坏相关的安全监控和报警设备等方式，故意掩盖工作环境中存在事故隐患的事实，使一线作业者放松心理戒备，进行违章作业。如在2009年发生的河南省平顶山市新华区四矿“9·8”特别重大瓦斯爆炸事故一案中，新华区四矿矿长助理明知矿井下瓦斯超标、生产作业存在重大隐患，为达到继续开展生产的目的，故意指使瓦斯检查员将瓦斯探头电源拔脱，或者将瓦斯探头置于风筒新鲜风流中，并伪造虚假的瓦斯报表数据，造成井下瓦斯浓度合格的假象，然后组织工人下矿井作业，最终造成瓦斯爆炸事故，导致重大人员伤亡。上述行为的社会危险性极大，以重大责任事故罪论处无法做到罪责刑相适应。研究认为，这种情况下，一线作业者开展作业看似未受强制和胁迫，但其如果了解事实真相，绝不会违章冒险作业。管理者故意掩盖事故隐患，直接影响了一线作业者的心理选择，实质上与采用强制手段或者利用自身职务身份要求他人违章冒险作业的行为没有根本性区别，也应认定为“强令”。(3) 第4项系兜底条款。司法解释难以对实践中存在的各种情况进行毫无遗漏的列举式规定。除前三项规定的三种强令违章冒险作业情形外，对于未来实践中可能出现的其他强令违章冒险作业的行为，可依法归入第4项的规定范围处理。

(五) 关于不报、谎报安全事故罪的构成条件和共犯认定

关于不报、谎报安全事故罪的构成条件，《解释》制定过程中曾有争论，规定内容也数易其稿。争论的主要问题在于，从《刑法》第139条之一规定的字面理解，“贻误事故抢救”和“情节严重”是罪与非罪的重要界限，必须同时具备上述两个条件，才能构成不报、谎报安全事故罪。《最高人民法院、最高人民检察院关于办理危害矿山生产安全刑事案件具体应用法律若干问题的解释》也将“贻误事故抢救”这一要件规定在句首部分。根据该规定，所有的不报、谎报行为只有造成贻误事故抢救的后果，才可能构成本罪。但是，实践中大量存在的情况是，事故抢救工作基本结束后，行为人为降低事故认定等级、避免上级机关介入事故调查，故意伪造、破坏事故现场或转移、藏匿遇难者尸体。上述行为社会影响恶劣、危害性大，但往往并不足以导致贻误事故抢救的后果，依据《最高人民法院、最高人民检察院关于办理危害矿山生产安全刑事案件具体应用法律若干问题的解释》的规定，可能难以定罪。据此，有意见提出，可将“贻误事故抢救”解释为不报、谎报行为的当然结果，即只要行为人实施了不报、谎报行为，就应认定其造成了“贻误事故抢救”的危险性结果，同时符合“情节严重”标准的，就应以不报、谎报安全事故罪定罪处罚。

经反复慎重研究，考虑到《刑法》条文明确将“贻误事故抢救”规定为不报、谎报安全事故罪的构成条件，如果在《解释》中明确将“贻误事故抢救”解释为不报、谎报事故行为的当然结果，不具有明确的法律依据，且可能导致打击面过广，故对上述意见未予采纳。《解释》原则上保留了《最高人民法院、最高人民检察院关于办理危害矿山生产安全刑事案件具体应用法律若干问题的解释》的规定方式。但是，上述意见提出的问题值得重视。在具体案件审判过程中，对于《刑法》第139条之一规定的“贻误事故抢救”，以及《最高人民法院、最高人民检察院关于办理危害矿山生产安全刑事案件具体应用法律若干问题的解释》第6条第1款第2项规定的“致使不能及时有

效开展事故抢救”两个条件，不宜作过于严格的限定。另外，《解释》将不报、谎报安全事故罪“情节特别严重”的直接经济损失标准由300万元提高至500万元，与《解释》第7条的规定保持协调一致，并在不报、谎报的具体行为方式中增加了“迟报”，以进一步严密刑事法网。根据《生产安全事故报告和调查处理条例》的规定，安全事故发生后，事故现场有关人员应当立即向本单位负责人报告，单位负责人接到报告后，应于1小时内向事故发生地县级以上人民政府安全生产监督管理部门和负有安全生产监管职责的有关部门报告，迟报或者漏报事故的处以行政罚款，构成犯罪的，依法追究刑事责任。据此，《解释》规定的“迟报”，是指未按法律法规规定的时限及时报告，可以理解为广义的“不报”行为的一种。

《解释》还对不报、谎报安全事故罪的共犯认定问题作出了规定。《最高人民法院、最高人民检察院关于办理危害矿山生产安全刑事案件具体应用法律若干问题的解释》第7条规定：“在矿山生产安全事故发生后，实施本解释第六条规定的相关行为，帮助负有报告职责的人员不报或者谎报事故情况，贻误事故抢救的，对组织者或者积极参加者，依照刑法第一百三十九条之一的规定，以共犯论处。”该条规定有以下两个方面的问题：首先，将共犯的成立范围局限为帮助行为，实际上认为无身份之人只可能构成帮助犯和从犯。但实践中，对于组织、指使、强令负有报告职责的人员不报、谎报事故情况的，也可以认定为共犯，并可能构成主犯。其次，仅对帮助犯中的组织者或者积极参加者以共犯论处，不当缩小了共犯的成立范围，并无明确的理论基础，且在仅有1名帮助犯的情况下，由于不存在参照对象，难以认定组织者或者积极参加者，这种情况下是否应当认定为共犯，实践中存在争议。经研究，《解释》删去了《最高人民法院、最高人民检察院关于办理危害矿山生产安全刑事案件具体应用法律若干问题的解释》中仅对帮助犯中的组织者和积极参加者认定为共犯的规定，明确与负有报告职责的人员串通，不报或者谎报安全事故情况，贻误事故抢救，情节严重的，依照《刑法》第139条之一的规定，以共犯论处。

（六）关于安全生产领域中故意杀人罪、故意伤害罪的认定

实践中，某些黑煤窑、矿山个体业主在安全事故发生后，为掩盖事故事实、逃避法律追究，不仅不组织实施抢救和向相关政府部门报告，反而故意

隐匿、遗弃事故受伤人员，甚至作出堵塞出事矿井、掩盖事故发生的恶劣行为，导致被困人员因无法脱离险境而死亡或重伤，或者导致被隐匿、遗弃受伤人员因无法得到及时救治而死亡或者重度残疾。按照《刑法》的规定，上述情况理应按照故意杀人罪或者故意伤害罪处理，但因相关司法解释无明确规定，导致某些司法机关心存顾虑，不敢或不愿认定为故意犯罪，一定程度上助长了犯罪分子的侥幸心理。为解决上述问题，《解释》设专条对上述行为如何定罪处罚作出了明确规定。

（七）关于故意生产、销售不合格安全设备行为的定罪处罚问题

《刑法》第135条规定的重大劳动安全事故罪的惩处对象，是故意不使用合格安全生产设施或者配备合格安全生产条件，或者明知安全生产设施、安全生产条件不符合规定而拒不采取措施的生产经营单位直接负责的主管人员和其他直接责任人员。实践中发现，有的单位或者个人故意生产不合格安全生产设施或者安全防护用品；有的单位或者个人明知安全生产设施或者安全防护用品不合格而故意销售，导致不合格安全生产设施或者安全防护用品流入生产经营企业，造成重大安全事故。对上述生产者、销售者如何定罪处罚，需要进一步明确。

安全设备是《安全生产法》规定的一个概念，包括检测报警设备、安全防护设备、紧急处理设备、防火防爆设备、应急救援设备、逃生设备以及劳动防护用品等多个门类，其外延涵盖了《刑法》第135条规定的安全生产设施，以及属于安全生产条件范畴的劳动防护用品。根据《解释》的规定，对于生产、销售不合格安全设备导致发生安全事故、造成严重后果的单位和个人，应以生产、销售不符合安全标准的产品罪定罪处罚；对于明知安全设备不符合国家规定而予以使用，或者明知安全设备存在安全隐患而拒不采取措施的生产经营单位相关责任人员，应以重大劳动安全事故罪定罪处罚。

（八）关于从重及从轻处罚情节

现阶段，我国安全生产形势依然严峻，司法机关应当继续坚持依法从严惩处危害生产安全刑事犯罪活动的基本政策，切实保护人民群众生命财产安全，促进安全生产形势持续稳定好转，这是回应社会关切、践行司法为民的需要，也是《解释》的总体基调。《解释》第12条对危害生产安全犯罪中多种从重处罚情节作出了专门规定。

首先，根据2014年修正的《安全生产法》的立法精神，我国的安全生产监管工作将总体上从以结果控制为主转变为过程控制和结果控制并重，进一步加大对无证生产经营、拒不履行安全监管决定等非法、违法生产经营行为的处罚力度，以达到处罚关口前移、减少事故隐患的效果。《解释》制定过程中，我们经调研发现，大部分生产安全事故的背后，均隐藏着相关责任人员事前长时间的非法、违法生产经营行为，事故隐患长期得不到纠正，最终导致重特大事故发生。对于此类行为，必须加大惩处力度，处以较重的法定刑，以警示其他潜在犯罪分子，达到防患于未然的效果。

《解释》第12条第1款第1项至第3项规定的内容属于实践中较为常见的典型非法、违法生产经营行为。对于上述规定，适用中应注意以下几点：(1) 第1项规定的“安全许可证件”是一类证件的总称，其中既包括在矿山企业、建筑施工企业和危险化学品、烟花爆竹、民用爆破器材生产等行业领域中适用的安全生产许可证，也包括仅适用于特定生产经营领域的其他安全许可证件，如危险化学品生产经营领域中的危险化学品安全使用许可证和经营许可证、大型群众性活动领域中由公安机关作出的安全许可，等等。行为人未取得上述安全许可证件，或者在安全许可证件过期，被暂扣、吊销、注销后仍然从事生产经营活动，表明其不具备基本的安全生产经营条件，存在严重事故隐患，因此发生安全事故的，应当从重处罚。(2) 第2项规定的系在生产经营活动中采取各种手段故意掩盖事故隐患的行为，第3项规定的是经有关部门或者个人提出后，仍然拒不采取措施消除事故隐患的行为。上述行为的实质，是行为人为追求生产经营利润，无视事故隐患的存在和一线生产、作业者的生命财产安全，盲目组织、开展生产作业，因此发生安全事故的，表明行为人一贯不遵守安全管理规定，主观恶性较深，应处以较重的法定刑。

其次，危害生产安全犯罪绝大多数属于过失犯罪，不适用《刑法》关于累犯从重处罚的规定。但是，行为人因实施危害生产安全违法犯罪行为受到行政处罚或者刑事处罚后拒不悔改，事后又因业务过失行为构成危害生产安全犯罪的，表明其藐视法律规范，再犯可能性较大，理应从重处罚。《解释》第12条第1款第4项对此作出了规定。为避免打击面过大，《解释》将受到行政或者刑事处罚的期间限定在1年之内。

最后，根据2014年《安全生产法》的规定，安全生产监督管理部门和其他负有安全生产监管管理职责的部门依法开展安全生产行政执法工作，对生产经营单位执行有关安全生产的法律、法规和国家标准或者行业标准的情况进行监督检查；生产经营单位对负有安全生产监督管理职责的部门的监督检查人员依法履行监督检查职责，应当予以配合，不得拒绝、阻挠；拒绝、阻碍监督检查的，可处以罚款。根据以上规定，生产经营单位采取伪造生产经营数据、安全监测报表等手段弄虚作假，故意逃避、阻挠安全监管，或者直接采取向安全监管人员行贿的手段逃避监管、通过行贿手段非法获取相关生产经营资质等行为，均属严重违反《安全生产法》的行为，应从重处罚，《解释》第12条第5项对此作出了规定，其中，行贿行为构成犯罪的，应依法数罪并罚。根据《解释》第12条第6项的规定，犯罪人在事故发生后转移个人财产，意图逃避承担民事赔偿责任和行政处罚责任的，从重处罚。《解释》第12条第7项系兜底条款。

宽严相济刑事政策是我国的基本刑事政策，是刑事立法活动和刑事司法工作中均应当遵循的基本准则。有效惩治危害生产安全犯罪，确保案件审判取得良好效果，司法机关在坚持从严惩处原则的同时，也需在审判过程中切实贯彻落实宽严相济刑事政策的基本要求，作到严之有度，以宽济严。为具体体现宽严相济刑事政策，树立正确的行为导向，鼓励犯罪人在事故发生后积极采取有力措施，最大限度减小事故损失，尽快查明事故原因，《解释》专门对两种从轻处罚情节作出了明确规定。首先，犯罪人在安全事故发生后积极组织、参与事故抢救的，可以酌情从轻处罚，此规定源于《最高人民法院、最高人民检察院关于办理危害矿山生产安全刑事案件具体应用法律若干问题的解释》，未做实质性修改。其次，犯罪人在安全事故发生后积极配合调查、主动赔偿损失的，表明其确有悔罪之意，且愿意通过经济赔偿弥补其犯罪行为造成的人身伤害、公私财产损失，亦可酌情从轻处罚。

（九）关于相关公职人员犯罪的认定和处理

根据《安全生产法》等行政法律、法规的规定，安全生产工作应当坚持安全第一、预防为主、综合治理的方针，建立生产经营单位负责、职工参与、政府监管、行业自律和社会监督的机制。在安全生产工作机制中，生产经营单位是安全生产主体，对安全生产工作承担主体责任。但是，生产经营单位从事生产经营活动的目的是追逐高额利润，在经济利益的驱使下，可能做出漠视职工合法权益、违反安全管理规定的行为，特别是在现阶段经济增长模式尚未完全转变、社会诚信体系尚不完善的情况下，上述情况更加明显。负有安全监督管理职责的部门依法对生产经营单位的安全生产工作实施监督管理，对于督促生产经营单位贯彻落实安全生产法律法规，防止安全事故发生，具有重要意义。实践中，承担安全监管职责的公职人员在实施监管检查过程中失职、渎职，或者收受监管对象贿赂，故意不履行或者因过失不认真履行监管职能，导致生产经营单位安全隐患长期得不到纠正，往往是构成重特大安全事故发生的重要原因。有的国家工作人员还投资入股生产经营企业，由于其兼具生产经营者和安全监管者双重身份，从自身经济利益考量出发，难以依法严格实施监管，甚至可能利用自身职权为企业的非法、违法生产经营行为充当“保护伞”。实践证明，众多重特大生产安全事故的背后，均隐藏着公职人员的贪污受贿或者失职、渎职行为，人民群众对此反应强烈。司法机关在严惩危害生产安全犯罪的同时，更要从严惩治隐藏在这些犯罪背后的公职人员贪污贿赂犯罪和渎职犯罪。

《解释》第14条针对危害生产安全犯罪可能涉及的公职人员犯罪行为，规定了两种从重处罚情形：(1) 国家工作人员违反相关规定投资入股生产经营，既当裁判员，又当运动员，构成危害生产安全犯罪的，应当从重处罚。该规定源于《最高人民法院、最高人民检察院关于办理危害矿山生产安全刑事案件具体应用法律若干问题的解释》，未做实质性修改。参照《中国共产党纪律处分条例》、《中共中央、国务院关于进一步制止党政机关和党政干部经商、办企业的规定》和《中共中央纪委、监察部、国务院国有资产监督管理委员会、国家安全生产监督管理总局关于清理纠正国家机关工作人员和国有企业负责人投资入股煤矿问题的通知》等法律法规、政策性文件的规定，此处所称的国家工作人员，主要是指国家机关工作人员和国有企业负责人。(2)《安全生产法》第20条①第1款规定，生产经营单位应当具备的安全生产条件所必需的资金投入，由生产经营单位的决策机构、主要负责人或者个人经营的投资人予以保证，并对由于安全生产所必需的资金投入不足导致的

---

① 对应2021年《安全生产法》第23条。——编者注

后果承担责任。相关生产经营单位中的国家工作人员利用职务之便贪污公款，导致该单位安全生产投入不足，进而发生安全事故的，对该国家工作人员应从重处罚。另外，现阶段危害生产安全犯罪易发、多发，与安全监管部门监督管理不力有很大关系，负有安全监督管理职责的国家工作人员在对生产经营单位实施监督检查过程中收受被监管对象贿赂，导致事故隐患得不到及时整改，最终酿成事故的，亦应依法严惩。上述行为同时构成贪污、受贿犯罪和危害生产安全犯罪的，应当依法数罪并罚。

《解释》制定过程中，有关部门提出，为进一步加强安全生产领域的行政监管工作，建议在《解释》中对相关渎职犯罪的认定作出专门规定。经研究，《解释》第 15 条对承担安全监管职责的国家机关工作人员可能涉及的滥用职权罪、玩忽职守罪和徇私舞弊不移交刑事案件罪的认定，以及依法或受委托行使安全监管职责的公司、企业、事业单位工作人员是否可以认定为渎职犯罪主体等问题作出了明确规定。

（十）关于禁止令和职业禁止措施的适用

为了维护社会稳定，保护公民人身安全，同时帮助适用缓刑的犯罪分子改过自新，防止其再次犯罪，《刑法修正案（八）》增加了对被宣告缓刑的犯罪分子可以附加禁止令的规定，禁止犯罪分子在缓刑考验期限内从事特定活动，进入特定区域、场所，接触特定的人。基于防止犯罪人再次犯罪的立法目的，《刑法修正案（九）》又增加规定了犯罪分子刑罚执行完毕后的职业禁止措施，规定因利用职业便利实施犯罪，或者实施违背职业要求的特定义务的犯罪被判处刑罚的，人民法院可以根据犯罪情况和预防再犯罪的需要，禁止其自刑罚执行完毕之日或者假释之日起从事相关职业，期限为 3—5 年。

危害生产安全犯罪系生产经营业务活动领域中发生的责任过失类犯罪，犯罪人均系负有一定职业义务、具有特定职务身份的人员，其违背职业要求，疏于履行特定义务，最终引发严重事故后果，完全符合《刑法》规定的职业禁止措施的适用条件。为防止危害生产安全犯罪分子在缓刑考验期限内重操就业引发事故，亦有必要对其适用禁止令。《解释》第 16 条明确规定，对于被依法适用缓刑的危害生产安全犯罪分子，可以依法适用禁止令；对于被判处刑罚的犯罪分子，可以禁止其在一定时间内从事特定职业。实践中，对危害生产安全犯罪分子适用禁止令和职业禁止措施，应注意以下几个方面问题：

首先，关于禁止令和职业禁止措施的具体内容。为起到预防再犯的积极效果，禁止令及职业禁止措施的内容应当具有针对性。其中，《刑法》规定的禁止令包括三种类别，即特定活动禁止令、特定区域场所禁止令和特定人禁止令。其中，特定区域场所禁止令中的区域和场所，一般是指犯罪人原实施犯罪活动的区域、场所或者诱发其走上犯罪道路的区域、场所；特定人禁止令中的特定人，一般是指与原犯罪相关联、犯罪分子可能侵害的人员，或者可能对犯罪分子产生不良影响、诱发其再次犯罪的人员。可以看出，特定区域场所禁止令和特定人禁止令一般是针对故意犯罪而言的，对于危害生产安全犯罪分子，通常情况下适用特定活动禁止令即可。《最高人民法院、最高人民检察院、公安部、司法部关于对判处管制、宣告缓刑的犯罪分子适用禁止令有关问题的规定（试行）》第3条中规定，“人民法院可以根据犯罪情况，禁止判处管制、宣告缓刑的犯罪分子在管制执行期间、缓刑考验期限内从事以下一项或者几项活动：……（三）利用从事特定生产经营活动实施犯罪的，禁止从事相关生产经营活动”。据此，对于实施危害生产安全犯罪适用缓刑的犯罪分子，可以根据犯罪情况，禁止其在缓刑考验期限内从事与安全生产相关联的特定活动。此处所称“与安全生产相关联的特定活动”，是指与犯罪分子实施犯罪时所从事的职业活动属于同一行业的生产经营活动，而非禁止其从事所有类别的生产经营活动；禁止从事“与安全生产相关联的特定活动”，是指禁止犯罪分子直接从事一线生产、作业活动，或者担任相关生产经营单位的负责人、管理人员、实际控制人、投资人等。刑罚执行完毕后职业禁止措施的内容，亦可参照禁止令的内容确定。

其次，关于《刑法》规定的职业禁止措施与行政法规中职业限制规定的关系。《刑法修正案（九）》增设的《刑法》第37条之一第3款规定：“其他法律、行政法规对其从事相关职业另有禁止或者限制性规定的，从其规定。”《安全生产法》对生产经营单位主要负责人的职业限制作出了明确规定，上述人员未履行安全生产管理职责，受到刑事处罚或者撤职处分的，自刑罚执行完毕或者受处分之日起，5年内不得担任任何生产经营单位的主要负责人；对重大、特别重大生产安全事故负有责任的，终身不得担任本行业生产经营单位的主要负责人。根据以上规定，对于生产经营单位主要负责人的职业限制和禁止问题，《安全生产法》作出了与《刑法》不一致的规定，且规定内容比《刑法》更加严格。对于生产经营单位的主要负责人构成危害生产安全犯罪的，直接适用《安全生产法》的规定即可。

（最高人民法院　沈　亮　汪　斌　李加玺）

最高人民法院关于进一步加强危害生产安全刑事案件审判工作的意见

（2011年12月30日　法发〔2011〕20号）

为依法惩治危害生产安全犯罪，促进全国安全生产形势持续稳定好转，保护人民群众生命财产安全，现就进一步加强危害生产安全刑事案件审判工作，制定如下意见。

一、高度重视危害生产安全刑事案件审判工作

1. 充分发挥刑事审判职能作用，依法惩治危害生产安全犯罪，是人民法院为大局服务、为人民司法的必然要求。安全生产关系到人民群众生命财产安全，事关改革、发展和稳定的大局。当前，全国安全生产状况呈现总体稳定、持续好转的发展态势，但形势依然严峻，企业安全生产基础依然薄弱；非法、违法生产，忽视生产安全的现象仍然十分突出；重特大生产安全责任事故时有发生，个别地方和行业重特大责任事故上升。一些重特大生产安全责任事故举国关注，相关案件处理不好，不仅起不到应有的警示作用，不利于生产安全责任事故的防范，也损害党和国家形象，影响社会和谐稳定。各级人民法院要从政治和全局的高度，充分认识审理好危害生产安全刑事案件的重要意义，切实增强工作责任感，严格依法、积极稳妥地审理相关案件，进一步发挥刑事审判工作在创造良好安全生产环境、促进经济平稳较快发展方面的积极作用。

2. 采取有力措施解决存在的问题，切实加强危害生产安全刑事案件审判工作。近年来，各级人民法院依法审理危害生产安全刑事案件，一批严重危害生产安全的犯罪分子及相关职务犯罪分子受到法律制裁，对全国安全生产形势持续稳定好转发挥了积极促进作用。2010年，监察部、国家安全生产监

督管理总局会同最高人民法院等部门对部分省市重特大生产安全事故责任追究落实情况开展了专项检查。从检查的情况来看，审判工作总体情况是好的，但仍有个别案件在法律适用或者宽严相济刑事政策具体把握上存在问题，需要切实加强指导。各级人民法院要高度重视，确保相关案件审判工作取得良好的法律效果和社会效果。

二、危害生产安全刑事案件审判工作的原则

3. 严格依法，从严惩处。对严重危害生产安全犯罪，尤其是相关职务犯罪，必须始终坚持严格依法、从严惩处。对于人民群众广泛关注、社会反映强烈的案件要及时审结，回应人民群众关切，维护社会和谐稳定。

4. 区分责任，均衡量刑。危害生产安全犯罪，往往涉案人员较多，犯罪主体复杂，既包括直接从事生产、作业的人员，也包括对生产、作业负有组织、指挥或者管理职责的负责人、管理人员、实际控制人、投资人等，有的还涉及国家机关工作人员渎职犯罪。对相关责任人的处理，要根据事故原因、危害后果、主体职责、过错大小等因素，综合考虑全案，正确划分责任，做到罪责刑相适应。

5. 主体平等，确保公正。审理危害生产安全刑事案件，对于所有责任主体，都必须严格落实法律面前人人平等的刑法原则，确保刑罚适用公正，确保裁判效果良好。

三、正确确定责任

6. 审理危害生产安全刑事案件，政府或相关职能部门依法对事故原因、损失大小、责任划分作出的调查认定，经庭审质证后，结合其他证据，可作为责任认定的依据。

7. 认定相关人员是否违反有关安全管理规定，应当根据相关法律、行政法规，参照地方性法规、规章及国家标准、行业标准，必要时可参考公认的惯例和生产经营单位制定的安全生产规章制度、操作规程。

8. 多个原因行为导致生产安全事故发生的，在区分直接原因与间接原因的同时，应当根据原因行为在引发事故中所具作用的大小，分清主要原因与次要原因，确认主要责任和次要责任，合理确定罪责。

一般情况下，对生产、作业负有组织、指挥或者管理职责的负责人、管理人员、实际控制人、投资人，违反有关安全生产管理规定，对重大生产安全事故的发生起决定性、关键性作用的，应当承担主要责任。

对于直接从事生产、作业的人员违反安全管理规定，发生重大生产安全事故的，要综合考虑行为人的从业资格、从业时间、接受安全生产教育培训情况、现场条件、是否受到他人强令作业、生产经营单位执行安全生产规章制度的情况等因素认定责任，不能将直接责任简单等同于主要责任。

对于负有安全生产管理、监督职责的工作人员，应根据其岗位职责、履职依据、履职时间等，综合考察工作职责、监管条件、履职能力、履职情况等，合理确定罪责。

四、准确适用法律

9. 严格把握危害生产安全犯罪与以其他危险方法危害公共安全罪的界限，不应将生产经营中违章违规的故意不加区别地视为对危害后果发生的故意。

10. 以行贿方式逃避安全生产监督管理，或者非法、违法生产、作业，导致发生重大生产安全事故，构成数罪的，依照数罪并罚的规定处罚。

违反安全生产管理规定，非法采矿、破坏性采矿或排放、倾倒、处置有害物质严重污染环境，造成重大伤亡事故或者其他严重后果，同时构成危害生产安全犯罪和破坏环境资源保护犯罪的，依照数罪并罚的规定处罚。

11. 安全事故发生后，负有报告职责的国家工作人员不报或者谎报事故情况，贻误事故抢救，情节严重，构成不报、谎报安全事故罪，同时构成职务犯罪或其他危害生产安全犯罪的，依照数罪并罚的规定处罚。

12. 非矿山生产安全事故中，认定“直接负责的主管人员和其他直接责任人员”、“负有报告职责的人员”的主体资格，认定构成“重大伤亡事故或者其他严重后果”、“情节特别恶劣”，不报、谎报事故情况，贻误事故抢救，“情节严重”、“情节特别严重”等，可参照最高人民法院、最高人民检察院《关于办理危害矿山生产安全刑事案件具体应用法律若干问题的解释》的相关规定。

五、准确把握宽严相济刑事政策

13. 审理危害生产安全刑事案件，应综合考虑生产安全事故所造成的伤亡人数、经济损失、环境污染、社会影响、事故原因与被告人职责的关联程度、被告人主观过错大小、事故发生后被告人的施救表现、履行赔偿责任情况等，正确适用刑罚，确保裁判法律效果和社会效果相统一。

14. 造成《关于办理危害矿山生产安全刑事案件具体应用法律若干问题的解释》第四条规定的“重大伤亡事故或者其他严重后果”，同时具有下列情形之一的，也可以认定为刑法第一百三十四条、第一百三十五条规定的“情节特别恶劣”：

（一）非法、违法生产的；

（二）无基本劳动安全设施或未向生产、作业人员提供必要的劳动防护用品，生产、作业人员劳动安全无保障的；

（三）曾因安全生产设施或者安全生产条件不符合国家规定，被监督管理部门处罚或责令改正，一年内再次违规生产致使发生重大生产安全事故的；

（四）关闭、故意破坏必要安全警示设备的；

（五）已发现事故隐患，未采取有效措施，导致发生重大事故的；

（六）事故发生后不积极抢救人员，或者毁灭、伪造、隐藏影响事故调查的证据，或者转移财产逃避责任的；

（七）其他特别恶劣的情节。

15. 相关犯罪中，具有以下情形之一的，依法从重处罚：

（一）国家工作人员违反规定投资入股生产经营企业，构成危害生产安全犯罪的；

（二）贪污贿赂行为与事故发生存在关联性的；

（三）国家工作人员的职务犯罪与事故存在直接因果关系的；

（四）以行贿方式逃避安全生产监督管理，或者非法、违法生产、作业的；

（五）生产安全事故发生后，负有报告职责的国家工作人员不报或者谎报事故情况，贻误事故抢救，尚未构成不报、谎报安全事故罪的；

（六）事故发生后，采取转移、藏匿、毁灭遇难人员尸体，或者毁灭、伪造、隐藏影响事故调查的证据，或者转移财产，逃避责任的；

（七）曾因安全生产设施或者安全生产条件不符合国家规定，被监督管理部门处罚或责令改正，一年内再次违规生产致使发生重大生产安全事故的。

16. 对于事故发生后，积极施救，努力挽回事故损失，有效避免损失扩大；积极配合调查，赔偿受害人损失的，可依法从宽处罚。

六、依法正确适用缓刑和减刑、假释

17. 对于危害后果较轻，在责任事故中不负主要责任，符合法律有关缓刑适用条件的，可以依法适用缓刑，但应注意根据案件具体情况，区别对待，严格控制，避免适用不当造成的负面影响。

18. 对于具有下列情形的被告人，原则上不适用缓刑：

（一）具有本意见第 14 条、第 15 条所规定的情形的；

（二）数罪并罚的。

19. 宣告缓刑，可以根据犯罪情况，同时禁止犯罪分子在缓刑考验期限内从事与安全生产有关的特定活动。

20. 办理与危害生产安全犯罪相关的减刑、假释案件，要严格执行刑法、刑事诉讼法和有关司法解释规定。是否决定减刑、假释，既要看罪犯服刑期间的悔改表现，还要充分考虑原判认定的犯罪事实、性质、情节、社会危害程度等情况。

七、加强组织领导，注意协调配合

21. 对于重大、敏感案件，合议庭成员要充分做好庭审前期准备工作，全面、客观掌握案情，确保案件开庭审理稳妥顺利、依法公正。

22. 审理危害生产安全刑事案件，涉及专业技术问题的，应有相关权威部门出具的咨询意见或者司法鉴定意见；可以依法邀请具有相关专业知识的人民陪审员参加合议庭。

23. 对于审判工作中发现的安全生产事故背后的渎职、贪污贿赂等违法犯罪线索，应当依法移送有关部门处理。对于情节轻微，免予刑事处罚的被告人，人民法院可建议有关部门依法给予行政处罚或纪律处分。

24. 被告人具有国家工作人员身份的，案件审结后，人民法院应当及时将生效的裁判文书送达行政监察机关和其他相关部门。

25. 对于造成重大伤亡后果的案件，要充分运用财产保全等法定措施，切实维护被害人依法获得赔偿的权利。对于被告人没有赔偿能力的案件，应当依靠地方党委和政府做好善后安抚工作。

26. 积极参与安全生产综合治理工作。对于审判中发现的安全生产管理方面的突出问题，应当发出司法建议，促使有关部门强化安全生产意识和制度建设，完善事故预防机制，杜绝同类事故发生。

27. 重视做好宣传工作。对于社会关注的典型案件，要重视做好审判情况的宣传报道，规范裁判信息发布，及时回应社会的关切，充分发挥重大、典型案件的教育警示作用。

28. 各级人民法院要在依法履行审判职责的同时，及时总结审判经验，深入开展调查研究，推动审判工作水平不断提高。上级法院要以辖区内发生的重大生产安全责任事故案件为重点，加强对下级法院危害生产安全刑事案件审判工作的监督和指导，适时检查此类案件的审判情况，提出有针对性的指导意见。

【理解与适用】

《关于进一步加强危害生产安全刑事案件审判工作的意见》的理解与适用

2011年12月30日，最高人民法院发布《关于进一步加强危害生产安全刑事案件审判工作的意见》（本文以下简称《意见》），对相关案件审理中，正确确定被告人责任，准确适用法律，较好把握宽严相济刑事政策，依法适用缓刑、减刑、假释等重要问题作出规定。这是最高人民法院坚持能动司法、服务经济社会发展大局的一项重要举措。现就《意见》的出台背景、主要内容及实施中应当注意的问题介绍如下。

一、《意见》的出台背景

安全生产事关人民群众生命财产安全，事关科学发展和社会和谐稳定。《国务院关于坚持科学发展安全发展促进安全生产形势持续稳定好转的意见》（国发〔2011〕40号）指出，“十一五”期间，生产安全事故总量和重特大事故大幅度下降，全国各类事故死亡人数年均减少约1万人，反映安全生产状况的各项指标显著改善，安全生产形势持续稳定好转。我国正处于工业化、城镇化快速发展进程中，处于生产安全事故易发多发的高峰期，安全基础仍然比较薄弱，重特大事故尚未得到有效遏制，非法违法生产经营建设行为屡禁不止，安全责任不落实、防范和监督管理不到位等问题在一些地方和企业还比较突出，安全生产形势依然严峻。

近年来，各级人民法院坚持“为大局服务、为人民司法”工作主题，充分发挥刑事审判职能作用，依法审理危害生产安全刑事案件，一批严重危害生产安全的犯罪分子及与之相关的职务犯罪分子受到法律制裁。据统计，2008年以来，人民法院共审结危害生产安全刑事案件6103件，判决发生法律效力的犯罪分子8118人，为促进安全生产形势持续稳定好转提供了有力司法保障。其中，2008 年共审结 1591 件，生效判决人数 2048 人；2009 年共审结 1525 件，生效判决人数 1948 人；2010 年共审结 1506 件，生效判决人数 2059 人；2011 年 1—11 月审结 1481 件，生效判决人数 2063 人。

2010 年 8 月，监察部、国家安全生产监督管理总局会同最高人民法院、最高人民检察院、公安部等九部委联合组成检查组对 15 个省市的安全生产事故责任追究落实情况进行了专项检查。从检查的情况看，惩处危害生产安全犯罪的总体情况是好的，但由于危害生产安全犯罪具有特殊性，在法律适用或者宽严相济刑事政策把握方面仍存在一些疑难问题：其一，危害生产安全犯罪涉及不同的行业，涉及的罪名多种多样，主要有重大责任事故罪，重大劳动安全事故罪，强令违章冒险作业罪，铁路运营安全事故罪，危险物品肇事罪，工程重大安全事故罪，教育设施重大安全事故罪，消防责任事故罪，不报、谎报安全事故罪等。还涉及相关的职务犯罪、贿赂犯罪等。其二，危害生产安全犯罪案件往往主体复杂，既包括直接从事生产、作业的人员，也包括对生产、作业负有组织、指挥或者管理职责的负责人、管理人员、实际控制人、投资人等，有的还涉及国家机关工作人员。其三，事故原因复杂，许多事故系多因一果导致，既有直接原因，也有间接原因，有的案件原因与结果关联性强，有的则相对弱一点。由此带来责任认定困难较大。其四，这类案件涉及许多行业的专门知识，专业性强。

正是由于危害生产安全犯罪涉及罪名多，犯罪主体复杂，情况多样，专业性强，而各级人民法院遇到的这类案件总量并不多，需要在实践中不断总结审判经验，目前尚不具备出台司法解释的条件。已公布的《意见》除对法律适用进行规范外，更多的是政策把握和工作层面的具体要求，为此采取了指导性文件的形式。《意见》制定过程中，广泛征求了最高人民检察院、公安部、监察部、司法部、国家安全生产监督管理总局等相关部门以及地方人民法院，尤其是审理危害生产安全刑事案件较多的地方人民法院的意见和建议，反复修改，数易其稿，力求准确、务实，解决实际问题。

二、《意见》的主要内容及实施中应当注意的问题

一是首次明确了审判危害生产安全刑事案件的三项原则。《意见》针对相关案件特点，明确了严格依法、从严惩处，区分责任、均衡量刑，主体平等、

确保公正三项审判工作应当坚持的原则。强调对严重危害生产安全犯罪，尤其是生产安全事故背后的权钱交易和渎职犯罪，必须始终坚持严格依法、从严惩处。对相关责任人的处理，要根据事故原因、危害后果、主体职责、过错大小等因素，综合考虑全案，正确划分责任，做到罪责刑相适应。对于所有责任主体，都必须严格落实法律面前人人平等的刑法原则，确保刑罚适用公正，确保裁判效果良好。

二是对审理相关案件时如何正确认定责任提出了原则性要求。危害生产安全犯罪，涉案人员往往较多，犯罪主体复杂，事故原因错综复杂，有直接原因，又有间接原因，原因行为与危害后果之间的关联程度也存在差异，如何坚持实事求是，正确区分责任，确保罪责刑相适应，是审理此类案件的难点。《意见》指出，政府或相关职能部门依法对事故原因、损失大小、责任划分作出的调查认定，经庭审质证后，结合其他证据，可作为责任认定的依据。对于多个原因行为导致生产安全事故发生的，在区分直接原因与间接原因的同时，应当根据原因行为在引发事故中所具作用的大小，分清主要原因与次要原因，确认主要责任和次要责任，合理确定罪责。一般情况下，对生产、作业负有组织、指挥或者管理职责的负责人、管理人员、实际控制人、投资人，违反有关安全生产管理规定，对重大生产安全事故的发生起决定性、关键性作用的，应当承担主要责任。对于直接从事生产、作业的人员违反安全管理规定，发生重大生产安全事故的，要综合考虑行为人的从业资格、从业时间、接受安全生产教育培训情况、现场条件、是否受到他人强令作业、生产经营单位执行安全生产规章制度的情况等因素认定责任，不能将直接责任简单等同于主要责任。对于负有安全生产管理、监督职责的工作人员，应根据其岗位职责、履职依据、履职时间等，综合考察工作职责、监管条件、履职能力、履职情况等，合理确定罪责。

三是进一步明确了相关案件中宽严相济刑事政策的把握尺度。一方面，《意见》明确了实践中对安全生产危害严重、社会反响强烈、应当特别强调予以从严的若干情形，规定具有这些情形的原则上不得适用缓刑，其中包括：非法、违法生产的；曾因安全生产设施或者安全生产条件不符合国家规定，被监督管理部门处罚或责令改正，一年内再次违规生产致使发生重大生产安全事故的；关闭、故意破坏必要安全警示设备的；已发现事故隐患，未采取有效措施，导致发生重大事故的；国家工作人员违反规定投资入股生产经营企业，构成危害生产安全犯罪的；贪污贿赂行为与事故发生存在关联性的；国家工作人员的职务犯罪与事故存在直接因果关系的；以行贿方式逃避安全生产监督管理，或者非法、违法生产、作业的；无基本劳动安全设施或未向生产、作业人员提供必要的劳动防护用品，生产、作业人员劳动安全无保障的；事故发生后，负有报告职责的国家工作人员不报或谎报事故情况，贻误事故抢救，尚未构成不报、谎报安全事故罪的；事故发生后，采取转移、藏匿、毁灭遇难人员尸体，或者毁灭、伪造、隐藏影响事故调查的证据，或者转移财产逃避责任的。同时规定刑罚执行过程中适用减刑、假释，不仅要看罪犯服刑期间的悔改表现，还要充分考虑原判认定的犯罪事实、性质、情节、社会危害程度等，从严掌握。另一方面，《意见》规定了对于事故发生后，积极施救，努力挽回事故损失，有效避免损失扩大；积极配合调查，赔偿受害人损失的，可以依法从宽处罚，确保宽严并用、罚当其罪。

四是对危害生产安全犯罪案件中正确适用缓刑提出了指导意见。关于缓刑适用的标准，《刑法》第72条规定，对犯罪情节较轻，有悔罪表现，没有再犯罪危险，宣告缓刑对所居住社区没有重大不良影响的，可以宣告缓刑。危害生产安全犯罪绝大多数属于过失犯罪，有别于故意犯罪，除个别罪名最高刑可判10年以上有期徒刑外，绝大多数罪名的法定最高刑都在有期徒刑7年以下，很多被告人符合法律规定的缓刑适用条件。但在是否适用缓刑问题上，人民法院还要贯彻罪责刑相适应原则，确保刑罚的轻重与犯罪分子所犯罪行相适应。危害生产安全犯罪基本上是结果犯，整个案件判处的刑罚应当充分考虑危害后果的大小以及应当承担的责任，不能不加区别地适用缓刑。另外，要切实体现宽严相济刑事政策，对于危害后果较轻，在事故中不负主要责任的犯罪分子，可以依法适用缓刑。《意见》第18条对缓刑适用作出了严格限定，实践中应注意根据案件具体情况，区别对待，严格控制，确保缓刑适用取得良好法律效果和社会效果。

五是对人民法院积极参与安全生产综合治理工作提出了明确要求。为加强与相关部门的协调配合，共同促进安全生产形势持续稳定好转，切实维护人民群众合法权益，《意见》强调，人民法院要积极参与安全生产综合治理工作。对于审判中发现的安全生产管理方面的突出问题，应当发出司法建议，促使有关部门强化安全生产意识和制度建设，完善事故预防机制。对于造成重大伤亡后果的案件，要充分运用财产保全等法定措施，切实维护被害人依法获得赔偿的权利。被告人没有赔偿能力的案件，要依靠地方党委和政府做好善后安抚工作。对于社会关注的典型案件，要重视做好审判情况的宣传报道，规范裁判信息发布，及时回应社会关切，充分发挥重大、典型案件的教育警示作用。

（最高人民法院　杨万明　沈　亮　汪　斌　王　敏）

最高人民法院、最高人民检察院、公安部、工业和信息化部、住房和城乡建设部、交通运输部、应急管理部、国家铁路局、中国民用航空局、国家邮政局关于依法惩治涉枪支、弹药、爆炸物、易燃易爆危险物品犯罪的意见

（2021 年 12 月 28 日　法发〔2021〕35 号）

为依法惩治涉枪支、弹药、爆炸物、易燃易爆危险物品犯罪，维护公共安全，保护人民群众生命财产安全，根据《中华人民共和国刑法》《中华人民共和国刑事诉讼法》《中华人民共和国安全生产法》《行政执法机关移送涉嫌犯罪案件的规定》等法律、行政法规和相关司法解释的规定，结合工作实际，制定本意见。

一、总体要求

1. 严禁非法制造、买卖、运输、邮寄、储存、持有、私藏、走私枪支、弹药、爆炸物；严禁未经批准和许可擅自生产、储存、使用、经营、运输易燃易爆危险物品；严禁违反安全管理规定生产、储存、使用、经营、运输易燃易爆危险物品。依法严厉打击涉枪支、弹药、爆炸物、易燃易爆危险物品违法犯罪。

2. 人民法院、人民检察院、公安机关、有关行政执法机关应当充分认识涉枪支、弹药、爆炸物、易燃易爆危险物品违法犯罪的社会危害性，坚持人民至上、生命至上，统筹发展和安全，充分发挥工作职能，依法严惩涉枪支、弹药、爆炸物、易燃易爆危险物品违法犯罪，为经济社会发展提供坚实安全

保障，不断增强人民群众获得感、幸福感、安全感。

3. 人民法院、人民检察院、公安机关、有关行政执法机关应当按照法定职责分工负责、配合协作，加强沟通协调，在履行职责过程中发现涉嫌枪支、弹药、爆炸物、易燃易爆危险物品犯罪的，应当及时相互通报情况，共同进行防范和惩治，维护社会治安大局稳定。

二、正确认定犯罪

4. 非法制造、买卖、运输、邮寄、储存、盗窃、抢夺、抢劫、持有、私藏、走私枪支、弹药、爆炸物，并利用该枪支、弹药、爆炸物实施故意杀人、故意伤害、抢劫、绑架等犯罪的，依照数罪并罚的规定处罚。

5. 违反危险化学品安全管理规定，未经依法批准或者许可擅自从事易燃易爆危险物品道路运输活动，或者实施其他违反危险化学品安全管理规定通过道路运输易燃易爆危险物品的行为，危及公共安全的，依照刑法第一百三十三条之一第一款第四项的规定，以危险驾驶罪定罪处罚。

在易燃易爆危险物品生产、经营、储存等高度危险的生产作业活动中违反有关安全管理的规定，有下列情形之一，具有发生重大伤亡事故或者其他严重后果的现实危险的，依照刑法第一百三十四条之一第三项的规定，以危险作业罪定罪处罚：

（1）委托无资质企业或者个人储存易燃易爆危险物品的；

（2）在储存的普通货物中夹带易燃易爆危险物品的；

（3）将易燃易爆危险物品谎报或者匿报为普通货物申报、储存的；

（4）其他涉及安全生产的事项未经依法批准或者许可，擅自从事易燃易爆危险物品生产、经营、储存等活动的情形。

实施前两款行为，同时构成刑法第一百三十条规定之罪等其他犯罪的，依照处罚较重的规定定罪处罚；导致发生重大伤亡事故或者其他严重后果，符合刑法第一百三十四条、第一百三十五条、第一百三十六条等规定的，依照各该条的规定定罪从重处罚。

6. 在易燃易爆危险物品生产、储存、运输、使用中违反有关安全管理的规定，实施本意见第 5 条前两款规定以外的其他行为，导致发生重大事故，造成严重后果，符合刑法第一百三十六条等规定的，以危险物品肇事罪等罪名定罪处罚。

7. 实施刑法第一百三十六条规定等行为，向负有安全生产监督管理职责的部门不报、谎报或者迟报相关情况的，从重处罚；同时构成刑法第一百三十九条之一规定之罪的，依照数罪并罚的规定处罚。

8. 在水路、铁路、航空易燃易爆危险物品运输生产作业活动中违反有关安全管理的规定，有下列情形之一，明知存在重大事故隐患而不排除，足以危害公共安全的，依照刑法第一百一十四条的规定，以以危险方法危害公共安全罪定罪处罚；致人重伤、死亡或者使公私财产遭受重大损失的，依照刑法第一百一十五条第一款的规定处罚：

（1）未经依法批准或者许可，擅自从事易燃易爆危险物品运输的；

（2）委托无资质企业或者个人承运易燃易爆危险物品的；

（3）在托运的普通货物中夹带易燃易爆危险物品的；

（4）将易燃易爆危险物品谎报或者匿报为普通货物托运的；

（5）其他在水路、铁路、航空易燃易爆危险物品运输活动中违反有关安全管理规定的情形。

非法携带易燃易爆危险物品进入水路、铁路、航空公共交通工具或者有关公共场所，危及公共安全，情节严重的，依照刑法第一百三十条的规定，以非法携带危险物品危及公共安全罪定罪处罚。

9. 通过邮件、快件夹带易燃易爆危险物品，或者将易燃易爆危险物品谎报为普通物品交寄，符合本意见第 5 条至第 8 条规定的，依照各该条的规定定罪处罚。

三、准确把握刑事政策

10. 对于非法制造、买卖、运输、邮寄、储存、持有、私藏、走私枪支、弹药，以及非法制造、买卖、运输、邮寄、储存爆炸物的行为，应当依照刑法和《最高人民法院关于审理非法制造、买卖、运输枪支、弹药、爆炸物等刑事案件具体应用法律若干问题的解释》《最高人民法院、最高人民检察院关于办理走私刑事案件适用法律若干问题的解释》等规定，从严追究刑事责任。

11. 对于非法制造、买卖、运输、邮寄、储存、持有、私藏、走私以压缩气体为动力且枪口比动能较低的枪支以及气枪铅弹的行为，应当依照刑法和

《最高人民法院、最高人民检察院关于涉以压缩气体为动力的枪支、气枪铅弹刑事案件定罪量刑问题的批复》的规定，综合考虑案件情节，综合评估社会危害性，坚持主客观相统一，决定是否追究刑事责任以及如何裁量刑罚，确保罪责刑相适应。

12. 利用信息网络非法买卖枪支、弹药、爆炸物、易燃易爆危险物品，或者利用寄递渠道非法运输枪支、弹药、爆炸物、易燃易爆危险物品，依法构成犯罪的，从严追究刑事责任。

13. 确因正常生产、生活需要，以及因从事合法的生产经营活动而非法生产、储存、使用、经营、运输易燃易爆危险物品，依法构成犯罪，没有造成严重社会危害，并确有悔改表现的，可以从轻处罚。

14. 将非法枪支、弹药、爆炸物主动上交公安机关，或者将未经依法批准或者许可生产、储存、使用、经营、运输的易燃易爆危险物品主动上交行政执法机关处置的，可以从轻处罚；未造成实际危害后果，犯罪情节轻微不需要判处刑罚的，可以依法不起诉或者免予刑事处罚；成立自首的，可以依法从轻、减轻或者免除处罚。

有揭发他人涉枪支、弹药、爆炸物、易燃易爆危险物品犯罪行为，查证属实的，或者提供重要线索，从而得以侦破其他涉枪支、弹药、爆炸物、易燃易爆危险物品案件等立功表现的，可以依法从轻或者减轻处罚；有重大立功表现的，可以依法减轻或者免除处罚。

四、加强行政执法与刑事司法衔接

15. 有关行政执法机关在查处违法行为过程中发现涉嫌枪支、弹药、爆炸物、易燃易爆危险物品犯罪的，应当立即指定 2 名或者 2 名以上行政执法人员组成专案组专门负责，核实情况后提出移送涉嫌犯罪案件的书面报告，报本机关正职负责人或者主持工作的负责人审批。

有关行政执法机关正职负责人或者主持工作的负责人应当自接到报告之日起 3 日内作出批准移送或者不批准移送的决定。决定批准移送的，应当在 24 小时内向同级公安机关移送，并将案件移送书抄送同级人民检察院；决定不批准移送的，应当将不予批准的理由记录在案。

16. 有关行政执法机关向公安机关移送涉嫌枪支、弹药、爆炸物、易燃易爆危险物品犯罪案件，应当附下列材料：

（1）涉嫌犯罪案件移送书，载明移送案件的行政执法机关名称、涉嫌犯罪的罪名、案件主办人和联系电话，并应当附移送材料清单和回执，加盖公章；

（2）涉嫌犯罪案件情况的调查报告，载明案件来源、查获枪支、弹药、爆炸物、易燃易爆危险物品情况、犯罪嫌疑人基本情况、涉嫌犯罪的主要事实、证据和法律依据、处理建议等；

（3）涉案物品清单，载明涉案枪支、弹药、爆炸物、易燃易爆危险物品的具体类别和名称、数量、特征、存放地点等，并附采取行政强制措施、现场笔录等表明涉案枪支、弹药、爆炸物、易燃易爆危险物品来源的材料；

（4）有关检验报告或者鉴定意见，并附鉴定机构和鉴定人资质证明；没有资质证明的，应当附其他证明文件；

（5）现场照片、询问笔录、视听资料、电子数据、责令整改通知书等其他与案件有关的证据材料。

有关行政执法机关对违法行为已经作出行政处罚决定的，还应当附行政处罚决定书及执行情况说明。

17. 公安机关对有关行政执法机关移送的涉嫌枪支、弹药、爆炸物、易燃易爆危险物品犯罪案件，应当在案件移送书的回执上签字或者出具接受案件回执，并依照有关规定及时进行审查处理。不得以材料不全为由不接受移送案件。

18. 人民检察院应当依照《行政执法机关移送涉嫌犯罪案件的规定》《最高人民检察院关于推进行政执法与刑事司法衔接工作的规定》《安全生产行政执法与刑事司法衔接工作办法》等规定，对有关行政执法机关移送涉嫌枪支、弹药、爆炸物、易燃易爆危险物品犯罪案件，以及公安机关的立案活动，依法进行法律监督。

有关行政执法机关对公安机关的不予立案决定有异议的，可以建议人民检察院进行立案监督。

19. 公安机关、有关行政执法机关在办理涉枪支、弹药、爆炸物、易燃易爆危险物品违法犯罪案件过程中，发现公职人员有贪污贿赂、失职渎职或者利用职权侵犯公民人身权利和民主权利等违法行为，涉嫌构成职务犯罪的，应当依法及时移送监察机关或者人民检察院处理。

20. 有关行政执法机关在行政执法和查办涉枪支、弹药、爆炸物、易燃易爆危险物品案件过程中收集的物证、书证、视听资料、电子数据以及对事故进行调查形成的报告，在刑事诉讼中可以作为证据使用。

21. 有关行政执法机关对应当向公安机关移送的涉嫌枪支、弹药、爆炸物、易燃易爆危险物品犯罪案件，不得以行政处罚代替案件移送。

有关行政执法机关向公安机关移送涉嫌枪支、弹药、爆炸物、易燃易爆危险物品犯罪案件的，已经作出的警告、责令停产停业、暂扣或者吊销许可证、暂扣或者吊销执照的行政处罚决定，不停止执行。

22. 人民法院对涉枪支、弹药、爆炸物、易燃易爆危险物品犯罪案件被告人判处罚金、有期徒刑或者拘役的，有关行政执法机关已经依法给予的罚款、行政拘留，应当依法折抵相应罚金或者刑期。有关行政执法机关尚未给予罚款的，不再给予罚款。

对于人民检察院依法决定不起诉或者人民法院依法免予刑事处罚的案件，需要给予行政处罚的，由有关行政执法机关依法给予行政处罚。

五、其他问题

23. 本意见所称易燃易爆危险物品，是指具有爆炸、易燃性质的危险化学品、危险货物等，具体范围依照相关法律、行政法规、部门规章和国家标准确定。依照有关规定属于爆炸物的除外。

24. 本意见所称有关行政执法机关，包括民用爆炸物品行业主管部门、燃气管理部门、交通运输主管部门、应急管理部门、铁路监管部门、民用航空主管部门和邮政管理部门等。

25. 本意见自 2021 年 12 月 31 日起施行。

【理解与适用】

《最高人民法院、最高人民检察院、公安部、工业和信息化部、住房和城乡建设部、交通运输部、应急管理部、国家铁路局、中国民用航空局、国家邮政局关于依法惩治涉枪支、弹药、爆炸物、易燃易爆危险物品犯罪的意见》的理解与适用

为依法惩治涉枪支、弹药、爆炸物、易燃易爆危险物品犯罪，维护公共安全，保护人民群众生命财产安全，最高人民法院、最高人民检察院、公安部、交通运输部、应急管理部等十部门联合发布了《关于依法惩治涉枪支、弹药、爆炸物、易燃易爆危险物品犯罪的意见》（本文以下简称《意见》），《意见》自2021年12月31日起施行。《意见》分为总体要求、正确认定犯罪、准确把握刑事政策、加强行政执法与刑事司法衔接、其他问题等5个部分，共25条，对实体和程序多个方面问题作出了具体规定。为便于司法实践中准确理解和正确适用，现就《意见》的制定背景、总体原则和主要内容作简要介绍。

一、《意见》的制定背景和总体原则

枪支、弹药、爆炸物、易燃易爆危险物品的管制和管理直接关系到社会公共安全和人民群众生命财产安全，一旦失管失控流入非法途径、被不法分子用于非法目的，将造成严重社会危害，形成重大安全风险。我国对枪支、弹药、爆炸物、易燃易爆危险物品的生产、经营、持有、使用、储存、运输等均规定了严格的管制和管理措施，与此同时，我国现阶段正处于社会转型期，对枪支、弹药、爆炸物、易燃易爆危险物品的管制和管理制度也在不断

根据经济社会发展形势进行调整完善。实践中，部分非法违法生产经营行为未得到及时纠正，安全风险隐患未得到有效整治，最终导致发生重特大安全事故。典型的如2015年发生的天津港“8·12”瑞海公司危险品仓库特大火灾爆炸事故、2019年发生的江苏响水天嘉宜化工有限公司“3·21”特大爆炸事故等，造成重大人员伤亡和巨额财产损失，社会影响恶劣，迫切需要刑事法律作出及时有效应对。其中，一些单位和个人采用谎报、匿报等手段，非法违法从事枪支、弹药、爆炸物、易燃易爆危险物品储存、运输等生产经营活动，造成重大安全隐患。此类行为隐蔽性强、行政执法难度大，单纯依靠行政处罚措施难以收到良好效果，需要进一步明确刑事处罚范围，加强行政执法与刑事司法工作衔接，提升执法和司法工作成效。

为进一步贯彻落实党中央关于建设更高水平的平安中国的总体决策部署，统筹解决实践中存在的问题，自2021年年初开始，最高人民法院牵头与最高人民检察院、公安部以及工业和信息化部、交通运输部、应急管理部等有关行政执法机关共同开展调研，广泛征求了立法机关及各方面意见，经过认真研究、反复论证，形成了《意见》。《意见》起草制定过程中，着重把握了以下几个总体原则：

第一，坚持以习近平法治思想为指导。《意见》深刻领会习近平总书记关于推进全面依法治国的根本目的是依法保障人民权益的重要论述，始终坚持以人民为中心的根本立场，着力解决实践中存在的人民群众反应强烈的影响社会和谐稳定的突出问题，依法惩治涉枪支、弹药、爆炸物、易燃易爆危险物品犯罪，切实维护社会公共安全，保护人民群众生命财产安全，回应人民群众的新要求、新期待，不断增强人民群众的获得感、幸福感、安全感。

第二，坚持罪刑法定原则和法秩序统一要求。罪刑法定原则是刑法基本原则，这一原则要求司法解释和规范性文件的规定内容均不得与《刑法》相抵触。《意见》以《刑法》的具体规定为依据，坚持正确理解和把握刑事立法精神，在《刑法》条文的文义范围内作进一步具体阐释，为司法实践提供指导。另外，行政执法与刑事司法衔接问题还涉及行政法律法规的规定，《意见》坚持相关规定内容与行政法律法规保持一致，保持法律体系内部协调统一，避免出现相互冲突和不协调。在实体方面，《意见》主要以《刑法》和已有司法解释的有关规定为基础，对具体罪名适用、刑事责任追究原则等作出进一步明确规定；在程序方面，《意见》以《刑事诉讼法》、相关司法解释以及《安全生产法》、《行政处罚法》等法律法规为依据，结合实际需要作出细化、可操作性规定，以适应实践需要。

第三，坚持问题导向，着力解决突出问题。枪支、弹药、爆炸物、易燃易爆危险物品的管制和管理牵涉面广，司法实践中遇到的问题较多。《意见》不求面面俱到，坚持问题导向，根据调研掌握的实际情况，重点针对非法违法从事易燃易爆危险物品生产经营活动的法律适用，以及涉枪支、弹药、爆炸物、易燃易爆危险物品犯罪案件的刑事政策把握和行刑衔接等实践中存在的突出问题作出具体规定，为行政执法和司法实践提供有效指引。

第四，坚持协调统一和配合协作。枪支、弹药、爆炸物、易燃易爆危险物品管制和管理工作涉及多个行政执法机关，各行政执法机关相互之间的分工配合，以及行政执法机关与司法机关的协调沟通十分重要。《意见》起草制定过程中，反复认真征求了各行政执法机关的意见，力争就有关争议问题达成共识，避免《意见》出台后因为认识理解不统一，影响实际施行效果。为使各有关单位形成工作合力，《意见》第3条专门就总体要求作出了规定，提出人民法院、人民检察院、公安机关、有关行政执法机关应当分工负责、配合协作，加强沟通协调，及时相互通报情况，共同防范和惩治涉枪支、弹药、爆炸物、易燃易爆危险物品违法犯罪，维护社会治安大局稳定，并在第四部分“加强行政执法与刑事司法衔接”中进一步明确了具体工作要求。

二、非法违法从事易燃易爆危险物品生产经营活动的法律适用

实践中，部分单位和个人非法违法从事易燃易爆危险物品生产经营活动，造成重大安全隐患，极易引发重特大安全事故。如在2014年发生的湖南沪昆高速“7·19”特别重大交通事故中，事故单位违法使用丙烯板材焊接的方形罐体盛装乙醇，并将乙醇伪装成普通货物上路运输，途中与载客大客车追尾导致乙醇大量泄漏并起火燃烧，造成50余人死亡的严重后果。对于此类行为，必须依法严厉追究相关责任单位和个人的法律责任。另外，相关行政执法机关反映，在未导致发生实际事故后果的情况下，涉易燃易爆危险物品非法违法生产经营行为隐蔽性强，行政执法发现难度大，即使可以发现并给予其行政处罚，通过采取罚款、行政拘留等处罚手段也难以有效遏制有关单位

和个人再次实施非法违法行为，迫切需要明确此类行为的刑事责任，予以有效惩治。《意见》第二部分对此类行为的法律适用作出了规定。主要包括以下几个方面内容：

（一）擅自从事易燃易爆危险物品生产、经营、储存等行为的定性

有关行政执法机关提出，天津港“8·12”瑞海公司危险品仓库特大火灾爆炸事故等多起重特大事故中，均存在生产经营单位或者个人非法违法申报、储存易燃易爆危险物品的行为，建议在《意见》中对此类行为的刑事责任作出明确规定。经研究，《意见》第5条第2款明确规定了此类行为应当适用的具体罪名。根据调研情况，将此类行为的典型行为方式归纳为三类：（1）委托无资质企业或者个人储存易燃易爆危险物品的；（2）在储存的普通货物中夹带易燃易爆危险物品的；（3）将易燃易爆危险物品谎报或者匿报为普通货物申报、储存的。同时设置第4项兜底条款，明确在涉及安全生产的事项未经依法批准或者许可，擅自从事易燃易爆危险物品生产、经营、储存等高度危险的生产作业活动，具有发生重大伤亡事故或者其他严重后果的现实危险的，以危险作业罪定罪处罚。作出上述规定，有利于进一步贯彻落实《中共中央、国务院关于推进安全生产领域改革发展的意见》提出的“将生产经营过程中极易导致重大生产安全事故的违法行为列入刑法调整范围”的要求，充分运用刑事手段惩治非法违法生产经营行为，及时消除事故隐患，从根本上防止安全事故发生。

《刑法》第134条之一规定的危险作业罪的成立条件是“具有发生重大伤亡事故或者其他严重后果的现实危险”。如何正确认定“现实危险”、合理确定危险作业罪的成立范围，是一个重要问题。《意见》起草制定过程中，曾考虑设置专门条款，对“现实危险”的具体判断标准作出规定。征求意见过程中，有意见提出，《意见》第5条第2款仅对少量特定行为是否适用危险作业罪作出规定，而危险作业罪中“现实危险”的解释将涉及多个行业领域，涉及企业的正常生产经营问题，影响重大，且问题较为复杂，建议在将来制定有关司法解释时对这一问题再研究作出规定。经认真研究，《意见》删去了相应条款。对于“现实危险”的具体判断标准，还需要在广泛收集案例、深入总结审判经验的基础上进行进一步研究归纳。初步研究认为，结合《安全生产法》等行政法律法规的有关规定，《刑法》第134条之一规定的“现实危

险”不应是抽象的危险，而应当是一种现实存在的、紧迫的危险，如果这种危险持续存在，将可能随时导致发生重大伤亡事故或者其他严重后果。考虑到生产经营活动涉及的行业领域情况各不相同，在具体案件处理过程中，对于是否“具有发生重大伤亡事故或者其他严重后果的现实危险”，需要结合行业属性、行为对象、现场环境、违规行为的严重程度、纠正整改措施的及时性和有效性等因素，进行综合判断；难以确定的，可以依据负有安全生产监督管理职责的部门或者其指定机构出具的意见，结合其他证据进行综合认定。从已有的实际案例来看，如果行为人未经许可擅自从事易燃易爆危险物品生产、经营、储存等活动，并因此引发安全事故，但因为其及时采取了有效制止措施、及时开展抢救，或者因为其他客观原因，最终未造成重大伤亡或者其他严重后果，这种情况下，说明该非法违法行为客观上具有导致发生重大伤亡事故或者其他严重后果的高度危险性，可以认定为“具有发生重大伤亡事故或者其他严重后果的现实危险”，进而对行为人以危险作业罪定罪处罚。

（二）擅自从事易燃易爆危险物品运输行为的定性

根据《危险化学品安全管理条例》第 87 条的规定，委托未依法取得危险货物道路运输许可、危险货物水路运输许可的企业承运危险化学品，以及在托运的普通货物中夹带危险化学品，或者将危险化学品谎报或者匿报为普通货物托运的，由交通运输主管部门责令改正，处 10 万元以上 20 万元以下的罚款，有违法所得的，没收违法所得；拒不改正的，责令停产停业整顿；构成犯罪的，依法追究刑事责任。但是，在认定该条规定行为构成犯罪的情况下，应当适用哪个罪名追究行为人的刑事责任，实践中存在争议，导致对此类行为的法律责任无法充分落实。

《意见》起草制定过程中，对于上述行为应当适用哪个罪名追究刑事责任，主要有三种意见。第一种意见认为，危险化学品运输活动属于《刑法》第 134 条之一第 3 项规定的危险物品生产、经营、储存等高度危险的生产作业活动，行为人未经依法批准或者许可擅自从事易燃易爆危险化学品或者其他易燃易爆危险物品运输的，应当以危险作业罪定罪处罚；第二种意见认为，易燃易爆危险化学品和其他易燃易爆危险物品均可认定为《刑法》第 125 条第 2 款规定的危险物质，行为人未经依法批准或者许可擅自从事易燃易爆危险化学品或者其他易燃易爆危险物品运输的，应当以非法运输危险物质罪定罪处罚；第三种意见认为，非法违法从事易燃易爆危险化学品或者其他易燃易爆危险物品运输的行为不符合危险作业罪和非法运输危险物质罪的构成要件，应当区分不同情况，以危险驾驶罪或者以危险方法危害公共安全罪定罪处罚。

经认真反复研究，《意见》采纳了上述第三种意见。认定非法违法从事易燃易爆危险化学品或者其他易燃易爆危险物品运输行为不符合危险作业罪和非法运输危险物质罪的构成要件，主要理由有两个。首先，运输行为不属于《刑法》第134条之一第3项规定的“生产、经营”行为。考察有关行政法律法规的规定，对于生产、经营两个词语的使用方式不同，则其具体内涵和外延也不相同。《安全生产法》第2条规定，“在中华人民共和国领域内从事生产经营活动的单位（以下统称生产经营单位）的安全生产，适用本法”。将生产、经营两个词语连起来，组成一个词语使用，其外延较为广泛。《安全生产法》所称的“生产经营”，既包括资源开采活动和各种产品的加工、制作活动，也包括各类工程建设和商业、娱乐业以及其他服务业的经营活动，单位和个人出于生产经营目的实施的生产、储存、运输、使用等活动，均可以包括在内。与之不同的是，《危险化学品安全管理条例》第2条第1款规定：“危险化学品生产、储存、使用、经营和运输的安全管理，适用本条例。”将生产、经营两个词语分开使用，并与储存、使用、运输相并列，明显将运输行为排除在了生产、经营之外。根据法秩序统一原理的要求，《刑法》第134条之一第3项的表述方式与《危险化学品安全管理条例》相同，规定的“危险物品生产、经营”的内涵和外延也应当与《危险化学品安全管理条例》一致，故危险物品运输行为不应包含在《刑法》第134条之一第3项规定的“危险物品生产、经营”之内。其次，《刑法》第134条之一第3项和第125条第2款均采用了不完全列举的方式。但是，对于《刑法》第134条之一第3项未明确列举的其他高度危险的生产作业活动，以及第125条第2款未明确列举的其他危险物质，一般不宜由司法机关以采取司法意见的方式作等外解释，否则可能违反罪刑法定原则，不当扩大危险作业罪和非法运输危险物质罪的适用范围。

《意见》第5条第1款和第8条明确，对于非法违法从事易燃易爆危险物品运输的行为，应当根据案件具体情况，选择适用不同的罪名。首先，违反危险化学品安全管理规定，未经依法批准或者许可擅自从事易燃易爆危险物品道路运输活动，危及公共安全的，以危险驾驶罪定罪处罚。《意见》第5条第1款对适用危险驾驶罪的具体行为方式还设置了兜底条款，为适应未来司法实践的需要留下了余地。例如，根据共同犯罪理论，易燃易爆危险物品的生产经营单位或者个人明知他人不具有合法资质，仍然违规委托其承运易燃易爆危险物品，或者故意在托运的普通货物中夹带易燃易爆危险物品的，属于刑法理论上的间接正犯，对该生产经营单位或者个人也应以危险驾驶罪定罪处罚。其次，非法违法从事水路、铁路、航空易燃易爆危险物品运输生产作业活动的，不符合危险驾驶罪的构成要件。由于水路、铁路、航空运输方式的特殊性，一旦在水路、铁路、航空运输过程中发生事故，救援难度极大，极易造成重大人身伤亡和巨额财产损失。《意见》第8条规定，行为人在从事水路、铁路、航空易燃易爆危险物品运输生产作业活动过程中违反有关安全管理的规定，明知存在重大事故隐患而不排除，足以危害公共安全的，可以认定为以危险方法危害公共安全罪。作出上述规定，有利于督促有关单位和个人在事故发生前及时消除安全隐患，确保水路、铁路、航空运输安全。需要注意的是，以危险方法危害公共安全罪是重罪，《意见》将本罪的适用范围严格限定在水路、铁路、航空易燃易爆危险物品运输生产作业活动过程中，实践中不能随意扩大适用范围。对于水路、铁路、航空旅客个人在随身携带或者托运的行李物品中夹带少量易燃易爆危险物品，危及公共安全，情节严重的，可以认定为非法携带危险物品危及公共安全罪，不宜以以危险方法危害公共安全罪定罪处罚。《意见》第8条第2款对此作出了规定。

（三）非法违法从事易燃易爆危险物品生产经营活动导致发生事故行为的定性

刑法规定的重大责任事故罪、重大劳动安全事故罪、危险物品肇事罪等罪名均属于结果犯，以导致发生重大伤亡事故或者造成其他严重后果为必备构成要件。行为人非法违法从事易燃易爆危险物品生产经营活动，导致发生重大事故的，应当认定为危险物品肇事罪或者重大责任事故罪、重大劳动安全事故罪。行为人在发生安全事故后，故意不报、谎报或者迟报事故情况的，严重干扰事故应急救援和调查处理，社会危害性大，应当予以从重处罚；在事故发生后不报、谎报或者迟报事故情况的行为同时构成不报、谎报安全事故罪的，该不报、谎报、迟报行为直接违反了国家的事故调查报告制度，不属于不可罚的事后行为，应当以不报、谎报安全事故罪和危险物品肇事罪或者重大责任事故罪、重大劳动安全事故罪等罪名数罪并罚。《意见》第7条对此予以了明确。

存在争议的是，行为人实施危险作业行为，因而发生重大伤亡事故或者造成其他严重后果，同时符合危险作业罪和危险物品肇事罪等结果犯罪名构成要件的，应当如何定罪处罚。有意见认为，上述情况下，应当按照重罪吸收轻罪和从一重处罚原则，以危险物品肇事罪等结果犯罪名定罪处罚即可。研究认为，单纯以重罪吸收轻罪和从一重处罚原则处理，难以做到罪责刑相适应。这种情况下，行为人的非法违法行为属于危险物品肇事罪等结果犯罪名的必备构成要件，根据禁止重复评价原则，不宜以危险作业罪和危险物品肇事罪等结果犯罪名数罪并罚。但是，行为人的非法违法行为本身具有应受刑罚处罚的严重社会危害性，如果仅采用从一重处罚原则，无法体现出刑法对行为违法性的否定评价，存在刑法评价不足的问题，采取从一重从重处罚原则，才能充分体现刑法对危险作业行为和行为造成危害结果的否定评价。《意见》第5条第3款和第6条区分不同情况作出了规定。具体来讲，行为人实施非法违法行为导致发生重大伤亡事故或者其他严重后果，符合危险物品肇事罪等结果犯罪名构成要件的，如果该非法违法行为本身不构成犯罪，则择一重罪以危险物品肇事罪等罪名定罪处罚；如果该非法违法行为同时构成危险作业罪的，则应以危险物品肇事罪等罪名定罪并从重处罚，以确保罪责刑相适应。

三、涉枪支、弹药、爆炸物犯罪案件的法律适用

《意见》根据《刑法》和《最高人民法院、最高人民检察院关于涉以压缩气体为动力的枪支、气枪铅弹刑事案件定罪量刑问题的批复》等司法解释和规范性文件的规定，进一步重申，对于非法制造、买卖、运输、邮寄、储存、持有、私藏、走私以压缩气体为动力且枪口比动能较低的枪支以及气枪铅弹的行为，应当综合考虑案件情节，综合评估社会危害性，坚持主客观相统一原则，决定是否追究刑事责任以及如何裁量刑罚，确保罪责刑相适应，不能唯数量论。另外，《意见》还根据调研掌握的涉枪支、弹药、爆炸物犯罪

案件情况，对司法实践中存在的其他问题作了进一步明确规定。主要包括以下两个方面内容：

（一）涉枪支、弹药、爆炸物刑事案件中的罪数处断

行为人采用非法制造、买卖、运输、邮寄、储存、盗窃、抢夺、抢劫、持有、私藏、走私等手段非法获取枪支、弹药、爆炸物后，又利用该枪支、弹药、爆炸物实施故意杀人、故意伤害、抢劫、绑架等侵害人身权利、财产权利犯罪的，可能构成刑法理论上的牵连犯。关于牵连犯的处罚原则，理论上有从一重处罚、从一重从重处罚和数罪并罚等多种观点。研究认为，在上述情况下，行为人先后实施了两个独立的行为，分别侵害了枪支、弹药、爆炸物管理制度和他人人身、财产权利两个不同的法益，以涉枪支、弹药、爆炸物犯罪罪名和侵害人身权利、财产权利犯罪罪名数罪并罚，才符合罪责刑相适应原则要求。《意见》第4条明确规定，对上述情况依照数罪并罚的规定处罚。

《意见》起草制定过程中，有意见提出，行为人采用非法手段获取枪支，又利用该枪支实施抢劫犯罪的，由于持枪抢劫属于抢劫罪的加重情节，如果以涉枪支犯罪罪名和抢劫罪数罪并罚，属于重复评价。这种情况下，对作为手段的非法获取枪支行为不应再单独定罪，以抢劫罪一罪定罪处罚即可。研究认为，刑法规定的犯罪构成要件是成立犯罪所必须具备的条件，具有犯罪个别化机能，特定情况下予以数罪并罚是否属于重复评价，一般应当以《刑法》规定的犯罪构成要件为基础进行分析判断。具体来讲，如果《刑法》规定的某个罪名的构成要件足以包含行为人所实施行为的所有不法要素，无须再适用其他罪名的构成要件进行进一步评价，根据禁止重复评价原则，就不能再认定为其他罪名；与之相反，如果仅适用一个罪名的构成要件无法包含所有不法要素，此时如果仅认定为一个罪名，会导致刑法评价不足，则应当同时认定为其他罪名，予以数罪并罚。在行为人同时实施了多个行为的情况下，对某些构成其他犯罪的行为不做评价，人为地加以忽略，将数罪视为一罪，作为处断上的一罪处理，会产生评价不足的问题，难以实现刑罚积极的一般预防功能。具体到抢劫罪而言，《刑法》之所以将持枪抢劫规定为抢劫罪的加重情节，是因为行为人持枪实施抢劫具有造成被害人人身伤亡的高度危险，即《刑法》的评价重点是枪支导致人身伤亡的高度危险性，而行为人无论持采用合法手段获取的枪支还是持采用非法手段获取的枪支实施抢劫，均属于《刑法》规定的持枪抢劫。这种情况下，如果仅以抢劫罪一罪论处，则不能对行为人采用非法手段获取枪支行为的不法要素进行评价，存在评价不足的问题。对于行为人采用非法手段获取枪支的行为和利用该枪支实施抢劫的行为，分别认定为涉枪支犯罪罪名和抢劫罪，并予以数罪并罚，才能充分评价行为人所实施行为的所有不法要素，不违反禁止重复评价原则。

（二）关于宽严相济刑事政策

为最大限度体现宽严相济刑事政策，充分发挥刑法的威慑作用和教育功能，《意见》同时对涉枪支、弹药、爆炸物犯罪从严和从宽两个方面的处理原则作出了规定。《意见》第10条明确规定，对于非法制造、买卖、运输、邮寄、储存、持有、私藏、走私枪支、弹药，以及非法制造、买卖、运输、邮寄、储存爆炸物的行为，应当依照刑法和相关司法解释的规定，从严追究刑事责任。不能认为《最高人民法院、最高人民检察院关于涉以压缩气体为动力的枪支、气枪铅弹刑事案件定罪量刑问题的批复》对涉气枪、气枪铅弹刑事案件的定罪量刑标准作了适当调整，就改变了对涉枪支、弹药、爆炸物犯罪依法从严惩处的总体原则和政策。另外，《意见》第14条对涉枪支、弹药、爆炸物犯罪的从宽处罚情节作了集中规定，明确规定将非法枪支、弹药、爆炸物主动上交公安机关处置，或者有自首、立功情节的，可以从宽处罚，符合特定条件的可以依法不起诉或者免予刑事处罚，以达到区别对待、分化瓦解犯罪分子的积极效果。

四、行政执法与刑事司法衔接

实践中，大量的涉枪支、弹药、爆炸物、易燃易爆危险物品犯罪案件是由有关行政执法机关在行政执法工作过程中发现后，再移送给司法机关处理，移送过程中存在的线索材料移交不及时、证据固定缺乏统一标准等问题，直接影响对犯罪的惩罚效果。《意见》立足于解决实践中存在的突出问题，根据刑法、刑事诉讼法和相关行政法律法规的规定，在第四部分“加强行政执法与刑事司法衔接”中，对涉枪支、弹药、爆炸物、易燃易爆危险物品犯罪案件行政执法与刑事司法衔接有关方面问题作出了进一步明确规定。具体适用过程中，需要注意以下两个问题：

（一）关于移送涉嫌犯罪案件后不停止执行的行政处罚种类

《意见》第21条第2款根据《行政执法机关移送涉嫌犯罪案件的规定》，对有关行政执法机关向公安机关移送涉嫌枪支、弹药、爆炸物、易燃易爆危险物品犯罪案件后，不停止执行的行政处罚种类作了进一步明确。需要注意的是，《意见》第21条第2款对不停止执行的行政处罚种类作了完全列举式规定，仅限于警告、责令停产停业、暂扣或者吊销许可证、暂扣或者吊销执照四种行政处罚措施，实践中不能擅自扩大适用范围。主要原因在于，我国《刑法》规定的刑罚种类和范围相对较窄，主要是人身罚和财产罚；而警告、责令停产停业、暂扣或者吊销许可证、暂扣或者吊销执照属于对违法单位或者个人行为违法性的警示或者对其继续从事违法生产经营活动能力的剥夺，与刑罚相互之间不可替代，也不能相互折抵。在对实施犯罪的单位或者个人判处刑罚的情况下，同时或者提前对其给予警告、责令停产停业、暂扣或者吊销许可证、暂扣或者吊销执照行政处罚措施，有利于及时纠正违法犯罪行为，更好地打击违法犯罪。而行政拘留和罚款属于人身罚和财产罚的范畴，可以与刑罚折抵，不适用《意见》第21条第2款的规定。

（二）关于行政处罚与刑罚的折抵

刑法和行政法律法规对涉枪支、弹药、爆炸物、易燃易爆危险物品违法犯罪分别规定了刑事处罚和行政处罚措施。具体案件处理过程中，行政执法机关在将涉枪支、弹药、爆炸物、易燃易爆危险物品犯罪案件移送司法机关处理时，如果已经对行为人采取了行政处罚措施，可能涉及刑法规定的刑事责任和行政法规定的行政责任的竞合问题。研究认为，对于同一不法行为在不同法律领域间的责任竞合，应当区分不同情况，综合考虑禁止重复评价等法律原则进行处理。正确解决不同部门法规定的法律责任竞合问题，要点在于区分不法者承担的公法上的责任和私法上的责任。公法上的责任属于国家权力机关对不法者的否定评价和施加的不利后果，主要体现惩罚功能，而私法上的责任属于平等民事主体之间基于法律规定产生的法律关系，除特定情形外，主要实现补偿功能。由于功能上存在明显差异，对于同一不法行为所负公法上的责任和私法上的责任，一般情况下应当坚持并科原则。而根据禁止重复评价和禁止双重危险的法律原则，一般情况下不应对同一不法行为处以两种或者两种以上公法上的责任，当不法者已经承担了一种公法上的责任时，如果其仍需承担另一种公法上的责任，则应按照一定标准进行折抵。具体到涉枪支、弹药、爆炸物、易燃易爆危险物品犯罪案件中，行政执法机关依据行政法对行为人科处的罚款、行政拘留等行政处罚措施，体现了对不法者的否定评价和惩罚功能，属于公法上的责任。在行为人已经被给予罚款、行政拘留的情况下，如果其行为又被认定为犯罪，人民法院在对其判处刑罚时，应当依法进行相应的折抵。《意见》第22条第1款明确规定，人民法院对涉枪支、弹药、爆炸物、易燃易爆危险物品犯罪案件被告人判处罚金、有期徒刑或者拘役的，有关行政执法机关已经依法给予的罚款、行政拘留，应当依法折抵相应罚金或者刑期。

五、易燃易爆危险物品的范围认定

危险物品这个概念同时存在于行政法律法规和刑法之中。根据《安全生产法》第117条的规定，危险物品，是指易燃易爆物品、危险化学品、放射性物品等能够危及人身安全和财产安全的物品。根据《刑法》第136条的规定，刑法中的危险物品，是指具有爆炸性、易燃性、放射性、毒害性、腐蚀性等性质的物品，与《安全生产法》的有关规定并不存在实质性差别。《意见》基于实践需要，将规制范围限定为易燃易爆危险物品，第23条对其外延作了原则性、指引性规定。根据《意见》第23条的规定，易燃易爆危险物品包括以下几种：第一，易燃易爆危险化学品，具体范围可以根据《危险化学品目录》确定；第二，易燃易爆危险货物，具体范围可以根据《危险货物品名表》确定；第三，其他易燃易爆危险物品，如具有明显爆炸性、易燃性的危险废物等。需要注意的是，易燃易爆危险物品的外延较为广泛，部分种类的爆炸物也可能包括在内。对于属于爆炸物范畴的易燃易爆危险物品，应当直接适用《刑法》中有关爆炸物的罪名定罪处罚，不再按照易燃易爆危险物品处理。

（最高人民法院　滕　伟　王军强　李加玺）

最高人民法院、最高人民检察院、公安部、监察部、国家安全生产监督管理总局关于严格依法及时办理危害生产安全刑事案件的通知

（2008年6月6日　高检会〔2008〕5号）

各省、自治区、直辖市高级人民法院、人民检察院、公安厅（局）、监察厅（局）、安全生产监督管理局，新疆维吾尔自治区高级人民法院生产建设兵团分院、新疆生产建设兵团人民检察院、公安局、监察局、安全生产监督管理局，各省级煤矿安全监察机构：

为充分发挥刑事诉讼活动对预防重大生产安全责任事故的重要作用，维护法律权威，保障人民群众生命财产安全，促进社会和谐稳定，推动经济社会又好又快发展，根据中华人民共和国刑法、刑事诉讼法、安全生产法、《最高人民法院、最高人民检察院关于办理危害矿山生产安全刑事案件具体应用法律若干问题的解释》和国务院《生产安全事故报告和调查处理条例》等法律法规的规定，现就严格依法及时办理危害生产安全刑事案件的有关事项通知如下：

一、进一步提高对办理危害生产安全刑事案件重要性的认识。各级人民法院、人民检察院、公安机关、监察机关、安全生产监督管理部门和煤矿安全监察机构要从维护法律权威，促进在全社会实现公平正义的高度，充分认识及时、严肃、认真办理危害生产安全刑事案件的重要性和紧迫性，采取更加有效的措施，加大工作力度，提高办案质量和效率，促进生产安全形势持续稳定好转，实现办案的法律效果与社会效果的有机统一。

二、安全生产监督管理部门、煤矿安全监察机构和负有安全生产监督管理职责的有关部门接到事故报告后，应当按规定及时通知公安机关、监察机关、工会和人民检察院。

有关单位和人员要严格履行保护现场和重要痕迹、物证的义务。因抢救人员、防止事故扩大以及疏通交通等原因，需要移动事故现场物件的，应当做出标志，绘制现场简图并做出书面记录，妥善保存现场重要痕迹、物证。任何单位和个人不得破坏事故现场、毁灭相关证据。

相关单位、部门要在事故调查组的统一组织协调下开展调查取证、现场勘验、技术鉴定等工作，查明事故发生的经过、原因、人员伤亡情况及直接经济损失，认定事故的性质和事故责任，在法定期限内完成事故调查处理工作，并将处理意见抄送有关单位、部门。

事故调查过程中，发现涉嫌犯罪的，事故调查组应当及时将有关材料或者复印件移交公安机关、检察机关。

三、公安机关、人民检察院根据事故的性质和造成的危害后果，对涉嫌构成犯罪的，应当按照案件管辖规定，及时立案侦查，采取强制措施和侦查措施。犯罪嫌疑人逃匿的，公安机关应当迅速开展追捕工作。要全面收集证明犯罪嫌疑人有罪无罪以及犯罪情节轻重的证据材料。对容易灭失的痕迹、物证应当首先采取措施提取、固定。

需要有关部门进行鉴定的，公安机关、检察机关应当及时建议事故调查组组织鉴定，也可以自行组织鉴定。事故调查组组织鉴定、或者委托有关部门鉴定、或者公安机关、检察机关自行组织鉴定的，鉴定报告原则上应当自委托或者决定之日起二十日内作出。不涉及机械、电气、瓦斯、化学、有毒有害物（气）体、锅炉压力容器、起重机械、地质勘察、工程设计与施工质量、火灾以及非法开采、破坏矿产资源量认定等专业技术问题的，不需要进行鉴定，相关事实和证据符合法定条件的，可以逮捕、公诉和审判。

四、人民法院、人民检察院、公安机关在办理危害生产安全刑事案件中应当分工负责，互相配合、互相制约。公安机关对已经被刑事拘留的犯罪嫌疑人，在提请批准逮捕前可以先行通知检察机关，听取检察机关对收集、固定证据和开展技术鉴定工作的意见、建议。检察机关应当加强与公安机关的联系配合，认真做好审查批准逮捕工作。公安机关办理的危害生产安全案件中被采取强制措施的犯罪嫌疑人，如系人民检察院办理的渎职等职务犯罪案件的证人或者同案犯，人民检察院需要对其进行询问或者讯问的，可商公安机关予以配合，公安机关应当予以配合。公安机关办理危害生产安全刑事案件涉及渎职等职务犯罪案件的，如果涉嫌主罪属于公安机关管辖的，由公安机关为主侦查，人民检察院予以配合；如果涉嫌主罪属于人民检察院管辖的，由人民检察院为主侦查，公安机关予以配合。

人民法院、人民检察院和公安机关要坚持以事实为根据，以法律为准绳，贯彻宽严相济的刑事政策，依法从快侦查、审查批准逮捕、审查起诉和审判，尽可能提高办案效率。证明案件事实、性质、危害后果以及犯罪嫌疑人刑事责任的证据具备的，应当提起公诉和审判。不能以变更监视居住、取保候审为名压案不办。

五、加强业务指导和案件督办。上级公安机关、人民检察院对危害生产安全的重特大刑事案件可以直接组织办理，获取主要证据后，指定下级公安机关、人民检察院侦查终结，也可以采取挂牌督办、派员参办等方法，专人负责，全程跟踪。上级公安机关、人民检察院要支持下级机关依法办案，帮助他们排除干扰和阻力，研究解决办案过程中遇到的重大疑难问题。对发案地人民法院、人民检察院、公安机关办理确有困难的案件，上级人民法院、人民检察院、公安机关可以指定管辖、异地交办。

六、人民法院、人民检察院、公安机关、监察机关、安全生产监督管理部门、煤矿安全监察机构，对生产安全责任事故刑事案件的事实、性质认定、证据采信、法律适用以及责任追究有意见分歧的，应当加强协调沟通。协调后意见仍然不一致的，各自向上级机关（部门）报告，由上级机关（部门）协调解决。

公安机关、人民检察院对危害生产安全刑事案件的犯罪嫌疑人采取拘留、逮捕等强制措施的，人民法院作出判决的，应当及时通报事故调查组或者相关职能部门。在案件办理过程中，由于事实、证据或者案件性质发生变化，需要改变原处理决定的，也应当及时通报事故调查组或者相关职能部门。

七、严肃查办谎报瞒报事故行为。对有关单位和个人故意干扰、阻碍办案，或者毁灭、伪造证据、转移藏匿物证书证，或者拒不提供证据资料等违纪违法行为，监察机关要追究直接责任人和有关领导的责任；违反治安管理的，由公安机关进行治安管理处罚；构成犯罪的，依法追究刑事责任。对国家机关工作人员徇私枉法、帮助犯罪分子逃避处罚以及滥用职权、玩忽职守的，检察机关、监察机关要严肃查处；构成犯罪的，依法追究刑事责任。

八、提高工作透明度，主动接受社会监督。生产安全领域刑事案件的调查、判决情况要及时向社会公布，以取信于民。

九、本通知所提出的各项要求适用于《生产安全事故报告和调查处理条例》规定的生产经营活动中发生的造成人身伤亡或者直接经济损失的生产安全事故的报告、调查处理和侦查、公诉、审判工作。环境污染事故、核设施事故、国防科研生产事故的报告、调查处理以及侦查、公诉、审判工作不适用本通知。

最高人民法院、最高人民检察院、公安部、国家安全生产监督管理总局关于依法加强对涉嫌犯罪的非法生产经营烟花爆竹行为刑事责任追究的通知

（2012年9月6日　安监总管三〔2012〕116号）

各省、自治区、直辖市高级人民法院、人民检察院、公安厅（局）、安全生产监督管理局，新疆维吾尔自治区高级人民法院生产建设兵团分院，新疆生产建设兵团人民检察院、公安局、安全生产监督管理局：

近年来，一些地区非法生产、经营烟花爆竹问题十分突出，由此引发的事故时有发生，给人民群众生命财产安全造成严重危害。为依法严惩非法生产、经营烟花爆竹违法犯罪行为，现就依法加强对涉嫌犯罪的非法生产、经营烟花爆竹行为刑事责任追究有关要求通知如下：

一、非法生产、经营烟花爆竹及相关行为涉及非法制造、买卖、运输、邮寄、储存黑火药、烟火药，构成非法制造、买卖、运输、邮寄、储存爆炸物罪的，应当依照刑法第一百二十五条的规定定罪处罚；非法生产、经营烟花爆竹及相关行为涉及生产、销售伪劣产品或不符合安全标准产品，构成生产、销售伪劣产品罪或生产、销售不符合安全标准产品罪的，应当依照刑法第一百四十条、第一百四十六条的规定定罪处罚；非法生产、经营烟花爆竹及相关行为构成非法经营罪的，应当依照刑法第二百二十五条的规定定罪处罚。上述非法生产经营烟花爆竹行为的定罪量刑和立案追诉标准，分别按照《最高人民法院关于审理非法制造、买卖、运输枪支、弹药、爆炸物等刑事案件具体应用法律若干问题的解释》（法释〔2009〕18号）、《最高人民法院最高人民检察院关于办理生产、销售伪劣商品刑事案件具体应用法律若干问题的解释》（法释〔2001〕10号）、《最高人民检察院、公安部关于公安机关管

辖的刑事案件立案追诉标准的规定（一）》（公通字〔2008〕36号）、《最高人民检察院、公安部关于公安机关管辖的刑事案件立案追诉标准的规定（二）》（公通字〔2010〕23号）等有关规定执行。

二、各相关行政执法部门在查处非法生产、经营烟花爆竹行为过程中，发现涉嫌犯罪，依法需要追究刑事责任的，应当依照《行政执法机关移送涉嫌犯罪案件的规定》（国务院令第310号）向公安机关移送，并配合公安机关做好立案侦查工作。公安机关应当依法对相关行政执法部门移送的涉嫌犯罪案件进行审查，认为有犯罪事实，需要追究刑事责任的，应当依法立案，并书面通知移送案件的部门；认为不需要追究刑事责任的，应当说明理由，并书面通知移送案件的部门。公安机关在治安管理工作中，发现非法生产、经营烟花爆竹行为涉嫌犯罪的，应当依法立案侦查。

三、检察机关对于公安机关提请批准逮捕、移送审查起诉的上述涉嫌犯罪的案件，对符合逮捕和提起公诉法定条件的，要依法予以批捕、起诉；要加强对移送、立案案件的监督，对应当移送而不移送、应当立案而不立案的，要及时监督。人民法院对于起诉到法院的上述涉嫌犯罪的案件，要按照宽严相济的政策，依法从快审判，对同时构成多项犯罪或屡次违法犯罪的，要从重处罚；上级人民法院要加强对下级人民法院审判工作的指导，保障依法及时审判。要坚持“以事实为根据，以法律为准绳”的原则，严把案件的事实关、证据关、程序关和适用法律关，切实做到事实清楚，证据确凿，定性准确，量刑适当。人民法院、人民检察院、公安机关、安全生产监督管理部门要积极沟通、相互配合，充分发挥联动机制功能，加大对相关犯罪案件查处、审判情况的宣传，充分发挥刑事审判和处罚的震慑作用，教育群众自觉抵制、检举揭发相关违法犯罪活动。

第二部分

案 例 评 析

1. 于学伟、董社轩、只峰等非法储存危险物质、非法经营、危险物品肇事、单位行贿案（天津港“8·12”特大火灾爆炸事故案）

——非法储存硝酸铵导致发生安全事故行为如何定罪处罚

一、基本案情

被告人于学伟，男，1974年5月15日出生，天津东疆保税港区瑞海国际物流有限公司实际控制人。2015年9月21日因涉嫌犯非法储存危险物质罪、非法经营罪、危险物品肇事罪被逮捕。

被告人董社轩，男，1982年4月18日出生，瑞海国际物流有限公司实际控制人。2015年9月21日因涉嫌犯非法储存危险物质罪、非法经营罪、危险物品肇事罪被逮捕。

被告人只峰，男，1972年8月4日出生，瑞海国际物流有限公司总经理、法定代表人。2015年9月21日因涉嫌犯非法储存危险物质罪、非法经营罪、危险物品肇事罪被逮捕。

被告人尚庆森，男，1983年6月28日出生，瑞海国际物流有限公司副总经理。2015年9月21日因涉嫌犯非法储存危险物质罪、非法经营罪、危险物品肇事罪被逮捕。

被告人曹海军，男，1971年9月12日出生，瑞海国际物流有限公司副总经理。2015年9月21日因涉嫌犯非法储存危险物质罪、非法经营罪、危险物品肇事罪被逮捕。

被告人郭向滨，男，1962年12月5日出生，瑞海国际物流有限公司安保部部长。2015年9月21日因涉嫌犯非法储存危险物质罪、非法经营罪、危险物品肇事罪被逮捕。

被告人刘振国，男，1983年10月22日出生，瑞海国际物流有限公司副总经理。2015 年 9 月 21 日因涉嫌犯非法储存危险物质罪、非法经营罪被逮捕。

被告人宋齐，男，1969 年 2 月 23 日出生，瑞海国际物流有限公司财务总监。2015 年 9 月 21 日因涉嫌犯非法储存危险物质罪、非法经营罪被逮捕。

被告人李雅翔，男，1972 年 8 月 15 日出生，瑞海国际物流有限公司出口装箱部副经理。2015 年 9 月 21 日因涉嫌犯非法储存危险物质罪被逮捕。

被告人田旺，男，1983 年 11 月 13 日出生，瑞海国际物流有限公司原副总经理。2015 年 9 月 21 日因涉嫌犯非法储存危险物质罪、非法经营罪被逮捕。

被告人杨默，男，1982 年 8 月 21 日出生，瑞海国际物流有限公司原办公室主任。2015 年 9 月 21 日因涉嫌犯非法储存危险物质罪、非法经营罪被逮捕。

被告人李亮，男，1981 年 4 月 19 日出生，瑞海国际物流有限公司原法定代表人。2015 年 9 月 21 日因涉嫌犯非法储存危险物质罪、非法经营罪被逮捕。

被告人周志刚，男，1986 年 6 月 25 日出生，瑞海国际物流有限公司操作部业务员。2015 年 9 月 21 日因涉嫌犯危险物品肇事罪被逮捕。

天津市人民检察院第二分院以被告人于学伟犯非法储存危险物质罪、非法经营罪、危险物品肇事罪、单位行贿罪，被告人董社轩、只峰、尚庆森、曹海军、郭向滨犯非法储存危险物质罪、非法经营罪、危险物品肇事罪，被告人刘振国、宋齐、李雅翔、田旺、杨默、李亮犯非法储存危险物质罪、非法经营罪，被告人周志刚犯危险物品肇事罪，向天津市第二中级人民法院提起公诉。

被告人于学伟、董社轩、只峰、尚庆森、曹海军、郭向滨、刘振国、宋齐、李雅翔、田旺、杨默、李亮、周志刚对公诉机关指控的犯罪事实及罪名均无异议，请求人民法院从轻处罚。

被告人于学伟的辩护人提出，于学伟所犯非法储存危险物质罪和单位行贿罪不属于情节严重，案发前表现良好，系初犯、偶犯，归案后如实供述自己及他人的全部罪行，认罪态度好，请求从轻或者减轻处罚。

被告人董社轩的辩护人提出，董社轩未参与瑞海国际物流有限公司（以下简称瑞海公司）经营管理，未实施弄虚作假行为，请求从轻处罚。

被告人只峰的辩护人提出，只峰对瑞海公司的日常经营管理活动无决策权和决定权，在单位犯罪中地位、作用较小，系初犯，案发后积极配合调查，认罪、悔罪，请求从轻处罚。

被告人尚庆森的辩护人提出，尚庆森处于次要地位，归案后如实供述罪行，请求从轻、减轻或者免除处罚。

被告人曹海军的辩护人提出，曹海军系从犯，应当从轻、减轻处罚。

被告人郭向滨的辩护人提出，郭向滨并非单位犯罪中直接负责的主管人员，在共同犯罪中所起作用较小，归案后如实供述主要犯罪事实，请求从轻处罚。

被告人刘振国的辩护人提出，刘振国在此次事故中所起作用较小，在非法经营共同犯罪中仅起次要和辅助作用，属于从犯，且认罪态度好，请求从轻处罚。

被告人宋齐的辩护人提出，宋齐作为瑞海公司财务总监，参与公司非法储存危险物质、非法经营犯罪行为的情节轻微，地位、作用较小，且自愿认罪，主观恶性和人身危险性较小，请求从轻处罚。

被告人李雅翔的辩护人提出，李雅翔不属于瑞海公司中的直接责任人员，属于从犯，应当比照直接负责的主管人员从轻处罚，案发后积极配合调查，当庭自愿认罪，请求从轻处罚。

被告人田旺的辩护人提出，田旺在瑞海公司经营过程中所起作用较小，归案后认罪、悔罪，请求从轻、减轻处罚。

被告人杨默的辩护人提出，杨默系瑞海公司一般员工，并非公司高级管理人员和直接经营人员，在共同犯罪中处于从属地位，且系初犯，归案后如实供述主要犯罪事实，请求依法从轻处罚。

被告人李亮的辩护人提出，李亮在单位犯罪中的情节较轻，属于从犯，请求从轻处罚。

被告人周志刚的辩护人提出，周志刚有坦白情节，依法可以减轻处罚。

天津市第二中级人民法院经审理查明：瑞海公司于 2012 年 11 月 28 日注册成立，地址位于天津东疆保税港区亚洲路 6975 号金融贸易中心南区 1 栋 1 门 5012 室-45，原法定代表人为被告人李亮。被告人于学伟通过李亮隐名持股 55%。被告人董社轩通过他人隐名持股 45%。被告人只峰担任公司总经理。

被告人尚庆森担任副总经理，主管安保部和运抵部。被告人曹海军担任副总经理，主管操作部。被告人郭向滨担任安保部部长。被告人刘振国担任副总经理，主管装箱部和危申部。被告人宋齐担任财务总监。被告人李雅翔担任出口装箱部副经理。被告人田旺担任副总经理，主管安保部，后于2014年年初离职。被告人杨默担任办公室主任，后于2014年年初离职。被告人周志刚担任操作部业务员。2013年1月，瑞海公司租赁位于天津市滨海新区天津港国际物流中心吉运二道95号的集装箱堆场作为危险品仓库。同年1月24日，瑞海公司办理工商营业执照变更登记，将经营范围由“仓储业务经营（危化品除外、港区内除外）”变更为“在港区内从事仓储业务经营（危化品除外）”。2015年1月29日，瑞海公司法定代表人由李亮变更为只峰。

2013年1月18日至2014年5月4日，被告人于学伟等人采用贿赂手段从天津市交通运输和港口管理局（2014年7月并入天津市交通运输委员会）非法取得多份临时港口危险化学品经营批复，此后又通过伪造环境影响评价公众参与调查表、提供虚假公示证明材料、瞒报危险化学品实际仓储面积等弄虚作假方式，通过了环境影响评价验收，并采取编造防爆叉车购买合同、临时码放集装箱充当防火墙、验收当天暂停作业等违法手段，通过了消防验收审核及安全验收评价，最终于2015年6月23日违法取得港口经营许可证和港口危险货物作业附证。2013年5月至2015年8月，瑞海公司违反相关法律、法规，在位于天津港国际物流中心吉运二道95号的危险品仓库内非法储存氰化钠、甲基磺酰氯等剧毒化学品共计49 332.97吨，并非法经营和储存烧碱、电石、硝酸铵等其他危险化学品，经营数额达47 805 252.64元。

瑞海公司日常经营过程中，被告人于学伟等公司管理人员安全生产主体责任不落实，存在违规大量存放硝酸铵、严重超负荷经营、超量储存、违规混存、超高堆码危险货物以及违规开展拆箱、搬运、装卸等严重违反安全管理规定的问题。2015年8月12日22时许，瑞海公司危险品仓库运抵区南侧集装箱内的硝化棉由于湿润剂散失出现局部干燥，在高温天气等因素的作用下加速分解放热并积热自燃，引起相邻集装箱内的硝化棉和其他危险化学品长时间大面积燃烧，导致堆放于运抵区的硝酸铵等危险化学品发生爆炸，最终酿成特大火灾爆炸事故。被告人周志刚作为瑞海公司案发当晚的值班负责人，未履行相应职责，对爆炸事故负有直接责任。经国务院事故调查组调查认定，天津港“8 · 12”特大火灾爆炸事故是一起特别重大生产安全责任事故，共计造成165人死亡、8人失踪、798人受伤住院治疗，另有304幢建筑物、12 428辆商品汽车、7533个集装箱受损，截至2015年12月10日，已核定直接经济损失68.66亿元。

2015年8月13日至9月9日，于学伟等13名被告人先后被抓获归案。于学伟归案后主动供述称，其为了瑞海公司违法取得港口危险货物经营资质，多次向时任天津市交通运输和港口管理局副局长的李志刚以及该局港口管理处处长冯刚（均另案处理）进行请托，送给李志刚现金1万元以及价值8.83万余元的高尔夫球杆、高尔夫测距仪、电视机、茅台酒、商场提货卡等财物，送给冯刚价值5.92万余元的高尔夫测距仪、茅台酒、购物卡等财物。以上财物共计价值15.75万元。2016年3月21日，瑞海公司被天津市滨海新区市场和质量监督管理局依法吊销营业执照。同年7月1日，瑞海公司违法取得的港口经营许可证和港口危险货物作业附证被依法吊销。

天津市第二中级人民法院认为，依照《港口法》和《港口危险货物安全管理规定》等法律、法规的规定，在港区内从事危险化学品经营活动的企业必须取得港口经营许可证和港口危险货物作业附证；需要试运行的，也需办理临时港口经营许可证，不得以批复代替。瑞海公司实际控制人被告人于学伟等人为达到让瑞海公司快速运营、尽快营利的目的，通过赠送财物和出资邀请打高尔夫球等不正当手段，拉拢、腐蚀国家机关工作人员，违法获得多个经营危险货物的行政批复，无论是取得批复的手段、还是批复本身均不合法。于学伟等人还通过伪造材料、弄虚作假等手段违法通过环境影响评价、消防验收审核及安全验收评价，最终使瑞海公司违法获得港口经营许可证和港口危险货物作业附证，但实际上并不具备港口危险货物经营资质。辩护人关于瑞海公司在取得批复和“两证”期间应认定为合法储存危险物质和合法经营的辩护意见不予采纳。瑞海公司不具备港口危险货物经营资质，采取欺骗、贿赂等手段违法取得行政许可批复和港口经营许可证及港口危险货物作业附证，置周边人民群众生命、财产安全于不顾，长期非法储存氰化钠等毒害性物质，数量巨大，情节严重；违法违规经营其他危险化学品，数额巨大，情节严重；违反危险物品管理规定，在危险物品储存过程中发生特大火灾爆炸事故，后果特别严重。涉案被告人中，被告人于学伟、董社轩、只峰属于主管公司全面业务的实际负责人和主要负责人，被告人尚庆森、曹海军、刘振国、宋齐属于公司领导层成员，被告人郭向滨、田旺、杨默、李雅翔、李亮明知瑞海公司不具备危险货物经营资质，仍然领导或者参与毒害性物质及其他危险化学品的储存、经营业务，对上述12名被告人均应以非法储存危险物质罪、非法经营罪定罪处罚。同时，于学伟、董社轩、只峰、尚庆森、曹海军、郭向滨明知瑞海公司日常经营过程中存在违规存放硝酸铵、严重超负荷经营、超量存储、违规混存、超高堆码危险货物等问题，为牟取暴利，置生产安全于不顾，大肆违规操作；被告人周志刚作为瑞海公司值班负责人，应对值班期间安全生产工作负责，其在事故发生当晚发现违规问题后未依法履职处置。上述7名被告人未履行安全生产主体责任，致使大量安全隐患长期存在，最终造成瑞海公司危险品仓库发生特大火灾爆炸事故，后果特别严重，均应以危险物品肇事罪定罪处罚。另外，于学伟为使瑞海公司违规获取危险货物经营资质，向国家机关工作人员行贿，应以单位行贿罪定罪处罚。公诉机关指控罪名成立，应予支持。在非法储存危险物质和非法经营共同犯罪中，于学伟、董社轩、只峰系主犯，依法应当按照其所参与的全部犯罪处罚；曹海军、尚庆森、刘振国、宋齐、郭向滨、李雅翔、田旺、杨默、李亮系从犯，根据各自地位作用、犯罪情节及参与程度，对曹海军、尚庆森从轻处罚，对刘振国、宋齐、郭向滨、李雅翔、田旺、杨默、李亮减轻处罚。在危险物品肇事罪中，依照各被告人所犯罪行分别予以处罚。其中，于学伟对所犯单位行贿罪构成自首，所犯非法储存危险物质罪性质恶劣，主观恶性深，社会危害性大，属于罪行极其严重的犯罪分子，依法应当判处死刑，鉴于其归案后如实供述罪行，认罪、悔罪，对其判处死刑，可不立即执行。据此，依照《刑法》第125条，第136条，第225条第1项，第393条，第389条第1款，第390条，第25条，第26条第1、4款，第27条，第31条，第52条，第53条，第55条第1款，第57条第1款，第67条第2、3款，第69条第1款；《最高人民法院关于处理自首和立功具体应用法律若干问题的解释》第2条；《刑事诉讼法》第74条、第195条第1项；《最高人民法院关于适用〈中华人民共和国刑事诉讼法〉的解释》第241条第1款第1项之规定，判决如下：

1. 被告人于学伟犯非法储存危险物质罪，判处死刑，缓期2年执行，剥夺政治权利终身；犯非法经营罪，判处有期徒刑12年，并处罚金人民币50

万元；犯危险物品肇事罪，判处有期徒刑 7 年；犯单位行贿罪，判处有期徒刑 4 年，并处罚金人民币 20 万元。决定执行死刑，缓期 2 年执行，剥夺政治权利终身，并处罚金人民币 70 万元。

2. 被告人董社轩犯非法储存危险物质罪，判处无期徒刑，剥夺政治权利终身；犯非法经营罪，判处有期徒刑 11 年，并处罚金人民币 50 万元；犯危险物品肇事罪，判处有期徒刑 7 年。决定执行无期徒刑，剥夺政治权利终身，并处罚金人民币 50 万元。

3. 被告人只峰犯非法储存危险物质罪，判处无期徒刑，剥夺政治权利终身；犯非法经营罪，判处有期徒刑 11 年，并处罚金人民币 50 万元；犯危险物品肇事罪，判处有期徒刑 7 年。决定执行无期徒刑，剥夺政治权利终身，并处罚金人民币 50 万元。

4. 被告人尚庆森犯非法储存危险物质罪，判处有期徒刑 10 年，剥夺政治权利 3 年；犯非法经营罪，判处有期徒刑 6 年，并处罚金人民币 8 万元；犯危险物品肇事罪，判处有期徒刑 5 年。决定执行有期徒刑 18 年，剥夺政治权利 3 年，并处罚金人民币 8 万元。

5. 被告人曹海军犯非法储存危险物质罪，判处有期徒刑 10 年，剥夺政治权利 3 年；犯非法经营罪，判处有期徒刑 6 年，并处罚金人民币 8 万元；犯危险物品肇事罪，判处有期徒刑 5 年。决定执行有期徒刑 18 年，剥夺政治权利 3 年，并处罚金人民币 8 万元。

6. 被告人郭向滨犯非法储存危险物质罪，判处有期徒刑 8 年；犯非法经营罪，判处有期徒刑 5 年，并处罚金人民币 7 万元；犯危险物品肇事罪，判处有期徒刑 5 年。决定执行有期徒刑 15 年，并处罚金人民币 7 万元。

7. 被告人刘振国犯非法储存危险物质罪，判处有期徒刑 8 年；犯非法经营罪，判处有期徒刑 5 年，并处罚金人民币 7 万元。决定执行有期徒刑 10 年，并处罚金人民币 7 万元。

8. 被告人宋齐犯非法储存危险物质罪，判处有期徒刑 6 年；犯非法经营罪，判处有期徒刑 4 年，并处罚金人民币 6 万元。决定执行有期徒刑 8 年，并处罚金人民币 6 万元。

9. 被告人李雅翔犯非法储存危险物质罪，判处有期徒刑 4 年；犯非法经营罪，判处有期徒刑 2 年，并处罚金人民币 3 万元。决定执行有期徒刑 5 年，并处罚金人民币 3 万元。

10. 被告人田旺犯非法储存危险物质罪，判处有期徒刑 3 年；犯非法经营罪，判处有期徒刑 2 年，并处罚金人民币 3 万元。决定执行有期徒刑 4 年，并处罚金人民币 3 万元。

11. 被告人杨默犯非法储存危险物质罪，判处有期徒刑 3 年；犯非法经营罪，判处有期徒刑 2 年，并处罚金人民币 3 万元。决定执行有期徒刑 4 年，并处罚金人民币 3 万元。

12. 被告人李亮犯非法储存危险物质罪，判处有期徒刑 3 年；犯非法经营罪，判处有期徒刑 1 年，并处罚金人民币 1. 5 万元。决定执行有期徒刑 3 年 6 个月，并处罚金人民币 1. 5 万元。

13. 被告人周志刚犯危险物品肇事罪，判处有期徒刑 3 年。

宣判后，被告人于学伟、董社轩、只峰、尚庆森、曹海军、郭向滨、刘振国、宋齐、李雅翔、田旺、杨默、李亮、周志刚均服判不上诉，检察机关未抗诉。天津市第二中级人民法院依法将对于学伟的死缓判决部分报送天津市高级人民法院复核。

天津市高级人民法院经复核查明的事实与原审相同。

天津市高级人民法院经复核认为，原审判决认定的事实清楚，证据确实、充分，被告人于学伟的行为构成非法储存危险物质罪、非法经营罪、危险物品肇事罪和单位行贿罪，应依法数罪并罚。辩护人提出的于学伟归案后如实供述罪行、认罪态度好、所犯单位行贿罪构成自首的辩护意见，原审在量刑时均已充分考虑，量刑适当，审判程序合法。遂裁定核准对被告人于学伟犯以非法储存危险物质罪判处死刑，缓期 2 年执行，剥夺政治权利终身；以非法经营罪判处有期徒刑 12 年，并处罚金人民币 50 万元；以危险物品肇事罪判处有期徒刑 7 年；以单位行贿罪判处有期徒刑 4 年，并处罚金人民币 20 万元。决定执行死刑，缓期 2 年执行，剥夺政治权利终身，并处罚金人民币 70 万元的刑事判决。

二、主要问题

1. 非法储存硝酸铵导致发生安全事故的行为应当如何定罪？

2. 非法储存危险物质罪应当如何量刑？

三、裁判理由

天津港“8・12”特大火灾爆炸事故是一起具有重大社会影响的生产安全责任事故，党中央、国务院高度重视，社会反响十分强烈，社会舆论一致要求查明事故原因，依法严惩相关责任人员。2016 年 11 月，天津市有关人民法院对这一系列案件进行了一审集中审理和宣判，事故涉及的 1 个被告单位和 49 名被告人均服判不上诉，案件处理结果得到了社会的广泛认同，取得了良好效果。本案即为其中之一。

本案审理过程中，对涉案 13 名被告人的定罪量刑，司法机关内部存在一定分歧。其中，定罪方面的分歧在于，被告人于学伟等人在港区内非法储存硝酸铵，导致发生特大火灾爆炸事故的行为应当如何定性；量刑方面的分歧主要是对于学伟等人所犯非法储存危险物质罪应当如何量刑。现就上述两个方面的问题进行简要分析。

（一）被告人在港区内非法储存硝酸铵，导致发生特大火灾爆炸事故的行为依法构成危险物品肇事罪

案件审理过程中，对于被告人于学伟等人在港区内非法大量储存硝酸铵，导致发生特大火灾爆炸事故，造成重大人员伤亡和巨额经济损失的行为应当如何定性，主要存在以下两种意见：

一种意见认为，硝酸铵属于法律、行政法规规定的民用爆炸物品，被告人非法储存民用爆炸物品，依法构成非法储存爆炸物罪。

另一种意见认为，综合法律、行政法规的相关规定，对硝酸铵不宜一概认定为爆炸物，本案中的硝酸铵可燃物质含量较低，不属于爆炸物，应归入《刑法》规定的危险物品的范畴。被告人在危险物品储存过程中违反管理规定，导致发生重大事故，行为构成危险物品肇事罪。

我们同意第二种意见，被告人于学伟等人非法储存硝酸铵的行为构成危险物品肇事罪。理由如下：

第一，不能将硝酸铵不加区别地一律认定为《刑法》中的爆炸物。

非法储存爆炸物罪和危险物品肇事罪的主要区分标准之一在于，两罪的犯罪对象不同。根据《刑法》规定，非法储存爆炸物罪的犯罪对象为爆炸物，而危险物品肇事罪的犯罪对象为危险物品，其中包括爆炸性、易燃性、放射

性、毒害性、腐蚀性物品等五类。《刑法》中的爆炸物属于特定概念，有特定的内涵和外延，且从解释论的角度来讲，《刑法》将爆炸物与枪支、弹药作并列规定，并配备完全相同的法定刑，说明立法机关认为非法制造、买卖、运输、邮寄、储存爆炸物行为与对枪支、弹药实施上述行为的社会危害性相同。因此，实践中，对《刑法》中爆炸物的范围应当进行严格限定，结合相关法律、行政法规的规定进行认定，不能随意扩大范围。另外，《刑法》对危险物品肇事罪犯罪对象的表述为"爆炸性、易燃性、放射性、毒害性、腐蚀性物品"，强调的是物品的化学属性，因此，凡是具有爆炸可能性且属于安全管理规定规制范围内的物品，均可以认定为危险物品肇事罪犯罪对象中的爆炸性物品。从这个意义上讲，爆炸性物品的范围较广，属于爆炸物的上位概念。行为人非法储存的物品属于爆炸物的，应当认定为非法储存爆炸物罪，非法储存属于爆炸物之外的其他爆炸性物品并导致发生重大事故的，应当认定为危险物品肇事罪。

认为被告人的行为构成非法储存爆炸物罪的意见认为，2002 年《国务院办公厅关于进一步加强民用爆炸物品安全管理的通知》明确提出，自该通知发布之日起，硝酸铵列入《民用爆炸物品品名表》，硝酸铵的销售、购买和使用纳入民用爆炸物品管理。另外，国防科学技术工业委员会、公安部 2006 年联合制订的《民用爆炸物品品名表》也将硝酸铵列入其中。上述规定充分说明，硝酸铵属于法律、行政法规规定的民用爆炸物品。

研究认为，上述意见值得商榷。首先，硝酸铵在实践中的应用情况比较复杂，是否应当归入民用爆炸物品的范畴，需要具体分析。一方面，硝酸铵是制造民用爆炸物品的主要原料之一，极易被私自炒成炸药，严重危害公共安全，需要严格管理。另一方面，硝酸铵又是一种农用化肥，曾在一段时期内在农村地区被广泛使用，如果不加区别地一律认定为爆炸物，将不当扩大刑罚的打击面。其次，根据《国务院办公厅关于进一步加强民用爆炸物品安全管理的通知》的规定，硝酸铵的销售、购买和使用纳入民用爆炸物品管理，说明该通知规制的重点是硝酸铵的买卖和使用环节，并不涉及储存环节，不能简单得出处于储存环节的硝酸铵一律属于爆炸物的结论。再次，自 2006 年 9 月 1 日起施行的《民用爆炸物品安全管理条例》第 2 条第 1 款规定，民用爆炸物品的生产、销售、购买、进出口、运输、爆破作业和储存以及硝酸铵的销售、购买，适用该条例。《民用爆炸物品品名表》将硝酸铵列为可用于制造民用爆炸物品的原材料，但所做备注为“限于购买、销售审批管理”。可见，从规范意义上看，《民用爆炸物品安全管理条例》将硝酸铵和民用爆炸物品作并列规定，说明硝酸铵不属于狭义的民用爆炸物品的范畴；从实质意义上看，鉴于硝酸铵的销售、购买与民用爆炸物品适用相同的管理规定，可以将处于非法销售、购买状态的硝酸铵认定为民用爆炸物品，但合法购买后处于储存状态的硝酸铵不属于民用爆炸物品。最后，2012 年 12 月 1 日实施的《危险货物品名表》（GB 12268—2012）对硝酸铵作了进一步区分，将含可燃物质高于 0. 2%的硝酸铵归入爆炸品（类别代号 1. 1D），将含可燃物质总量不超过 0. 2%的硝酸铵归入氧化性物质（类别代号 5. 1）的范畴。

研究认为，综合上述行政法规的规定，判断硝酸铵是否属于爆炸物，应当着重考察其化学性能和来源两个方面。具体而言：首先，考察硝酸铵的可燃物质含量是否超过 0. 2%。超过该标准的，说明其具有较强的爆炸性，一定条件下可以认定为爆炸物；未超过该标准的，说明爆炸性较小，不能认定为爆炸物。其次，考察硝酸铵的销售、购买活动是否合法。对于处于非法销售状态且可燃物质含量超过 0. 2%的硝酸铵，应当认定为爆炸物。根据刑法理论，明知他人非法销售可燃物质含量超过 0. 2%的硝酸铵而予以存储的，也应认定为非法储存爆炸物；合法销售、购买的硝酸铵，以及通过合法渠道购买后进行存储的硝酸铵，即使可燃物质含量超过 0. 2%，也不属于爆炸物，只能认定为《刑法》规定的爆炸性物品。

本案中，首先，根据国务院事故调查报告和在案其他证据，瑞海公司非法储存硝酸铵数百吨，根据《危险货物品名表》确定的危险性类别代号为 5. 1，即属于氧化性物质，说明其可燃物质含量未超过 0. 2%，爆炸性较小。其次，瑞海公司在港区内从事危险化学品仓储业务，不从事出售、购买活动，且根据查明的事实和证据，瑞海公司系受合法的危险化学品生产经营企业委托储存涉案硝酸铵。根据上述判断标准，本案中的硝酸铵不属于爆炸物，被告人于学伟等人在天津港区内非法储存涉案硝酸铵的行为，不构成非法储存爆炸物罪。

第二，被告人对事故后果持过失心态。

非法储存爆炸物罪属于故意犯罪，行为人对危害后果应至少持放任的间接故意心态，而危险物品肇事罪属于过失犯罪，行为人在危险物品生产、储存、运输、使用过程中违反管理规定属于明知故意，而对因此导致发生重大事故、造成严重后果则只能持过失心态。本案中，被告人于学伟等人在未取得合法资质的情况下，在港区内非法储存危险化学品，具有发生安全事故的危险性。但是，各被告人作为生产经营单位的管理人员和工作人员，从事危险化学品储存业务的目的是谋取经济利益，即使在生产经营过程中存在违法违规行为，并为取得危险化学品经营资质采取了行贿等不正当手段，但主观目的仍然是追逐高额利益。一旦发生安全事故，各被告人作为事故责任人员，依法需要承担巨额经济赔偿责任。因此，发生重大事故这一结果是完全超出各被告主观意愿之外的，其对发生重大事故、造成严重后果持过失心态。原审法院和复核法院认定被告人于学伟等人在港区内非法储存硝酸铵，导致发生重大事故、造成严重后果的行为构成危险物品肇事罪，同时考虑到此次事故后果极其严重，对主要责任人于学伟、董社轩和只峰均顶格判处有期徒刑7年，另对其他4名被告人分别判处5年或者3年有期徒刑，定罪量刑适当。

（二）对被告人于学伟等人所犯非法储存危险物质罪不宜判处死刑立即执行

根据人民法院查明的事实，瑞海公司在港区内非法储存氰化钠数百吨、糠醇数十吨，根据《危险货物品名表》确定的分类，氰化钠和糠醇的危险性类别代码均为6.1，即均属于毒性物质，属于《刑法》规定的毒害性物质的范畴。被告人于学伟等人在不具备合法资质的情况下，非法储存氰化钠、糠醇等毒害性物质，行为构成非法储存危险物质罪，对此不存在争议。但是，对于被告人于学伟等人所犯非法储存危险物质罪应当如何量刑，审理过程中分歧较大。

有意见认为，根据国务院事故调查报告，导致此次事故发生的因果关系链条为：瑞海公司非法储存的易燃物硝化棉因为湿润剂散失导致积热自燃→糠醇、精萘、硫化钠、甲酸等多种危险化学品相继被引燃并介入燃烧→大量硝酸铵发生爆炸→造成特大人身伤亡结果和巨额经济损失。可以看出，糠醇不仅具有毒害性，而且具有可燃性，并实际介入了燃烧过程，成为引发硝酸铵爆炸、导致特大人身伤亡后果的原因。因此，此次事故造成的人身伤亡后果属于被告人所犯非法储存危险物质罪的危害后果，被告人非法储存危险物质，造成极其严重的后果，应依法予以严惩，对其中的首要责任人，可以考虑判处死刑立即执行。

研究认为，上述意见值得商榷，不能将此次事故造成的人身伤亡后果认定为非法储存危险物质罪的危害结果。主要理由如下：

第一，根据国务院事故调查报告，瑞海公司危险品仓库中非法储存的硝化棉在高温下积热自燃，引燃糠醇等易燃物质，糠醇等易燃物质起火燃烧后又引爆硝酸铵，最终酿成此次事故。可以看出，糠醇等易燃物质燃烧与硝酸铵爆炸共同引发了此次事故。换句话说，被告人非法储存危险物质的行为与在危险物品储存过程中违反管理规定的行为共同导致了同一个危害结果，在已经将事故造成的人身伤亡后果作为被告人违反管理规定储存危险物品行为造成的危害结果，并据此认定其构成危险物品肇事罪的情况下，如果再将事故后果评价为被告人非法储存危险物质的危害后果，等于是将同一危害后果分别作为危险物品肇事罪和非法储存危险物质罪两个犯罪的构成要件进行了两次评价，明显违反了禁止双重评价原则。

第二，从引发事故的因果关系链条看，即使不存在糠醇的介入燃烧行为，在其他可燃物质的介入作用下，仍然存在引起硝酸铵爆炸，导致特大事故后果的可能性。因此，被告人非法储存糠醇等危险物质的行为并非导致事故后果发生的必要条件，行为与后果之间不存在刑法上的因果关系，不能将事故后果认定为被告人于学伟等人所犯非法储存危险物质罪的危害结果。在将此次事故造成的人身伤亡后果排除在非法储存危险物质罪造成的危害结果的前提下，不能要求被告人于学伟等人对人身伤亡结果承担故意犯罪的刑事责任，不宜判处死刑立即执行。

原审法院和复核法院认定被告人于学伟等人长期非法储存氰化钠、糠醇等毒害性物质，数量巨大，且在爆炸事故发生后，毒害性物质发生泄漏扩散，造成了环境污染的严重后果，情节严重，对首要责任人于学伟判处死刑缓期执行，对主要责任人董社轩、只峰判处无期徒刑，另对其他 9 名责任人分别判处 10 年至 3 年不等的有期徒刑，充分体现了依法从严惩处和罪责刑相适应原则，量刑适当。

（最高人民法院刑四庭　李加玺）

2. 倪成良等非法储存危险物质、污染环境、单位行贿案（江苏响水天嘉宜化工有限公司“3·21”特大爆炸事故案）

——非法储存危险物质罪的司法认定

一、基本案情

被告单位江苏倪家巷集团有限公司。

被告人张勤岳，男，1962 年 12 月 28 日出生，江苏天嘉宜化工有限公司总经理。2017 年 1 月 24 日因犯污染环境罪被判处有期徒刑 1 年 6 个月，缓刑 2 年，并处罚金人民币 30 万元。2019 年 11 月 2 日因涉嫌犯重大劳动安全事故罪被逮捕。

被告人吴岳忠，男，1964 年 9 月 11 日出生，江苏倪家巷集团有限公司原法定代表人、董事长兼总经理。2019 年 11 月 2 日因涉嫌犯重大劳动安全事故罪被逮捕。

被告人倪成良，男，1973 年 11 月 21 日出生，江苏倪家巷集团有限公司董事长、总经理、法定代表人。2019 年 11 月 8 日因涉嫌犯重大劳动安全事故罪被逮捕。

被告人陶在明，男，1972 年 11 月 25 日出生，江苏天嘉宜化工有限公司法定代表人、副总经理（分管安全）、硝化车间主任。2019 年 11 月 8 日因涉嫌犯污染环境罪被逮捕。

被告人倪红卫，男，1966 年 8 月 20 日出生，江苏天嘉宜化工有限公司原法定代表人、总经理。2019 年 11 月 8 日因涉嫌犯重大劳动安全事故罪被逮捕。

被告人倪良，男，1966 年 7 月 7 日出生，江苏天嘉宜化工有限公司原法定代表人、总经理。2019 年 11 月 2 日因涉嫌犯重大劳动安全事故罪被逮捕。

被告人杨钢，男，1981 年 11 月 15 日出生，江苏天嘉宜化工有限公司副总经理。2019 年 11 月 8 日因涉嫌犯重大劳动安全事故罪被逮捕。

被告人耿宏，男，1959 年 9 月 27 日出生，江苏天嘉宜化工有限公司安全总监、总工程师、技术科科长。2019 年 11 月 8 日因涉嫌犯重大劳动安全事故罪被逮捕。

被告人张鹤，男，1975 年 9 月 19 日出生，江苏天嘉宜化工有限公司原副总经理。2019 年 11 月 2 日因涉嫌犯重大劳动安全事故罪被逮捕。

被告人张惠德，男，1963 年 2 月 24 日出生，江苏省响水县北圆装卸服务部负责人。2016 年 1 月 26 日因犯虚开增值税专用发票、用于抵扣税款发票罪被判处有期徒刑 3 年，缓刑 3 年，并处罚金人民币 5.5 万元。2020 年 2 月 28 日因涉嫌犯非法储存危险物质罪被逮捕。

江苏省盐城市人民检察院以被告单位江苏倪家巷集团有限公司（以下简称倪家巷集团）犯非法储存危险物质罪，被告人张勤岳犯非法储存危险物质罪、污染环境罪、单位行贿罪，被告人吴岳忠、倪成良、陶在明、倪良、张惠德犯非法储存危险物质罪，被告人倪红卫、杨钢、耿宏、张鹤犯非法储存危险物质罪、污染环境罪，向盐城市中级人民法院提起公诉。

被告单位倪家巷集团和被告人张勤岳、吴岳忠、倪成良、陶在明、倪红卫、倪良、杨钢、耿宏、张鹤、张惠德及辩护人提出，被告单位和被告人的行为不构成非法储存危险物质罪，有从宽处罚情节，请求从轻处罚。

盐城市中级人民法院经审理查明：被告单位倪家巷集团 2002 年 3 月 8 日由江苏省江阴市工商行政管理局核准变更登记成立，下有倪家巷化工厂等企业。被告人吴岳忠 2006 年 4 月至 2015 年 2 月先后任倪家巷集团总经理、董事长和法定代表人；被告人倪成良 2009 年 11 月任倪家巷集团副董事长，2015 年 2 月任倪家巷集团法定代表人、董事长、总经理。2006 年 10 月，倪家巷集团董事会作出决议，将旗下的倪家巷化工厂从江阴市搬迁至盐城市响水县陈家港化工园区，倪家巷集团与陈家港化工园区签订合作协议，由倪家巷集团抓好化工厂安全生产工作。江苏天嘉宜化工有限公司（以下简称天嘉宜公司，事故发生后已被吊销营业执照）2007 年 4 月 5 日注册成立，注册资本金 9000 万元，倪家巷集团和连云港博昌贸易有限公司分别占股 70% 和 30%，连云港博昌贸易有限公司不参与天嘉宜公司经营管理。被告人张勤岳任天嘉宜公司法定代表人兼总经理，2015 年 9 月 15 日法定代表人变更为被告人倪良，2016 年 6 月 13 日法定代表人变更为被告人倪红卫，2017 年 3 月 26 日又变更为被告人陶在明（由总经理张勤岳实际控制）。天嘉宜公司的主要负责人由倪家巷集团委派，重大经营管理决策需倪家巷集团决定、批准。

2008 年左右，经被告单位倪家巷集团同意，天嘉宜公司筹建间苯二胺项目生产线。2009 年 7 月 7 日，天嘉宜公司取得盐城市环保局 17 000 吨间苯二胺、2500 吨邻苯二胺、500 吨对苯二胺项目的环评审批。项目立项后，天嘉宜公司先上马 3000 吨间苯二胺项目（从加氢还原工段开始）。因市场行情好，2010 年年初经倪家巷集团同意，决定筹备硝化工段生产混二硝基苯，后于 2010 年 4 月开始购买硝化设备，并于 2011 年年初经报倪家巷集团同意，开始硝化工段设备调试，调试期间硝化工段开始产生含有硝化废料的废水，废水直排灌河。2011 年 2 月，天嘉宜公司提出采用蒸汽汽提方式回收废水中的硝化废料，盐城市环保局批复同意。2012 年下半年，因汽提实验效果差，硝化废水在管道中结晶致管道堵塞，被告人张勤岳、陶在明等人擅自改变工艺，在硝化工段设备中加入冷却釜等装置，使硝化废料晶体提前析出并由工人捞出后用吨袋盛装，但未按规定重新报批环境影响评价文件。时任倪家巷集团董事长的被告人吴岳忠明知硝化工段未通过环评，违规同意天嘉宜公司通过增加冷却设施等方式将硝化车间废水中的硝化废料晶体析出。硝化废料开始大量产生并在厂区内废水池边、应急池边、煤棚、新旧两个固废库等不符合储存条件的场所内堆放，未被实际回收利用。天嘉宜公司对硝化废料未依法向环保部门申报接受监管，在硝化废料试生产核准、竣工验收、企业申请复产及相关部门执法活动中未据实提供情况，且通过在旧固废库内硝化废料堆垛前摆放“硝化半成品”牌子、在废料吨袋上贴“硝化粗品”标签等方式，弄虚作假、刻意欺骗安全生产监督管理部门。2015 年 2 月 16 日，天嘉宜公司 17 000 吨间苯二胺、2500 吨邻苯二胺、500 吨对苯二胺项目（硝化工段）取得盐城市环保局试生产核准，2017 年 9 月 5 日硝化工段通过盐城市环保局竣工验收。经调查确定，天嘉宜公司 2013 年至 2019 年 1 月共产生硝化废料约 1300 吨。被告人张勤岳、陶在明、倪红卫、倪良、杨钢、耿宏、张鹤等人对天嘉宜公司非法储存硝化废料的行为参与决策和予以实施；被告人张惠德明知天嘉宜公司非法储存硝化废料，仍帮助实施。倪家巷集团明知天嘉宜公司生产过程中产生的硝化废料有毒且易燃易爆，储存在煤棚、旧固废库等不符合安全贮存条件的区域，未通过集团安全环保部加强对天嘉宜公司的安全管理，被告人吴岳忠、倪成良对天嘉宜公司非法储存硝化废料的行为参与决策或予以放任。

2014 年，为处置厂区内贮存的大量危险废物，经倪家巷集团批准，天嘉宜公司决定建设焚烧炉项目，用来焚烧处置公司各类危险废物。2015 年 11 月 23 日，天嘉宜公司固废和废液焚烧建设项目环境影响报告书获响水县环保局批准，并于 2016 年 7 月建成。2016 年 8 月，天嘉宜公司未经环保部门竣工验收，且未依法取得排污许可即将焚烧炉项目投入使用，将不在该项目环评批复核定范围内的硝化废料添加在焦油、污泥等危险废物中进行配比，再使用柴油助燃方式进行焚烧，其间未采取相应的防治污染措施。被告人张勤岳、倪红卫、杨钢、耿宏、张鹤明知上述违法情形，仍参与决策和实施。2018 年 4 月，天嘉宜公司因焚烧炉运行未通过验收、未添加废气吸收液被响水县环保局行政处罚。2018 年 4 月 10 日，天嘉宜公司开始在焚烧炉运行过程中添加氨水等吸收装置，但监测数据证实，2018 年 7 月至 10 月，该公司仍有部分气体超标排放。项目投产以来共焚烧各类危险废物 8000 余吨，其中硝化废料 300 余吨。其中，张勤岳参与焚烧 7000 余吨，其中硝化废料 290 余吨；倪红卫参与焚烧 890 余吨，其中硝化废料约 8 吨；杨钢、耿宏参与焚烧 8000 余吨，其中硝化废料 300 余吨；张鹤参与焚烧 3000 余吨，其中硝化废料 30 余吨。

2019 年 3 月 21 日 14 时 48 分许，储存在天嘉宜公司旧固废库内的大量硝化废料因积热自燃发生爆炸，造成 78 人死亡、76 人重伤、640 人住院治疗，直接经济损失 198 635.07 万元。经国务院事故调查组调查认定，"3 · 21" 事故是一起长期违法贮存危险废物导致自燃进而引发爆炸的特大生产安全责任事故，事故直接原因是天嘉宜公司旧固废库内长期违法贮存的硝化废料持续积热升温导致自燃，燃烧引发硝化废料爆炸。该硝化废料属于固体废物，经鉴定属于危险废物，含有硝基苯系物，主要成分是三硝基二酚（48.4%）、间二硝基苯（26.2%）、水（18.5%）、三硝基一酚（3.6%）、未检出物（1.5%）、少量钙盐和钠盐（0.6%）等，符合腐蚀性、毒害性和反应性（爆炸性）3 个指标，具有危险特性。天嘉宜公司无视国家环境保护和安全生产法律、法规，长期违法违规贮存、处置硝化废料，企业管理混乱，是事故发生的主要原因。天嘉宜公司存在刻意瞒报硝化废料、长期违法贮存硝化废料、违法处置固体废物、固废和废液焚烧项目长期违法运行、安全生产严重违法违规、违法未批先建问题突出等六个方面的问题。

另查明，被告人张勤岳在任天嘉宜公司总经理、法定代表人期间，为谋取本单位不正当利益，多次自行或安排他人向国家机关工作人员温劲松、孙锋等人贿送现金13.6万元、购物卡7.9万元，以上合计价值21.5万元。案发后，被告人张勤岳、陶在明、倪红卫、倪良、张鹤、张惠德自动投案并如实供述犯罪事实。被告单位倪家巷集团于2019年12月16日向响水县“3·21”事故善后工作组汇款1000万元。

盐城市中级人民法院认为，被告单位倪家巷集团与天嘉宜公司违反法律规定，非法储存危险物质，危害公共安全，情节严重；被告人吴岳忠、倪成良系倪家巷集团直接负责的主管人员，被告人张勤岳、倪红卫、倪良系天嘉宜公司直接负责的主管人员，被告人陶在明、杨钢、耿宏、张鹤系天嘉宜公司其他直接责任人员，被告人张惠德帮助天嘉宜公司非法储存危险物质，被告单位倪家巷集团和上述被告人的行为均已构成非法储存危险物质罪。天嘉宜公司违反国家规定，非法处置危险废物，污染环境，后果特别严重，被告人张勤岳、倪红卫系天嘉宜公司直接负责的主管人员，被告人杨钢、耿宏、张鹤系天嘉宜公司其他直接责任人员，行为均已构成污染环境罪。被告人张勤岳作为天嘉宜公司直接负责的主管人员，为谋取本单位不正当利益而行贿，情节严重，行为还构成单位行贿罪。张勤岳、倪红卫、杨钢、耿宏、张鹤均系一人犯数罪，应当予以数罪并罚；张勤岳、张惠德在缓刑考验期内犯新罪，依法撤销缓刑数罪并罚。在非法储存危险物质共同犯罪中，倪家巷集团和张勤岳、吴岳忠、倪成良起主要作用，系主犯，陶在明、倪红卫、倪良、杨钢、耿宏、张鹤、张惠德起次要或者辅助作用，系从犯，应当从轻、减轻或者免除处罚。张勤岳、陶在明、倪红卫、倪良、张鹤、张惠德犯罪后自动投案并如实供述自己罪行，构成自首，依法可以从轻或者减轻处罚；张勤岳、陶在明、倪红卫、倪良、杨钢、耿宏、张鹤、张惠德自愿认罪认罚，依法可以从宽处罚；被告单位倪家巷集团案发后主动赔偿1000万元，对倪家巷集团和吴岳忠、倪成良可以酌情从轻处罚。综合考虑犯罪事实、性质、情节、社会危害程度及认罪认罚等情况，依照《刑法》第125条第2款、第338条、第346

条、第 393 条之规定，判决如下：

1. 倪家巷集团犯非法储存危险物质罪，判处罚金人民币 2000 万元。

2. 被告人张勤岳犯非法储存危险物质罪，判处有期徒刑 15 年，剥夺政治权利 5 年；犯污染环境罪，判处有期徒刑 5 年，并处罚金人民币 150 万元；犯单位行贿罪，判处有期徒刑 6 个月，并处罚金人民币 5 万元；撤销缓刑与原犯污染环境罪并罚。决定执行有期徒刑 20 年，剥夺政治权利 5 年，并处罚金人民币 155 万元。

3. 被告人吴岳忠犯非法储存危险物质罪，判处有期徒刑 12 年，剥夺政治权利 3 年。

4. 被告人倪成良犯非法储存危险物质罪，判处有期徒刑 13 年，剥夺政治权利 4 年。

5. 被告人陶在明犯非法储存危险物质罪，判处有期徒刑 8 年。

6. 被告人倪红卫犯非法储存危险物质罪，判处有期徒刑 7 年；犯污染环境罪，判处有期徒刑 2 年 6 个月，并处罚金人民币 25 万元。决定执行有期徒刑 8 年，并处罚金人民币 25 万元。

7. 被告人倪良犯非法储存危险物质罪，判处有期徒刑 6 年。

8. 被告人杨钢犯非法储存危险物质罪，判处有期徒刑 6 年；犯污染环境罪，判处有期徒刑 4 年，并处罚金人民币 30 万元。决定执行有期徒刑 9 年，并处罚金人民币 30 万元。

9. 被告人耿宏犯非法储存危险物质罪，判处有期徒刑 6 年；犯污染环境罪，判处有期徒刑 3 年 6 个月，并处罚金人民币 30 万元。决定执行有期徒刑 8 年，并处罚金人民币 30 万元。

10. 被告人张鹤犯非法储存危险物质罪，判处有期徒刑 5 年；犯污染环境罪，判处有期徒刑 2 年，并处罚金人民币 10 万元。决定执行有期徒刑 6 年，并处罚金人民币 10 万元。

11. 被告人张惠德犯非法储存危险物质罪，判处有期徒刑 3 年；撤销缓刑与原犯虚开增值税专用发票、用于抵扣税款发票罪并罚。决定执行有期徒刑 4 年。

一审宣判后，被告单位倪家巷集团和被告人倪成良、耿宏提出上诉，认为一审判决将全案认定为非法储存危险物质犯罪证据不足，属于适用法律错误，且认定倪家巷集团对“3·21”事故承担刑事责任不当，请求依法改判。

江苏省高级人民法院经审理认为，一审判决认定事实清楚，证据确实、充分，定罪准确，对上诉单位倪家巷集团和上诉人倪成良、耿宏以及原审被告人吴岳忠等人的量刑适当，应予维持。遂依法裁定驳回上诉、维持原判。

二、主要问题

1. 如何正确认定非法储存危险物质罪？
2. 母公司是否应当对子公司的非法储存危险物质行为承担刑事责任？

三、裁判理由

2019年3月21日发生的江苏响水天嘉宜化工有限公司“3·21”特大爆炸事故，造成78人死亡、76人重伤、640人住院治疗，直接经济损失198 635.07万元。事故发生后，党中央、国务院高度重视。江苏省有关人民法院依法审理事故涉及的多个刑事案件，案件处理结果经新闻媒体公开宣传报道，得到社会公众的广泛认同，取得了良好效果。

本案处理过程中，争议的焦点主要有两个：一是被告单位倪家巷集团和被告人张勤岳等人的行为应定性为非法储存危险物质罪还是危险物品肇事罪；二是倪家巷集团是否应对天嘉宜公司实施的违法贮存硝化废料行为承担刑事责任。对上述两个问题，简要分析如下。

（一）倪家巷集团和张勤岳等人的行为构成非法储存危险物质罪

首先，涉案硝化废料可以认定为《刑法》第125条第2款规定的“危险物质”。根据《刑法》第125条第2款的规定，非法制造、买卖、运输、储存毒害性、放射性、传染病病原体等物质，危害公共安全的，构成非法制造、买卖、运输、储存危险物质罪。本罪的罪状表述采取了不完全列举的方式，根据刑法解释原理，认定非法制造、买卖、运输、储存《刑法》明文规定的毒害性、放射性、传染病病原体之外的其他物质，要认定构成本罪，需要审查该物质是否具有与毒害性、放射性、传染病病原体相当的危险性。本案中，根据国务院事故调查报告，天嘉宜公司在生产经营过程中产生的硝化废料属于危险废物，含有硝基苯系物，具有反应性（爆炸性）、腐蚀性、毒害性等危险特性，贮存过程中会不断加速分解，发生自燃进而引发爆炸。“3·21”事故的发生充分表明，违规贮存涉案硝化废料对公共安全具有巨大的现实危险性，涉案硝化废料具有与《刑法》第 125 条第 2 款规定的毒害性、放射性、传染病病原体相当的危险性，将其认定为危险物质，符合《刑法》规定。

其次，倪家巷集团和张勤岳等人具有非法储存危险物质的主观故意和客观行为。本案中，在“3·21”事故发生前，天嘉宜公司在贮存、运输涉案硝化废料过程中曾经发生过火灾、爆炸事故，并造成了人员伤亡结果，但倪家巷集团、天嘉宜公司和张勤岳等人为追求经济利益，故意隐瞒不报，采取欺骗手段逃避安全生产监督管理和检查，大量、长期非法贮存硝化废料，具有非法储存危险物质的主观故意和客观行为。

最后，倪家巷集团和张勤岳等人对事故后果持故意心态。有意见提出，倪家巷集团和张勤岳等人的行为构成危险物品肇事罪，不应以非法储存危险物质罪定罪处罚。经研究认为，危险物品肇事罪和非法储存危险物质罪的主要区别在于行为人的主观心态不同，危险物品肇事罪属于过失犯罪，行为人对事故结果的发生仅持过失心态，不具有犯罪故意；而非法储存危险物质罪属于故意犯罪，行为人对事故后果的发生一般具有间接故意心态。本案中，倪家巷集团和张勤岳等人在涉案硝化废料曾在贮存、运输过程中发生过安全事故并造成人员伤亡的情况下，对涉案硝化废料具有高度危险性、违规贮存可能导致爆炸起火、进而造成重大人员伤亡具有明确认识，但其仍然继续大量、长期违规贮存，证明其对违规储存涉案硝化废料可能造成的严重危害后果持有放任的间接故意心态，符合非法储存危险物质罪的构成要件，不应认定为危险物品肇事罪。

（二）倪家巷集团应当对“3·21”事故承担刑事责任

倪家巷集团与天嘉宜公司属于母公司与子公司的关系，是独立的民事主体。天嘉宜公司是违规贮存涉案硝化废料进而引发爆炸事故的直接主体，作为其母公司的倪家巷集团是否应当对“3·21”事故承担刑事责任，应当根据在案证据，坚持实质判断的总体原则作出认定。

首先，倪家巷集团和天嘉宜公司对涉案硝化废料的处置负有共同义务。天嘉宜公司是违规贮存涉案硝化废料的第一责任方，但因其在事故发生后已被吊销营业执照，未被公诉机关起诉至法院。根据在案证据，倪家巷集团作为天嘉宜公司的母公司，在人事、财务、生产经营、安全环保等方面均具有实际的控制权，且倪家巷集团通过其事实上的控制地位，深度参与了天嘉宜公司违法违规生产经营行为的重大决策活动，导致涉案硝化废料大量产生并被违法违规贮存。倪家巷集团的决策行为与天嘉宜公司相关责任人员违法违规贮存涉案硝化废料的行为之间具有刑法上的因果关系，应当与天嘉宜公司共同承担合理处置涉案硝化废料的义务，并应与天嘉宜公司共同承担因为未积极履行上述义务而产生的刑事责任。

其次，倪家巷集团与天嘉宜公司具有非法储存危险物质的共同故意和行为。倪家巷集团决策同意天嘉宜公司上马硝化工段项目、改变硝化废水处理工艺，导致硝化废料大量产生并被违法违规贮存，此后虽明知天嘉宜公司大量产生的硝化废料具有高度危险性，倪家巷集团为片面追求经济利益，未积极履行与天嘉宜公司共同处置硝化废料的义务，未对天嘉宜公司违法违规贮存硝化废料的行为予以制止或者采取合理处置措施，而是放任天嘉宜公司长期、大量违法违规贮存硝化废料，最终导致“3·21”事故发生。综上，应当认定倪家巷集团与天嘉宜公司具有非法储存危险物质的共同故意和行为，倪家巷集团的行为符合非法储存危险物质罪的构成要件，应当对“3·21”事故承担相应的刑事责任。

（最高人民法院刑四庭　丁成飞　李加玺）

3. 杨金锵等重大责任事故、伪造国家机关证件、行贿案（福建泉州欣佳酒店“3·7”坍塌事故案）

——违法违规进行建筑物建设施工行为不构成以危险方法危害公共安全罪

一、基本案情

被告人杨金锵，男，1955 年 2 月 23 日出生，福建省泉州市鲤城区欣佳酒店经营者、实际控制人。2020 年 4 月 9 日因涉嫌犯重大责任事故罪、伪造国家机关证件罪被逮捕。

被告人黄志图，男，1978 年 6 月 6 日出生，福建省源途建设工程有限公司法定代表人。2020 年 4 月 9 日因涉嫌犯伪造国家机关证件罪、提供虚假证明文件罪被逮捕。

被告人蔡条辉，男，1975 年 10 月 7 日出生，福建省泉州市广鑫建设工程有限公司法定代表人。2020 年 4 月 9 日因涉嫌犯重大责任事故罪被逮捕。

被告人林惠珍，女，1981 年 6 月 5 日出生，福建省泉州市鲤城区欣佳酒店承包经营者。2020 年 4 月 9 日因涉嫌犯重大责任事故罪被逮捕。

被告人林木金，男，1966 年 2 月 5 日出生，福建省泉州市鲤城区欣佳酒店承包经营者。2020 年 4 月 8 日因涉嫌犯重大责任事故罪被取保候审。

被告人林德宏，男，1983 年 11 月 23 日出生，福建省建筑工程质量检测中心有限公司建筑物可靠性鉴定与抗震研究所泉州可靠性鉴定室副主任。2020 年 4 月 9 日因涉嫌犯提供虚假证明文件罪被逮捕。

被告人陈颖，男，1973 年 4 月 12 日出生，福建省建筑工程质量检测中心有限公司建筑物可靠性鉴定与抗震研究所所长。2020 年 4 月 9 日因涉嫌犯提供虚假证明文件罪被逮捕。

被告人郑泉洪，男，1986年6月30日出生，福建省建筑工程质量检测中心有限公司建筑物可靠性鉴定与抗震研究所检测员。2020年4月9日因涉嫌犯提供虚假证明文件罪被逮捕。

被告人陈熙，男，1965年8月14日出生，原湖南大学设计研究院有限公司福建分公司负责人。2020年4月21日因涉嫌犯伪造公司、企业印章罪被逮捕。

被告人田茂炳，男，1975年9月11日出生，包工头。2020年4月14日因涉嫌犯重大责任事故罪被逮捕。

被告人李泉生，男，1965年4月16日出生，福建省泉州市住宅建筑设计院职工。2020年4月21日因涉嫌犯重大责任事故罪被逮捕。

被告人江道镨，男，1976年9月24日出生，福建省建筑工程质量检测中心有限公司建筑物可靠性鉴定与抗震研究所结构鉴定室主任。2020年4月9日因涉嫌犯提供虚假证明文件罪被逮捕。

被告人庄亚严，男，1980年4月19日出生，福建省泉州市住宅建筑设计院原绘图员。2020年4月21日因涉嫌犯重大责任事故罪被逮捕。

福建省泉州市丰泽区人民检察院以被告人杨金锵犯重大责任事故罪、伪造国家机关证件罪以及行贿罪，被告人黄志图犯伪造国家机关证件罪、伪造公司印章罪、行贿罪，被告人蔡条辉、田茂炳、李泉生、庄亚严、林惠珍、林木金犯重大责任事故罪，被告人林德宏、陈颖、郑泉洪、江道镨犯提供虚假证明文件罪，被告人陈熙犯伪造国家机关证件罪以及伪造公司、企业印章罪，向泉州市丰泽区人民法院提起公诉。

被告人杨金锵、黄志图、蔡条辉、林惠珍、林木金、林德宏、陈颖、郑泉洪、陈熙、田茂炳、李泉生、江道镨、庄亚严对公诉机关指控的犯罪事实及罪名无异议。辩护人提出，被告人有从宽处罚情节，请求法院从轻处罚。

泉州市丰泽区人民法院经审理查明：2012年，泉州市新星机电工贸有限公司（以下简称新星公司）法定代表人、执行董事兼总经理被告人杨金锵在未取得相关规划和建设手续的情况下，在泉州市鲤城区常泰街道上村社区南环路1688号以建设新星公司综合楼的名义，委托泉州市住宅建筑设计院职工被告人李泉生绘制四层钢结构施工图纸。李泉生在无钢结构设计资质且明知该项目未取得相关规划和建设手续的情况下接受杨金锵的委托，召集无钢结构设计资质的该设计院绘图员被告人庄亚严测量施工现场，在未估算承载力的前提下预留夹层空间，并由庄亚严设计、绘制钢结构施工图。杨金锵将该项目以包工包料方式发包给无钢结构施工资质的泉州市广鑫建设工程有限公司法定代表人被告人蔡条辉施工，蔡条辉又雇用无焊工资质的包工头被告人田茂炳，田茂炳雇用无资质工人进行钢结构建设。综合施工期间，李泉生、庄亚严多次到现场指导。2013 年上半年，综合楼建成完工。

2013 年，被告人杨金锵委托福建省源途建设工程有限公司法定代表人被告人黄志图办理综合楼消防设计备案手续，并委托被告人李泉生、庄亚严绘制综合楼建筑施工等图纸，李泉生、庄亚严按照杨金锵的要求，将图纸落款时间提前至 2012 年，制造该图纸在施工前即已绘制的假象。之后，李泉生将消防设计备案材料及上述图纸交给原湖南大学设计研究院有限公司福建分公司负责人被告人陈熙，由陈熙加盖其伪造的湖南大学设计研究院及湖南大学设计研究院有限公司等印章，陈熙从中获利人民币 3000 元。杨金锵和黄志图共同伪造了建筑工程施工许可证，连同上述消防设计备案材料和图纸提供给公安机关用于综合楼消防设计备案。2013 年 12 月，综合楼通过消防设计备案。建设完工后，杨金锵将综合楼出租给多家商户用于经营活动。

2016 年下半年，被告人杨金锵在未履行基本建设程序和未取得相关许可的情况下，让被告人蔡条辉以包工包料方式承建综合楼钢结构夹层施工，蔡条辉再次雇用包工头被告人田茂炳，由田茂炳雇用无资质工人开展综合楼夹层钢结构的焊接作业。之后，杨金锵自行组织工人用钢筋混凝土将综合楼增加夹层改为 7 层，并用实心砖砌墙。夹层施工过程中，被告人李泉生、庄亚严受杨金锵委托绘制了综合楼 4—6 层隔间建筑施工图，施工人员根据该图纸建设隔间，致使综合楼竖向荷载超过极限承载能力。2017 年，杨金锵准备将综合楼 4—6 层用于酒店经营，又委托李泉生、庄亚严绘制了整栋综合楼的建筑施工图等图纸，用于酒店消防设计备案。

2017 年 11 月，被告人林惠珍、林木金共同出资，向被告人杨金锵租赁综合楼 4—6 层经营酒店，林木金占股 80%、林惠珍占股 20%，约定由杨金锵办理酒店经营相关手续。2018 年 3 月 28 日，杨金锵以鲤城区欣佳酒店名义办理个体工商户登记，登记经营者为杨金锵。同年 4 月，杨金锵为办理欣佳酒店特种行业许可证，伙同被告人黄志图找到时任泉州市消防支队洛江区大队大队长，由其提供一张空白消防安全检查合格证，杨金锵、黄志图共同将其伪造成欣佳酒店6层消防安全检查合格证。因办理旅馆业特种行业许可证需提供房屋建筑质量合格证明文件，杨金锵联系福建省建筑工程质量检测中心有限公司建筑物可靠性鉴定与抗震研究所泉州可靠性鉴定室副主任被告人林德宏，委托其所在单位对综合楼进行结构正常使用性鉴定。林德宏提出综合楼承载力可能不足，建议杨金锵做承载力测算，后因杨金锵未支付费用而未进行。林德宏明知综合楼欲用于酒店经营，应做安全性鉴定，仍与杨金锵商定以2.5万元的价格做使用性鉴定。后林德宏与该公司检测员被告人郑泉洪等人经现场检测得知综合楼存在结构体系不合理、钢柱钢梁构件表面无防火涂层、正常使用性不符合鉴定标准、钢梁挠度等项目漏检、存在安全隐患等情况，林德宏仍撰写了使用性检验报告，且违反技术标准作出“该楼上部承重结构所检项目的正常使用性基本符合鉴定标准要求”的结论，林德宏还根据杨金锵的要求将检测结论中的后续使用年限“10年”修改为“20年”，经郑泉洪校核后，该公司建筑物可靠性鉴定与抗震研究所结构鉴定室主任被告人江道镨、所长被告人陈颖明知该检测报告存在违规、违法情况，仍在报告上签字批准，福建省建筑工程质量检测中心有限公司2018年5月8日出具了综合楼检验报告，作出了欣佳酒店“作为旅馆使用功能的结构正常使用性基本满足鉴定标准要求，后续使用年限为20年”等结论。同年5月18日，杨金锵、黄志图使用上述消防安全检查合格证和检验报告等材料，向泉州市公安局鲤城分局申办综合楼6层用于经营酒店的特种行业许可证。5月22日，泉州市公安局鲤城分局核发特种行业许可证。同年6月10日，欣佳酒店开始营业，由林惠珍、林木金承包经营，外挂“欣佳酒店”标志。

2018年下半年，被告人黄志图伪造广东弘业建筑设计有限公司（以下简称弘业公司）印章1枚加盖在欣佳酒店消防设计备案材料上，并与被告人杨金锵共同伪造综合楼不动产权证书2本。同年7月起，杨金锵、黄志图持上述证件材料向原鲤城区公安消防大队申请消防备案和消防安全检查合格证，2019年1月24日，取得欣佳酒店地上一层大厅及4—6层消防安全检查合格证。同年8月，泉州市公安局鲤城分局治安大队对欣佳酒店现场检查时，发现欣佳酒店违法扩大经营场所至综合楼4、5两层，没收了欣佳酒店的特种行业许可证。之后，杨金锵遂将工商登记的欣佳酒店经营场所变更为综合楼地上一层和4—6层。8月23日，杨金锵向泉州市公安局鲤城分局申办了变更经营场所后的欣佳酒店特种行业许可证。

欣佳酒店经营期间由被告人林惠珍、林木金共同管理，林惠珍系消防安全管理人，负责参加公安、消防部门组织的安全培训。坍塌事故发生前，欣佳酒店多次出现内外玻璃破碎或掉落、房间地砖翘起、房门变形无法打开等问题，林惠珍、林木金无视安全隐患，未履行安全经营管理职责，未及时排查、消除安全隐患。

2020年1月中旬，被告人杨金锵雇人装修综合楼一层店面，工人发现承重钢柱变形并告知杨金锵，杨金锵要求工人不得声张。暂停施工后，杨金锵联系被告人蔡条辉到现场查看，二人共同商议加固方案，由蔡条辉购买加固钢材并联系工人施工，但因春节期间找不到工人而暂未加固。同年1月28日，欣佳酒店被确定为新冠肺炎疫情防控期间来泉人员临时住宿、隔离观察点，被告人林惠珍、林木金未向有关部门如实报告欣佳酒店存在安全隐患。3月5日，经蔡条辉介绍，被告人田茂炳与杨金锵、蔡条辉共同商定加固方案后，组织4名无资质工人违规对综合楼承重钢柱进行焊接加固。林惠珍、林木金得知杨金锵在加固施工后未及时排查风险，未向有关部门报告。3月7日17时45分，林惠珍电话告知杨金锵，称欣佳酒店大堂玻璃破裂，杨金锵查看后自行离开。当日18时许，林木金也得知大堂玻璃破裂。18时58分，林惠珍、林木金被告知酒店大堂墙面扣板出现裂缝。19时4分和19时6分，林惠珍、林木金先后赶到酒店，发现裂缝持续加剧，再次电话告知杨金锵。19时11分，杨金锵到达现场查看。临近坍塌前，林惠珍叫人上楼通知人员疏散，但已错失逃生时机。19时14分，综合楼瞬间坍塌。事故造成29人死亡、50人不同程度受伤，直接经济损失5794万元。

经国务院事故调查组调查认定，“3·7”坍塌事故是一起主要因违法违规建设、改建和加固施工导致建筑物坍塌的重大生产安全责任事故。事故直接原因是：事故单位将欣佳酒店建筑物由原4层违法增加夹层改建成7层，达到极限承载能力并处于坍塌临界状态，加之事发前对底层支承钢柱违规加固焊接作业引发钢柱失稳破坏，导致建筑物整体坍塌。新星公司、欣佳酒店及其实际控制人杨金锵无视法律、法规，违法违规建设施工，弄虚作假骗取行政许可，安全责任长期不落实，是事故发生的主要原因。

另查明，2012年至2019年，被告人杨金锵和黄志图在建设欣佳酒店所在的综合楼、办理综合楼相关消防备案、申办欣佳酒店特种行业许可证等过程中，为谋取不正当利益，向多名国家工作人员赠送财物，其中杨金锵共计行贿11.1万元，黄志图共计行贿11.6万元。2006年4月至2009年4月，被告人陈熙与湖南大学设计研究院签订合作协议，成立研究院福建分院并由陈熙负责分院工作，陈熙在福建分院成立后伪造湖南大学设计研究院印章1枚。2006年11月，湖南大学设计研究院更名为湖南大学设计研究院有限公司。2009年，陈熙伪造湖南大学设计研究院有限公司印章1枚。同年3月11日，福建分院更名为湖南大学设计研究院有限公司福建分公司。截至2015年，陈熙持上述伪造的印章加盖于福建分公司工商营业执照年检材料、欣佳酒店所在综合楼消防报批及其他工程设计图纸和材料上。2010年和2011年，陈熙又伪造了湖南大学设计研究院有限公司企业法人营业执照，用于办理福建分公司工商年检等手续。

泉州市丰泽区人民法院认为，被告人杨金锵违反安全管理规定，为谋取不当经济利益，在无合法建设手续的情况下雇用无资质人员，违法违规建设、改建钢结构大楼，违法违规组织装修施工和焊接加固作业；被告人蔡条辉违反安全管理规定，在不具备相应资质的情况下，明知杨金锵未取得相关规划和建设手续，仍然承包综合楼主体及夹层的违法施工建设，致使综合楼达到极限承载能力并处于坍塌临界状态，且在发现综合楼承重柱变形后，仍参与商定加固方案，负责购买钢材，介绍无资质的人员承接焊接加固作业，致使钢柱失稳破坏；被告人林惠珍、林木金作为欣佳酒店承包经营者或消防安全管理人，违反安全管理规定，在多次发现酒店存在严重质量问题时，均未及时排查、消除安全隐患，安全责任长期不落实，且在事故发生前发现酒店墙面凸起、玻璃幕墙破碎等重大安全隐患后，未及时引导、疏散内部人员，采取有效应急处置措施，错失了人员逃生时机；被告人田茂炳违反安全管理规定，在不具备相应资质的情况下，受雇参与综合楼钢结构建设及夹层焊接作业，参与商定加固施工方案并召集无焊工作业资质的工人施工；被告人李泉生、庄亚严违反安全管理规定，在不具备相应资质的情况下，明知杨金锵未取得相关规划和建设手续，为综合楼的建设、夹层隔间、消防备案绘制建筑施工图纸。上述7名被告人的行为共同导致发生重大伤亡事故和严重经济损失，均已构成重大责任事故罪，其中杨金锵、蔡条辉、林惠珍、林木金均属情节特别恶劣。被告人杨金锵、黄志图单独或共同伪造国家机关证件用于骗取消防备案及特种行业许可证审批，导致违规建设的综合楼安全隐患长期存在，严重侵犯了国家机关信誉与公信力，最终造成本案严重后果，情节严重，行为均已构成伪造国家机关证件罪；二人为谋取不正当利益，单独或共同给予国家工作人员财物，致综合楼、酒店的违法违规建设、经营行为得以长期存在，最终酒店所在的综合楼倒塌，社会影响恶劣，情节严重，行为均已构成行贿罪。被告人黄志图还伪造公司印章 1 枚，用于骗取行政审批，其行为又已构成伪造公司印章罪。被告人林德宏、陈颖、郑泉洪、江道镨作为承担检验职责的中介组织人员，在对综合楼进行房屋质量检测时故意提供虚假证明文件，情节严重，行为均已构成提供虚假证明文件罪。被告人陈熙伪造国家机关证件和公司印章、企业印章，其行为分别构成伪造国家机关证件罪和伪造公司、企业印章罪。杨金锵、黄志图、陈熙在判决宣告前一人犯数罪，依法予以数罪并罚。陈熙、庄亚严在案发后自动投案，如实供述自己的罪行，依法构成自首，予以从轻处罚；杨金锵、黄志图、蔡条辉、林惠珍、林木金、林德宏、陈颖、郑泉洪、田茂炳、江道镨归案后如实供述自己罪行，均予以从轻处罚。根据各被告人的犯罪事实、情节、危害后果，依照《刑法》第 280 条第 1、2 款，第 389 条，第 390 条第 1 款，第 134 条第 1 款，第 229 条第 1 款之规定，判决如下：

1. 被告人杨金锵犯伪造国家机关证件罪，判处有期徒刑 9 年，并处罚金人民币 200 万元；犯行贿罪，判处有期徒刑 8 年，并处罚金人民币 20 万元；犯重大责任事故罪，判处有期徒刑 7 年。决定执行有期徒刑 20 年，并处罚金人民币 220 万元。

2. 被告人黄志图犯伪造国家机关证件罪，判处有期徒刑 7 年，并处罚金人民币 50 万元；犯行贿罪，判处有期徒刑 6 年，并处罚金人民币 20 万元；犯伪造公司印章罪，判处有期徒刑 2 年，并处罚金人民币 10 万元。决定执行有期徒刑 12 年，并处罚金人民币 80 万元。

3. 被告人蔡条辉犯重大责任事故罪，判处有期徒刑 6 年 6 个月。

4. 被告人林惠珍犯重大责任事故罪，判处有期徒刑 6 年。

5. 被告人林木金犯重大责任事故罪，判处有期徒刑 5 年。

6. 被告人林德宏犯提供虚假证明文件罪，判处有期徒刑 4 年，并处罚金人民币 10 万元。

7. 被告人陈颖犯提供虚假证明文件罪，判处有期徒刑 3 年，并处罚金人民币 10 万元。

8. 被告人郑泉洪犯提供虚假证明文件罪，判处有期徒刑 3 年，并处罚金人民币 8 万元。

9. 被告人陈熙犯伪造公司、企业印章罪，判处有期徒刑 2 年，并处罚金人民币 4 万元；犯伪造国家机关证件罪，判处有期徒刑 1 年 6 个月，并处罚金人民币 2 万元。决定执行有期徒刑 3 年，并处罚金人民币 6 万元。

10. 被告人田茂炳犯重大责任事故罪，判处有期徒刑 3 年。

11. 被告人李泉生犯重大责任事故罪，判处有期徒刑 3 年。

12. 被告人江道镨犯提供虚假证明文件罪，判处有期徒刑 2 年 6 个月，并处罚金人民币 5 万元。

13. 被告人庄亚严犯重大责任事故罪，判处有期徒刑 2 年 6 个月。

一审宣判后，被告人杨金锵、黄志图、蔡条辉、林惠珍、林木金、林德宏、陈颖、郑泉洪、陈熙、田茂炳、李泉生提出上诉，认为一审判决未充分考虑其在事故发生后全力参与抢救、归案后如实供述自己罪行等从宽处罚情节，量刑过重，请求依法改判。辩护人亦提出相同辩护意见。

福建省泉州市中级人民法院经审理认为，一审判决认定事实清楚，证据确实、充分，定罪准确。一审判决已根据上诉人陈熙、原审被告人庄亚严主动投案且如实供述自己罪行、依法构成自首，以及上诉人杨金锵、黄志图、蔡条辉、林惠珍、林木金、林德宏、陈颖、郑泉洪、田茂炳和原审被告人江道镨归案后如实供述自己罪行等法定从轻处罚情节，充分考虑本案事实、情节、社会危害后果以及各上诉人、原审被告人的认罪、悔罪表现，综合评判并予以定罪科刑，量刑适当，应予维持。遂裁定驳回上诉、维持原判。

二、主要问题

违法违规进行建筑物建设施工的行为是否构成以危险方法危害公共安全罪？

三、裁判理由

2020年3月7日发生的福建泉州欣佳酒店“3·7”坍塌事故，造成29人死亡、50人不同程度受伤，直接经济损失5794万元。事故发生后，党中央、国务院高度重视。福建省有关人民法院依法审理事故涉及的重大责任事故犯罪和渎职犯罪案件，取得了良好效果。

本案审理过程中，有意见提出，杨金锵违法违规进行欣佳酒店建筑物建设、改建和加固施工，严重危害公共安全，坍塌事故造成重大人员伤亡和巨额财产损失，其行为应当认定为以危险方法危害公共安全罪。

经研究认为，上述意见难以成立，对杨金锵的行为应依法认定为重大责任事故罪。简要分析如下。

（一）杨金锵对事故后果不存在主观故意

以危险方法危害公共安全罪和重大责任事故罪的主要区别在于，前者属于故意犯罪，行为人对危害后果持故意心态；后者属于过失犯罪，行为人对行为造成的危害后果仅持过失心态。本案中，杨金锵对违法违规从事建筑物建设、改建和加固施工行为造成的危害后果不具有犯罪故意，仅持有过失心态。主要理由在于：

首先，建筑物倒塌导致重大人员伤亡结果具有一定的突发性，一般人难以预料。且根据在案证据，事故发生当日杨金锵本人也在欣佳酒店建筑物楼内办公，故难以认定其明知自己的行为会发生危害社会的结果，并且希望或者放任这种结果的发生。

其次，根据国务院事故调查报告和一、二审法院审理期间查明的事实，杨金锵在事故发生前接到装修工人关于建筑物一层钢柱变形的报告后，立即决定停止进行装修，并采取了一定措施对一层钢柱进行了加固；事发当日接到酒店承包人林惠珍关于酒店大堂墙面扣板出现裂缝的报告后，杨金锵及时赶到现场查看，林惠珍还安排人上楼通知入住人员疏散。据此，杨金锵在发现欣佳酒店建筑物出现事故隐患征兆后，及时采取了一定的防止危害后果发生的应急补救措施。不能因为实际发生了建筑物倒塌安全事故，就倒推认定杨金锵对已经发现的事故隐患征兆不管不顾、未采取任何制止补救措施，应当认定杨金锵对事故后果的发生持过于自信的过失心态，不具有犯罪主观故意。

最后，杨金锵对其行为导致的危害后果仅能有一个统一的主观心态。有意见提出，杨金锵在欣佳酒店建筑物已经出现裂缝等事故隐患征兆的情况下，完全漠视建筑物内不特定多数人的生命财产安全，未警示、疏散建筑物内人员，证实其对危害后果的发生持放任的间接故意心态，符合以危险方法危害公共安全罪的主观构成要件。研究认为，在杨金锵的违法违规建设、改建和加固施工行为导致建筑物存在安全隐患的情况下，不能将其未采取有效补救措施的行为单独评价为刑法上的不作为故意犯罪，否则可能得出所有过失犯罪均符合故意犯罪构成要件的不当结论。

（二）杨金锵实施的违法违规建设、改建、加固施工行为不具备相当社会危害性

《刑法》第 114 条将以危险方法危害公共安全罪与放火罪、决水罪、爆炸罪、投放危险物质罪并列规定在同一条文中，设置了完全相同的法定刑。根据刑法解释原理，构成以危险方法危害公共安全罪的行为，应当与放火、决水、爆炸、投放危险物质行为具有相当的危险性和社会危害性，否则不符合罪责刑相适应原则。从实际情况看，对建筑物实施违法违规建设、改建和加固施工行为，极易造成安全事故隐患，导致建筑物主体结构达到或者超出极限承载能力。但是，建筑物发生倒塌事故是各方面因素综合作用的结果，属于典型的多因一果现象，与放火、决水、爆炸、投放危险物质行为单独、直接造成人员伤亡和直接经济损失结果具有明显区别。据此，杨金锵对欣佳酒店建筑物实施违法违规建设、改建和加固施工的行为，尚不具备与刑法规定的放火、决水、爆炸、投放危险物质等故意犯罪行为相同的危险性和社会危害性，不宜以以危险方法危害公共安全罪定罪处罚。

杨金锵在生产、作业中违反有关安全管理的规定，因而发生重大伤亡事故，行为符合重大责任事故罪的构成要件。一、二审认定杨金锵所犯重大责任事故罪属于“情节特别恶劣”，对其顶格判处有期徒刑 7 年，并与所犯伪造国家机关证件罪、行贿罪数罪并罚，决定执行有期徒刑 20 年，做到了罪责刑相适应，取得了良好效果。

（最高人民法院刑四庭　丁成飞　李加玺）

4. 邓勇超重大责任事故，贪污，国有公司、企业人员滥用职权，受贿案（江西丰城发电厂“11·24”冷却塔施工平台坍塌特大事故案）

——国有企业管理人员违反安全管理规定导致发生事故的行为定性以及私分国有资产罪的认定

一、基本案情

被告人邓勇超，男，1957 年 8 月 20 日出生，江西省投资集团有限公司原党委委员、工会主席兼江西赣能股份有限公司丰城三期发电厂扩建项目工程建设指挥部总指挥。2017 年 2 月 13 日因涉嫌犯玩忽职守罪、受贿罪被逮捕。

江西省宜春市人民检察院以被告人邓勇超犯玩忽职守罪、贪污罪、私分国有资产罪、受贿罪，向宜春市中级人民法院提起公诉。

被告人邓勇超提出，自己对江西丰城发电厂三期扩建工程（以下简称丰电三期）发生倒塌事故仅负领导责任和监督责任，无私分国有资产的主观故意，表示悔罪。辩护人提出，起诉指控的玩忽职守事实不属于邓勇超的职权范围，其行为与丰电三期发生倒塌事故不存在法律上的因果关系；江西赣能股份有限公司（以下简称赣能股份公司）丰城二期发电厂（以下简称丰电二期）的资产不属于国有资产，不成立私分国有资产罪；邓勇超主动到案并如实供述自己罪行，依法构成自首，且归案后积极退赃 300 余万元，请求从轻处罚。

宜春市中级人民法院经审理查明：被告人邓勇超 2012 年经江西省国资委任命、江西省委组织部备案，任江西省投资集团党委委员、工会主席。2015 年 7 月，江西省发展改革委核准丰电三期，建设规模为 2×1000MW 发电机组，总投资 76.7 亿元，由江西省投资集团控股的赣能股份公司建设。江西省投资集团成立丰电三期扩建项目建设领导小组（由江西省投资集团、赣能股份公司、丰电二期相关人员组成），下设工程建设指挥部，指挥部组织架构采用丰电二期和丰电三期一体化管理模式，任命邓勇超任领导小组副组长、指挥部总指挥，负责监督、协调各参建单位和监督检查安全生产工作。经招投标，中南电力设计院有限公司（以下简称中南电力设计院）中标成为丰电三期扩建工程 EPC（设计、施工、采购）总承包单位，上海斯耐迪工程咨询有限公司（以下简称上海斯耐迪公司）为监理单位，河北亿能烟塔工程有限公司（以下简称河北亿能公司）为 D 标段 7 号、8 号冷却塔施工单位。河北亿能公司将冷却塔劳务工作分包给河北魏县奉信建筑安装劳务有限公司（以下简称河北奉信公司）。

2016 年 11 月 24 日 7 时 33 分，丰电三期 D 标段 7 号冷却塔施工平台在建设施工过程中发生特大坍塌事故，造成 73 人死亡、2 人受伤，直接经济损失 10 197.2 万元。经国务院事故调查组调查认定，事故直接原因是施工单位在 7 号冷却塔第 50 节筒壁混凝土强度不足的情况下，违规拆除模板，致使第 50 节及以上筒壁混凝土和模架体系连续倾塌坠落，导致平桥整体倒塌。被告人邓勇超身为丰电三期扩建项目工程建设指挥部总指挥，在履行监督管理工程建设过程中严重不负责任，最终造成特大生产安全责任事故。具体表现为：

1. 违规压缩工期。根据《江西丰城发电厂三期扩建工程施工 D 标段-冷却塔与烟囱施工合同》约定，7 号冷却塔计划工期为一年（2016 年 4 月 15 日动工，2017 年 4 月到顶），后因主机设备不到位，造成工程实际开工时间延迟 3 个月。2016 年 9 月 13 日，被告人邓勇超等人提议启动“大干 100 天”活动，在未组织可行性评估和采取相应保障措施情况下，将工期缩短至 2017 年 1 月 15 日到顶，邓勇超与承包、施工单位层层签订“赶工期”责任状，对延误工期行为进行考核、罚款，筒壁建设进度由“7 天 1 节”逐渐加速为 10 月 30 日之后的“2 天 3 节”，11 月 17 日之后为“1 天 2 节”。为完成工期要求，施工人员缩减混凝土强度取样检测工序，凭经验判断混凝土凝固程度，在不能准确判断混凝土凝固程度是否达标的情况下持续进行筒壁浇筑和盲目拆模，遇第 50、51、52 节筒壁施工时气温骤降情况下，仍未采取任何混凝土强度保障措施，最终引发筒壁坍塌的严重后果。

2. 对招投标违法违规失察。2008 年 6 月，中南电力设计院为丰电三期编制初步可行性研究报告，并于 2013 年 3 月对原有报告进行修改和调整，编制了补充报告。被告人邓勇超作为工程建设指挥部总指挥兼领导小组副组长，明知中南电力设计院按规定不具备投标资格，仍关照该公司中标成为丰电三期总承包单位。在中南电力设计院组织主体工程 A、B、C、D 标段施工单位招投标期间，邓勇超接受他人请托，向中南电力设计院负责招投标工作人员推荐河北亿能公司，并安排丰电三期工程部评标人员在评分中予以关照，且对河北亿能公司在报价最高情况下违规中标、中南电力设计院在评标后与河北亿能公司违规议价行为不予监管。

3. 违规指定建设单位无资质人员担任质量监督项目站成员。被告人邓勇超明知质量监督项目站成员应具备相应质监资质，仍违规指定无资质的赣能股份公司丰电二期副总经理、丰电三期指挥部成员杨飞云（另案处理）担任站长，违规同意丰电三期工程部成员杜成刚（另案处理）等人兼职项目站副站长、成员，使丰电三期工程部与质量监督项目站系“两块牌子，一套人马”。质量监督项目站成立后，未履行定期向电力质监总站汇报工程进度、质量管控、质量验收等职责，未及时阻止建设单位压缩工期等影响工程质量的行为。

4. 对工程建设项目日常监管失职。丰电三期扩建工程建设期间，被告人邓勇超未严格履行安全生产监管职责，对总包单位工程部和质量安检部管理人员无证上岗、不履行筒壁工程拆模现场见证强制规定、不严格履行混凝土浇筑申请审核和验收程序监管失职，对上海斯耐迪公司的正常监理工作以影响工期为由进行考核，对监理人员未进行拆模工序现场见证行为失察，对河北亿能公司现场管理混乱、拆除模板等关键工序管理失控、河北奉信公司安全员无资质、长期违章作业等问题失察、失管。

另查明，被告人邓勇超在担任丰电二期总经理、江西鸿远实业有限责任公司（以下简称鸿远实业公司）董事长、总经理期间，利用职务之便，指使其下属通过虚构购销合同、套取职工工资、侵吞企业股本金等方式，套取丰电二期、鸿远实业公司以及鸿远实业公司下属子公司资金，用于个人购置房产、理财产品、车辆、车位等。其中，邓勇超伙同他人共同贪污 2143.515 万元，个人实得 1030.9993 万元。

2009 年至 2011 年 6 月，被告人邓勇超安排人力资源处按不同标准，将违规套取的丰电二期资金用于发放职工、中层干部及厂领导“开门红”“模糊奖”“加班费”等各种奖金福利共计 887.5 万余元，其中邓勇超个人分得 42.593 万元。2011 年 6 月，邓勇超调离丰电二期转任赣能股份公司党委书记后，为防止有关部门调查，交代他人将套取、私分资金的相关记录予以销毁。

被告人邓勇超还利用职务便利，非法收受他人财物共计约合 115.139 万元，为他人谋取利益。

宜春市中级人民法院认为，被告人邓勇超不属于国家机关工作人员，不符合玩忽职守罪的主体身份要件。私分国有资产罪的犯罪对象仅包括国有独资公司的资产即纯国有资产，不应扩大解释为包括国有控股、参股公司的资产；而本案中的丰电二期并非国有独资公司，不能成立私分国有资产罪的犯罪对象，公诉机关指控邓勇超犯玩忽职守罪、私分国有资产罪不能成立。邓勇超在全面负责丰电三期扩建工程期间，在工程对外招投标、总承包单位确定施工单位过程中，采取“打招呼”等手段干预招投标结果；未经评估论证，违规大幅度压缩合同工期，指定建设单位无资质人员担任质量监督项目站成员，对工程建设项目日常监管失职，最终造成严重事故，行为构成重大责任事故罪，且情节特别恶劣；在担任丰电二期、鸿远实业公司总经理期间，利用职务之便，采取侵吞、骗取等手段，与他人共同贪污公共财产 2143.515 万元，个人实得 1030.9993 万元，数额特别巨大，行为构成贪污罪；在担任丰电二期总经理期间，违反国家规定将套取的国有资产以发放奖金福利名义违法发放 887.5 万余元，个人实得 42.593 万元，致使国家利益遭受特别重大损失，行为构成国有公司、企业人员滥用职权罪；在担任丰电二期总经理、江西省投资集团党委委员、工会主席期间，利用职务之便为他人谋取利益，非法收受他人财物共计约 115.139 万元，该行为还构成受贿罪，应依法并罚。邓勇超在归案后主动退赃，可以酌情从轻处罚；自动投案并如实供述了重大责任事故和受贿犯罪事实，对所犯重大责任事故罪和受贿罪构成自首，但“11·24”事故造成特别严重后果，对其所犯重大责任事故罪不予从轻处罚，对受贿罪予以从轻处罚。根据被告人的犯罪事实、情节和对社会的危害程度，依照《刑法》第 134 条，第 382 条，第 383 条第 1 款第 3 项、第 2 款，第 168 条，第 385 条第 1 款，第 386 条，第 67 条第 1、2 款，第 69 条，第 25 条第 1

款，第26条第1、4款，第64条和《最高人民法院、最高人民检察院关于办理贪污贿赂刑事案件适用法律若干问题的解释》第2条第1款、第3条第1款、第19条第1款之规定，依法判决：被告人邓勇超犯重大责任事故罪，判处有期徒刑7年；犯贪污罪，判处有期徒刑13年，并处罚金人民币200万元；犯国有公司、企业人员滥用职权罪，判处有期徒刑4年；犯受贿罪，判处有期徒刑3年，并处罚金人民币20万元。决定执行有期徒刑18年，并处罚金人民币220万元。

一审宣判后，被告人邓勇超提出上诉，认为自己仅对"11·24"事故负领导责任，一审对重大责任事故罪量刑过重；套取丰电二期资金发放给职工属于企业经营行为，不构成国有公司、企业人员滥用职权罪；一审决定执行的刑期过重、罚金过高，请求二审法院从轻改判。辩护人提出：邓勇超作为丰电三期扩建项目工程建设指挥部总指挥，并无法定职权，不存在违反安全管理规定的行为，不构成重大责任事故罪；在丰电二期和鸿远实业公司任职均不是受国家机关或者国有企业委派，不符合贪污罪的主体资格，不应认定构成贪污罪；丰电二期不属于国有企业，邓勇超套取资金用于发放奖金的行为违反企业财务制度，但并非滥用职权行为，不构成国有公司、企业人员滥用职权罪。

江西省高级人民法院经审理认为，一审判决认定事实清楚，证据确实、充分。上诉人邓勇超系赣能股份公司的控股股东江西省投资集团任命的丰电三期扩建项目工程建设指挥部总指挥，代表建设单位监督和协调丰电三期的工程建设，其在任职期间违反安全管理规定的行为与"11·24"事故的发生存在刑法上的因果关系，一审认定其构成重大责任事故罪，定性准确；丰城发电厂和鸿远实业公司均系国有企业，邓勇超受江西省投资集团的委派担任丰城发电厂的管理人员，又受丰城发电厂的委派担任鸿远实业公司的董事长、总经理，依法应以国家工作人员论，符合贪污罪的主体要件，其私分套取的丰电二期资金的行为构成国有公司、企业人员滥用职权罪。邓勇超在贪污罪和国有公司、企业人员滥用职权罪共同犯罪中是主犯，对所犯重大责任事故罪和受贿罪构成自首，并有积极退赃情节，一审已对其所犯贪污罪、受贿罪予以从轻处罚。一审对个罪量刑适当，决定执行的有期徒刑刑期和罚金数额符合法律规定，并无不当。遂裁定驳回上诉、维持原判。

二、主要问题

1. 国有企业管理人员在履行生产、作业管理职责过程中违反安全管理规定，导致发生事故的，构成玩忽职守罪还是重大责任事故罪？

2. 如何正确认定私分国有资产罪？

三、裁判理由

2016年11月24日发生的江西丰城发电厂“11·24”冷却塔施工平台坍塌特大事故，造成73人死亡、2人受伤，直接经济损失10 197.2万元。事故发生后，党中央、国务院高度重视。江西省有关人民法院严格依照法律规定，对事故涉及的重大责任事故犯罪案件和渎职犯罪案件依法进行审理，对事故首要责任人、丰电三期扩建项目工程建设指挥部总指挥邓勇超依法判处重刑，取得了良好效果。

本案公诉机关指控被告人邓勇超的行为构成玩忽职守罪和私分国有资产罪，一、二审法院经审理认为其行为不符合玩忽职守罪和私分国有资产罪的构成要件，应分别认定为重大责任事故罪和国有公司、企业人员滥用职权罪，反映出司法实践中对于玩忽职守罪和重大责任事故罪的区分，以及私分国有资产罪的具体适用还存在一定争议。现结合本案具体案情，对上述两个问题作如下简要分析。

（一）国有公司、企业管理人员违反安全管理规定，导致发生重大事故的，不构成玩忽职守罪

实践中，有的国有公司、企业管理人员在对公司、企业生产、作业活动进行管理的过程中，违反有关安全管理的规定，导致发生重大伤亡事故或者造成其他严重后果。有意见认为，上述国有公司、企业管理人员属于受国家机关委托，代表国家机关行使国家行政管理职权的人员，其在履行监督职责过程中玩忽职守，致使公共财产、国家和人民利益遭受重大损失，构成玩忽职守罪。

研究认为，上述意见难以成立。根据《刑法》第397条的规定，国家机关工作人员玩忽职守，致使公共财产、国家和人民利益遭受重大损失的，构成玩忽职守罪。此处的国家机关工作人员，是指在国家各级立法机关、行政

机关、监察机关、司法机关、军事机关中从事公务的人员，不包括在国有公司、企业中从事公务的人员。根据2002年12月28日发布的《全国人民代表大会常务委员会关于〈中华人民共和国刑法〉第九章渎职罪主体适用问题的解释》的规定，在依照法律、法规规定行使国家行政管理职权的组织中从事公务的人员，或者在受国家机关委托代表国家机关行使职权的组织中从事公务的人员，或者虽未列入国家机关人员编制但在国家机关中从事公务的人员，在代表国家机关行使职权时，有渎职行为，构成犯罪的，依照刑法关于渎职罪的规定追究刑事责任。根据上述立法解释，除刑法规定的国家机关工作人员以外，在行使国家公权力时玩忽职守、滥用职权构成犯罪，应当依照刑法关于渎职罪的规定追究刑事责任的人员还包括以下3类：首先，在依照法律、法规规定行使国家行政管理职权的组织中从事公务的人员。此处所称“依照法律、法规行使国家行政管理职权的组织”，必须有明确的法律、法规授权，如证监会、银保监会等。其次，在受国家机关委托代表国家机关行使职权的组织中从事公务的人员。根据《行政处罚法》《行政许可法》等法律、法规的规定，行政机关依照法律、法规或者部门规章的规定，可以在其法定权限内委托符合法定条件的组织实施行政处罚和行政许可，受委托组织在委托范围内，以委托行政机关的名义实施行政处罚和行政许可。实践中常见的，如卫生防疫站接受卫生行政部门的委托发放卫生许可证，文化市场管理办公室接受文化局的委托负责文化娱乐场所审批，等等。在上述情况下，接受委托的组织均应当以委托行政机关的名义实施行政处罚或者行政许可。最后，虽未列入国家机关人员编制但在国家机关中从事公务的人员。主要是指虽不属于国家机关的正式在编人员，但由于临时借调、聘用关系而在国家机关中行使国家机关职权的人员，如在监狱中行使监管、看守职责的合同制民警，等等。可以看出，立法解释强调的是，行为人是否符合渎职罪的主体要件，不是取决于其固定身份，而是取决于其从事活动的内容及依据，即只有在其从事公务活动、行使国家机关行政管理职权的过程中构成犯罪的，才能适用渎职罪的规定追究刑事责任。

实践中，一些国有公司、企业和事业单位经合法授权从事具体的管理市场经济和社会生活的工作，拥有一定的管理公共事务和社会事务的职权。这些实际行使国家行政管理职权的公司、企业和事业单位中的工作人员，符合渎职罪的主体要件，其实施滥用职权、玩忽职守等行为构成犯罪的，应当依照刑法关于渎职罪的规定追究刑事责任。但是，对于未经合法授权、不具备公务事务或者社会公共事务管理职权的国有公司、企业和事业单位中的管理人员，由于其行使的是对公司、企业和事业单位生产经营活动的管理职权，不属于从事公务活动、行使国家机关行政管理职权的人员，不符合玩忽职守罪的主体要件，其在从事管理活动的过程中违反安全管理规定，造成严重危害后果的，不能被认定为玩忽职守罪。

本案中，丰电三期扩建项目建设领导小组的职责是领导、组织指挥丰电三期扩建项目的正常开展，并不具备公务事务或者社会公共事务管理职权。邓勇超作为领导小组副组长、指挥部总指挥，负责监督、协调各参建单位和监督检查安全生产工作，其负责的范围明显属于公司、企业的生产经营活动和安全生产工作，故其不属于依法从事公务活动和行使国家机关行政管理职权的人员，不符合玩忽职守罪的主体要件。邓勇超作为生产经营单位中负有组织、指挥、管理职责的人员，在对生产、作业活动进行组织、指挥、管理的过程中违反有关安全管理的规定，因而发生重大伤亡事故，符合重大责任事故罪的构成要件。一、二审认定邓勇超的行为构成重大责任事故罪正确。

（二）私分国有资产罪的犯罪对象不包括国有控股、参股公司的资产

根据《刑法》第 396 条第 1 款的规定，国家机关、国有公司、企业、事业单位、人民团体，违反国家规定，以单位名义将国有资产集体私分给个人，数额较大的，构成私分国有资产罪。根据《刑法》和有关司法解释、规范性文件的规定，私分国有资产罪中的国有公司、企业应仅限于国有独资公司、企业，不包括国有控股、参股公司。主要理由有以下两点：

首先，2005 年《最高人民法院关于如何认定国有控股、参股股份有限公司中的国有公司、企业人员的解释》规定，国有公司、企业委派到国有控股、参股公司从事公务的人员，以国有公司、企业人员论。该司法解释将国有公司、企业与国有控股、参股公司作并列规定，表明国有公司、企业与国有控股、参股公司是不同的概念，在具体案件处理过程中不能混用，不能将国有控股、参股公司纳入《刑法》第 396 条第 1 款规定的国有公司、企业的范畴。

其次，《刑法》第 396 条第 1 款将国有公司、企业、事业单位、人民团体与国家机关并列规定为私分国有资产罪的犯罪主体。其中，国家机关的资产

是纯国有资产，根据同类解释原则的要求，可以构成本罪的国有公司、企业的资产也应当是纯国有资产，而国有控股、参股公司的资产明显不属于纯国有资产，故本罪中的国有公司、企业只能是国有独资公司、企业。私分国有资产罪中“国有资产”，不应包括国有控股、参股公司的资产。

本案中，邓勇超将违规套取的丰电二期的资金，以“开门红”“模糊奖”“加班费”等各种名义作为奖金福利违规发放给职工、中层干部和厂领导，直接侵害了丰电二期的公司财产权益。但根据在案证据，丰电二期是国有控股公司赣能股份公司的下属公司，本质上属于国有控股、参股公司，不属于国有独资公司，故丰电二期的资产不能成为私分国有资产罪的犯罪对象，邓勇超的行为不符合私分国有资产罪的构成要件，公诉机关指控其行为构成私分国有资产罪不能成立。2010 年《最高人民法院、最高人民检察院关于办理国家出资企业中职务犯罪案件具体应用法律若干问题的意见》第 4 条规定，国家出资企业中的国家工作人员在公司、企业改制或者国有资产处置过程中严重不负责任或者滥用职权，致使国家利益遭受重大损失的，依照《刑法》第 168 条的规定，以国有公司、企业人员失职罪或者国有公司、企业人员滥用职权罪定罪处罚。根据该规定精神，邓勇超作为国有控股、参股公司的高级管理人员，在对公司资产进行管理、处置的过程中滥用职权，将公司资产违规私分给个人，造成重大损失，符合国有公司、企业人员滥用职权罪的构成要件。一、二审法院认定邓勇超的行为构成国有公司、企业人员滥用职权罪，与其所犯重大责任事故罪、贪污罪、受贿罪并罚，决定执行有期徒刑 18 年，并处罚金人民币 220 万元，充分体现了对事故首要责任人依法严惩的总体原则。

（最高人民法院刑四庭　丁成飞　李加玺）

5. 邱则田等重大责任事故、非法采矿案（内蒙古赤峰宝马煤矿“12·3”特大瓦斯爆炸事故案）

——实际控制人属于重大责任事故罪的犯罪主体

一、基本案情

被告人邱则田，男，1966年7月3日出生，内蒙古自治区赤峰宝马煤炭物资有限责任公司董事长、投资人。2017年1月8日因涉嫌犯重大责任事故罪、非法采矿罪被逮捕。

被告人刘凤鹤，男，1968年1月4日出生，赤峰宝马煤炭物资有限责任公司监事长、投资人。2017年1月8日因涉嫌犯重大责任事故罪、非法采矿罪被逮捕。

被告人刘海军，男，1968年3月20日出生，赤峰宝马煤炭物资有限责任公司投资人，内蒙古自治区赤峰宝马矿业有限责任公司法定代表人、总经理。2017年1月8日因涉嫌犯重大责任事故罪、非法采矿罪被逮捕。

被告人吕国友，男，1963年9月28日出生，赤峰宝马矿业有限责任公司矿长。2017年1月8日因涉嫌犯重大责任事故罪、非法采矿罪被逮捕。

被告人董国青，男，1960年6月27日出生，赤峰宝马矿业有限责任公司生产副矿长。2017年1月8日因涉嫌犯重大责任事故罪、非法采矿罪被逮捕。

被告人张洪峰，男，1974年10月9日出生，赤峰宝马矿业有限责任公司安全副矿长。2017年1月8日因涉嫌犯重大责任事故罪、非法采矿罪被逮捕。

被告人李俊，男，1963年7月29日出生，赤峰宝马矿业有限责任公司机电副矿长。2017年1月8日因涉嫌犯重大责任事故罪、非法采矿罪被逮捕。

被告人刘杰，男，1978年10月10日出生，赤峰宝马矿业有限责任公司总工程师。2017年1月8日因涉嫌犯重大责任事故罪、非法采矿罪被逮捕。

被告人牛清瑞，男，1956年6月30日出生，赤峰宝马煤炭物资有限责任公司副总经理、矿管部部长。2017年1月8日因涉嫌犯重大责任事故罪、非法采矿罪被逮捕。

被告人张晓东，男，1968年11月28日出生，赤峰宝马煤炭物资有限责任公司法定代表人、总经理。2017年1月8日因涉嫌犯重大责任事故罪、非法采矿罪被逮捕。

被告人高启柱，男，1970年5月10日出生，赤峰宝马矿业有限责任公司原矿长。2017年1月8日因涉嫌犯非法采矿罪被逮捕。

被告人赵海生，男，1966年8月22日出生，赤峰宝马矿业有限责任公司安检队队长。2017年1月8日因涉嫌犯重大责任事故罪被逮捕。

被告人马玉财，男，1955年7月12日出生，赤峰宝马矿业有限责任公司原矿长。2018年12月30日因涉嫌犯非法采矿罪被取保候审。

被告人单建平，男，1984年10月1日出生，赤峰宝马矿业有限责任公司通风科副科长。2017年1月8日因涉嫌犯重大责任事故罪被逮捕。

被告人鲍永胜，男，1975年8月6日出生，赤峰宝马矿业有限责任公司技术科科长。2017年1月8日因涉嫌犯非法采矿罪被逮捕。

被告人李树廷，男，1958年4月9日出生，赤峰宝马矿业有限责任公司调度员。2017年1月8日因涉嫌犯重大责任事故罪被逮捕。

被告人宋奎树，男，1974年8月2日出生，赤峰宝马矿业有限责任公司销售副矿长。2017年1月8日因涉嫌犯非法采矿罪被逮捕，2019年12月4日被取保候审。

被告人顾海，男，1960年6月3日出生，赤峰宝马矿业有限责任公司机电队电工。2017年1月8日因涉嫌犯重大责任事故罪被逮捕，2019年12月16日被取保候审。

被告人王树斌，男，1973年9月15日出生，赤峰宝马矿业有限责任公司机电队电工。2017年1月8日因涉嫌犯重大责任事故罪被逮捕，2019年12月16日被取保候审。

被告人刘子军，男，1977年10月4日出生，赤峰宝马矿业有限责任公司安检员。2016年12月23日因涉嫌犯重大责任事故罪被取保候审。

被告人刘洋，男，1990年5月18日出生，赤峰宝马矿业有限责任公司副总工程师。2017 年 2 月 9 日因涉嫌犯重大责任事故罪被取保候审。

被告人吕虎，男，1987 年 9 月 21 日出生，赤峰宝马矿业有限责任公司通风工。2017 年 1 月 8 日因涉嫌犯帮助毁灭证据罪被逮捕，2019 年 2 月 12 日被取保候审。

内蒙古自治区赤峰市松山区人民检察院以被告人邱则田、刘凤鹤、刘海军、牛清瑞、张晓东、吕国友、刘杰、张洪峰、董国青、李俊犯非法采矿罪和重大责任事故罪，被告人赵海生、单建平、李树廷、王树斌、顾海、刘洋、刘子军犯重大责任事故罪，被告人宋奎树、鲍永胜、马玉财、高启柱犯非法采矿罪，被告人吕虎犯帮助毁灭证据罪，向赤峰市松山区人民法院提起公诉。

被告人邱则田辩解称，自己对宝马矿业有限责任公司（以下简称宝马煤矿）的非法采矿行为事后才知情，未参与煤矿的生产经营活动，其行为不构成重大责任事故罪。辩护人提出：第一，宝马煤炭物资有限责任公司（以下简称宝马煤炭物资公司）与宝马煤矿是两个独立的法律主体，前者与后者存在出资关系，但并无控制管理关系，邱则田不参与宝马煤矿的生产经营管理；宝马煤矿制定了独立的安全生产管理制度并设置了完整的安全生产责任人体系，邱则田有权合理信赖在其不具体管理的情况下，公司安全管理部门及生产作业部门负责人能够切实履行安全生产保障义务。“12·3”事故的发生与邱则田等宝马煤炭物资公司管理人员的行为之间不具有直接因果关系，邱则田的行为不构成重大责任事故罪。第二，宝马煤炭物资公司的越界开采行为与无证开采、盗采等行为有所不同，属于事出有因。第三，邱则田系主动投案，归案后如实供述越界开采和重大责任事故犯罪事实，应认定为自首；且其有积极赔偿被害人经济损失、积极组织事故救援、平时表现一贯良好等从轻处罚情节，请求予以从轻处罚。被告人刘凤鹤、刘海军、牛清瑞、张晓东、吕国友、刘杰、张洪峰、董国青、李俊、赵海生、单建平、李树廷、王树斌、顾海、刘洋、刘子军、宋奎树、鲍永胜、马玉财、高启柱、吕虎及其辩护人亦分别提出了相应辩解和辩护意见。

赤峰市松山区人民法院经审理查明：宝马煤炭物资公司成立于 2000 年 10 月 24 日，系股份制民营企业，共有股东 3 人，分别为董事长被告人邱则田，占股 66%；董事会监事长被告人刘凤鹤，占股 26%（股份由其侄女刘艳军代持）；股东被告人刘海军，占股 8%。总经理、法定代表人被告人张晓东负责公司日常工作，副总经理被告人牛清瑞分管矿管部和安全生产工作。宝马煤矿成立于2007年11月3日，系宝马煤炭物资公司的全资子公司，采矿许可证、安全生产许可证、煤炭生产许可证、工商营业执照均在有效期内。刘海军任宝马煤矿总经理、法定代表人，全面负责煤矿生产经营管理；刘凤鹤分管宝马煤矿的煤炭销售和财务工作；被告人吕国友2008年3月任宝马煤矿总工程师，2016年2月任矿长，负责煤矿生产经营工作；被告人宋奎树2008年10月任销售副矿长，协助刘凤鹤负责销售工作；被告人董国青2013年任生产副矿长，分管生产部，协助安全副矿长分管安全生产；被告人张洪峰2014年3月任安全副矿长，分管安检队，负责安全生产；被告人李俊2013年7月任机电副矿长，分管机电科；被告人刘杰2016年3月任总工程师，分管通风科、调度室和技术科；被告人赵海生任安检队队长，负责矿井内安全生产；被告人刘洋2016年3月任矿长助理；被告人单建平任通风科副科长；被告人吕虎担任通风科测风员；被告人鲍永胜任技术科科长；被告人李树廷任调度员；被告人刘子军任安检员和瓦检员，有安检员资质，但无瓦检员资质；被告人顾海、王树斌系机电队电工，均无电工资质；被告人高启柱2008年2月至2012年12月任宝马煤矿矿长；被告人马玉财2014年12月至2015年12月任宝马煤矿矿长。

自2008年3月开始，宝马煤矿先后4任矿长［被告人高启柱、鞠爽（已病故）和被告人马玉财、被告人吕国友］根据宝马煤炭物资公司的安排，先后组织在宝马煤矿采矿许可证载明的开采范围以外北侧约0.05平方公里、东侧约1.4平方公里范围内实施越界开采，在越界区域内先后布置29个综采、炮采和巷采工作面盗采煤炭。2010年10月，赤峰市元宝山区元宝山镇安监站发现宝马煤矿越界开采，责令其东区井下采区停止一切采掘作业，于同年10月31日前办理采矿许可证变更手续，否则停供一切火工品，但宝马煤矿拒不执行该监管指令，继续越界采掘。2016年1月，内蒙古自治区煤矿安全监察局（以下简称内蒙古煤监局）接到国家煤矿安全监察局安全监察司转来的举报宝马煤矿井下超层越界开采等问题的材料后，先后两次在内蒙古自治区煤矿安全监察局赤峰监察分局（以下简称赤峰煤监分局）的协助下，对宝马煤矿超层越界开采问题进行调查核实，由赤峰煤监分局作出现场处理决定，责令宝马煤矿立即停止越界开采，封闭所有越界开采区域。同年2月28日，内蒙古煤监局下达行政处罚决定书，认定宝马煤矿超越批准矿区范围在矿区东南部越界开采 6 号煤层，给予煤矿罚款 199 万元、法定代表人被告人刘海军罚款 14.9 万元的行政处罚。此后，宝马煤矿假借回撤越界区域设备名义，继续在越界区域进行采掘作业。经内蒙古自治区国土资源厅鉴定，宝马煤矿越界开采煤炭资源总量为 4 061 972 吨，合计开采煤炭资源总价值 102 036.72 万元。

宝马煤矿 2008 年 3 月至 2016 年 12 月 3 日违法进入他人矿区范围采矿。2016 年 1 月，宝马煤矿在采矿许可证载明的开采范围以外东侧设置的 6039 等非法采掘工作面进行采掘作业被有关部门发现，责令宝马煤矿停止越界开采，封闭所有越界开采区域。宝马煤矿未执行该指令，假借回撤 6039 等越界采掘工作面设备的名义，组织工人在未被发现的 6040 工作面进行采掘作业。宝马煤矿在 6040 越界采掘工作面内采用国家明令禁止的“巷道式采煤”工艺进行采掘作业；通风瓦斯管理制度未落实，通风系统布置不合理，6040 巷采工作面与 6040 综放工作面串联通风，6040 巷采工作面使用一台局部通风机同时向两个采掘作业地点供风，且局部通风机未按规定使用专用开关、专用电缆、专用变压器，使用局部通风机的地点未实行风电闭锁和甲烷电闭锁，6040 联络巷风门等通风设备漏风严重；管理人员未配备便携式甲烷检测报警仪；电气设备管理制度不落实，违规使用电焊；不执行停送电报告、审批制度，随意停送电；电缆、开关等电器设备失爆现象严重；越界区域无供配电系统图和电气设备布置图，随意布置电气设备；未按规定安设安全监控系统、人员定位系统；在生产作业过程中，劳动组织管理混乱，部分人员无证上岗，存在违规操作情形。

2016 年 12 月 3 日，宝马煤矿组织工人在 6040 等越界区域内进行生产作业。当日上午，宝马煤矿二班工人开展生产作业过程中，机电队电工被告人顾海、王树斌（二人均无电工资质）在从 6040 电源总开关向 6041 电源总开关接电源线时，擅自将 6040 电源总开关关闭两次，致使 6040 电源总开关控制的巷采工作面停电、停风，造成瓦斯积聚。11 时 10 分许，6040 巷采工作面恢复供电，掘进队负责管理局部通风机的电工顾亚学（已在事故中遇难）启动局部通风机恢复 6040 巷采工作面通风。在对 6040 巷采工作面采用“一风吹”的方式排放瓦斯时，没有管理人员组织检查甲烷浓度、未停电撤人；

积聚的高浓度瓦斯被安装在6040巷采工作面的电扇吹入与之串联通风的6040综放工作面，采煤队电焊工张然然、杨章利（二人均已在事故中遇难）正在6040综放工作面违规使用电焊机焊接液压支架，高浓度瓦斯遇到电焊火花后被引燃，产生的火焰传导至6040工作面顺风槽引起第一次爆炸，爆炸冲击波将盲巷板壁摧毁，盲巷内积存的瓦斯涌出后发生二次爆炸。事故造成顾亚学、刘金等32人遇难，刘洋、刘子军等20人受伤，直接经济损失4399万元。事故发生时，被告人刘洋是井下带班矿领导，下井时未携带便携式甲烷检测报警仪，对生产作业区域发生的停风、停电现象未加注意并合理处置；被告人李树廷系宝马煤矿调度员，事故发生当天，其两次接到井下人员刘金关于井下发生不明原因停电的报告后，未汇报、未处理即离开调度室；被告人赵海生系宝马煤矿安检队队长，负责矿井内安全生产工作，事发当天违规批准井下使用电焊机，发现矿井内停电、卸压巷停风后，未查找原因并采取相应措施，未疏散工人；被告人刘子军系宝马煤矿安检员，具有安检员资质，但没有瓦检员资质，事故当天其系6040工作面安检员，同时负责瓦斯检测，6040工作面恢复供电后，其在明知有人使用电焊的情况下，未对电焊作业范围内瓦斯进行实时检测；被告人顾海、王树斌均无电工资质，事发当日未按规程执行停送电制度，擅自停电；被告人李俊在事故发生当日未监督机电队电工按照规程执行停送电制度；被告人张洪峰、董国青明知非法开采区域安全生产设施和安全生产条件不符合规定，未认真组织、督导工人严格执行相关作业规程；被告人刘杰、单建平主导设计的通风系统不符合煤矿安全规程的要求。

另查明，事故发生当日17时许，宝马煤矿通风科测风员被告人吕虎在听到他人转述后，将宝马煤矿6040工作面近20张测风记录带至锅炉房中烧毁。

爆炸事故发生后，被告人邱则田、刘凤鹤、刘海军、张晓东、牛清瑞、吕国友、刘杰、董国青、张洪峰事发当日被公安机关传唤到案，被告人李俊、赵海生于2016年12月10日被传唤到案，被告人单建平于同月12日被传唤到案，被告人顾海、王树斌于同月17日被传唤到案，被告人李树廷于同月26日被传唤到案；被告人高启柱、马玉财、鲍永胜经公安机关电话通知到案。邱则田、刘凤鹤、刘海军、牛清瑞、张晓东、吕国友、刘杰、董国青、张洪峰、李俊、单建平、李树廷、顾海、王树斌积极参与事故救援。宝马煤矿与

32名事故遇难人员亲属以及16名事故受伤人员达成调解协议，宝马煤矿赔付上述人员全部经济损失，其中18名遇难人员亲属和10名事故受伤人员亲属出具了书面谅解书。

赤峰市松山区人民法院认为，宝马煤矿违反《矿产资源法》的规定，超越采矿许可证规定范围，擅自进入他人矿区范围开采煤炭资源，应以非法采矿罪追究直接负责的主管人员和其他直接责任人员的刑事责任。被告人邱则田、刘凤鹤、刘海军系宝马煤矿投资人，对宝马煤矿拥有控制权，系宝马煤矿的实际控制人，3人决定、授意、纵容宝马煤矿管理层非法越界开采；被告人吕国友、高启柱、马玉财指挥宝马煤矿非法越界开采，与被告人邱则田、刘凤鹤、刘海军系直接负责的主管人员，应对单位犯罪结果承担刑事责任；被告人董国青、李俊、张洪峰、宋奎树、刘杰、鲍永胜作为宝马煤矿煤炭生产、销售的组织者、管理者、技术人员，被告人牛清瑞、张晓东作为对宝马煤矿生产活动负有监督管理职责的人员，分别在各自工作职权范围内组织实施非法越界开采活动，系其他直接责任人员，应对其具体实施的行为承担刑事责任；邱则田、刘凤鹤、刘海军、牛清瑞、张晓东、高启柱、马玉财、吕国友、董国青、李俊、张洪峰、宋奎树、刘杰、鲍永胜等14名被告人的行为均已构成非法采矿罪，且情节特别严重。邱则田、刘凤鹤、刘海军、吕国友、刘杰、牛清瑞、张晓东、张洪峰、董国青、李俊、赵海生、单建平、李树廷、刘洋、刘子军、王树斌、顾海等17名被告人在煤矿井下生产、作业中违反有关安全管理的规定，因而发生重大伤亡事故，其行为均已构成重大责任事故罪，且情节特别恶劣。被告人吕虎帮助当事人毁灭证据，情节严重，其行为构成帮助毁灭证据罪。邱则田、刘凤鹤、刘海军、吕国友、刘杰、牛清瑞、张晓东、张洪峰、董国青、李俊一人犯数罪，依法予以数罪并罚。其中，吕国友、刘杰、牛清瑞、张洪峰、董国青、李俊、赵海生、单建平、李树廷在事故发生后主动投案并如实供述所犯罪行，对所犯重大责任事故罪均构成自首，可以从轻处罚；张晓东、刘杰、牛清瑞、张洪峰、董国青、李俊、赵海生、单建平、李树廷、王树斌、顾海在事故发生后积极组织、参与救援，可以酌情从轻处罚；刘洋、刘子军犯罪情节较轻，确有悔罪表现，没有再犯危险，判处缓刑对所居住的社区没有重大不良影响，可适用缓刑；被告人吕虎在案发后主动投案，如实供述所犯罪行，系自首，可以从轻处罚。依照《刑法》第 343 条第 1 款，第 134 条，第 307 条第 2 款，第 45 条，第 47 条，第 52 条，第 53 条，第 64 条，第 69 条，第 67 条第 1 款，第 72 条第 1 款，第 73 条第 2、3 款和《最高人民法院、最高人民检察院关于办理非法采矿、破坏性采矿刑事案件适用法律若干问题的解释》第 1 条、第 2 条第 3 项、第 3 条第 2 款第 1 项、第 13 条之规定，判决如下：

1. 被告人邱则田犯重大责任事故罪，判处有期徒刑 7 年；犯非法采矿罪，判处有期徒刑 7 年，并处罚金人民币 500 万元。决定执行有期徒刑 13 年，并处罚金人民币 500 万元。

2. 被告人刘凤鹤犯重大责任事故罪，判处有期徒刑 7 年；犯非法采矿罪，判处有期徒刑 6 年，并处罚金人民币 200 万元。决定执行有期徒刑 12 年，并处罚金人民币 200 万元。

3. 被告人刘海军犯重大责任事故罪，判处有期徒刑 7 年；犯非法采矿罪，判处有期徒刑 6 年，并处罚金人民币 100 万元。决定执行有期徒刑 12 年，并处罚金人民币 100 万元。

4. 被告人吕国友犯重大责任事故罪，判处有期徒刑 6 年；犯非法采矿罪，判处有期徒刑 5 年，并处罚金人民币 10 万元。决定执行有期徒刑 10 年，并处罚金人民币 10 万元。

5. 被告人董国青犯重大责任事故罪，判处有期徒刑 5 年；犯非法采矿罪，判处有期徒刑 4 年，并处罚金人民币 6 万元。决定执行有期徒刑 8 年，并处罚金人民币 6 万元。

6. 被告人张洪峰犯重大责任事故罪，判处有期徒刑 5 年；犯非法采矿罪，判处有期徒刑 4 年，并处罚金人民币 5 万元。决定执行有期徒刑 8 年，并处罚金人民币 5 万元。

7. 被告人李俊犯重大责任事故罪，判处有期徒刑 5 年；犯非法采矿罪，判处有期徒刑 4 年，并处罚金人民币 5 万元。决定执行有期徒刑 8 年，并处罚金人民币 5 万元。

8. 被告人刘杰犯重大责任事故罪，判处有期徒刑 5 年；犯非法采矿罪，判处有期徒刑 3 年 6 个月，并处罚金人民币 2 万元。决定执行有期徒刑 7 年 6 个月，并处罚金人民币 2 万元。

9. 被告人牛清瑞犯重大责任事故罪，判处有期徒刑 4 年；犯非法采矿罪，判处有期徒刑 4 年，并处罚金人民币 6 万元。决定执行有期徒刑 7 年，并处罚金人民币 6 万元。

10. 被告人张晓东犯重大责任事故罪，判处有期徒刑 3 年 6 个月；犯非法采矿罪，判处有期徒刑 3 年，并处罚金人民币 8 万元。决定执行有期徒刑 5 年 6 个月，并处罚金人民币 8 万元。

11. 被告人高启柱犯非法采矿罪，判处有期徒刑 4 年 6 个月，并处罚金人民币 7 万元。

12. 被告人赵海生犯重大责任事故罪，判处有期徒刑 4 年 6 个月。

13. 被告人马玉财犯非法采矿罪，判处有期徒刑 4 年，并处罚金人民币 6 万元。

14. 被告人单建平犯重大责任事故罪，判处有期徒刑 4 年。

15. 被告人鲍永胜犯非法采矿罪，判处有期徒刑 3 年 6 个月，并处罚金人民币 2 万元。

16. 被告人李树廷犯重大责任事故罪，判处有期徒刑 3 年 6 个月。

17. 被告人宋奎树犯非法采矿罪，判处有期徒刑 3 年，并处罚金人民币 2 万元。

18. 被告人顾海犯重大责任事故罪，判处有期徒刑 3 年。

19. 被告人王树斌犯重大责任事故罪，判处有期徒刑 3 年。

20. 被告人刘子军犯重大责任事故罪，判处有期徒刑 3 年，缓刑 3 年。

21. 被告人刘洋犯重大责任事故罪，判处有期徒刑 3 年，缓刑 3 年。

22. 被告人吕虎犯帮助毁灭证据罪，判处有期徒刑 2 年 2 个月。

一审宣判后，被告人高启柱、赵海生、马玉财、单建平、鲍永胜、李树廷、宋奎树、顾海、王树斌、刘子军、刘洋、吕虎服判不上诉；被告人邱则田、刘凤鹤、刘海军、吕国友、董国青、张洪峰、李俊、刘杰、牛清瑞、张晓东分别提出上诉。

被告人邱则田上诉提出，自己未参与宝马煤矿的生产经营活动，不属于对生产、作业负有组织、指挥或者管理职责的实际控制人、投资人，行为不构成重大责任事故罪，且在事故发生后主动投案并如实供述主要犯罪事实，依法构成自首，一审量刑过重。辩护人提出，管理混乱是引发“12 · 3”事故的主要原因，一审判决混同了管理责任与投资责任，对投资人的量刑畸重，且宝马煤矿的非法采矿行为事出有因，一审判决量刑偏重。被告人刘凤鹤、刘海军、吕国友、董国青、张洪峰、李俊、刘杰、牛清瑞、张晓东亦提出一审量刑过重，请求二审法院从轻改判。

赤峰市中级人民法院经审理认为，一审判决认定事实清楚，证据确实、充分，定罪准确。上诉人邱则田系宝马煤矿的投资人，对宝马煤矿的设备采购、人事任免、产品销售、财物管理等重大事项和重要事务拥有管理决策权，系宝马煤矿的实际控制人，符合重大责任事故罪的犯罪主体资格要求，对相关上诉理由和辩护意见不予采纳；邱则田得知事故发生后迅速赶赴事故现场，积极参与救援，后被公安机关控制，具有自动投案的主动性、自愿性，但其在侦查阶段的供述避重就轻，未全面、客观、如实供述犯罪事实，不符合自首的条件，对所犯重大责任事故不构成自首；邱则田自动投案后亦未主动供述非法采矿犯罪事实，对所犯非法采矿罪亦不构成自首。一审量刑适当，应予维持。遂裁定驳回上诉、维持原判。

二、主要问题

通过投资、幕后管理等方式对生产经营单位实施实际控制的人员是否属于重大责任事故罪的犯罪主体？

三、裁判理由

2016 年 12 月 3 日发生的内蒙古赤峰宝马煤矿“12・3”特大瓦斯爆炸事故，造成 32 人死亡、20 人受伤，事故直接经济损失 4399 万元。事故发生后，党中央、国务院高度重视。内蒙古自治区有关人民法院坚持依法从严、区分责任、宽严相济原则，依法妥善审理了事故涉及的重大责任事故犯罪和渎职犯罪案件，案件裁判结果得到了社会公众的普遍认同。

本案审理过程中，被告人邱则田及其辩护人提出，邱则田作为宝马煤矿的母公司宝马煤炭物资公司的董事长，不属于宝马煤矿的管理人员，不应对宝马煤矿违规生产、作业行为引发事故的行为承担刑事责任。一、二审法院均未采纳上述辩解和辩护意见，认定邱则田是宝马煤矿的实际控制人，其行为依法构成重大责任事故罪。研究认为，一、二审法院的认定正确，通过投资、幕后管理等方式，对生产经营单位的生产经营活动实施实际控制的人员属于重大责任事故罪的犯罪主体，其行为可以构成重大责任事故罪。

实践中，相当一部分危害生产安全犯罪案件具有多因一果的特点，即危害结果的发生由多个行为人的多个过失行为共同造成。这种情况下，除了需要查明和追究在事故现场直接从事生产、作业人员的责任之外，还需要继续向上追溯，查明监督、管理者是否违背和违反了其负有的监管职责和义务，其监管过失行为与引发的危害结果之间是否存在刑法上的因果关系，是否应当承担相应的刑事责任，避免“距离现场越远、法律责任越小”的不当倾向。依法合理确定监督、管理者的刑事责任，对于有效运用刑罚手段依法惩治和预防危害生产安全犯罪，切实保障生产安全，保护人民群众的生命财产安全，具有重要意义。

根据《刑法》第 134 条第 1 款的规定，在生产、作业中违反有关安全管理的规定，因而发生重大伤亡事故或者造成其他严重后果的，构成重大责任事故罪。一般来讲，在重大责任事故犯罪案件中，对于将违反安全管理规定的现场一线工作人员的违规生产、作业行为认定为犯罪，通常容易理解和作出评判。但是，对于危害结果承担监督过失责任的行为应当如何定罪量刑，是司法实务中认定和处理的难点。监督过失责任是近年来刑法理论界研究的热点之一。一般认为，监督过失责任是行为人对在其监督下的人的行为进行指挥、督促、检查和制止的责任；监督过失责任中的因果联系过程是间接性的，表现为通过作为被监督者的直接从事现场生产、作业人员的行为间接引起危害结果。因此，监督过失责任的行为主体自身往往并不亲自在现场直接从事生产、作业活动，但其对直接从事生产、作业的一线工作人员的行为负有监督责任，在直接从事生产、作业活动的行为人因为监督者的监督不力而导致发生危害结果时，监督过失行为人就应当承担相应的过失责任。实践中，从事故现场的一线生产、作业人员出发，反向溯查和追究监督者的过失责任，往往比追究一般意义上的管理责任更为困难，监督过失责任主体亦经常以法律未明文规定监督责任为由提出抗辩，因此需要仔细分析和认真把握。

我国的相关刑事立法中虽然没有明确提出“监督过失责任”这一概念，但并不代表司法实践中不能对监督过失责任人追究刑事责任。从理论上讲，《刑法》第 134 条第 1 款规定的“有关安全管理的规定”已经包含了监督过失责任的内容。《安全生产法》属于《刑法》规定的“有关安全管理的规定”

的范畴，而《安全生产法》中规定的有关生产经营单位的主要负责人对本单位安全生产工作负有的职责、生产经营单位的安全生产责任、安全生产管理机构以及安全生产监督管理人员的职责中，都包含监督安全生产工作的责任，相关人员履行监督责任不到位造成事故后，就有可能承担监督过失责任。

2015 年公布施行的《最高人民法院、最高人民检察院关于办理危害生产安全刑事案件适用法律若干问题的解释》根据刑法规定和监督过失责任原理，对重大责任事故罪的犯罪主体范围作出了明确规定。该司法解释第 1 条规定，《刑法》第 134 条第 1 款规定的重大责任事故罪的犯罪主体，包括对生产、作业负有组织、指挥或者管理职责的负责人、管理人员、实际控制人、投资人等人员，以及直接从事生产、作业的人员。司法解释将实际控制人明确规定为重大责任事故罪的犯罪主体，对司法实践中准确确定刑事处罚范围，依法惩治危害生产安全犯罪人，具有重要意义。根据《公司法》等有关法律法规的规定，实际控制人，是指虽不是公司股东或者企业的显名管理人员，但通过投资关系、协议或者其他安排，能够实际支配公司、企业行为的人。实际控制人的具体形式多种多样，如实践中存在的所谓“隐名持股人”，即某些国家机关工作人员或者具有特定职务身份的公司、企业管理人员，为了规避法律、法规关于国家机关工作人员不得投资入股生产经营企业，或者公司、企业管理人员不得违规从事与所任职公司、企业同类业务等方面的禁止性规定，以他人名义投资入股公司、企业，从而达到隐藏自己股东身份的目的。从理论上讲，实际控制人作为对生产经营单位的生产经营活动起实际支配作用的人员，如果其在行使组织、指挥、管理职责过程中违反安全管理规定，进而引发安全事故，对其行为认定为犯罪，符合刑法规定和监督过失责任理论的要求，否则就是放纵了真正的犯罪人，亦无法达到从源头上预防事故发生的实际效果。实践中，对生产经营单位实施实际控制的方式多种多样，可以通过投资、人事任免、幕后管理等方式实现。在仅存在投资关系的情况下，由于市场经济条件下所有权与经营权相分离的情况大量存在，投资人参与公司、企业经营管理的程度不一，特别是通过股票交易方式购买上市公司少量股票的小股东，一般不参与公司的经营管理决策活动，追究其对公司安全生产方面的刑事责任，明显不符合权责一致原则。因此，该司法解释将重大责任事故罪的犯罪主体限定为“对生产、作业负有组织、指挥或者管理职责的负责人、管理人员、实际控制人、投资人等人员，以及直接从事生产、作业的人员”。

本案中，被告人邱则田与他人共同投资成立宝马煤炭物资公司，再由宝马煤炭物资公司独资设立宝马煤矿。邱则田作为宝马煤炭物资公司和宝马煤矿的主要投资人，负有通过宝马煤炭物资公司投入资金，保证宝马煤矿的劳动安全设施和安全生产条件符合法律规定的义务。在宝马煤矿的实际经营过程中，邱则田虽未担任煤矿的显名管理人员，但其实际主导了宝马煤矿的设备采购、人员任免、生产经营策略和方向、产品销售定价、财物管理等重大生产经营事项，是隐藏在幕后的宝马煤矿真正负责人，属于对宝马煤矿的生产、作业负有组织、指挥、管理职责的实际控制人，符合重大责任事故罪的犯罪主体要件，故其应当对宝马煤矿违规生产、作业引发事故的行为承担刑事责任。一、二审法院认定邱则田的行为构成重大责任事故罪，对其顶格判处有期徒刑 7 年，并与其所犯非法采矿罪数罪并罚，决定执行有期徒刑 13 年，并处罚金人民币 500 万元，符合罪责刑相适应原则。

（最高人民法院刑四庭　李加玺）

6. 李洋强令违章冒险作业、刘建萍等重大责任事故案（江苏无锡“10·10”312国道锡港路上跨桥桥面侧翻事故案）

——如何正确认定重大责任事故罪和强令违章冒险作业罪

一、基本案情

被告人李洋，男，1981年2月24日出生，无锡成功运输有限公司实际经营人。2019年11月18日因涉嫌犯强令违章冒险作业罪被逮捕。

被告人刘建萍，女，1981年12月1日出生，无锡成功运输有限公司法定代表人。2019年11月18日因涉嫌犯重大责任事故罪被逮捕。

被告人陶金龙，男，1988年2月1日出生，无锡成功运输有限公司业务员、调度员。2019年11月18日因涉嫌犯重大责任事故罪被逮捕。

被告人李春茂，男，1987年10月12日出生，无锡成功运输有限公司理货员。2019年11月18日因涉嫌犯重大责任事故罪被逮捕。

被告人王晓华，男，1983年6月13日出生，无锡成功运输有限公司驾驶员。2019年11月18日因涉嫌犯重大责任事故罪被逮捕。

被告人焦玉东，男，1972年10月13日出生，无锡成功运输有限公司驾驶员。2019年11月18日因涉嫌犯重大责任事故罪被逮捕。

江苏省无锡市锡山区人民检察院以被告人李洋犯强令违章冒险作业罪，被告人刘建萍、陶金龙、李春茂、王晓华、焦玉东犯重大责任事故罪，向江苏省无锡市锡山区人民法院提起公诉。

被告人李洋对起诉书指控的基本事实无异议，认为自己的行为不构成强令违章冒险作业罪。辩护人提出：起诉指控李洋犯强令违章冒险作业罪的事实不清、证据不足，李洋系过失犯罪，应定性为重大责任事故罪；“10·10”事故是多因一果，李洋等人仅应承担部分责任，不能认定为刑法意义上的情节特别恶劣；案发当天的车辆安排和港口调度均不由李洋具体负责，李洋不是导致事故发生的唯一责任人；李洋有自首情节，积极配合赔偿损失，系初犯，家中有老人、小孩需要照顾，建议在3年以下量刑。

被告人刘建萍表示认罪。辩护人提出：刘建萍在公司中只是挂名法人，并非实际控制人，不是公司安全员，对公司经营参与程度不深；安全责任告知书上的签名不是刘建萍本人签署，其仅需在职责范围内承担相应责任；刘建萍有自首、坦白情节，自愿认罪认罚，积极配合赔偿被害人经济损失；刘建萍系初犯，主观恶性小，家中有未成年子女需要照顾，建议减轻处罚，在3年以下量刑并适用缓刑。

被告人陶金龙表示认罪，辩称自己有自首情节。辩护人提出：陶金龙不是公司总调度员，而是受李洋的指派调度车辆，仅应在普通调度员的职责范围内承担刑事责任；“10·10”事故属于多因一果，应减轻对陶金龙的处罚；陶金龙有自首情节，主观恶性较小，系初犯，建议从宽处罚。

被告人李春茂表示认罪。辩护人提出：相关部门监管不力是事故发生的重要原因；李春茂的行为受到心理胁迫，属于胁从犯；李春茂入职公司仅几个月，之前无物流运输从业经历，入职后公司也未进行岗位安全培训，应减轻对李春茂的处罚；李春茂系初犯，能如实供述犯罪事实并自愿认罪认罚，建议从轻、减轻处罚并适用缓刑。

被告人王晓华表示认罪。辩护人提出：“10·10”事故的发生具有偶发性、突发性，系诸多因素混同导致；王晓华到案后如实供述自己罪行，自愿认罪认罚，系初犯、偶犯；王晓华因为此次事故受伤且留有后遗症，需要长期服药；被害人的经济损失可以得到赔偿，建议从轻处罚。

被告人焦玉东表示认罪。辩护人提出：焦玉东不构成重大责任事故罪，应定性为过失损坏交通设施罪；焦玉东有自首情节，认罪态度好，无前科劣迹，一贯表现良好；焦玉东作为前车驾驶员，作用应小于后车驾驶员王晓华，且对事故的发生难以预见；涉事桥体本身有隐形损伤，不排除曾有长期超载造成桥体损害；“10·10”事故发生有诸多间接原因，建议减轻处罚，在3年以下量刑。

无锡市锡山区人民法院经审理查明：被告人李洋2014年9月成立无锡成功运输有限公司（以下简称成功运输公司）从事货物运输业务。李洋系公司实际经营人和负责人，全面负责公司经营管理，先后招聘亲属被告人陶金龙、李春茂等人进入公司任职。李洋的同居女友被告人刘建萍担任成功运输公司法定代表人、安全生产管理组长，主要负责公司财务工作。李洋和刘建萍共同负责成功运输公司安全生产工作，共同参加交管部门组织的安全培训会议并签署相关责任告知书。陶金龙 2015 年起担任成功运输公司业务员、调度员，负责调度车辆、安排货物装载等；李春茂 2019 年 6 月起担任成功运输公司理货员，负责在长宏国际四号码头对接、安排驾驶员装载货物。被告人王晓华 2019 年 4 月应聘成为成功运输公司驾驶员，同年 6 月底与李洋合伙购买苏 BQ7191 号重型半挂牵引车（牵引苏 BG976 挂号重型平板半挂车），二人约定利润平分，王晓华日常驾驶该车；被告人焦玉东 2019 年 5 月底应聘成为成功运输公司驾驶员，驾驶苏 BX8061 号重型半挂牵引车（牵引苏 BZ030 挂号重型平板半挂车）。

成功运输公司经营过程中，被告人李洋为追求经济效益，违反《道路交通安全法》等法律、法规关于严禁超载的规定，在招聘驾驶员时明确告知对方称公司需要招聘能够“重载”（即严重超载）的驾驶员，驾驶员表示能够驾驶超载车辆才同意入职；在公司购买不含轮胎的货车后，通过找专人安装与车辆轮胎登记信息不一致且承重力更好的钢丝胎、加装用于给刹车和轮胎降温的水箱等方式，对公司货运车辆进行非法改装以提高承载力。经营期间，成功运输公司车辆曾被运管部门查出多次超载运输。2017 年 3 月，该公司因车辆超载运输，在江苏省常州市、浙江省嘉兴市嘉善县发生交通事故被判决承担民事赔偿责任，2017 年 8 月，该公司因超载运输被无锡市惠山区运输管理处约谈警告。李洋明知公司车辆曾因严重超载运输发生事故，造成人员受伤和财产损失，继续超载运输存在事故隐患，仍然指挥、管理驾驶员继续严重超载运输，且在部分驾驶员提出少超载一些货物时作出解聘驾驶员的处罚管理决定，要求驾驶员继续违章冒险作业。被告人刘建萍明知公司存在严重超载运输问题，未按规定进行安全教育培训和管理，未按规定做好公司安全台账、落实安全管理职责。被告人陶金龙、李春茂违反严禁超载的规定，在调度、安排车辆装载、运输货物时，给车辆安排远超核载量的货物。

2019 年 10 月 10 日，被告人陶金龙根据被告人李洋的前期工作指令，安排被告人焦玉东、王晓华到长宏国际四号码头装载货物，被告人李春茂在码头现场指挥装载。当日下午，焦玉东驾驶苏 BX8061 号重型半挂牵引车（牵引苏 BZ030 挂号重型平板半挂车）（核载质量 32 吨）装载 7 轧共重 157. 985 吨的钢卷先行离开码头，王晓华随后驾驶苏 BQ7191 号重型半挂牵引车牵引苏 BG976 挂号重型平板半挂车（核载质量 29 吨）装载 6 轧共重 160. 855 吨的钢卷离开码头，一同前往无锡市新吴区城南路 32-6 华能宝港库送货。当日 18 时许，焦玉东、王晓华驾驶车辆先后行驶至 312 国道（上海方向）锡港路上跨桥左侧车道，两车通过锡港路正上方时桥面发生侧翻，将桥下锡港路阻断。事故发生时焦玉东刚驶离上跨桥桥面侧翻段；王晓华正驾车通过上跨桥桥面侧翻段，车辆随侧翻桥面侧滑靠至桥面护栏，致王晓华受伤。事故造成行驶在侧翻桥面路段上的车辆随桥面滑落、行驶在桥面路段下方道路上的车辆被砸压，致高辰（女，殁年 31 岁）机械性窒息合并创伤性休克死亡、王某某（女，殁年 5 岁）颅脑损伤死亡、王毅（男，殁年 46 岁）机械性窒息死亡，另造成 9 辆机动车不同程度损坏。经鉴定，被毁桥梁价值约 2 422 567 元，受损的 9 辆机动车损失价格共计 229 015 元。事发当晚，被告人刘建萍将成功运输公司账户及其个人账户中的约 25 万元资金转移给他人，并指使他人转移公司电脑及有关资料。上述款项、公司电脑及资料后被公安机关追回。经无锡市人民政府牵头组成的事故调查组调查认定，无锡市“10 · 10”312 国道锡港路上跨桥桥面侧翻事故的直接原因为，两辆重型平板半挂牵引车严重超载、间距较近（荷载分布相对集中），偏心荷载引起的失稳效应远超桥梁上部结构稳定效应，造成桥梁支座系统失效，梁体和墩柱之间产生相对滑动和转动，从而导致梁体侧向滑移倾覆触地。

2019 年 10 月 10 日，被告人王晓华在事故现场受伤后被送医治疗，后被民警抓获；被告人李洋同日向公安机关投案，被告人陶金龙、李春茂被公安机抓获；被告人刘建萍同月 11 日向公安机关投案；被告人焦玉东同月 12 日向公安机关投案。李洋、刘建萍归案后未如实供述自己的主要犯罪事实，陶金龙、李春茂、焦玉东、王晓华均如实供述自己的主要犯罪事实。案发后，成功运输公司委托当地政府向被害人王毅的家属赔偿 153. 67 万元，向被害人高辰、王某某的家属赔偿 320. 20 万元。公安机关依法查封李洋名下房产 1 套、车辆 3 辆，刘建萍名下房产 3 套；扣押冻结成功运输公司、李洋、刘建萍等账户内资金共计 5 627 465. 66 元。

无锡市锡山区人民法院认为，被告人李洋明知存在事故隐患、继续作业存在危险，仍然违反有关安全管理的规定，利用组织、指挥、管理职权，强制他人违章作业，因而发生重大伤亡事故，情节特别恶劣，其行为已构成强令违章冒险作业罪；被告人刘建萍、陶金龙、李春茂、王晓华、焦玉东在生产、作业中违反有关安全管理的规定，因而发生重大伤亡事故，情节特别恶劣，5 人的行为均已构成重大责任事故罪。焦玉东有自首情节，予以从轻处罚；陶金龙、李春茂、王晓华归案后如实供述主要犯罪事实，自愿接受处罚，分别予以从轻处罚。李洋已经发现事故隐患，经有关部门提出后仍不采取措施，予以从重处罚；刘建萍在安全事故发生后转移财产，意图逃避承担责任，予以从重处罚。刘建萍系初犯，根据其犯罪事实和情节，符合适用缓刑的相关条件，可以适用缓刑。6 名被告人的行为发生在 2021 年 3 月 1 日以前，依照《刑法》第 12 条第 1 款之规定，应当适用经 2006 年《刑法修正案（六）》修正的《刑法》第 134 条之规定。据此，根据各被告人的犯罪事实、情节、危害后果，依照经 2006 年《刑法修正案（六）》修正的《刑法》第 134 条，《刑法》第 12 条，第 67 条第 1、3 款，第 72 条第 1 款，《最高人民法院、最高人民检察院关于办理危害生产安全刑事案件适用法律若干问题的解释》第 5 条，第 7 条第 1、2 款，第 12 条和《刑事诉讼法》第 15 条之规定，判决如下：

1. 被告人李洋犯强令违章冒险作业罪，判处有期徒刑 7 年。
2. 被告人刘建萍犯重大责任事故罪，判处有期徒刑 3 年，缓刑 3 年。
3. 被告人陶金龙犯重大责任事故罪，判处有期徒刑 3 年 9 个月。
4. 被告人李春茂犯重大责任事故罪，判处有期徒刑 3 年 3 个月。
5. 被告人王晓华犯重大责任事故罪，判处有期徒刑 3 年 6 个月。
6. 被告人焦玉东犯重大责任事故罪，判处有期徒刑 3 年 3 个月。

一审宣判后，被告人李洋、王晓华、焦玉东提出上诉。焦玉东提出自己有自首情节，一审判决量刑过重。李洋、王晓华后在二审过程中自愿申请撤回上诉。

无锡市中级人民法院经审理认为，一审判决认定的事实清楚，证据确实、充分，定罪准确。一审判决根据上诉人焦玉东的犯罪事实和自首情节，已在法定幅度内对其从轻处罚，所处刑罚并无不当。上诉人李洋、王晓华撤回上诉的申请系其自愿提出，事由正当，应予准许。遂裁定准许李洋、王晓华撤回上诉；对焦玉东驳回上诉、维持原判。

二、主要问题

如何正确认定重大责任事故罪和强令违章冒险作业罪？

三、裁判理由

2019年10月10日18时许，江苏省无锡市312国道（上海方向）锡港路上跨桥桥面发生侧翻事故，造成3人死亡、9辆机动车不同程度受损，直接经济损失260余万元。事故发生后，多家新闻媒体进行了宣传报道，该事故一度成为新闻热点，引发社会广泛关注。2020年1月底，无锡市应急管理局公布事故调查报告，部分网络媒体进行了跟进报道。无锡市两级法院经依法审理，对涉案各被告人准确定罪量刑，积极回应了社会关切，对依法严惩此类刑事犯罪，起到了良好的示范作用。

案件审理过程中，各方对被告人刘建萍、陶金龙、李春茂的定罪意见比较一致。刘建萍作为成功运输公司的法定代表人、安全生产管理组长，安全管理责任未落实；陶金龙、李春茂作为成功运输公司的中层管理人员，违反安全管理规定，为车辆分配远超核载质量的货物，共同导致发生重大伤亡事故，3人的行为均构成重大责任事故罪，且均属于情节特别恶劣的情形。但是，对于被告人李洋的行为是构成重大责任事故罪还是强令违章冒险作业罪，对于被告人王晓华、焦玉东的行为是构成交通肇事罪还是重大责任事故罪，存在较大分歧。现简要分析如下。

（一）生产经营单位管理人员强令驾驶员严重超载运输，因而发生事故的，构成强令违章冒险作业罪

对于被告人李洋行为性质的认定，案件审理过程中存在如下两种意见：

第一种意见认为，被告人李洋在招聘驾驶员时已明确告知应聘者到成功运输公司工作需要超载运输，驾驶员明知需要超载驾驶仍同意到成功运输公司工作，难以认定李洋有强令行为。本案中的超载行为是一种抽象危险，而事故的发生具有一定的偶然因素，不宜认定为违章冒险作业。如果对李洋的行为认定为强令违章冒险作业，则不宜再追究被强令人王晓华和焦玉东的刑

事责任。另外，此次事故系多因一果引发，李洋的强令行为并不必然导致本案事故后果的发生，以重大责任事故罪追究其刑事责任更为恰当。

第二种意见认为，被告人李洋作为事故单位的实际经营人，明知严重超载运输存在事故隐患，为片面追求经济效益，利用招聘驾驶员、发放工资、管理驾驶员工作的组织、指挥、管理职权，强制驾驶员严重超载运输，并在日常管理中通过调度员陶金龙、理货员李春茂对驾驶员实际装载情况进行监督，构成强令违章冒险作业罪。

我们同意第二种意见，被告人李洋的行为构成强令违章冒险作业罪。理由有如下几点：

首先，本案发生在2019年，行为时有效的《刑法》第134条第2款规定，强令他人违章冒险作业，因而发生重大伤亡事故或者造成其他严重后果的，处5年以下有期徒刑或者拘役；情节特别恶劣的，处5年以上有期徒刑。根据《最高人民法院、最高人民检察院关于办理危害生产安全刑事案件适用法律若干问题的解释》第5条的规定，《刑法》第134条第2款规定的“强令他人违章冒险作业”，是指明知存在事故隐患、继续作业存在危险，仍然违反有关安全管理的规定，实施下列行为之一的：（1）利用组织、指挥、管理职权，强制他人违章作业的；（2）采取威逼、胁迫、恐吓等手段，强制他人违章作业的；（3）故意掩盖事故隐患，组织他人违章作业的；（4）其他强令他人违章作业的行为。本案中，被告人李洋作为成功运输公司的实际经营人，明知货车超载运输违反安全管理规定，且该公司已因货车超载被交管部门约谈警示过，并曾因超载发生交通事故被判承担赔偿责任，属于“明知存在事故隐患、继续作业存在危险”；李洋虽然在招聘时明确告知应聘者公司招聘的是能够超载运输的驾驶员，但是其在具体经营过程中利用指挥、管理职权要求货车驾驶员严重超载，且在部分驾驶员提出少装载一些货物时以解聘相威胁，对驾驶员起到了精神强制作用，应当认定为《最高人民法院、最高人民检察院关于办理危害生产安全刑事案件适用法律若干问题的解释》第5条第1项规定的“利用组织、指挥、管理职权，强制他人违章作业”。李洋的强令违章冒险作业行为导致重大伤亡事故发生，符合强令违章冒险作业罪的构成要件。

其次，被告人李洋的强令违章冒险作业行为并未达到完全使被强令一方丧失自由意志的程度。驾驶员王晓华、焦玉东作为被强令一方，对引发事故后果具有过失心态，应当依法承担刑事责任。在认定李洋构成强令违章冒险作业罪的情况下，同时追究被强令一方王晓华、焦玉东的刑事责任，并不存在理论上的障碍。

最后，强令违章冒险作业罪属于危害生产安全犯罪中的重罪，最高可判处有期徒刑15年。“10·10”事故社会影响恶劣，严重影响人民群众安全感。对被告人李洋的行为依法认定为强令违章冒险作业罪，有利于依法严惩此类犯罪，对潜在的违法犯罪人起到警示作用。

具体到本案，“10·10”事故导致3人死亡，刚刚达到《最高人民法院、最高人民检察院关于办理危害生产安全刑事案件适用法律若干问题的解释》规定的强令违章冒险作业罪情节特别恶劣、适用5年以上有期徒刑量刑幅度的标准。且根据在案证据，被告人李洋已经发现事故隐患，经有关部门提出后仍不采取措施，应从重处罚；其在事故发生后积极赔偿遇难人员亲属的经济损失，可以酌情从轻处罚。一、二审法院综合考虑从重从宽两个方面的量刑情节，以强令违章冒险作业罪判处李洋有期徒刑7年，量刑适当。

（二）在道路运输生产经营活动过程中长期违反安全管理规定，最终导致发生事故的，构成重大责任事故罪

对于涉事机动车驾驶员被告人王晓华、焦玉东行为性质的认定，案件处理过程中也存在两种意见。

第一种意见认为，根据最高人民检察院发布的检例第97号指导性案例，在具有营运性质的交通运输活动中，行为人既违反交通运输法规，又违反其他安全管理规定，导致发生重大事故的，由于该类运输活动主要是生产经营活动，并非单纯的交通运输行为，为全面准确评价行为人的行为，一般可按重大责任事故罪定罪处罚。其中，对于交通运输活动负责人、投资人等负有安全生产监督管理职责的人员应认定为重大责任事故罪；对于机动车驾驶员等一线运输人员违反交通运输管理法规导致发生事故的，应认定为交通肇事罪。故在本案中，对于其他责任人应认定为重大责任事故罪，对两名机动车驾驶员被告人王晓华、焦玉东应依法认定构成交通肇事罪。

第二种意见认为，本案相关人员从事的交通运输活动是一种生产、作业行为，且“10·10”事故造成高架桥倾覆的严重后果，明显不同于一般的交

通肇事行为，以交通肇事罪定性难以完全评价本案的危害后果，认定为责任事故类犯罪更符合社会公众的认知；另外，针对同一起事故、同一个危害后果，对相关责任人以相同罪名处理更恰当。故对被告人王晓华、焦玉东亦应认定构成重大责任事故罪。

我们原则同意第二种意见。主要理由有以下两点：

首先，从事道路运输营运业务活动的机动车驾驶员违反交通运输管理法规，同时违反安全管理规定，导致发生重大事故的，其行为同时符合交通肇事罪和重大责任事故罪的构成要件。在无逃逸致人死亡这一加重情节的情况下，交通肇事罪和重大责任事故罪的法定刑完全相同，具体应当适用哪个罪名，应当结合案情进行综合分析。本案中，被告人王晓华、焦玉东驾驶载货货车长期、频繁严重超载从事道路运输营运活动，最终导致道路上跨桥桥面侧翻，其行为不同于日常生活中机动车驾驶员某一次违反交通运输管理法规造成的车辆碰撞、撞伤行人等交通肇事行为。并且，王晓华还是其中一辆肇事货车的共同车主，对货车负有安全管理职责。如果认定为交通肇事罪，难以充分评价二人长期超载运输营运以及王晓华对名下货车安全管理责任不落实等违法违规行为；而认定为重大责任事故罪，可以充分体现对二人长期超载运输营运行为的否定性法律评价，与事故调查组对此次事故的总体性质认定亦相符。

其次，第一种意见提到的检例第 97 号指导性案例中，司法机关对违反交通运输管理法规（同时也违反安全管理规定），导致发生重大事故的营运平板拖船驾驶员最终也认定为重大责任事故罪，而非交通肇事罪。根据该指导性案例不能得出对本案中的两名机动车驾驶员应当认定为交通肇事罪的结论。

本案中，被告人王晓华、焦玉东驾驶货车严重超载运输，同时在道路高架桥上行驶的行为，是引发此次事故的最直接原因。但是，二人属于被公司管理人员强令的一线生产、作业人员，可以适当减轻自身刑事责任。王晓华是其中一辆肇事货车的车主，罪责大于焦玉东；焦玉东有自首情节，可以从轻处罚。一、二审法院以重大责任事故罪判处王晓华有期徒刑 3 年 6 个月，判处焦玉东有期徒刑 3 年 3 个月，量刑适当。

（最高人民法院刑四庭　孙明秋）

7. 祁建华重大责任事故案（山西襄汾聚仙饭店“8·29”重大坍塌事故案）

——如何正确把握重大责任事故罪的量刑情节

一、基本案情

被告人祁建华，男，1964年1月7日出生，山西省襄汾县聚仙饭店投资人、经营者。2020年9月15日因涉嫌犯过失以危险方法危害公共安全罪被逮捕。

山西省襄汾县人民检察院以被告人祁建华犯过失以危险方法危害公共安全罪，向襄汾县人民法院提起公诉。后襄汾县人民检察院变更起诉，对被告人祁建华变更指控罪名为重大责任事故罪。

被告人祁建华对公诉机关指控的犯罪事实、罪名均无异议，当庭对犯罪事实供认不讳。辩护人提出，祁建华归案后如实供述自己罪行，认罪认罚，事故发生后积极参与抢救、救助被困人员，具有悔罪表现，系初犯、偶犯，主观恶性不深，无违法犯罪前科，且身患疾病，请求酌情从轻处罚。

襄汾县人民法院经审理查明：山西省襄汾县陶寺乡陈庄村西南陶云公路边的聚仙饭店由被告人祁建华投资经营。1993年，祁建华在未取得集体土地建设用地审批手续的情况下，在其家庭承包的责任田上自建农村两层建筑物，后经多次违规扩建于2016年形成现有规制，包括南楼上下二层五间，西平房二间，北楼上下二层五间，南北楼之间一层顶部由预制板搭建、二层顶部由彩钢瓦搭建形成的双层空间，其中一层空间用于饭店经营（即宴会厅），二层空间用于住人，总建筑面积达1157.05平方米。聚仙饭店历次扩建均由无资质包工头按照祁建华的要求承建或由祁建华聘请亲朋好友自建，扩建活动无专业设计、无工程监理、无竣工验收、无相关资料、无维护记录。

2020年8月29日，襄汾县陶寺乡安李村村民在聚仙饭店为父亲举办寿宴，预订了 25 桌宴席。按照当地习俗，寿宴安排早、午两餐。早餐后，数十名村民在聚仙饭店宴会厅内打牌、聊天或者在北楼后院看戏，等候午宴。当日 9 时 40 分许，因建筑结构整体性差，承重砖柱及北楼二层屋面荷载严重超载，聚仙饭店宴会厅、北楼二层南半部分和钢结构采光顶棚突然发生坍塌，造成 29 人死亡、28 人受伤，直接经济损失 1164.35 万元。

经山西省人民政府批准组成的事故调查组调查认定，聚仙饭店“8·29”重大坍塌事故是一起因违法违规占地建设，且在无专业设计、无资质施工的情形下，多次盲目改造扩建，建筑物工程质量存在严重缺陷，导致在经营活动中部分建筑物坍塌的重大生产安全责任事故。事故直接原因为，聚仙饭店建筑结构整体性差，多次加建后，宴会厅东北角承重砖柱Ⅲ长期处于高应力状态；北楼二层 A 区屋面预制板长期处于超荷载状态，在其上部高炉水渣保温层的持续压力下，预制板发生脆性断裂，形成对宴会厅顶板的猛烈冲击，导致东北角承重砖柱Ⅲ崩塌，最终造成北楼二层南半部分和宴会厅整体坍塌。事故发生时，不排除当地 8 月强降雨的影响。

另查明，被告人祁建华违法占用土地建设房屋，两次通过不正当手段取得未经审批的集体土地建设用地使用证，拒不执行原襄汾县国土资源局下达的《关于陈庄村村民祁建华违法占地建饭店的处罚决定》和襄汾县人民法院下达的《行政裁定书》，将未经专业设计与施工、未经竣工验收的农房用于从事经营活动，饭店开业以来存在证照逾期经营行为。

襄汾县人民法院认为，被告人祁建华作为发生坍塌事故的聚仙饭店的实际投资人和经营者，在 23 年内对该饭店进行了 8 次扩建，且均由无资质的施工人员在无建筑审批、无专业设计、无工程监理、无竣工验收的情况下盲目扩建，在建筑物工程质量存在严重缺陷、对安全隐患未作全面评估的情况下，导致在经营过程中出现坍塌，造成重大生产安全责任事故，侵害生产、作业安全，其行为符合重大责任事故罪的法定构成要件，应当承担重大责任事故罪的法律责任，公诉机关指控的罪名成立。祁建华长期违规占地，多次违章扩建，拒不执行国土资源部门的处罚决定，在饭店建筑存在事故隐患的状态下，未采取有效措施而继续经营使用，导致饭店建筑坍塌并造成 29 人死亡、28 人受伤，直接经济损失 1164.35 万元的重大事故后果，对事故发生负主要责任，属于情节特别恶劣，依法应在 3 年以上 7 年以下有期徒刑的量刑幅度内判处刑罚，公诉机关提出的判处有期徒刑 6 年 6 个月至 7 年的量刑建议适当。祁建华多次违建且拒不执行有关部门的处罚决定，给人民群众的生命财产安全造成特别重大损失，社会影响特别恶劣，其虽认罪认罚，但不足以从轻处罚。辩护人关于祁建华具有认罪认罚等从宽情节可以从轻处罚的辩护意见，不予支持。祁建华违章扩建经营造成重大责任事故，情节特别恶劣，依法应予惩处。综合考虑祁建华的犯罪情节、其对造成事故所起作用和事故产生的严重后果，依照《刑法》第 134 条第 1 款、第 61 条，《最高人民法院、最高人民检察院关于办理危害生产安全刑事案件适用法律若干问题的解释》第 1 条、第 7 条第 1 款、第 12 条第 1 款第 3 项和《最高人民法院关于适用〈中华人民共和国刑事诉讼法〉的解释》第 449 条第 1 款之规定，依法判决：被告人祁建华犯重大责任事故罪，判处有期徒刑 7 年。

宣判后，被告人祁建华未提出上诉，检察机关未抗诉。判决已发生法律效力。

二、主要问题

如何正确把握重大责任事故罪的量刑情节？

三、裁判理由

2020 年 8 月 29 日发生的山西襄汾聚仙饭店“8・29”重大坍塌事故，造成 29 人死亡、28 人受伤，直接经济损失 1164 万余元。事故发生后，党中央、国务院高度重视。依据有关法律法规，山西省人民政府批准成立事故调查组，国务院安全生产委员会对该起事故调查工作进行挂牌督办。襄汾县人民法院依法审理事故涉及的重大责任事故犯罪案件，对聚仙饭店投资人、经营者祁建华以重大责任事故罪从重判处刑罚，及时回应了社会关切，取得了良好效果。

本案公诉机关最初指控的罪名是过失以危险方法危害公共安全罪，后又变更为重大责任事故罪。另外，本案审理过程中，对于被告人祁建华的量刑也存在一定分歧。有意见提出，虽然本案造成了严重危害后果，但祁建华对事故后果所持主观心态是过失，且其在事故发生后积极参与事故救援，积极抢救、救助事故被困人员，归案后如实供认自己罪行，认罪认罚，系初犯、偶犯，有悔罪表现，可在3年以上7年以下有期徒刑的量刑幅度内酌情判处，不宜顶格处刑。

公诉机关指控罪名的变更和有关方面对被告人祁建华的具体量刑提出的不同意见，反映出本案处理过程中对定罪量刑问题还存在一定的分歧。现对此类案件的定罪量刑问题简要分析如下。

（一）重大责任事故罪与过失以危险方法危害公共安全罪的区分

根据《刑法》第134条第1款的规定，重大责任事故罪，是指在生产、作业中违反有关安全管理的规定，因而发生重大伤亡事故或者造成其他严重后果的行为。从立法体例来看，重大责任事故罪被设置在《刑法》“分则”第二章“危害公共安全罪”中，表明本罪侵犯的是不特定多数人的生命、健康或者重大公私财产安全，犯罪后果通常波及面广、影响巨大。立法者将本罪规定在《刑法》“分则”第一章“危害国家安全罪”之后，表明了对于此类犯罪行为的鲜明否定态度，故重大责任事故犯罪也属于应当予以从严打击的犯罪类型。

重大责任事故罪在主观方面属于过失，但行为人在生产、作业过程中违反有关安全管理的规定则可能是出于故意，正是由于行为人在生产、作业过程中严重不负责任，对事故隐患不积极采取补救措施，疏忽大意或者轻信能够避免危害后果，最终导致生产安全事故的发生。根据《刑法》的规定，本罪属于结果犯，即只有发生重大伤亡事故或者造成其他严重后果的，才构成本罪。虽然行为人实施了在生产、作业中违反有关安全管理规定的行为，但该行为如果没有引发重大伤亡事故或者没有造成严重后果，则只能认定为一般的生产安全责任事故，不构成犯罪。

本案公诉机关最初起诉指控被告人祁建华的行为构成过失以危险方法危害公共安全罪。虽然过失以危险方法危害公共安全罪与重大责任事故罪在主观方面均属于过失，客观上也都造成了致人重伤、死亡或者使公私财产遭受重大损失等危害公共安全的实际后果，但两罪的差别还是很明显的。首先，客观行为方式不同。过失以危险方法危害公共安全罪是指过失以放火、决水、爆炸、投放危险物质以外的其他危险方法，致人重伤、死亡或者使公私财产遭受重大损失，危害公共安全的行为。根据同类解释规则，这里的“危险方法”应当限于与放火、决水、爆炸、投放危险物质等具有相当危险性和社会危害性的方法，而不是泛泛的普通方法。而重大责任事故罪则是在生产、作业中违反有关安全管理的规定，因而发生重大伤亡事故或者造成其他严重后果的行为，实践中一般表现为不服管理、违反规章制度等。其次，发生的场合不同。对于过失以危险方法危害公共安全罪，《刑法》并未对其适用的场合作出限制，故该罪通常发生在日常生活之中，即使发生在厂矿等企业、事业单位的生产、作业过程中，违规行为也与生产、作业活动无直接联系。而重大责任事故罪则要求发生在生产、作业过程中，且是由于违反了有关安全管理的规定而造成严重后果。最后，具体犯罪主体不同。《刑法》对于两个罪名的主体虽未作特殊规定，但在通常情况下，重大责任事故罪的犯罪主体一般是工厂，矿山，林场，建筑企业或其他企业、事业单位的负责人、管理人员、实际控制人、投资人等人员，以及直接从事生产、作业活动需要遵守相关安全管理规定的人员。而过失以危险方法危害公共安全罪的犯罪主体则更为宽泛。

本案中，被告人祁建华作为发生坍塌事故的聚仙饭店的实际投资人和经营者，在长达20余年的时间内对饭店进行了多次扩建，且均由无资质施工人员在无建筑审批手续、无专业设计、无工程监理、无竣工验收的情况下盲目扩建，属于在建筑作业中违反有关安全管理规定的行为。在案证据显示，聚仙饭店建筑物承建方按照祁建华的要求搭建预制板时已告知祁建华跨度过大，但祁建华说不要紧；搭建好后东北角的柱子有点下沉，经祁建华同意后，承建方又将下沉的柱子周边凿开进行了加固；整个建筑工程没有图纸和施工方案，工程队没有建筑手续，祁建华让怎么干就怎么干。事故调查报告证实，“8·29”事故是一起因多次盲目改造扩建，建筑物工程质量存在严重缺陷，导致在经营活动中部分建筑物坍塌的重大生产安全责任事故。综上，祁建华在生产、作业过程中违反有关安全管理的规定，因而发生重大伤亡事故，其行为符合重大责任事故罪的构成要件，不宜认定为过失以危险方法危害公共安全罪。襄汾县人民法院认定祁建华的行为构成重大责任事故罪，是适当的。

（二）重大责任事故罪中量刑情节的具体把握

《刑法》第134条第1款对重大责任事故罪规定了两档法定刑，情节一般的，处3年以下有期徒刑或者拘役；情节特别恶劣的，处3年以上7年以下有期徒刑。但是何为“情节特别恶劣”，《刑法》并未作出明确规定。《最高人民法院、最高人民检察院关于办理危害生产安全刑事案件适用法律若干问题的解释》第 7 条明确规定，实施《刑法》第 134 条第 1 款等规定的行为，因而发生安全事故，具有下列情形之一的，对相关责任人员，处 3 年以上 7 年以下有期徒刑：（1）造成死亡 3 人以上或者重伤 10 人以上，负事故主要责任的；（2）造成直接经济损失 500 万元以上，负事故主要责任的；（3）其他造成特别严重后果、情节特别恶劣或者后果特别严重的情形。

可以看出，《最高人民法院、最高人民检察院关于办理危害生产安全刑事案件适用法律若干问题的解释》对重大责任事故罪适用第二档法定刑的标准，采用了“事故结果+责任大小”的规定方式，即原则上安全事故造成的后果达到一定程度，同时行为人对事故承担主要责任的，才可处以第二档法定刑；对事故仅负次要责任的被告人，即使事故后果达到了一定的严重程度，原则上也不应处以第二档法定刑。而判断行为人是否属于事故中的主要责任人，应当以犯罪人所承担的工作职责为基础，考察其业务过失行为在引发事故发生的因果链条中所起原因力大小，以及过失行为反映出的个人主观罪过程度，综合全案情况，正确划分责任。根据《最高人民法院关于进一步加强危害生产安全刑事案件审判工作的意见》第 8 条的规定，一般情况下，对生产、作业负有组织、指挥或者管理职责的负责人、管理人员、实际控制人、投资人，违反有关安全生产管理规定，对重大生产安全事故的发生起决定性、关键性作用的，应当承担主要责任。对于直接从事生产、作业的人员违反安全管理规定，发生重大生产安全事故的，要综合考虑行为人的从业资格、从业时间、接受安全生产教育培训情况、现场条件、是否受到他人强令作业、生产经营单位执行安全生产规章制度的情况等因素认定责任，不能将直接责任简单等同于主要责任。对于负有安全生产管理、监督职责的工作人员，应根据其岗位职责、履职依据、履职时间等，综合考察工作职责、监管条件、履职能力、履职情况等，合理确定罪责。

为树立正确的行为导向，加大对司法实践中常见、多发的典型非法、违法生产经营行为的刑罚惩治力度，《最高人民法院、最高人民检察院关于办理危害生产安全刑事案件适用法律若干问题的解释》第 12 条第 1 款对重大责任事故罪等危害生产安全犯罪罪名中的从重处罚情节作出了规定。根据该条第 1 款规定，实施《刑法》第 134 条等规定的犯罪行为，具有下列情形之一的，从重处罚：（1）未依法取得安全许可证件或者安全许可证件过期、被暂扣、吊销、注销后从事生产经营活动的；（2）关闭、破坏必要的安全监控和报警设备的；（3）已经发现事故隐患，经有关部门或者个人提出后，仍不采取措施的；（4）一年内曾因危害生产安全违法犯罪活动受过行政处罚或者刑事处罚的；（5）采取弄虚作假、行贿等手段，故意逃避、阻挠负有安全监督管理职责的部门实施监督检查的；（6）安全事故发生后转移财产意图逃避承担责任的；（7）其他从重处罚的情形。对于具有上述情形的重大责任事故犯罪人，应当充分体现从严惩处原则，依法判决适用较重的法定刑，做到罪责刑相适应。

本案中，“8·29”事故造成的死亡人数和直接经济损失数额已经达到《最高人民法院、最高人民检察院关于办理危害生产安全刑事案件适用法律若干问题的解释》规定的标准，且被告人祁建华系发生坍塌事故的聚仙饭店的实际投资人、经营者，其在20余年的时间内主导了聚仙饭店的违规改造扩建活动，应当对“8·29”事故的发生承担主要责任，其行为应当认定为重大责任事故罪中的“情节特别恶劣”。此外，祁建华还存在违法占用土地建设房屋，两次通过不正当手段取得未经审批的集体土地建设用地使用证，拒不执行原襄汾县国土资源局下达的《关于陈庄村村民祁建华违法占地建饭店的处罚决定》和襄汾县人民法院下达的《行政裁定书》；其将未经专业设计与施工、未经竣工验收的农房用于从事经营活动及存在所经营饭店证照逾期经营行为等多项违法违规行为，属于《最高人民法院、最高人民检察院关于办理危害生产安全刑事案件适用法律若干问题的解释》第12条第1款第3项规定的从重处罚情节，应当予以从重处罚。祁建华的违法违规生产经营行为持续时间长，反映出其藐视法律规范，从内心拒不悔改，再犯的可能性较大，主观恶性和人身危险性大。祁建华在事故发生后虽有救助被困人员、归案后如实供述自己罪行的酌情从轻处罚情节，但襄汾县人民法院综合考虑“8·29”事故造成的严重后果和祁建华的行为对引发事故所起作用等各方面因素，认定祁建华所犯重大责任事故罪属于“情节特别恶劣”，对其顶格判处有期徒刑7年，做到了罪责刑相适应，取得了良好效果。

（最高人民法院刑四庭　杜军燕）

8. 蒋文革等重大责任事故、非法采矿、非法储存爆炸物案（重庆永川金山沟煤矿“10·31”特大瓦斯爆炸事故案）

——非法储存爆炸物罪中“情节严重”的认定

一、基本案情

被告人蒋文革，男，1967年11月4日出生，重庆市永川区金山沟煤业有限责任公司股东兼法定代表人。2016年12月7日因涉嫌犯重大责任事故罪被逮捕。

被告人邹世海，男，1965年10月25日出生，金山沟煤业有限责任公司常务副矿长。2016年12月7日因涉嫌犯重大责任事故罪被逮捕。

被告人邓鹏，男，1968年10月13日出生，金山沟煤业有限责任公司隐名持股人。2016年12月21日因涉嫌犯重大责任事故罪被逮捕。

被告人蒋周利，男，1969年6月14日出生，金山沟煤业有限责任公司技术副矿长。2016年12月7日因涉嫌犯重大责任事故罪被逮捕。

被告人邓吉，男，1967年12月22日出生，金山沟煤业有限责任公司股东。2016年12月16日因涉嫌犯重大责任事故罪被逮捕。

被告人周厚均，男，1985年10月2日出生，金山沟煤业有限责任公司机电副矿长。2016年12月7日因涉嫌犯重大责任事故罪被逮捕。

被告人黄冬梅，女，1977年11月26日出生，金山沟煤业有限责任公司民爆物品管理员。2016年12月7日因涉嫌犯重大责任事故罪被逮捕。

被告人蒋世伟，男，1985年5月29日出生，重庆市永荣矿业有限公司中心桥煤矿地测副总工程师兼地测科副科长、金山沟煤业有限责任公司外聘技术服务人员。2016年12月17日因涉嫌犯非法采矿罪被逮捕。

重庆市人民检察院第五分院以被告人蒋文革、邹世海犯重大责任事故罪、非法储存爆炸物罪、非法采矿罪，被告人邓鹏、邓吉、周厚均犯重大责任事故罪，被告人蒋周利犯重大责任事故罪、非法采矿罪，被告人黄冬梅犯重大责任事故罪、非法储存爆炸物罪，被告人蒋世伟犯非法采矿罪，向重庆市第五中级人民法院提起公诉。

被告人蒋文革对公诉机关指控的重大责任事故罪和非法采矿罪的事实和罪名无异议，但其辩解称未安排邹世海等人两次将爆炸物转移到矿井下。辩护人提出，“10·31”事故由多种原因共同造成，蒋文革违法储存的爆炸物已在事故发生前使用完毕，未造成任何严重后果，且储存爆炸物是为了公司发展，蒋文革有从宽处罚情节，请求从轻、减轻处罚。

被告人邹世海对公诉机关指控的重大责任事故罪和非法采矿罪的罪名无异议，但其辩解称是蒋文革安排黄冬梅让其去搬运炸药，其不应承担刑事责任。辩护人提出，邹世海在非法储存爆炸物罪和非法采矿罪中是从犯，且非法储存的爆炸物与本次矿难事故的发生没有关联性，有从宽处罚情节。

被告人邓鹏辩解称，自己没有参与投资，不是重庆市永川区金山沟煤业有限责任公司（以下简称金山沟煤业）的股东和投资人。辩护人提出邓鹏有从宽处罚情节。

被告人蒋周利及辩护人对公诉机关指控的非法采矿罪无异议，提出蒋周利不应对其入职前及辞职后的非法采煤数额承担刑事责任，且其在矿难事故发生前已经辞职，不应承担刑事责任。

被告人邓吉及辩护人提出，邓吉只负责公司财务监管，不构成重大责任事故罪。

被告人周厚均对公诉机关指控的重大责任事故罪的事实和罪名无异议。辩护人提出，周厚均有从宽处罚情节。

被告人黄冬梅对公诉机关指控的重大责任事故罪和非法储存爆炸物罪的事实和罪名无异议，但其辩解称不知道爆炸物的具体存放地点。辩护人提出，黄冬梅不构成非法储存爆炸物罪，且有从宽处罚情节。

被告人蒋世伟及辩护人提出，蒋世伟不构成非法采矿罪。

重庆市第五中级人民法院经审理查明：2008 年 4 月，被告人蒋文革购得重庆市永川区金山沟煤矿。2010 年 9 月，蒋文革申请将采矿权人由重庆市永川区金山沟煤矿变更为重庆市永川区金酢沟煤业有限责任公司，矿山名称变更为重庆市永川区金酢沟煤业有限责任公司，该公司于2011年7月21日取得安全生产许可证，同年8月24日取得采矿许可证，同年9月9日取得营业执照。采矿许可证载明合法开采范围为大石炭和二连子煤层，开采深度由410米至207米标高。2013年10月21日，该公司任命蒋文革为煤矿负责人，职务为经理。2014年5月17日，该公司与重庆市珑春商贸有限公司、重庆市永川区龙宝山煤业有限公司等11家公司协议合并设立重庆市永川区深沟煤业集团，该公司系关联企业，具有独立法人地位。2014年5月21日，经该公司申请，重庆市工商行政管理局永川区分局预先核准该公司变更为金山沟煤业，投资人为蒋文革；同年7月18日，金山沟煤业制定公司章程，公司注册资本为1000万元，股东为蒋文革。该公司决定委派蒋文革为金山沟煤业执行董事兼经理，委派被告人邹世海为金山沟煤业监事；同年7月24日，金山沟煤业取得营业执照，蒋文革任法定代表人；同年6月24日，金山沟煤业取得采矿许可证，有效期限至2016年11月23日，合法开采范围仍为大石炭和二连子煤层，开采深度仍由410米至207米标高；同年7月7日，金山沟煤业取得安全生产许可证，有效期限至2017年7月6日。

2013年年初，被告人蒋文革为采掘优质煤层，提高产量，决定超层越界开采K13煤层。同年4月，时任永荣矿业有限公司中心桥煤矿地测科副科长的被告人蒋世伟找到蒋文革，表示可以为金山沟煤业提供地质技术服务，经协商，蒋文革同意每月支付报酬4000元。后蒋文革将超层越界开采K13煤层的想法告知蒋世伟，要蒋世伟找人勘探K13煤层，蒋世伟遂联系在四川省煤田地质工程勘察设计研究院工作的同学唐晓林。同年5月初，唐晓林及时任该院地质所所长的袁森林一起到金山沟煤业，经初步勘查确定了打孔位置，后因价格问题双方未达成协议。蒋世伟又找到同学李联灿，要求李联灿联系勘探队，李联灿于同年5月中旬联系周洪成的私人钻井队。蒋文革在未申请勘查矿产资源、未获批准取得探矿权的情况下，与不具有矿产资源勘查资质条件的周洪成签订钻探合同，由周洪成的私人钻井队对K13煤层进行钻探，并于同年8月底探到煤点，期间蒋世伟常到勘探现场进行技术指导。后任矿长邹世海和安全副矿长曾德均（已在事故中死亡）负责巷探，两人分别于2013年年底至2014年年初从来苏镇、五间镇两个方向向K13煤层掘进。蒋文革请在重庆永荣电力设计有限责任公司工作的田文对至K13煤层巷道的设计提出建议后，由蒋世伟设计了至K13煤层的巷道采掘工程平面图。五间镇方向于2014年年底见K13煤层，来苏镇方向于2015年年底见K13煤层。其间，重庆市地质矿产勘查开发局205地质队派员到金山沟煤业实地勘查，发现该煤矿越界布置巷道，并于2015年5月22日形成《金山沟煤业2015年上半年矿山实地核查报告》，并提交重庆市永川区国土资源和房屋管理局。2015年6月17日和8月7日，重庆市永川区国土资源和房屋管理局向金山沟煤业分别下达《责令停止违法行为通知》和《行政处罚决定书》，责令其退回本矿区范围内开采、密闭越界布置的巷道。蒋文革随即安排工人将上述巷道用砖密闭。同年8月11日，重庆市永川区国土资源和房屋管理局地矿科、执法大队和重庆市地质矿产勘查开发局205地质队、重庆市永川区五间镇政府安监办派员到金山沟煤业实地检查，确定煤矿已对越界的两处巷道进行了密闭，检查人员离开后，上述两处密闭巷道的砖墙被拆除，巷探继续进行。2016年年初，蒋文革指使邹世海组织工人非法开采K13煤层，并于同年6月实现来苏镇、五间镇两头巷道贯通。2016年5月中旬，被告人蒋周利应聘到金山沟煤业任技术副矿长。其间，蒋周利制作了K13煤层北三巷道施工图纸，为非法采矿提供技术支持，并在蒋文革的指使下对K13煤层的采掘工程平面图、井上下对照图等图纸上记载的K13煤层进行删除、修改，用以应付相关部门检查、欺骗检查人员，达到隐瞒越界非法开采的目的。至2016年10月31日案发，根据重庆136地质队井下测量，金山沟煤业越界巷道2679.36米，井下越界动用煤炭资源储量17 580吨。根据金山沟煤业最低销售价每吨186.93元计算，全矿累计非法开采矿产品价值为3 286 229.40元。后经重庆市永川区五间镇人民政府对金山沟煤业开采出的剩余煤炭进行公开招投标拍卖，共计销售2537.50吨煤，总收入1 257 954.71元，扣除相关税费后实际收入1 058 173.95元。非法采矿期间，蒋周利以婆婆去世为由口头向蒋文革请假，于2016年9月26日离开金山沟煤业，至同年10月31日案发时一直未到金山沟煤业上班，也未以书面或者口头形式提出辞职。其间，蒋文革多次电话联系蒋周利，蒋周利均未接电话，邹世海联系蒋周利，蒋周利回复称家里有事。金山沟煤业对蒋周利的旷工行为未作出开除处理决定。蒋周利在金山沟煤业工作期间，参与非法采煤共计约4986.90吨，每吨按照最低销售价格186.93元计算，所采煤炭价值93万余元。

2015年11月，因金山沟煤业资金短缺，被告人蒋文革找到时任重庆市永川区旅游局纪检组长的被告人邓鹏，让邓鹏自己或者通过邓鹏帮忙找人投资。邓鹏与其哥哥被告人邓吉商量后决定共同投资。为掩盖邓鹏投资的事实，由邓鹏的妻子刘晓玲以邓吉借款名义分别向刘晓玲的父亲及姐妹借款150万元作为邓鹏的投资款。随后邓鹏与蒋文革多次就投资事宜进行协商，由邓鹏拟定投资协议，决定双方共同建立一个联名账户用于转款。邓鹏为规避法律、法规关于国家机关工作人员不得投资入股生产经营企业的相关规定，决定以邓吉的名义投资入股金山沟煤业。蒋文革找到愿意投资入股金山沟煤业的唐祖莲后，2015年11月23日蒋文革、邓吉、唐祖莲签订了投资协议，邓鹏、邓吉先后找到大嫂张敏，要张敏到金山沟煤业帮助监督投资款用途及煤矿生产经营情况，邓鹏还安排张敏与蒋文革委派的康敏共同到刘晓玲工作的中国银行永川支行建立联名账户用于邓鹏、邓吉转款。从2015年11月24日开始，邓吉、刘晓玲陆续通过现存或转账方式向康敏、张敏的中国银行联名账户以及康敏的重庆农村商业银行账户转款，后因唐祖莲未进行投资，该投资协议未能履行。2015年12月，张敏受邓鹏、邓吉的委派到金山沟煤业负责材料入库、费用支出审核工作。其间，刘晓玲因担心金山沟煤业被关闭，邓鹏的投资款无法收回，由邓鹏找蒋文革出具了内容为“如因产业政策调整金山沟煤业关闭，由蒋文革在政府关闭补偿款中优先支付邓吉的投资款”的承诺书。因唐祖莲未能履行投资协议，邓鹏又找到其同学尹强投资入股金山沟煤业。尹强对金山沟煤业进行考察后，与蒋文革、邓吉签订了投资协议，但最后因为尹强未投资而未能履行。至2016年2月22日，邓吉共向金山沟煤业投入81万元，邓鹏共向金山沟煤业投入150万元。其间，蒋文革因需支付电费，通过邓鹏向邓鹏的朋友借款9万元，经邓鹏与蒋文革商定，该9万元借款计为邓吉的投资款。至此，邓吉、邓鹏两人共计投资240万元入股金山沟煤业。2016年4月左右，邓鹏、刘晓玲、邓吉到金山沟煤业蒋文革的办公室，邓吉与蒋文革及金山沟煤业签订由邓鹏拟定的投资协议，约定蒋文革与邓吉共同生产、经营和管理注资后的公司，利益共享，风险共担；金山沟煤业的全部资产作价1050万元，在协议生效后半年内，邓吉购买蒋文革股份90万元，且邓吉向金山沟煤业注资150万元，邓吉完成注资后，金山沟煤业总投资额为1200万元，蒋文革出资960万元，占金山沟煤业80%股份，邓吉出资240

万元，占金山沟煤业20%的股份，邓吉注资后，蒋文革和金山沟煤业需在60个工作日内完成工商登记，明确蒋文革、邓吉双方的股权；企业以公司模式运行，蒋文革履行董事长职责（仍为法定代表人）并负责组织生产经营和技术改革，邓吉本人或指定人员履行监事职责，负责监督企业生产经营管理的全过程，并安排一名财务人员任会计或出纳；蒋文革负责安全生产和正常经营活动，邓吉应积极给予支持和配合。因邓吉、邓鹏在第一次签订协议后已开始向金山沟煤业汇款，因此将该协议的签订时间书写为2015年11月23日。后至事故发生，金山沟煤业尚未进行股权变更登记。2016年4月，因张敏未能监管到煤炭的产销，邓鹏与蒋文革商量后，由张敏负责金山沟煤业的煤炭产量和销售统计、工作人员考勤等工作。张敏在金山沟煤业工作期间，邓鹏多次电话联系张敏、蒋文革了解煤矿生产经营情况。2016年，金山沟煤业以文件形式任命矿级领导并设置煤矿安全管理机构，任命被告人邹世海为矿长，全面负责矿井安全生产组织管理；曾德均（已在事故中死亡）为安全副矿长；谢祥友（已在事故中死亡）为生产副矿长；被告人蒋周利为技术副矿长，是矿井安全生产技术第一责任人，分管矿井“一通三防”、防治水、技术资料工作；被告人周厚均为机电副矿长，分管机电、运输工作，协助矿长抓好机电、运输安全生产工作，对机电、运输安全生产负直接领导责任，确保矿井机电、运输工作安全有序运转。2016年8月，蒋文革将邹世海从矿长职务降为常务副矿长，但邹世海仍全面负责矿井安全生产工作，至事故发生时金山沟煤业一直未配备矿长。2016年9月26日，蒋周利以婆婆去世为由请假离开金山沟煤业，至事故发生时一直未回金山沟煤业工作。

被告人蒋文革、邹世海组织采掘工人从2016年年初开始超层越界非法开采K13煤层，其间，二人违反相关安全管理规定，在K13煤层南北两翼采煤工作面未形成正规通风系统的情况下，采用局部通风机供风采煤；采煤工作面之间串联供风；井下未安设安全监控系统、人员定位系统、消防防尘系统及隔爆设施；矿井安全监控系统不能正常使用；没有专职瓦检员、爆破员、安全员；瓦斯报警仪配备不足；未组织新进煤矿工人进行安全生产教育和培训；任命未经安全生产知识和管理能力考核合格的被告人周厚均为机电副矿长；井下没有专职安全检查、瓦斯检查人员，由带班副矿长、队长、班长执行瓦斯检查工作；井下实施爆破作业人员未经安全作业培训，无证上岗；采掘工作放炮时未执行“一炮三检”和“三人连锁爆破制度”，未使用水炮泥和炮泥封堵炮眼；放完炮后未使用完的炸药、雷管存放在井下，未清退回爆破材料库房；未执行入井检身制度；采用国家明令淘汰的“巷道式采煤”工艺以掘代采。被告人蒋周利违反相关安全管理规定，未执行测风、瓦斯检查管理制度；为逃避安全监管，伪造测风、瓦斯检查数据；在发现井下采煤工作面未安装瓦斯监控系统，易导致对作业现场瓦斯情况无法得到有效判断，采煤工作面未形成全风压通风，易造成瓦斯聚集，带班履行瓦斯检查的人员未能将瓦斯检查履职到位，易造成瓦斯监控脱管等可能引发瓦斯爆炸事故隐患的情况下，未督促落实相应安全管理措施；在发现上述重大事故隐患向蒋文革反映、蒋文革不及时处理后，未向负有安全生产监督管理职责的部门报告上述重大事故隐患；在未督促落实通风、防瓦斯、防尘等重大隐患的安全管理措施及整改措施情况下，请假离开煤矿不归。周厚均违反相关安全管理规定，在矿井瓦斯监控系统不能正常使用后，未能及时修复，也未督促、落实该系统的修复；在发现该系统中还存在电脑损坏的问题后，没有及时反映；在向蒋文革反映瓦斯监控系统不能正常使用、蒋文革不及时处理后，未向负有安全生产监督管理职责的部门报告该重大事故隐患。被告人黄冬梅违反相关安全管理规定，向未取得爆破作业许可证的采掘工人发放炸药、雷管，为逃避安全监管，亲自或伙同他人伪造炸药、雷管领用人签名。邓鹏、邓吉在投资入股期间未履行监事职责，对金山沟煤业的安全生产监督不到位，导致煤矿长期违反安全管理规定生产、作业。2016 年 10 月 11 日至 12 日，重庆煤矿安全监察局渝中监察分局对金山沟煤业进行检查时发现“矿井安全监控系统主机、人员定位系统主机损坏，系统不能正常运行”等 12 项影响煤矿安全的违法违规行为和事故隐患。针对“矿井安全监控系统主机、人员定位系统主机损坏，系统不能正常运行”隐患，该局于 2016 年 10 月 12 日作出处理决定，责令金山沟煤业立即停止井下一切采掘作业；针对其他隐患，该局责令煤矿立即改正，经验收合格，完善复工复产相关手续后方能采矿。但金山沟煤业在未实施任何改正也未完善复工复产相关手续的情况下，仍继续违法采掘。

2016 年 10 月 31 日 11 时 24 分许，金山沟煤业发生瓦斯爆炸事故，造成曾德均、谢祥友等 33 名井下作业人员死亡。经鉴定，其中因气体爆炸高温热作用导致5人死亡、气体爆炸高温热作用合并颅脑损伤导致6人死亡，气体爆炸高温热作用合并一氧化碳中毒导致22人死亡。经国务院事故调查组调查报告认定，事故直接原因为，金山沟煤业在超层越界违法开采区域采用国家明令禁止的“巷道式采煤”工艺，不能形成全风压通风系统；使用一台局部通风机违规同时向多个作业地点供风，风量不足，造成瓦斯积聚；违章“裸眼”爆破产生的火焰引爆瓦斯，煤尘参与了爆炸。

另查明，金山沟煤业的爆破作业单位许可证于2016年6月24日到期。同月19日，金山沟煤业向重庆市永川区公安局递交了营业执照、采矿许可证、安全生产许可证、爆破作业单位许可证（非营业性）申请表、重庆市安全生产科学研究有限公司《民用爆炸物品储存库安全现状评价报告》和《劳动合同书》、爆破作业人员许可证等资料以申请新的爆破作业单位许可证，并于2016年7月8日取得该证，有效期至2019年6月25日。同年9月7日，因发生重庆市永川区“泸永桥事件”，为防止煤矿民爆物品被封停而导致停产，被告人蒋文革决定在公安机关封库前将部分民爆物品转移至井下，并安排被告人邹世海具体办理，邹世海当天即安排3名工人从金山沟煤业民爆物品库保管员被告人黄冬梅处领取480公斤炸药和500发雷管转移至煤矿井下，上述炸药、雷管已于2016年9月14日前使用完毕。同年9月下旬，因国庆长假来临，为防止煤矿民爆物品被封停而导致停产，蒋文革再次决定将部分民爆物品转移至井下，指使邹世海安排被告人周厚均等人在同月25日和27日分两次将共计960公斤炸药和1000发雷管分别转移至煤矿井下及地面洗澡间更衣室柜子内储存，后于2016年10月15日前使用完毕。

事故发生后，被告人邓鹏、邓吉和刘晓玲等到大哥邓月雄家中，与邓月雄、张敏共同商定，对外统一口径称投资款240万元系邓吉一人入股，以掩盖邓鹏入股的事实；同时，由邓吉按照刘晓玲转款时间顺序依次向刘晓玲的父亲等人出具了6张共计150万元的借条。被告人邹世海通过电话积极向相关安全监管部门汇报事故情况，并与被告人周厚均在现场积极参与救援，公安机关赶到现场后邹世海未逃离，2016年11月1日在救援现场被公安人员抓获。同年11月1日18时许，公安人员以重庆市永川区煤管局名义电话通知蒋周利到该局协助调查，蒋周利于同日23时许到达重庆市永川区高速路口，与公安人员电话联系后被抓获。周厚均于同年11月2日接到公安人员电话通知后，主动到公安机关接受调查时被抓获。被告人邓吉、黄冬梅于同年 11 月 3 日接到公安人员电话通知后，先后主动到公安机关接受调查时被抓获。被告人蒋世伟于同年 11 月 10 日接电话通知后到国务院事故调查组人员驻地接受调查，公安人员从该处将蒋世伟传唤到案。

重庆市第五中级人民法院认为，被告人蒋文革、邹世海在组织、指挥、管理金山沟煤业生产、作业过程中违反有关安全管理的规定；被告人邓鹏、邓吉系对金山沟煤业生产、作业负有管理职责的投资人，在生产、作业中未履行监督安全生产管理职责；被告人蒋周利系对金山沟煤业生产、作业中“一通三防”等技术工作负有管理职责的负责人，被告人周厚均系金山沟煤业生产、作业中对机电运行、维修负有管理职责的负责人，二人在管理生产、作业过程中违反有关安全管理的规定；被告人黄冬梅系对金山沟煤业生产、作业中民用爆炸物品的使用负有管理职责的管理人员，在生产、作业过程中违反有关安全管理的规定，上述 7 名被告人的行为共同造成事故严重后果，其行为均已构成重大责任事故罪，其中蒋文革、邹世海、邓鹏、邓吉、蒋周利、周厚均均负事故主要责任，属于情节特别恶劣情形；黄冬梅负事故次要责任，属于情节严重情形。金山沟煤业违反《矿产资源法》规定，未取得采矿许可证擅自开采，蒋文革、邹世海、蒋周利分别系金山沟煤业直接负责的主管人员和其他直接责任人员；被告人蒋世伟违反《矿产资源法》的规定，在未取得采矿许可证的情况下伙同他人在金山沟煤业界外非法开采，上述 4 名被告人非法开采矿产品价值达 3 286 229.40 元，其行为均已构成非法采矿罪，且均属于情节特别严重情形，其中蒋文革、邹世海系主犯，蒋周利、蒋世伟系从犯。金山沟煤业为生产非法存放炸药 1440 公斤和雷管 1500 发，蒋文革、邹世海、黄冬梅分别系直接负责的主管人员和其他直接责任人员，其行为均已构成非法储存爆炸物罪，其中蒋文革系主犯，邹世海、黄冬梅均系从犯，鉴于金山沟煤业非法储存爆炸物用于生产，且储存的爆炸物已在案发前使用完毕，未造成危害后果，可不认定 3 名被告人非法储存爆炸物的行为属于情节严重情形。蒋文革、邹世海、蒋周利、黄冬梅一人犯数罪，依法予以并罚。邹世海、蒋周利、周厚均、黄冬梅均有自首情节，邹世海在事故发生后积极向相关安全监管部门报告，联系并参与救援工作，依法或者酌情从轻处罚。根据各被告人犯罪性质、情节、后果以及对社会所造成的危害程度，依照《刑法》第 134 条第 1 款，第 343 条第 1 款，第 125 条第 1、3 款，第 30 条，第 31 条，第 25 条第 1 款，第 26 条第 1、4 款，第 27 条，第 69 条，第 67 条，第 52 条，第 53 条，第 47 条；《最高人民法院、最高人民检察院关于办理危害生产安全刑事案件适用法律若干问题的解释》第 1 条、第 6 条第 1 款第 1 项、第 7 条第 1 款第 1 项、第 13 条、第 14 条；《最高人民法院、最高人民检察院关于办理非法采矿、破坏性采矿刑事案件适用法律若干问题的解释》第 1 条，第 2 条第 3 项，第 3 条第 1 款第 1 项、第 2 款第 1 项，第 9 条，第 13 条第 2 款第 2 项；《最高人民法院关于审理非法制造、买卖、运输枪支、弹药、爆炸物等刑事案件具体应用法律若干问题的解释》第 1 条第 1 款第 6 项，第 2 条第 1 项，第 8 条第 1 款，第 9 条第 1、2 款之规定，判决如下：

1. 被告人蒋文革犯重大责任事故罪，判处有期徒刑 7 年；犯非法采矿罪，判处有期徒刑 6 年，并处罚金人民币 150 万元；犯非法储存爆炸物罪，判处有期徒刑 8 年，决定执行有期徒刑 20 年，并处罚金人民币 150 万元。

2. 被告人邹世海犯重大责任事故罪，判处有期徒刑 6 年 6 个月；犯非法采矿罪，判处有期徒刑 4 年，并处罚金人民币 10 万元；犯非法储存爆炸物罪，判处有期徒刑 3 年，决定执行有期徒刑 12 年，并处罚金人民币 10 万元。

3. 被告人邓鹏犯重大责任事故罪，判处有期徒刑 5 年。

4. 被告人蒋周利犯重大责任事故罪，判处有期徒刑 4 年；犯非法采矿罪，判处有期徒刑 2 年，并处罚金人民币 3 万元，决定执行有期徒刑 5 年，并处罚金人民币 3 万元。

5. 被告人邓吉犯重大责任事故罪，判处有期徒刑 3 年。

6. 被告人周厚均犯重大责任事故罪，判处有期徒刑 3 年。

7. 被告人黄冬梅犯重大责任事故罪，判处有期徒刑 2 年；犯非法储存爆炸物罪，判处有期徒刑 1 年，决定执行有期徒刑 2 年 6 个月。

8. 被告人蒋世伟犯非法采矿罪，判处有期徒刑 2 年，并处罚金人民币 5 万元。

一审宣判后，被告人蒋文革、周厚均、黄冬梅服判不上诉。被告人邹世海、邓鹏、邓吉、蒋周利、蒋世伟提出上诉。

被告人邹世海提出，其在重大责任事故中应承担次要责任，在非法采矿中系从犯。被告人蒋周利提出，其在事故发生时已离开金山沟煤业 37 天，不应对“10·31”事故承担刑事责任，一审量刑过重。被告人邓鹏、邓吉、蒋世伟均提出，自己的行为不构成犯罪。辩护人亦提出相同辩护意见。

重庆市高级人民法院经审理认为，一审认定的事实清楚，证据确实、充分，定罪准确。上诉人邹世海、蒋周利及辩护人提出的一审量刑过重、请求从轻处罚的上诉、辩护意见，以及上诉人邓鹏、邓吉、蒋世伟及辩护人提出的3人无罪的上诉、辩护意见均不能成立。一审判决根据犯罪性质、情节及危害后果，对5名上诉人和3名原审被告人的量刑适当，审判程序合法。遂裁定驳回上诉、维持原判。

二、主要问题

如何正确认定非法储存爆炸物罪的“情节严重”？

三、裁判理由

2016年10月31日发生的重庆永川金山沟煤业“10·31”特大瓦斯爆炸事故，造成33人死亡、1人受伤，直接经济损失3682.22万元。事故发生后，党中央、国务院高度重视。重庆市有关人民法院依法审理事故涉及的重大责任事故犯罪、非法采矿犯罪和非法储存爆炸物犯罪案件，取得了良好效果。

本案审理过程中，对于被告人蒋文革、邹世海、黄冬梅所犯非法储存爆炸物罪是否属于“情节严重”情形，存在两种意见。

一种意见认为，根据《最高人民法院关于审理非法制造、买卖、运输枪支、弹药、爆炸物等刑事案件具体应用法律若干问题的解释》第1条、第2条的规定，蒋文革、邹世海、黄冬梅非法储存炸药达1440公斤、雷管达1500发，远远超出非法储存爆炸物罪入罪最低数量标准的5倍以上，属于“情节严重”情形，对主犯蒋文革应当在《刑法》第125条第1款规定的“情节严重”所对应的法定刑幅度内进行量刑。

另一种意见认为，对非法储存爆炸物罪“情节严重”的认定不能唯数量论，应当将爆炸物数量和其他案件情节结合起来，综合考察犯罪行为是否达到了“情节严重”的程度，本案中3名被告人的行为不属于“情节严重”情形。

我们同意第二种观点，本案不属于非法储存爆炸物罪中的“情节严重”

情形。主要理由如下：

（一）认定本案不属于非法储存爆炸物罪中的“情节严重”情形有明确的规范依据

根据《最高人民法院关于审理非法制造、买卖、运输枪支、弹药、爆炸物等刑事案件具体应用法律若干问题的解释》第 1 条第 1 款第 6 项和第 2 条第 1 款第 1 项的规定，金山沟煤业非法储存炸药 1440 公斤、雷管 1500 发，已经达到了非法储存爆炸物罪“情节严重”的数量标准。但是，该解释第 9 条同时规定，对于因筑路、建房、打井、整修宅基地和土地等正常生产、生活需要，以及因从事合法的生产经营活动而非法制造、买卖、运输、邮寄、储存爆炸物，数量达到该解释第 1 条规定标准，没有造成严重社会危害，并确有悔改表现的，可依法从轻处罚；情节轻微的，可以免除处罚。具有上述情形，数量虽达到该解释第 2 条规定标准的，也可以不认定为《刑法》第 125 条第 1 款规定的“情节严重”。该条是 2009 年最高人民法院通过的《最高人民法院关于修改〈关于审理非法制造、买卖、运输枪支、弹药、爆炸物等刑事案件具体应用法律若干问题的解释〉的决定》新增加的条款。之所以增加本条规定，是因为现实情况复杂多样，一些因正常生产、生活和合法生产经营活动实施的非法涉爆行为并未造成严重社会危害，认定为“情节严重”，在 10 年以上有期徒刑、无期徒刑或者死刑的量刑幅度内判处刑罚，难以体现罪刑均衡原则，可能导致案件实质处理上的不公。司法机关的司法解释一般不宜直接规定对于哪些情节可以减轻处罚，但有权对哪些情节属于或者不属于“情节严重”、哪些情节属于或者不属于“情节特别严重”等作出规定，因此决定在《最高人民法院关于审理非法制造、买卖、运输枪支、弹药、爆炸物等刑事案件具体应用法律若干问题的解释》中增加一条作为第 9 条，明确何种情形可以不认定为“情节严重”，从而将数量与其他案件情节结合起来，综合判定某些犯罪行为是否构成“情节严重”，而不仅仅从单一的、纯客观数量的角度进行考量。该司法解释所采取的这样的规定方式更加符合实际情况，也更加符合立法精神和原意，可以有效解决司法实践中存在的难题。

本案中，金山沟煤业于 2016 年 7 月 8 日取得新的爆破作业单位许可证，有效期至 2019 年 6 月 25 日，而“10・31”事故发生在 2016 年 10 月 31 日，事故发生时金山沟煤业的爆破作业单位许可证尚在有效期范围内。蒋文革等人为防止煤矿民爆物品被封停导致停产，擅自决定将民爆物品非法转移至煤矿井下及地面洗澡间更衣室柜子内储存，根据《最高人民法院关于审理非法制造、买卖、运输枪支、弹药、爆炸物等刑事案件具体应用法律若干问题的解释》第 8 条第 1 款的规定，蒋文革等人非法存放爆炸物的行为构成非法储存爆炸物罪。但是，蒋文革等人非法储存爆炸物的目的是从事金山沟煤业的正常生产经营活动，而非用于其他危害社会公共安全的目的，其主观恶性相对较小，且蒋文革等人非法储存的民爆物品在事故发生前已经全部使用完毕，非法存放在煤矿井下的爆炸物未参与“10・31”事故。“10・31”事故的发生与非法储存爆炸物之间不存在因果关系，蒋文革等人非法储存爆炸物的行为没有造成严重社会危害。在这种情形下，根据《最高人民法院关于审理非法制造、买卖、运输枪支、弹药、爆炸物等刑事案件具体应用法律若干问题的解释》第 9 条第 2 款的规定，可以不认定蒋文革等人所犯非法储存爆炸物罪属于“情节严重”。

（二）对蒋文革等人的行为不认定为“情节严重”符合刑事政策

从司法实践情况来看，司法机关受理的涉枪涉爆犯罪刑事案件大体上包括两种类型：一类是将枪支、弹药、爆炸物作为犯罪工具，用于实施其他严重危害公共安全犯罪行为的案件；另一类是将爆炸物作为生产经营活动工具的案件。对比上述两类案件，显然第一类案件对社会公共安全和人民群众的生命财产安全构成的威胁最大，是应当通过刑罚手段进行严厉打击的对象和预防防范的重点；而第二类案件的行为人一般主观恶性不深，往往未造成严重的社会危害，在案件处理政策把握上应当与第一类案件有所区别，充分体现宽严相济刑事政策，做到该宽则宽、当严则严，宽严相济、罚当其罪。

本案中，事故单位金山沟煤业作为一家合法注册成立的煤矿企业，其在经营过程中非法储存爆炸物总体上是为了用于煤矿的生产经营活动，未造成严重社会危害，处理上应当有别于将爆炸物直接作为犯罪工具使用的情形。一、二审法院认定蒋文革、邹世海、黄冬梅所犯非法储存爆炸物罪均不属于“情节严重”情形，在基本犯法定刑幅度内判处蒋文革有期徒刑 8 年；考虑到邹世海、黄冬梅还有从犯、自首情节，结合二人在共同犯罪中的地位、作用，对邹世海在基本犯法定刑幅度内判处最低刑有期徒刑 3 年，对黄冬梅进一步减轻处罚，判处有期徒刑 1 年，做到了罪责刑相统一，符合宽严相济刑事政策。

（最高人民法院刑四庭　郭艳地）

9. 周添等危险物品肇事案（沪昆高速公路湖南邵阳段“7·19”特大道路交通危化品燃爆事故案）

——如何区分危险物品肇事罪和非法运输危险物质罪

一、基本案情

被告人周添，男，1987 年 10 月 14 日出生，湖南省长沙大承化工有限公司法定代表人。2014 年 8 月 26 日因涉嫌犯危险物品肇事罪被逮捕。

被告人周未荣，女，1964 年 1 月 6 日出生，货车登记所有人。2014 年 8 月 26 日因涉嫌犯危险物品肇事罪被逮捕。

被告人李齐平，男，1973 年 12 月 20 日出生，湖南省长沙市新鸿胜化工原料有限公司法定代表人、土桥仓库安全员。2014 年 8 月 26 日因涉嫌犯危险物品肇事罪被逮捕。

被告人杨正湘，男，1950 年 11 月 7 日出生，新鸿胜化工原料有限公司仓储部经理、土桥仓库负责人。2014 年 8 月 26 日因涉嫌犯危险物品肇事罪被逮捕，同年 11 月 10 日被取保候审。

被告人唐石友，男，1964 年 3 月 18 日出生，新鸿胜化工原料有限公司土桥仓库装卸工。2014 年 8 月 26 日因涉嫌犯危险物品肇事罪被逮捕。

湖南省隆回县人民检察院以被告人周添、周未荣、李齐平、杨正湘、唐石友犯危险物品肇事罪，向隆回县人民法院提起公诉。

被告人周添、周未荣、李齐平、杨正湘、唐石友对公诉机关指控的犯罪事实及罪名均无异议，请求人民法院从轻处罚。

被告人周添的辩护人提出，公诉机关指控周添雇用周斌驾车运输乙醇的证据不足，周添经公安机关口头通知后主动到案，如实供述犯罪事实，依法构成自首，且此次事故由多种原因造成，应从轻或者减轻处罚。

被告人周未荣的辩护人提出，周未荣虽系肇事轻型货车登记所有人，但该车由刘斌实际控制，周未荣未参与车辆非法改装和具体运营，犯罪情节轻微，有自首情节，依法应减轻处罚。

被告人李齐平的辩护人提出，此次事故的直接原因是驾驶员刘斌违反交通规则，李齐平过失程度较小，有自首情节，依法应当减轻处罚。

被告人杨正湘的辩护人提出，杨正湘在工作职责范围内存在疏忽大意和管理不到位，但其行为与此次事故之间不存在直接因果关系，主观恶性较小，有自首情节，依法应当减轻处罚。

被告人唐石友的辩护人提出，唐石友作为新鸿胜化工原料有限公司（以下简称新鸿胜公司）底层员工，仅根据上级指令为运输车辆充装乙醇，主观过错体现为未拒绝为无运输资质车辆充装乙醇；此次事故由多方面原因造成，唐石友参与度极小，并非直接责任人，且在公安机关采取强制措施前自动到案，如实供述犯罪事实，依法构成自首，应当减轻处罚。

隆回县人民法院经审理查明：2009 年 8 月，被告人周添注册成立长沙大承化工有限公司（以下简称大承公司），经营范围为化工产品销售，并取得了危险化学品经营许可证，周添任法定代表人。2013 年年初，周添聘用刘斌（已在事故中死亡）担任大承公司货车司机，聘用张善春（已在事故中死亡）担任公司业务员。同年 3 月，周添的母亲被告人周未荣与刘斌共同出资购买湘 A3ZT46 号福田牌轻型货车，登记所有人为周未荣，由刘斌实际驾驶使用。该轻型货车核定载货量 1.58 吨，核定用途为普通货运，未取得危险货物道路运输资格，刘斌亦不具备危险货物道路运输从业资格。为从事危险货物运输业务牟利，刘斌伙同周添对该轻型货车进行非法改装，加装了车厢和聚丙烯材质方形罐体，并在车厢外部喷绘“洞庭渔业”字样以逃避检查。2013 年 3 月至 2014 年 7 月，周添长期雇用刘斌驾驶湘 A3ZT46 号轻型货车前往新鸿胜公司充装运输乙醇。被告人李齐平作为新鸿胜公司法定代表人、土桥仓库安全员，违反相关行政法律法规和公司岗位职责要求，明知湘 A3ZT46 号轻型货车系非法改装的非危险货物运输专用车辆，且新鸿胜公司员工长期违法为该车超量充装乙醇，仍对相关违规行为不予制止，亦未采取整改措施。被告人杨正湘作为新鸿胜公司仓储部经理、土桥仓库负责人，违反有关行政法律法规和公司岗位职责要求，默许违规车辆进入土桥仓库装运乙醇。被告人唐石友作为新鸿胜公司土桥仓库装卸工，不履行公司岗位职责要求，明知湘A3ZT46号轻型货车系非法改装的非危险货物运输专用车辆，仍不查验驾驶员和押运员资质，违规为该轻型货车超量充装乙醇。

2014年7月18日，大承公司业务员海勇联系被告人周添，称湖南省武冈湛大泰康药业有限公司准备购进一批乙醇。周添与新鸿胜公司业务员联系谈妥购买乙醇事宜后，安排刘斌驾驶湘A3ZT46号轻型货车前往新鸿胜公司土桥仓库装运乙醇，安排张善春担任随车押运员。当日17时许，刘斌驾驶湘A3ZT46号轻型货车进入新鸿胜公司土桥仓库灌装区，被告人唐石友为该车超量充装乙醇6.52吨后，刘斌驾车离开土桥仓库前往武冈湛大泰康药业有限公司。次日2时57分，刘斌驾驶湘A3ZT46号轻型货车自东向西行驶至沪昆高速公路邵阳市隆回县境内1609千米+33米处时，与前方排队等候的由驾驶员贾安奎（已在事故中死亡）驾驶的闽BY2508号大客车发生追尾碰撞，致使轻型货车装运的乙醇泄漏燃烧，引燃大客车、轻型货车及附近3辆机动车，造成54人死亡、6人受伤（其中4人后经抢救无效死亡）、直接经济损失5300余万元的特大事故。

经国务院事故调查组调查认定，沪昆高速公路湖南邵阳段“7·19”特大道路交通危化品燃爆事故是一起生产安全责任事故。湘A3ZT46号轻型货车与闽BY2508号大客车追尾碰撞的原因为，刘斌驾驶严重超载的轻型货车，未按操作规范安全驾驶，忽视交警现场示警，未注意观察和及时发现停在前方排队等候的大客车，未采取制动措施，致使轻型货车以每小时85公里的速度撞上大客车，其违法行为是导致车辆追尾碰撞的主要原因；贾安奎驾驶的大客车未按交通标志指示在规定车道通行，遇前方车辆停车排队等候时，作为本车道最末车辆未按规定开启危险报警闪光灯，其违法行为是导致车辆追尾碰撞的次要原因。起火燃烧和造成大量人员伤亡的原因为，轻型货车高速撞上前方停车排队等候的大客车尾部，车厢内装载乙醇的聚丙烯材质罐体受到剧烈冲击，导致焊缝大面积开裂，乙醇瞬间大量泄漏并迅速向大客车底部和周边弥漫，轻型货车车头右前部由于碰撞变形造成电线短路产生火花，引燃泄漏的乙醇，火焰迅速沿地面向大客车底部和周围蔓延将大客车包围。另外，大承公司和新鸿胜公司违法运输和充装乙醇，属于引发事故的间接原因之一。大承公司违反《危险化学品安全管理条例》规定，从2013年3月以来一直使用非法改装的无危险货物道路运输许可证的肇事轻型货车运输乙醇；新鸿胜公司违反《危险化学品安全管理条例》规定，不落实安全管理制度，未查验承运危险货物的车辆及驾驶员和押运员的资质，多次为肇事轻型货车充装乙醇。

另查明，“7·19”特大事故发生后，湖南省长沙县公安局于2014年7月19日立案侦查，被告人周添、周未荣、李齐平、杨正湘、唐石友同日经长沙县公安局口头通知，自动到案接受调查，并如实供述了各自所犯罪行。

隆回县人民法院认为，被告人周添作为危险物品经营者，雇用未取得危险货物道路运输从业资质人员驾驶非法改装的无危险货物道路运输资格车辆超载运输乙醇；被告人周未荣明知其出资购买的车辆用于运输危险物品，仍然同意无资质人员驾驶该车运输乙醇；被告人李齐平、杨正湘违反公司岗位职责要求，明知公司员工长期为无资质非专用车辆充装乙醇而不予制止，亦未采取整改措施；被告人唐石友违反公司岗位职责要求，不查验危险物品运输车辆及驾驶员、押运员的资质，为该车违规超量充装乙醇，5名被告人的行为均违反了危险物品管理规定，均系导致特大事故发生的原因，均已构成危险物品肇事罪，且后果特别严重。引发此次事故发生的原因包括直接原因和多个间接原因，大承公司和新鸿胜公司违法运输和充装乙醇的行为属于引发事故的间接原因之一，应从事故原因、危害后果、主体职责、过错大小等多个因素进行综合考虑，做到罪责刑相适应。5名被告人案发后经公安机关口头通知即自动到案接受调查，并如实供述所犯罪行，均构成自首，综合全案情况，依法对周添从轻处罚，对周未荣、李齐平、杨正湘、唐石友减轻处罚。鉴于杨正湘有悔罪表现，无再犯罪危险，宣告缓刑对其所居住社区无重大不良影响，社区矫正机构亦建议对杨正湘实行社区矫正并愿意进行监管，可依法适用缓刑。据此，依照《刑法》第136条，第67条第1款，第72条第1款，第73条第2、3款之规定，判决如下：

1. 被告人周添犯危险物品肇事罪，判处有期徒刑3年。
2. 被告人周未荣犯危险物品肇事罪，判处有期徒刑1年2个月。
3. 被告人李齐平犯危险物品肇事罪，判处有期徒刑1年2个月。
4. 被告人唐石友犯危险物品肇事罪，判处有期徒刑1年2个月。
5. 被告人杨正湘犯危险物品肇事罪，判处有期徒刑1年6个月，缓刑3年。

宣判后，被告人周添、周未荣、李齐平、唐石友、杨正湘均服判不上诉，检察机关亦未抗诉。判决已经发生法律效力。

二、主要问题

如何区分危险物品肇事罪和非法运输危险物质罪?

三、裁判理由

沪昆高速公路湖南邵阳段“7·19”特大道路交通危化品燃爆事故，是一起典型的由于危险物品生产经营者长期非法、违法生产经营导致的生产安全责任事故，造成重大人员伤亡和巨额经济损失，社会影响十分恶劣。2015 年 8 月至 2017 年 11 月，湖南省有关人民法院陆续对此次事故涉及的多起刑事案件作出判决，依法对 20 余名事故责任人和相关职务犯罪被告人判处刑罚，起到了良好的效果。本案即为系列案件其中之一。

本案审理过程中，对于涉案 5 名被告人行为的定性，存在如下两种意见。

一种意见认为，5 名被告人违反危险物品管理规定，在危险物品运输过程中发生安全事故，造成特别严重后果，其行为构成危险物品肇事罪。

另一种意见认为，被告人周添、周未荣故意使用不符合国家规定的经过非法改装的非专用车辆运输易燃物品乙醇，雇用无资质人员担任危险物品运输车辆驾驶员和押运员，极易发生泄漏爆炸事故，严重危害公共安全，其行为构成非法运输危险物质罪；被告人李齐平、唐石友、杨正湘明知周添、周未荣使用非专用车辆运输乙醇，仍为其进行充装，且充装数量远远超出该车核定载货质量，属于共同犯罪，亦应以非法运输危险物质罪定罪处罚。

我们同意第一种意见，被告人周添、周未荣、李齐平、唐石友、杨正湘的行为依法构成危险物品肇事罪。

根据《刑法》的规定，危险物品肇事罪，是指违反爆炸性、易燃性、放射性、毒害性、腐蚀性物品的管理规定，在生产、储存、运输、使用中发生重大事故，造成严重后果的行为；非法运输危险物质罪，是指违反法律规定，非法运输毒害性、放射性、传染病病原体等物质，危害公共安全的行为。危险物品肇事罪属于过失犯罪，行为人对自己的行为导致的重大事故后果持过失心态，而非法运输危险物质罪属于故意犯罪，行为人对其行为导致的危害公共安全的危害后果持故意心态，两罪在理论上的区别比较明显。但是在实践中，危险物品肇事行为人一般对危害后果持过于自信的过失心态，而非法运输危险物质行为人对危害后果多持间接故意心态，过于自信的过失与间接故意应当如何区分，理论和实践中均存在较大争议。另外，虽然《刑法》对危险物品肇事罪和非法运输危险物质罪的犯罪对象作出了明确列举，分别规定为爆炸性、易燃性、放射性、毒害性、腐蚀性危险物品和毒害性、放射性、传染病病原体等危险物质，但理论上一般认为，《刑法》第 125 条第 2 款关于非法运输危险物质罪的规定中，对危险物质范围的列举属于不完全列举，除了该条明确列举的毒害性、放射性和传染病病原体外，爆炸性、易燃性、腐蚀性物品也可能危害公共安全，也应当认定为《刑法》第 125 条第 2 款规定的危险物质。因此，危险物品肇事罪的犯罪对象实际上是包含在非法运输危险物质罪的犯罪对象范围之内的。这种情况下，行为人违反相关法律法规的规定运输危险物品并造成严重后果的行为，应当认定为危险物品肇事罪还是非法运输危险物质罪，容易引发争议。

根据犯罪构成要件理论，判断行为人违法违规运输危险物品并造成严重后果的行为是构成危险物品肇事罪还是非法运输危险物质罪，主要标准是行为人的主观心态：持过失心态的，依法构成危险物品肇事罪；持故意心态的，依法认定为非法运输危险物质罪。但是，主观心态属于个人的内在心理活动，缺乏明确的判断标准，区分起来相当困难，且如果一味强调依据行为人的主观心态确定其所实施行为的法律性质，可能导致单纯根据行为人的供述认定犯罪的不当结果。根据《刑法》中征表主义的观点，实践结构上的主观在存在论的意义上是客观的，行为人的主观心态必定通过其客观行为外向化和客观化。因此，判断行为人的主观心理状态，必须坚持从客观到主观的认识顺序，以查明的案件客观事实为前提判断行为人的主观心理状态，而不能简单地以客观危害后果逆推行为人的主观心态，尤其应当避免因为行为造成的危害后果特别严重，即推定行为人对该后果具有犯罪故意，进而对其认定为故意犯罪和判处重刑的做法。根据上述原则，判处行为人违法违规运输危险物品并造成严重后果的行为是构成危险物品肇事罪还是非法运输危险物质罪，应当坚持客观的判断标准，重点考察以下两个方面因素：

（一）行为人是否具有运输危险物品的合法资质和正常的生产经营目的

从立法论上讲，《刑法》规定危险物品肇事罪的目的，在于依法惩治非法、违法生产经营行为，预防生产安全责任事故的发生，而规定非法运输危险物质罪的主要目的，在于从源头上预防恐怖活动犯罪和其他严重暴力犯罪。近些年，世界各国发生的恐怖活动的一个特点就是使用或者威胁使用毒害性、放射性、传染病病原体等危险物质发动恐怖袭击，这类恐怖活动严重危害公共安全，容易造成重大人员伤亡和财产损失。由于毒害性、放射性、传染病病原体等物质本身具有高度危险性，一旦管控不严，落入恐怖分子之手，将会对公共安全造成严重威胁，我国及世界各国对此都给予严格管理和控制。基于以上考虑，《刑法修正案（三）》将《刑法》规定的非法买卖、运输核材料罪修改为非法制造、买卖、运输、储存危险物质罪。[①] 据此，《刑法》实际上是将非法制造、买卖、运输、储存危险物质罪视为恐怖活动犯罪和其他严重暴力犯罪的预备犯，将为恐怖活动犯罪和其他严重暴力犯罪准备犯罪工具的预备行为规定为独立的罪名，以加大刑罚打击力度。对于已经取得合法资质的危险物品运输从业者，以及出于生产经营的目的运输危险物品的行为人，其主观上并无实施或者协助他人实施恐怖活动犯罪和其他严重暴力犯罪的目的，社会危害性相对较小，一般不宜认定为非法运输危险物质罪。

有意见认为，危险物品肇事罪和非法运输危险物质罪的主要区别，在于危险物品肇事行为人运输危险物品的行为本身是合法的，只是在运输过程中未遵守运输危险物品的有关规定，而非法运输危险物质行为人运输危险物质这一行为本身就是非法的。[②] 研究认为，上述意见的主要观点正确，但要具体应用于实践，尚需明确以下三个方面问题：

首先，判断运输危险物品行为本身是否合法，应当主要考察行为人是否具有从事危险物品运输活动的合法资质。对于行为人本身具有从事危险物品运输活动的合法资质，依法取得相应的行政许可证件，但在具体运输活动过程中违反相关行政法律法规规定的行为，如使用不合格的非专用车辆运输危险物品、超载超量运输危险物品等，不应认定为《刑法》规定的非法运输危险物质行为。

其次，对于行为人是否具有从事危险物品运输活动的合法资质，应当从

---

① 参见黄太云：《刑法修正案解读全编：根据〈刑法修正案（九）〉全新阐释》，人民法院出版社 2015 年版，第 336-337 页。

② 参见熊选国主编：《刑法罪名疑难问题精析》，人民法院出版社 2007 年版，第 307 页。

整体上进行综合判断。对于承运危险物品的生产经营单位具有合法资质，但在实际运输过程中违法雇用不具备相应资质的人员担任危险物品运输车辆驾驶员或者押运员的，不应认定为非法运输危险物质行为。

最后，对于虽然不具有从事危险物品运输活动的合法资质，但行为人确因正常生产、生活需要，或者因为从事生产经营活动的需要而运输危险物品的，由于其运输危险物品的目的是获取经济利润，不具有危害公共安全的主观目的，也不应认定为非法运输危险物质行为。

（二）作为犯罪对象的危险物品来源是否合法

《刑法》第125条第2款规定的非法买卖、运输、储存危险物质罪是选择性罪名。根据罪责刑相适应原则，立法机关将非法买卖、运输、储存危险物质三种行为在同一条文中作并列规定，并适用完全相同的法定刑，就要求上述行为的社会危害性应当总体相当，且具有一定的内在逻辑联系。从立法论的角度分析，《刑法》规定非法买卖、运输、储存危险物质罪这一罪名的目的是严格控制危险物质在社会中的分布和扩散范围，防止发生泄漏、中毒和传染等事故，或者被他人利用实施恐怖活动犯罪及其他严重暴力犯罪，造成危害社会的严重后果。在上述三种类型的行为中，非法买卖危险物质属于上游行为，应当作为首要惩治目标予以严厉打击。与此同时，为了严密刑事法网，《刑法》还将后续流通环节中的运输、储存行为也明确规定为犯罪。据此，要成立非法运输危险物质罪，需要行为人明知运输对象是他人非法买卖的危险物质，即应当要求运输者对危险物质来源的非法性存在主观明知的心态。对于有合法资质的生产经营者合法生产和通过正当途径出售的危险物质，行为人违反行政法律法规的规定进行运输的行为，社会危害性较小，不应认定为《刑法》规定的非法运输危险物质行为。在发生重大事故、造成严重后果的情况下，可能构成危险物品肇事罪。

本案中，肇事轻型货车驾驶员刘斌和押运员张善春均未取得危险化学品道路运输驾驶员和押运员资质。但是，涉案乙醇的承运人大承公司系合法注册成立的危险化学品生产经营企业，已经获得行政机关核发的危险化学品经营许可证，属于具有合法资质的危险物品承运人，不属于非法运输危险物质罪的犯罪主体范围。大承公司违反行政法律法规的规定，长期使用经过非法改装的非专用车辆运输乙醇，雇用不具有合法资质的人员担任车辆驾驶员和押运员，违反了危险物品运输管理规定，并因此导致发生重大事故，造成特别严重后果。周添作为大承公司法定代表人，周未荣作为肇事车辆登记所有人，均应对大承公司的违法违规行为承担刑事责任。李齐平、唐石友、杨正湘作为涉案乙醇出售单位工作人员，明知大承公司用于装运乙醇的车辆和驾驶员、押运员不符合法律法规规定的条件，仍然长期为该车充装乙醇，且充装质量远远超出该车核定载重质量，违反了危险物品管理规定，亦应承担相应刑事责任。一审判决认定周添、周未荣、李齐平、唐石友、杨正湘的行为均构成危险物品肇事罪，定罪准确。

（最高人民法院刑四庭　李加玺）

10. 闪文全、张军危险物品肇事案（包茂高速陕西延安“8·26”特大道路交通事故案）

——对危险物品道路交通事故仅负次要责任的行为人是否构成危险物品肇事罪

一、基本案情

被告人闪文全，男，1960年5月28日出生。2012年10月19日因涉嫌犯危险物品肇事罪被逮捕。

被告人张军，男，1969年8月9日出生。2012年10月19日因涉嫌犯危险物品肇事罪被逮捕。

陕西省安塞县人民检察院以被告人闪文全、张军犯危险物品肇事罪，向安塞县人民法院提起公诉。

被告人闪文全对起诉书指控的犯罪事实和罪名无异议，但其辩解称事故主要原因是追尾大客车司机的违规驾驶行为。辩护人提出，闪文全驾驶危险物品运输车辆从高速公路匝道违法驶入高速公路并违法低速行驶的行为，只是违反了道路运输管理法规，未违反危险物品运输管理规定，不符合危险物品肇事罪的构成要件。

被告人张军辩解称，自己的行为应认定为交通肇事罪。辩护人提出，事发当时张军担任危险物品运输车辆押运员，未纵容被告人闪文全违规驾驶，在犯罪过程中仅起次要作用，请求从轻、减轻处罚，适用缓刑。

安塞县人民法院经审理查明：2012年8月25日晚，被告人闪文全、张军驾驶河南省孟州市汽车运输有限责任公司名下的豫HD6962/豫H213A挂号解放牌新大威重型罐式半挂货车，超载运输甲醇35.22吨（核载重量33.5吨），从兖州煤业榆林能化有限公司运往陕西省韩城市昌顺化工厂。闪文全和张军均具有危险货物运输押运员和危险货物运输驾驶员从业资格证书，车辆行驶途中，二人轮换进行驾驶和押运。8 月 26 日 2 时 15 分，张军驾驶该车进入包茂高速公路安塞服务区停车休息，更换闪文全担任驾驶员。2 时 29 分，闪文全驾驶该车从安塞服务区驶出，违章越过服务区出口匝道导流线，驶入包茂高速公路第二车道，并以 21 千米/小时的速度违法低速行驶，张军在货车卧铺区躺卧休息。此时，大客车驾驶人陈强（已在事故中死亡）驾驶蒙 AK1475 号宇通牌大型卧铺客车沿包茂高速公路第二车道由北向南行驶至安塞服务区路段。2 时 31 分，蒙 AK1475 号卧铺客车在未采取任何制动措施的情况下，与闪文全驾驶的豫 HD6962 号重型罐式半挂货车在包茂高速安塞段由北向南 484 千米+95 米处发生追尾碰撞，卧铺客车前部与重型罐式半挂货车罐体尾部绞合，客车右侧纵梁撞击货车罐体后部卸料管，造成卸料管竖向球阀外壳破碎，货车罐体内装载的大量甲醇泄漏。碰撞同时造成卧铺客车电气线路绝缘破损发生短路，产生的火花使甲醇蒸气和空气形成的爆炸性混合气体发生爆燃起火。大火迅速引燃卧铺客车整个车身和重型罐式半挂货车后部，并沿甲醇泄漏方向蔓延至附近高速公路路面和涵洞。事故发生后，闪文全、张军委托他人拨打手机报警，并留在现场等候公安机关处置，但既未采取任何应急处置措施，也未对遇险人员进行施救。事故造成卧铺客车中包括驾驶人陈强在内的 36 名司乘人员死亡、3 人受伤，大客车报废，重型罐式半挂货车、高速公路路面和涵洞受损，直接经济损失 3160. 6 万元。

经鉴定，豫 HD6962 号重型罐式半挂货车碰撞前行驶速度为 21 千米/小时，蒙 AK1475 号卧铺客车行驶速度为 77. 2 千米/小时。经公安交管部门调查认定，蒙 AK1475 号卧铺客车驾驶人陈强因疲劳驾驶未采取安全措施，应承担事故主要责任，闪文全应承担事故次要责任。经国务院事故调查组调查认定，包茂高速陕西延安“8 · 26”特别重大道路交通事故是一起生产安全责任事故。导致事故发生的直接原因为：首先，卧铺大客车驾驶人陈强遇到重型罐式半挂货车从匝道驶入高速公路时，本来能够采取安全措施避免事故发生，但因疲劳驾驶（事故发生前陈强已经连续驾驶 4 小时 22 分）而未采取安全措施，其违法行为在事故发生中起重要作用，是导致卧铺大客车追尾碰撞重型罐式半挂货车的主要原因。其次，重型罐式半挂货车驾驶人闪文全从匝道违法驶入高速公路，在高速公路上违法低速行驶，其违法行为也在事故发生过程中起一定作用，是导致卧铺大客车追尾碰撞重型罐式半挂货车的次要原因。

安塞县人民法院认为，被告人闪文全作为危险货物运输车辆驾驶员，违反危险货物道路运输管理规定，行车途中不遵守道路交通安全法律法规的相关规定，从服务区匝道违法驶入高速公路，并在高速公路上违法低速行驶；被告人张军作为危险货物运输押运员，违反危险货物道路运输管理规定，在押运期间未在指定位置对驾驶员的安全行车情况进行监督，致使发生危险货物运输重大事故，后果特别严重，二人行为均构成危险物品肇事罪。根据《刑法》的规定，闪文全、张军的共同过失行为不以共同犯罪论处，应当按照他们所实施的犯罪行为分别承担刑事责任，二人在明知他人报警的情况下，留在事故现场等待，公安人员抓捕时无拒捕行为，符合《刑法》规定的自动投案特征，且归案后如实供述自己的罪行，依法构成自首。据此，依照《刑法》第136条、第67条第1款之规定，判决如下：

1. 被告人闪文全犯危险物品肇事罪，判处有期徒刑5年。
2. 被告人张军犯危险物品肇事罪，判处有期徒刑4年。

一审宣判后，被告人闪文全、张军均提出上诉，提出事故发生原因系卧铺客车驾驶人陈强疲劳驾驶，自己对事故仅负有次要责任，一审判决未充分考虑案件的具体情节，量刑过重。

陕西省延安市中级人民法院经审理认为，一审认定的事实清楚，证据确实、充分。上诉人闪文全、张军违反危险化学品运输管理规定，超载运输易燃品甲醇；押运员张军未尽职责，纵容驾驶员闪文全违法从匝道驶入高速公路并低速行驶，致使卧铺客车追尾，造成甲醇泄漏、卧铺客车燃爆，且事故发生后二人未采取应急处置措施和积极施救，致使造成36人死亡、3人受伤、直接经济损失达3160.6万元的严重损失，后果特别严重，二人行为均构成危险物品肇事罪，依法应在3年以上7年以下有期徒刑的量刑幅度内量刑。鉴于二人有自首情节，依法可以从轻处罚。涉案卧铺客车驾驶人陈强因疲劳驾驶而未采取安全措施，其违法行为在此次事故中起主要作用，二上诉人仅起次要作用，均可以酌情从轻处罚。一审判决对上诉人闪文全、张军的定罪准确、量刑适当，审判程序合法。遂裁定驳回上诉、维持原判。

二、主要问题

危险物品运输车辆在道路运输过程中发生泄漏、燃爆事故，车辆驾驶员和押运员对事故仅承担次要责任的，是否可以认定为危险物品肇事罪？

三、裁判理由

2012 年发生的包茂高速陕西延安“8 · 26”特别重大道路交通事故，造成 30 余人死亡和 3000 余万元直接经济损失，事故后果十分严重，社会影响十分恶劣。案件审理过程中，对于危险物品运输车辆驾驶员闪文全和押运员张军的行为是否构成犯罪，有关方面存在较大争议，形成了两种意见。

一种意见认为，被告人闪文全、张军在驾驶机动车运输危险物品的过程中，应当遵守交通运输管理法规，二人违反交通运输管理法规，造成重大事故，可能构成交通肇事罪。但是，在事故发生过程中，闪文全虽有过早并线、低速行驶等违法违规行为，但经公安机关鉴定，卧铺客车司机陈强应当承担此次事故的主要责任，闪文全仅承担事故次要责任。根据《刑法》和相关司法解释的规定，闪文全和张军不符合交通肇事罪的定罪条件，应当依法宣告二人无罪。

另一种意见认为，被告人闪文全、张军作为危险物品运输专用车辆的驾驶员和押运员，在危险物品道路运输过程中不仅应当遵守交通运输管理法规，同时也应遵守危险物品运输管理规定。二人在此次交通事故中仅承担次要责任，未达到交通肇事罪的定罪标准，但不能据此排除二人在违反危险物品管理规定方面的刑事责任，应依法认定二人构成危险物品肇事罪。

我们赞同后一种意见。在被告人闪文全、张军仅对危险物品道路交通事故承担次要责任的情况下，仍然可以依法认定二人构成危险物品肇事罪。主要理由如下：

（一）在危险物品道路运输过程中发生泄漏、燃爆事故并造成严重后果的，一般应以危险物品肇事罪论处

根据《刑法》的规定，交通肇事罪，是指违反交通运输管理法规，因而发生重大事故，致人重伤、死亡或者使公私财产遭受重大损失的行为。危险物品肇事罪，是指违反爆炸性、易燃性、放射性、毒害性、腐蚀性物品的管理规定，在生产、储存、运输、使用中发生重大事故，造成严重后果的行为。据此，交通肇事犯罪行为违反交通运输管理法规，而危险物品肇事犯罪行为违反危险物品管理规定。一般情况下，两罪的区别比较明显。但是，在行为人驾驶机动车通过公共道路运输危险物品，在运输途中发生交通事故，导致危险物品泄漏、燃烧、爆炸并造成严重后果的情况下，依法应当认定为交通肇事罪，还是应当认定为危险物品肇事罪，一直以来存在诸多争议。具体来讲，根据交通运输部《道路危险货物运输管理规定》第45条的规定，道路危险货物运输企业或者单位应当要求驾驶人员和押运人员在运输危险货物时，严格遵守有关部门关于危险货物运输线路、时间、速度方面的有关规定，并遵守有关部门关于剧毒、爆炸危险品道路运输车辆在重大节假日通行高速公路的相关规定。《道路危险货物运输管理规定》第68条还规定，该规定对道路危险货物运输经营未作规定的，按照《道路货物运输及站场管理规定》执行；对非经营性道路危险货物运输未作规定的，参照《道路货物运输及站场管理规定》执行。根据上述规定，危险物品运输车辆在公共交通道路行驶过程中，也应当与普通机动车一样，遵循同样的交通运输规则。行为人在驾驶机动车从事危险物品道路运输的过程中，在装载重量、行驶路线、行驶速度等方面，仍然需要遵守交通运输管理法规的规定。因此，危险物品运输车辆在公共交通道路行驶过程中，因为违反交通运输管理法规，导致发生交通事故，进而引起危险货物泄漏、燃烧、爆炸，造成严重后果的情况下，其行为同时违反了交通运输管理法规和危险物品管理规定。在此情况下，到底应当认定为交通肇事罪，还是认定为危险物品肇事罪，就存在一个罪名选择的问题。

研究认为，行为人在驾驶机动车从事危险物品道路运输过程中，因为违反交通运输管理法规，导致发生重大事故的，行为同时符合《刑法》规定的交通肇事罪和危险物品肇事罪的构成要件。从逻辑上分析，危险物品道路运输是公共交通运输的一种特殊形式，发生在道路交通运输过程中的危险物品肇事犯罪，应当认定为普通交通肇事罪的特别情形，这种情况下，二者属于特别法条与普通法条的竞合关系。也就是说，危险物品肇事罪虽然在通常情况下与交通肇事罪不存在竞合；但是，发生在道路交通运输过程中的危险物品肇事犯罪行为，则可能产生与交通肇事罪的法条竞合。这种情况可称为交叉竞合关系。

根据刑法一般理论，在特别法条与一般法条竞合的情况下，原则上应当按照特别法条优于一般法条的原则处理，适用特别法条。因此，一般情况下，如果在道路交通运输过程中发生危险物品肇事行为的，原则上应当认定为危险物品肇事罪。但是，上述处理原则也可能出现例外。主要问题在于，《刑法》规定的危险物品肇事罪的法定最高刑为有期徒刑7年，而交通肇事罪中，在行为人因逃逸致人死亡的情况下，最高则可以判处7年以上有期徒刑。如果行为人驾驶危险物品运输车辆肇事后，又逃逸致人死亡，如果以危险物品肇事罪论处，最高只能判处有期徒刑7年，显然无法做到罪责刑相适应，而如果认定为交通肇事罪中的逃逸致人死亡情节，则可以判处7年以上有期徒刑。因此，这种情况下就应当依照处罚较重的规定定罪处罚，依法认定为交通肇事罪。

本案中，被告人闪文全、张军驾驶、押运危险物品运输车辆在高速公路行驶过程中，违反交通运输管理法规，导致发生车辆追尾事故，车辆罐体内装载的甲醇大量泄漏并燃烧爆炸，造成重大人员伤亡和巨额经济损失，其行为同时违反了交通运输管理法规和危险物品运输管理规定，分别符合交通肇事罪和危险物品肇事罪的犯罪构成要件，根据特别法条优于一般法条的原则，应当依法认定为危险物品肇事罪。

（二）危险物品运输车辆驾驶员对交通事故仅承担次要责任的，不影响危险物品肇事罪的成立

有意见提出，行为人在驾驶危险物品运输车辆过程中发生交通事故的，其行为的可罚性基础实际上仍然是违反交通运输管理法规，只有在行为人对交通事故承担同等以上责任的情况下，才可能构成危险物品肇事罪。如果危险物品运输车辆驾驶员仅承担交通事故次要责任，说明其主观罪过程度和客观责任较轻，既不构成交通肇事罪，也不应认定为危险物品肇事罪。

研究认为，上述意见值得商榷。主要理由有以下几个方面：

首先，行为人在驾驶机动车运输危险物品过程中交通肇事的行为，同时违反了交通运输管理法规和危险物品道路运输管理规定，具有双重违法性和双重可罚性基础。具体来讲，如果行为人在驾驶危险货物运输车辆过程中违反交通运输管理法规，导致交通事故发生，且行为人对交通事故承担同等以上责任，根据《刑法》和相关司法解释的规定，其行为同时符合交通肇事罪和危险物品肇事罪的构成要件，根据特别法条优于一般法条的原则，原则上应以危险物品肇事罪定罪处罚。如果行为人虽然违反了交通运输管理法规，

但对交通事故仅承担次要责任，则其行为不符合交通肇事罪的构成要件，仅可能构成危险物品肇事罪，不会涉及法条选择的问题。需要注意的是，根据法律和司法解释的规定，行为人对交通事故承担同等以上责任，是构成交通肇事罪的必要条件，但并非构成危险物品肇事罪的必备要件。行为人在对交通事故承担次要责任的情况下，虽然不构成交通肇事罪，但仍然可能构成危险物品肇事罪。某一行为是否符合上述两个罪名的构成要件，需要独立地分别进行评价，相互之间互不影响。

其次，在行为人仅对交通事故承担次要责任的情况下，认定其行为构成危险物品肇事罪，符合立法目的。危险物品生产经营活动属于风险极高的行业，特别是通过公共交通道路运输危险物品，极易发生重大泄漏、燃爆事故，危险性高，必须严格规范、加强管理。因此，国家对危险物品运输经营者的要求非常严格，危险物品运输车辆的驾驶员和押运员应当承担比普通机动车驾驶员更高的注意义务和更加严格的责任，只有这样才能有效避免危险物品安全事故的发生。我国《刑法》在交通肇事罪以外，单独将违反危险物品管理规定，导致在运输过程中发生重大事故、造成严重后果的行为规定为危险物品肇事罪，也反映出立法机关对危险物品运输活动予以从严管理的立法意图。要求行为人必须在对交通事故承担同等以上责任的情况下才可以构成危险物品肇事罪，既无法律依据，也不利于严惩犯罪。当然，从严管理不等于无过错责任。如果经公安交管部门调查认定，危险物品运输车辆的驾驶员对事故不承担任何责任，就不宜认为其行为构成危险物品肇事罪，否则就不当扩大了刑罚处罚范围。

（三）危险物品运输车辆押运员不认真履行职责，对事故发生起到促进作用的，可以认定为危险物品肇事罪

为了提高危险物品道路运输活动的安全性，政府监管部门专门设立了危险货物运输车辆押运员制度。《道路危险货物运输管理规定》第 40 条规定，在道路危险货物运输过程中，除驾驶人员外，还应当在专用车辆上配备押运人员，确保危险货物处于押运人员监管之下。根据有关规定，危险物品运输车辆押运员应当取得相应资质，并在车辆行驶过程中监督驾驶员遵守交通运输管理法规和危险物品管理规定，防止发生生产安全事故。如果押运员不认真履行自身职责，且其不认真履行职责的行为与生产安全事故的发生之间存

在刑法上的因果关系，符合危险物品肇事罪的构成要件，依法应当以危险物品肇事罪论处。

本案中，被告人闪文全和张军轮流担任危险物品运输车辆的驾驶员和押运员。事故发生时，车辆由闪文全驾驶，张军担任押运员，本应认真履行押运监督职责，但张军置自身职责于不顾，擅自违规在货车卧铺区内躺卧休息，致使闪文全的违规驾驶行为未能得到及时监督和有效纠正，最终导致追尾事故的发生，造成严重事故后果。一、二审法院对闪文全、张军均以危险物品肇事罪定罪处罚，符合法律规定。

（最高人民法院刑四庭　李加玺）

11. 金以明等危险物品肇事、重大责任事故案（江苏无锡双乐小吃店“10·13”燃爆事故案）

——违规储存、使用液化石油气导致发生重大事故的行为构成危险物品肇事罪

一、基本案情

被告人金以明，男，1971 年 6 月 3 日出生，江苏省无锡市锡山区鹅湖双乐小吃店经营者。2019 年 11 月 22 日被逮捕。

被告人胡清福，男，1989 年 12 月 30 日出生，江苏省无锡市锡山区鹅湖双乐小吃店店长。2021 年 7 月 22 日被逮捕。

被告人姜卫卫，男，1983 年 8 月 25 日出生，江苏省无锡市无锡大众燃气汽车发展有限公司送气工。2019 年 11 月 22 日被逮捕。

被告人李本亮，男，1978 年 9 月 28 日出生，江苏省无锡市裕富宝厨具有限公司法定代表人。2019 年 11 月 22 日被逮捕。

被告人卞卫东，男，1968 年 8 月 18 日出生，江苏省无锡市无锡大众燃气汽车发展有限公司安全管理员。2021 年 7 月 22 日被逮捕。

被告人王鑫，男，1984 年 5 月 5 日出生，原江苏省无锡市裕富宝厨具有限公司员工。2019 年 10 月 21 日被取保候审。

被告人吴唱，男，1993 年 3 月 15 日出生，原江苏省无锡市裕富宝厨具有限公司员工。2019 年 10 月 21 日被取保候审。

江苏省无锡市锡山区人民检察院以被告人金以明、胡清福犯危险物品肇事罪，被告人姜卫卫、李本亮、卞卫东、王鑫、吴唱犯重大责任事故罪，向无锡市锡山区人民法院提起公诉。

被告人金以明、胡清福、姜卫卫、李本亮、王鑫、吴唱对公诉机关指控

的犯罪事实及罪名无异议；卞卫东认为自己的行为不构成犯罪。辩护人提出，各被告人有从宽处罚情节，请求依法予以从轻处罚。

无锡市锡山区人民法院经审理查明：2017 年 1 月，被告人金以明与无锡秦园饮食文化发展有限公司签订秦园小笼连锁餐饮合作经营协议，加盟秦园小笼，租赁房东吴丹凤位于无锡市锡山区鹅湖镇新杨路 84 号的住宅用于经营，2017 年 4 月底开始营业，工商登记为锡山区鹅湖双乐小吃店，冠名“秦园小笼”。金以明安排被告人胡清福担任该店店长。双乐小吃店建筑物是两间门面，2—4 层为混合结构房屋，由东、西两部分构成。西面是沿街店铺，为 4 层砖混结构，南侧与温州名剪理发店合墙，北侧与鲜花婚庆店合墙。其中二楼为经营店面，三楼两个房间为员工宿舍，四楼由房东堆放家具。东面两层为砖混结构，一楼东面为气瓶间，气瓶间四周均为实体墙，在西北角有一木门开向楼梯食料间，气瓶间东南角设有铁质防盗门，可开向室外，该气瓶间的设置不符合安全规范要求；西面为楼梯间和食料间。二楼东面为厨房间，西面为过道和收银台。双乐小吃店气瓶间南北向宽 3.5 米，东西向长 6 米。沿北墙由西向东依次放置冰箱 1 台、50 千克液化石油气钢瓶（空瓶）5 只；沿南墙由西向东依次设置油水分离器 1 套、冰箱 1 台、50 千克液化石油气钢瓶 3 只。液化石油气钢瓶使用的调压阀为“东盛”牌中压调压阀（出口压力为 180KPa），气瓶间内的插座、电器设备和照明灯具均不防爆。小吃店经营过程中，胡清福担任店长，负责店内日常事务、人员的管理以及后厨工作，包括该店燃气的配送以及相关燃气设施配件的更换。

2017 年 3 月，被告人金以明联系被告人裕富宝厨具有限公司法定代表人李本亮安装厨具及燃气管道等设备。李本亮在明知其经营的裕富宝厨具有限公司不具备燃气燃烧器具安装维修企业资质，公司员工也不具备燃气器具安装维修资格的情况下，仍安排员工——被告人王鑫、吴唱（均未取得燃气行业职业技能岗位证书）等人到新杨路 84 号，根据金以明的要求安装厨具及燃气管道等。被告人姜卫卫系大众燃气汽车发展有限公司送气工，其自己承接液化石油气生意，到大众燃气汽车发展有限公司荡口液化气站购买液化石油气后转卖给用户，从中赚取差价。2018 年 10 月开始，姜卫卫给双乐小吃店送液化石油气，液化石油气钢瓶由姜卫卫免费提供，店内长期保持有 8 个液化石油气钢瓶（每瓶 50 千克）。姜卫卫还网购不适合该场所使用的“东盛”牌中压调压阀，提供给双乐小吃店使用。2019 年六七月，姜卫卫根据店长胡清福（被告人）的要求，给双乐小吃店更换了“东盛”牌中压调压阀。被告人卞卫东作为大众燃气汽车发展有限公司的安全管理员，未履行安全生产工作职责，对送气工安全生产教育和培训未到位，在检查双乐小吃店时发现该店未设置单层专用气瓶间、有不防爆电器、通风不良等问题，未采取有效措施及时消除上述重大安全隐患，亦未要求送气工立即停止送气。

2019 年 10 月 13 日上午，双乐小吃店气瓶间液化石油气大量泄漏，11 时 6 分许，该气瓶间发生液化石油气爆炸事故。爆炸发生后，双乐小吃店气瓶间一楼东侧的墙体向东侧产生大块碎裂抛落；南侧墙体向南侧位移，墙体中间部位产生大块碎裂抛落；西侧墙体向西侧位移并有大块碎裂抛落；北侧墙体向北侧位移，墙体的中间部位产生大块碎裂抛落。爆炸造成墙体破坏，致邹铭杰、王水根、华裕、王勇、陈永明、李丽萍、许哲、顾春年等 8 人颅脑损伤合并创伤性休克而死亡，致华晟泽颅脑损伤而死亡，致薛明明、房扣银、马寿男等 10 人受伤（其中马寿男于 2020 年 8 月 24 日死亡），事故造成房屋及附属物损失 342.48 万元。

经无锡市人民政府组成的事故调查组调查后认定，双乐小吃店气瓶间 9 号液化石油气钢瓶使用不符合规定的中压调压阀，导致出口压力过大（超出标准出口压力的 36 倍），加之软管与集气包连接的卡箍缺失，造成软管与集气包连接接头脱落，液化石油气大量泄漏、积聚，与空气混合形成爆炸性气体，遇到电冰箱继电器启动时的电火花引起爆炸，是造成事故的直接原因。双乐小吃店气瓶间未设置在单层专用房间且在民用住宅房内；未建立健全安全管理制度，未落实燃气安全管理制度；未对操作维护人员燃气安全知识和操作技能进行培训；液化石油气瓶组间使用不防爆电器设备，在不具备安全条件的场所储存、使用燃气，双乐小吃店安全管理严重缺失，是事故发生的主要原因之一。大众燃气汽车发展有限公司未建立相应的安全生产责任制度；未对安全生产责任落实情况进行监督考核；未对从业人员（送气工）进行安全生产教育和培训；送气工的安全管理制度不完善；对违反安全用气规定的用户未停止供气，大众燃气汽车发展有限公司未依法履行安全管理职责，是事故发生的主要原因之一。裕富宝厨具有限公司未取得市政公用工程施工总承包资质和燃气燃烧器具安装维修企业资质为双乐小吃店设计、安装燃气燃烧器具及燃气管道；未按国家规范标准设计、安装燃气燃烧器具及燃气管道；未建立健全安全教育培训制度，安排未经安全教育培训和考核不合格的人员上岗作业，裕富宝厨具有限公司无资质违规安装，是事故发生的主要原因之一。

涉案人员中，被告人金以明作为双乐小吃店经营者，未根据相关规定委托具有相应资质的单位进行燃气管道的设计、施工，未将气瓶间设置在单层专用房间内，同时未使用相关安全设备，在不具备安全条件下储存、使用燃气，未建立健全安全管理制度，未对燃气操作人员进行燃气安全知识和操作技能培训，对事故发生负有直接责任。被告人胡清福作为双乐小吃店店长，负责店内日常事务、人员的管理以及后厨工作，包括该店燃气的配送以及相关燃气设施配件的更换，其未检查本单位的安全生产状况，未及时排除安全隐患，未保持气瓶间通风，未督促落实安全生产整改措施，对事故发生负有直接责任。被告人姜卫卫作为大众燃气汽车发展有限公司的送气工，在明知双乐小吃店气瓶间存在安全隐患的情况下未督促整改，未停止送气，为双乐小吃店提供不符合规定的中压调压阀，导致 9 号液化石油气钢瓶出口压力过大，加之软管与集气包连接的卡箍缺失，进而造成液化石油气大量泄漏、积聚，遇到电冰箱继电器启动引起爆炸，应对事故发生负有直接责任。被告人卞卫东作为大众燃气汽车发展有限公司的安全管理员，未履行安全生产工作职责，对送气工安全生产教育和培训未到位，致使送气工安全知识缺乏，安全意识淡薄。卞卫东在检查双乐小吃店时发现该店未设置单层专用气瓶间、有不防爆电器、通风不良等问题，未采取有效措施及时消除上述重大安全隐患，亦未要求送气工立即停止送气，对事故发生负有直接责任。被告人李本亮作为裕富宝厨具有限公司实际负责人，在未取得相关资质的情况下为双乐小吃店设计、安装燃气燃烧器具及燃气管道，安排未取得资质的工作人员上岗，未按国家规范标准设计、安装燃气燃烧器具及燃气管道，被告人王鑫、吴唱作为裕富宝厨具有限公司安装工人，在明知自己未取得燃气行业职业技能岗位证书的情况下进行燃气设备的安装施工，未按国家规范标准安装燃气燃烧器具及燃气管道。李本亮、王鑫、吴唱均对事故发生负有直接责任。

案发后，被告人金以明、姜卫卫、李本亮、王鑫、吴唱经公安机关电话通知主动投案，如实供述自己犯罪事实；被告人卞卫东经公安机关电话通知主动到案，但未如实供述自己犯罪事实；被告人胡清福归案后如实供述自己犯罪事实。无锡市公安局锡山分局从金以明处查扣到汽车 2 辆，从姜卫卫处查扣到汽车 2 辆，从李本亮处查扣到汽车 5 辆，并已对李本亮夫妻所有的商品房 7 套进行查封。金以明家属与被害人达成调解协议，已赔偿 6.88 万元。无锡市锡山区鹅湖镇人民政府于 2019 年 10 月收到秦园小笼店资金共计 278 117.79 元。

江苏省无锡市锡山区人民法院认为，被告人金以明、胡清福违反爆炸性、易燃性物品的管理规定，在危险物品储存、使用过程中发生重大事故，后果特别严重，其行为均已构成危险物品肇事罪；被告人姜卫卫、李本亮、卞卫东、王鑫、吴唱在生产、作业中违反有关安全管理的规定，因而发生重大伤亡事故，情节特别恶劣，其行为均已构成重大责任事故罪。金以明、姜卫卫、李本亮、王鑫、吴唱自动投案并如实供述自己罪行，系自首，依法均可以从轻或者减轻处罚；胡清福归案后如实供述自己罪行，依法可以从轻处罚；金以明、李本亮、王鑫、吴唱自愿如实供述自己罪行，承认指控的犯罪事实，自愿接受处罚，依法可以从宽处罚。根据王鑫、吴唱的犯罪事实与犯罪情节，决定对二人予以减轻处罚，且适用缓刑可不致再危害社会，均可宣告缓刑。据此，依照《刑法》第 136 条，第 134 条第 1 款，第 67 条第 1、3 款，第 72 条第 1 款以及《最高人民法院、最高人民检察院关于办理危害生产安全刑事案件适用法律若干问题的解释》第 1 条、第 7 条第 1 款和《刑事诉讼法》第 15 条之规定，判决如下：

1. 被告人金以明犯危险物品肇事罪，判处有期徒刑 5 年 6 个月。
2. 被告人胡清福犯危险物品肇事罪，判处有期徒刑 4 年 6 个月。
3. 被告人姜卫卫犯重大责任事故罪，判处有期徒刑 4 年 6 个月。
4. 被告人李本亮犯重大责任事故罪，判处有期徒刑 3 年 6 个月。
5. 被告人卞卫东犯重大责任事故罪，判处有期徒刑 3 年。
6. 被告人王鑫犯重大责任事故罪，判处有期徒刑 2 年，缓刑 2 年。
7. 被告人吴唱犯重大责任事故罪，判处有期徒刑 2 年，缓刑 2 年。

一审宣判后，被告人金以明、姜卫卫、李本亮、卞卫东、王鑫、吴唱服判不上诉。被告人胡清福上诉及辩护人提出：胡清福仅为名义上的店长，实质为雇员，对事故地存在的安全隐患已向雇主金以明汇报，量刑上应与金以明体现较大区别；有自首情节，且在事故发生后积极实施抢险的行为应在量刑上得到充分评价，请求二审法院从轻改判。

无锡市中级人民法院经审理认为，一审判决认定事实清楚，证据确实、充分，定罪准确。上诉人胡清福无自动投案行为，依法不能认定为自首；其作为事发小吃店的店长，负责该店日常经营管理的事实有充分证据证实，足以认定其在日常经营管理过程中未切实履行安全监督管理职责，未及时督促落实排除安全隐患，对事故发生负有直接责任。一审法院根据胡清福的犯罪事实并综合考虑其在本案中的地位、作用等情节，已对其从轻处罚，量刑并无不当，应予维持。遂裁定驳回上诉、维持原判。

二、主要问题

违反有关安全管理的规定，在储存、使用液化石油气过程中发生重大事故，造成严重后果的，应当认定为危险物品肇事罪还是重大责任事故罪？

三、裁判理由

2019 年 10 月 13 日 11 时 6 分许，江苏省无锡市锡山区鹅湖镇新杨路 84 号双乐小吃店气瓶间发生液化石油气爆炸事故，导致 9 人死亡，10 人受伤（其中 1 人死亡），房屋损失 342.48 万元。易燃易爆危险物品管理是安全生产管理工作的重中之重，一旦发生事故，造成的后果往往非常严重。双乐小吃店“10・13”燃爆事故具有重大社会影响，再次为全社会敲响了警钟。

本案审理过程中，对于双乐小吃店经营者金以明、店主胡清福和其余 5 名被告人姜卫卫、李本亮、卞卫东、王鑫、吴唱适用了不同的罪名，对金以明、胡清福以危险物品肇事罪定罪处罚，而对姜卫卫等其余 5 名被告人均以重大责任事故罪定罪处罚，主要理由有以下几个方面：

（一）液化石油气属于《刑法》上的危险物品

根据《刑法》第 136 条的规定，违反爆炸性、易燃性、放射性、毒害性、腐蚀性物品的管理规定，在生产、储存、运输、使用中发生重大事故，造成严重后果的，构成危险物品肇事罪。据此，危险物品肇事罪中的危险物品，包括爆炸性、易燃性、放射性、毒害性、腐蚀性物品。其中，“爆炸性”物品，是指具有爆炸性能的物品，如各种炸药、雷管、非电导爆系统、起爆药和爆破剂，以及黑火药、烟火剂、信号弹和烟花爆竹等；“易燃性”物品，是指汽油、煤油、酒精、丙酮、橡胶水，以及各种容易燃烧的化学物品和液剂；“放射性”物品，是指铀、镭以及其他各种具有放射性能，并能对人体或牲畜造成严重损害的物品；“毒害性”物品，是指如氰化钾等各种能够对人体或牲畜造成严重毒害的物品；“腐蚀性”物品，是指硫酸、盐酸等能够严重毁坏其他物品以及人身的物品。

上述危险物品本身具有很大的危险性，为保证这些物品的生产、储存、运输、使用安全，有关行政主管部门出台了严格的管理规定，以确保公民的人身和财产安全，防止出现危害公共安全的危险和实害结果。例如，1982 年国家城市建设总局出台的《液化石油气安全管理暂行规定》第 3 条规定，液化石油气为易燃、易爆、有毒气体。各级领导必须充分重视液化石油气全面的安全管理工作，要以科学技术为基础，实事求是，因地制宜，正确处理好生产与安全的关系。其他相关行政法规、部门规章也对液化石油气作出了有针对性的规定，足以认定液化石油气属于《刑法》上的易燃性危险物品。根据相关管理规定，液化石油气在生产、使用、运输、存储过程中均应配置专用气瓶间、专用设备以及特种运输车辆，应当按照国家对于危险物品的有关管制规定，在生产、作业过程中严格按照安全操作规范进行。

（二）行为同时符合重大责任事故罪和危险物品肇事罪构成要件的，应以危险物品肇事罪定罪处罚

根据《刑法》第 134 条第 1 款的规定，在生产、作业中违反有关安全管理的规定，因此发生重大伤亡事故或者造成其他严重后果的，构成重大责任事故罪。据此，重大责任事故罪的犯罪主体是在各类生产经营活动中直接从事生产、作业活动和行使组织、指挥、管理职责的人员，而危险物品肇事罪的犯罪主体是从事危险物品生产、储存、运输、使用工作的人员。比较两个罪名的构成要件可以看出，重大责任事故罪的规制涵盖范围明显大于危险物品肇事罪，《刑法》第 134 条第 1 款关于重大责任事故罪的规定属于普通法条，而第 136 条关于危险物品肇事罪的规定属于特别法条。一般来讲，立法者在普通法条之外又专门设置特别法条，目的是对特定的犯罪给予特殊处罚，或者因为某种犯罪的社会危害性特别突出而予以特别规定。因此，当某一行为同时符合一般法条和特别法条的规定时，原则上应当按照特别法条优先于普通法条的原则，适用特别法条的规定对其进行定罪处罚，除非一般法条规

定的刑罚重于特别法条。在行为同时符合《刑法》第 134 条第 1 款规定的重大责任事故罪的构成要件和第 136 条规定的危险物品肇事罪的构成要件时，由于两罪的法定刑完全相同，应当适用特别法条优于一般法条的原则，以危险物品肇事罪定罪处罚。

本案中，双乐小吃店经营者金以明（被告人）和店主胡清福（被告人）违反有关安全管理的规定，在液化石油气这一危险物品储存、使用过程中发生重大事故，造成严重后果，行为同时符合危险物品肇事罪和重大责任事故罪的构成要件，根据特别法条优于普通法条的原则，对二人均应以危险物品肇事罪定罪处罚。在案其余 5 名被告人中，大众燃气汽车发展有限公司安全管理员卞卫东未对公司安全生产责任制落实情况进行监督考核，未对送气工进行安全生产教育和培训，对违反安全用气规定的用户未停止供气；送气工姜卫卫在明知双乐小吃店气瓶间存在安全隐患的情况下未督促整改，未停止送气，为双乐小吃店提供不符合规定的中压调压阀，导致引发重大事故，造成严重后果。裕富宝厨具有限公司实际负责人李本亮、裕富宝厨具有限公司安装工人王鑫、吴唱无资质违规安装燃气燃烧器具及燃气管道，导致引发重大事故，造成严重后果，5 名被告人的行为均构成重大责任事故罪。一、二审法院在查明案件事实的基础上，综合考虑各被告人的工作职责、失职情况和其他案件情节，坚持对事故责任进行认真分析、准确区分，作出了罪责刑相适应的裁判。

（最高人民法院刑四庭　章晓瑜）

12. 范花枝等工程重大安全事故、重大责任事故案（河南平顶山康乐园老年公寓“5·25”特大火灾事故案）

——无资质施工队能否构成工程重大安全事故罪

一、基本案情

被告人范花枝，女，1965年2月20日出生，河南省鲁山县康乐园老年公寓法定代表人、院长，消防安全领导小组组长。2015年6月10日因涉嫌犯重大责任事故罪被逮捕。

被告人冯春杰，男，1971年4月15日出生，鲁山县通达卷闸门彩钢瓦门店个体业主。2015年6月10日因涉嫌犯重大责任事故罪被逮捕。

被告人刘秧，女，1963年1月14日出生，鲁山县康乐园老年公寓副院长、消防安全领导小组副组长。2015年6月10日因涉嫌犯重大责任事故罪被逮捕。

被告人马爱卿，女，1976年10月2日出生，鲁山县康乐园老年公寓副院长、消防安全领导小组成员。2015年6月10日因涉嫌犯重大责任事故罪被逮捕。

被告人孔繁阳，男，1984年1月15日出生，鲁山县康乐园老年公寓消防安全专干、消防安全领导小组成员。2015年6月10日因涉嫌犯重大责任事故罪被逮捕。

被告人翟会廷，男，1983年4月17日出生，鲁山县康乐园老年公寓电工、消防安全领导小组成员。2015年6月10日因涉嫌犯重大责任事故罪被逮捕。

河南省鲁山县人民检察院以被告人范花枝、冯春杰、刘秧、马爱卿、孔繁阳、翟会廷犯重大责任事故罪，且情节特别恶劣，向鲁山县人民法院提起公诉。

被告人范花枝、冯春杰、刘秧、马爱卿、孔繁阳、翟会廷均当庭自愿认罪，对公诉机关指控的犯罪事实无异议，请求从轻处罚。

被告人范花枝的辩护人提出，范花枝的行为构成重大责任事故罪，但此次事故由多种原因造成，不属于后果特别严重；范花枝在事故发生后积极组织实施抢救，并向公安机关自动投案，如实供述罪行，构成自首，应当从轻、减轻处罚。

被告人冯春杰的辩护人提出，冯春杰和范花枝之间属于加工承揽关系，冯春杰在犯罪过程中所起所用较小，属于从犯，且有自首情节，请求减轻处罚。

被告人刘秧的辩护人提出，刘秧所起所用和主观恶性较小，事故发生后留在现场积极抢救受伤人员，后被出警赶到现场的公安人员抓获，归案后如实供述犯罪事实，构成自首，请求从轻处罚。

被告人马爱卿的辩护人提出，此次事故属于多因一果，马爱卿对康乐园老年公寓消防工作不具有直接管理职责，事故发生后留在现场实施抢救过程中被抓获，归案后如实供述罪行，构成自首，请求从轻或者减轻处罚。

被告人孔繁阳的辩护人提出，此次事故属于多因一果，孔繁阳仅是公寓中下级工作人员，所起所用较小；事故发生后主动参加事故抢救，在事故现场被公安人员抓获，归案后如实供述罪行，构成自首，请求从轻、减轻处罚。

被告人翟会廷的辩护人提出，翟会廷在康乐园老年公寓从事的只是兼职性工作，不属于专业电工，不具备检查电气线路的专业能力和知识，留在事故现场实施抢救时被抓获，归案后如实供述罪行，构成自首，请求从轻、减轻处罚。

鲁山县人民法院经审理查明：河南省鲁山县康乐园老年公寓属于民办养老机构，2010 年 12 月 14 日经河南省平顶山市民政局批准设立，取得该局核发的社会福利机构设置批准证书，有效期至 2013 年 12 月 14 日，经营范围为养老、托老，兼业为康复、医疗，2012 年 11 月 20 日取得鲁山县民政局核发的民办非企业单位登记证书，有效期至 2016 年 11 月 20 日。2014 年 1 月 1 日，康乐园老年公寓取得鲁山县民政局换发的养老机构设立许可证，有效期至 2019 年 3 月 1 日，经营范围为老年人生活照料、康复护理、精神慰藉、文化娱乐等。申请设立过程中，被告人范花枝采用涂改证照内容等方式，伪造申请材料，使康乐园老年公寓得以顺利设立。康乐园老年公寓投入运营后，范花枝担任院长、法定代表人，被告人刘秧、马爱卿担任副院长，被告人翟会廷任电工。2014 年，康乐园老年公寓成立消防安全领导小组，范花枝任组长，刘秧任副组长，马爱卿、翟会廷及被告人孔繁阳任消防安全领导小组成员，其中孔繁阳为消防安全专干，具体负责康乐园老年公寓的消防安全工作。

2013 年 3 月，因入园老人数量增加，被告人范花枝决定扩大康乐园老年公寓规模，新建一栋彩钢板房。之后，范花枝与被告人鲁山县通达卷闸门彩钢瓦门店个体业主冯春杰达成协议，由冯春杰以包工包料的方式为公寓建设一栋彩钢板房。冯春杰在明知自己无合法建筑施工资质、所建房屋用于入园老人居住的情况下，仍然自行组织工人组成施工队，按照范花枝的要求，违规使用易燃材料聚苯乙烯夹芯彩钢板建设彩钢板房，并使用不合格电线对该彩钢板房进行排线架电。彩钢板房建成后，范花枝将其划定为不能自理区，安排生活不能自理的入园老人入住，未按照国家标准要求在床头设置呼叫对讲系统，且配置的护工数量不足。公寓经营过程中，范花枝和被告人刘秧、马爱卿、孔繁阳、翟会廷未认真对彩钢板房芯材易燃、用电线路接触不良等消防安全隐患进行排查治理，未建立相应的消防安全组织和消防防火制度，未制定消防安全应急预案，未对员工进行应急演练和消防安全培训教育，导致火灾安全隐患长期存在。至 2015 年 5 月事故发生前，康乐园老年公寓共有常住老人 130 人左右，工作人员 25 人，其中不能自理区共住有老人 52 人、护工 4 人。

2015 年 5 月 25 日 19 时 30 分许，康乐园老年公寓不能自理区彩钢板房发生火灾，造成 39 名入园老人死亡、6 人受伤，直接经济损失 2064. 5 万元。经国务院事故调查组调查认定，康乐园老年公寓“5 · 25”特大火灾事故是一起生产安全责任事故。导致事故的直接原因为，康乐园老年公寓不能自理区西北角房间西墙及其对应吊顶内给电视机供电的电器线路因接触不良发热，高温引燃周围的电线绝缘层、聚苯乙烯泡沫、吊顶木龙骨等易燃、可燃材料，造成火灾。造成火势迅速蔓延和重大人员伤亡的主要原因是，建筑物大量使用聚苯乙烯夹芯彩钢板（聚苯乙烯夹芯材料燃烧的滴落物具有引燃性），且吊顶空间整体贯通，加剧火势迅速蔓延并猛烈燃烧，导致整体建筑短时间内垮塌损毁，不能自理区老人无自主活动能力，无法及时自救，造成重大人员伤亡。导致事故发生的间接原因之一是，康乐园老年公寓违规建设、运营，管理不规范，安全隐患长期存在。首先，违法违规建设、运营。康乐园老年公寓发生火灾的建筑未经过规划、立项、设计、审批、验收，使用无资质施工队，违规使用聚苯乙烯夹芯彩钢板、不合格电器电线，未按照国家强制性行业标准《老年人建筑设计规范》（JGJ 122—99）要求在床头设置呼叫对讲系统，不能自理区配置护工不足。其次，日常管理不规范，消防安全防范意识淡薄。康乐园老年公寓日常管理不规范，未建立相应的消防安全组织和消防制度，未制定消防应急预案，未组织员工进行应急演练和消防安全培训教育，员工对消防法律法规不熟悉、未掌握，消防安全知识匮乏。

另查明，2015 年 5 月 25 日火灾事故发生后，被告人范花枝主动向公安机关投案自首；被告人冯春杰于同年 5 月 29 日接到鲁山县公安局电话通知后，自行赶到公安机关接受调查；被告人刘秧、马爱卿、翟会廷得知发生火灾事故后，立即返回现场进行抢救；被告人孔繁阳在事故发生后主动拨打火警电话，并积极参与事故抢救。

鲁山县人民法院认为，被告人范花枝作为建设单位康乐园老年公寓的法定代表人和实际控制人，在公寓建设项目、建筑设施不符合国家相关标准的情况下非法扩建，违规采用以易燃、可燃材料为芯材的彩钢板建设耐火等级低的住房，供生活不能自理的老人居住；被告人冯春杰不具备从事建筑施工活动的从业资格以及相应的安全生产条件和能力，仍然违规承包建筑工程，非法从事建筑施工活动，在明知所建房屋用于入园老人居住的情况下，仍然在建设彩钢板房的过程中违章施工，违规使用聚苯乙烯夹芯彩钢板以及不合格电器电线，范花枝和冯春杰为降低工程成本，压缩工程造价，故意降低工程质量标准，造成特别重大安全事故，后果特别严重，二人行为均构成工程重大安全事故罪。被告人刘秧、马爱卿作为康乐园老年公寓副院长，协助院长管理公寓日常工作；被告人孔繁阳作为康乐园老年公寓消防安全专干，被告人翟会廷作为康乐园老年公寓电工，负责管理消防安全及线路安全检修工作，均属于公寓管理人员。上述 4 名被告人在生产经营过程中消防责任落实不到位，用火、用电管理不规范，消防隐患排查治理不及时，导致发生特别重大安全事故，情节特别恶劣，行为均已构成重大责任事故罪。公诉机关指控刘秧、马爱卿、孔繁阳、翟会廷犯重大责任事故罪的事实及罪名成立，指控范花枝、冯春杰犯的犯罪事实成立，但指控二人构成重大责任事故罪不当，应予纠正。范花枝、冯春杰案发后自动投案，如实供述自己的罪行，依法构成自首，可以从轻处罚；刘秧、马爱卿、孔繁阳、翟会廷均无自动投案行为，依法不构成自首，但4名被告人在事故发生后积极主动参与抢救，均可以从轻处罚。据此，依照《刑法》第137条、第134条第1款、第30条、第67条第1款、第52条、第53条之规定，判决如下：

1. 被告人范花枝犯工程重大安全事故罪，判处有期徒刑9年，并处罚金50万元。

2. 被告人冯春杰犯工程重大安全事故罪，判处有期徒刑6年6个月，并处罚金10万元。

3. 被告人刘秧犯重大责任事故罪，判处有期徒刑5年。

4. 被告人马爱卿犯重大责任事故罪，判处有期徒刑4年。

5. 被告人孔繁阳犯重大责任事故罪，判处有期徒刑4年。

6. 被告人翟会廷犯重大责任事故罪，判处有期徒刑3年6个月。

宣判后，被告人范花枝、冯春杰、刘秧、马爱卿、孔繁阳、翟会廷均服判不上诉，检察机关亦未抗诉。判决已经发生法律效力。

二、主要问题

1. 无资质施工队是否可以成为工程重大安全事故罪的犯罪主体？
2. 重大责任事故罪和工程重大安全事故罪竞合的情况下应当如何处理？

三、裁判理由

2015年5月25日发生的河南平顶山康乐园老年公寓“5·25”特大火灾事故造成重大人员伤亡和巨额经济损失，引发社会广泛关注。2017年12月，河南省平顶山市有关基层人民法院对此次事故涉及的12起刑事案件中的6名事故责任人员和15名相关职务犯罪被告人进行一审公开宣判，对各被告人以工程重大安全事故罪、重大责任事故罪、滥用职权罪、玩忽职守罪等罪名，分别判处9年至2年6个月有期徒刑。本案即其中之一。

在本案审理过程中，法律适用等方面问题存在一定争议，主要体现在以下两个方面：首先，鲁山县通达卷闸门彩钢瓦门店个体业主冯春杰私自组织无合法资质施工队违规建设公寓不能自理区彩钢板房，是否符合工程重大安全事故罪的主体要件；其次，康乐园老年公寓法定代表人、院长范花枝在公寓不能自理区彩钢板房建设过程中违规降低工程质量标准，在公寓运营过程中安全主体责任不落实，行为同时符合重大责任事故罪和工程重大安全事故罪的构成要件，应当如何定罪处罚。现对上述两个问题分析如下：

（一）无资质施工队可以成为工程重大安全事故罪的犯罪主体

关于无资质施工队是否可以成为工程重大安全事故罪的犯罪主体，主要存在以下两种意见：

一种意见认为，《刑法》第 137 条并未将工程重大安全事故罪的犯罪主体限定为合法设立、具有相应资质的建设单位、设计单位、施工单位和工程监理单位，将无资质施工队认定为工程重大安全事故罪的犯罪主体，不违反《刑法》规定。

另一种意见认为，根据《刑法》第 137 条的规定，工程重大安全事故罪属于单位犯罪，个人不能构成本罪，而无资质施工队不属于依法设立的单位，不符合《刑法》规定的单位犯罪的构成条件，不能成为工程重大安全事故罪的犯罪主体。

我们同意第一种意见。无资质施工队可以成为工程重大安全事故罪的犯罪主体。理由有以下几个方面：

首先，将无资质施工队认定为工程重大安全事故罪的犯罪主体，符合《刑法》规定。从《刑法》第 137 条的条文规定来看，并未要求建设单位、设计单位、施工单位、工程监理单位必须是依法登记设立和具有相应资质的合法单位，只要其实际上从事了相关的工程建设活动，符合工程重大安全事故罪的构成要件，就可以认定为本罪。另外，1979 年《刑法》并未规定工程重大安全事故罪，在 1997 年修改《刑法》之前，司法实践中，对于建设单位、设计单位、施工单位、工程监理单位违反国家规定，降低工程质量标准，造成重大安全事故的行为，对直接责任人员均以重大责任事故罪追究刑事责任。根据 1988 年 3 月《最高人民检察院关于无照施工经营者能否构成重大责任事故罪主体的批复》的规定，无照施工经营者在施工过程中强令从业人员违章冒险作业，造成重大伤亡事故的，可以构成重大责任事故罪的犯罪主体。

1997 年《刑法》将工程重大安全事故罪从重大责任事故罪中分离出来之后，仍然可参照上述批复的规定精神，将不具备合法资质的施工队纳入工程重大安全事故罪的主体范畴。

其次，将无资质施工队认定为工程重大安全事故罪的犯罪主体，具有现实的必要性。为了确保建筑工程的质量安全，我国相关政府监管部门对建设单位、设计单位、施工单位、工程监理单位规定了严格的准入标准和监管条件。根据《建筑法》第 13 条的规定，从事建筑活动的建筑施工企业、勘察单位、设计单位和工程监理单位，按照其拥有的注册资本、专业技术人员、技术装备和已完成的建筑工程业绩等资质条件，划分为不同的资质等级，经资质审查合格，取得相应等级的资质证书后，方可在其资质等级许可的范围内从事建筑活动。但是，实践中，在某些中小型建筑项目的建设过程中，相当一部分施工工作任务由未经合法登记设立、不具备相应资质的个体施工队承担。这些无资质施工队为获取经济利益，违法违规从事工程建设活动，相关政府监管部门更加难以对其实施有效监管，引发重特大生产安全事故的危险性更高，应当依法从严惩处。如果将无资质施工队排除在工程重大安全事故罪的主体范围之外，则对其违反国家规定、降低工程质量标准的行为，一般只能以重大责任事故罪定罪处罚，最高仅能判处 7 年有期徒刑，法定刑明显过低，且不利于揭示事故的本质特征。而合法登记设立、具有相应资质的施工单位实施上述行为，依法可以认定为工程重大安全事故罪，最高可以判处 10 年有期徒刑，并处罚金。两相比较，如果按重大责任事故罪定罪，对无资质施工队的刑事处罚明显过轻，难以起到从严惩处的实际效果。

最后，将无资质施工队认定为工程重大安全事故罪的犯罪主体，有利于与相关法律、法规的规定内容保持协调一致。国家安全生产监督管理总局 2007 年作出的《关于生产安全事故认定若干意见问题的函》指出，《安全生产法》所称的生产经营单位，既包括合法的基本单元，也包括非法的基本单元；无证照或者证照不全的生产经营单位擅自从事生产经营活动，发生造成人身伤亡或者直接经济损失的事故，属于生产安全事故。将无资质施工队认定为《刑法》第 137 条规定的施工单位，与相关法律、法规关于此问题的规定精神是一致的。

反对意见提出，根据《最高人民法院关于审理单位犯罪案件具体应用法律有关问题的解释》的规定，个人为进行违法犯罪活动而设立的公司、企业、事业单位实施犯罪的，或者公司、企业、事业单位设立后，以实施犯罪为主要活动的，不以单位犯罪论处。根据上述规定，无资质施工队成立的目的就是进行违法犯罪活动，不应以单位犯罪论处，而工程重大安全事故罪属于“纯正”的单位犯罪，故无资质施工队不应包含在工程重大安全事故罪的主体范畴之内。研究认为，上述意见值得商榷。对于个人为实施诈骗、非法集资等违法犯罪行为成立的公司、企业、事业单位，该公司、企业、事业单位不以从事正常的生产经营活动为目的，仅为相关自然人实施违法犯罪活动提供掩护，一般不应以单位犯罪论处，应当直接认定为自然人共同犯罪。但是，工程重大安全事故罪属于过失犯罪，其构成要件具有一定的特殊性。无资质施工队从事建筑施工活动，目的仍然是通过从事生产经营活动获取经济利益。如果无资质施工队在从事建筑施工活动的过程中严格遵守工程质量标准要求，没有偷工减料等行为，就不应受到刑法上的否定评价和刑罚处罚。只有在无资质施工队故意违反国家规定，降低工程质量标准，并因此导致发生工程重大安全事故的情况下，才应受到刑罚处罚。因此，对于无资质施工队从事建筑施工活动这一行为本身，不宜直接认定为上述司法解释规定的违法犯罪活动，也不能以此为理由否定无资质施工队符合《刑法》规定的单位犯罪的成立条件。

本案中，被告人冯春杰作为无合法建筑施工资质的通达卷闸门彩钢瓦门店个体业主，接受建设单位负责人即被告人范花枝的委托，组织个体施工队违法违规从事建筑施工活动，建造康乐园老年公寓不能自理区彩钢板房，应当认定为《刑法》第137条规定的施工单位。施工队在建筑施工过程中违反国家规定，使用不符合防火安全标准的聚苯乙烯夹芯彩钢板建造不能自理区彩钢板房，降低工程质量标准，最终引发工程重大安全事故，冯春杰作为直接责任人员，应当依法承担刑事责任。一审判决认定冯春杰构成工程重大安全事故罪，判处其有期徒刑6年6个月，并处罚金10万元，定罪量刑正确。

（二）在重大责任事故罪和工程重大安全事故罪竞合情况下，应当从一重罪处罚，以工程重大安全事故罪论处

根据一审法院查明的事实，被告人范花枝的犯罪行为主要包括两个方面：首先，在建设康乐园老年公寓不能自理区房屋的过程中，为压缩成本，指使

无资质施工人员即被告人冯春杰违规使用易燃材料聚苯乙烯夹芯彩钢板建设彩钢板房，并使用不合格电线对该彩钢板房进行排线架电，严重降低工程质量标准，造成重大安全隐患；其次，作为康乐园老年公寓安全生产第一责任人，在公寓经营过程中主体责任不落实，日常管理不规范，消防安全防范意识淡薄。上述两方面因素相互结合，共同导致了此次特大火灾事故的发生。有意见提出，范花枝实施的第一方面行为符合工程重大安全事故罪的构成要件，第二方面行为符合重大责任事故罪的构成要件，应当依法数罪并罚。

研究认为，主张数罪并罚的意见不符合刑法中禁止重复评价的原则要求，难以做到罪责刑相适应。刑法中的所谓评价，是指在对一个犯罪事件的司法认定过程中，针对行为人的行为以及该行为导致的结果所进行的构成犯罪和应受刑罚处罚的判断和宣告。而禁止重复评价，是指在定罪量刑时禁止对同一犯罪构成事实予以两次或两次以上的法律评价。禁止重复评价是刑法公正性的基本要求，是刑法中"一行为一罪一罚"原则的具体体现，也是确保罪责刑相适应的前提条件。根据这一原则，在行为人仅实施了一个行为的情况下，原则上仅应认定为一个犯罪。想象竞合犯即典型例证。

想象竞合犯理论仅适用于故意犯罪领域，而生产安全责任事故犯罪属于过失犯罪，情况有所不同。具体来讲，想象竞合犯一般属于一行为造成数个危害结果的情况，而在类似本案情形中，行为人实施了两个行为，但仅引发了一起事故，对于事故造成的人身伤亡结果和直接经济损失，无法进一步区分哪一部分事故后果具体是由哪个行为直接引发，因此属于数行为造成一个危害结果。生产安全责任事故犯罪均属于结果犯，均要求发生实害结果才能以犯罪论处。也就是说，在生产安全责任事故犯罪中，行为人的行为和行为导致的后果均属于必备的犯罪构成事实。在数行为造成一个危害结果的情况下，如果对行为人实行数罪并罚，实际上是将同一个危害结果作为数个犯罪的构成事实进行了多次评价，明显违反了禁止重复评价原则。为避免造成重复评价，对行为人应当坚持从一重罪处罚的原则，以一罪论处，同时将其实施的其他行为作为从重处罚因素，在量刑时进行综合考量。

本案中，被告人范花枝同时实施了降低工程质量标准和在生产、作业过程中违反安全管理规定两个行为，两个行为共同导致了同一个火灾事故后果，根据禁止重复评价原则，对其应当从一重罪处罚，即以工程重大安全事故罪定罪处罚。一审法院认定范花枝的行为构成工程重大安全事故罪，同时考虑到其作为安全生产第一责任人，在康乐园老年公寓日常经营过程中主体责任不落实，也是引发事故的重要原因，对其从重判处有期徒刑 9 年，并处罚金 50 万元，定罪量刑适当。

（最高人民法院刑四庭　李加玺）

13. 赵公文等出具证明文件重大失实案（陕西咸阳“5·15”特大道路交通事故案）

——机动车检测机构工作人员出具失实检测报告的行为如何定罪

一、基本案情

被告人赵公文，男，1976 年 8 月 29 日出生，陕西省铜川鹏瑞交通设施工程有限公司授权签字人、质量负责人。2016 年 12 月 14 日因涉嫌犯玩忽职守罪被逮捕。

被告人范万涛，男，1973 年 3 月 21 日出生，陕西省铜川鹏瑞交通设施工程有限公司检测科科长、质量监督员。2016 年 12 月 14 日因涉嫌犯玩忽职守罪被逮捕。

被告人高琦，男，1977 年 2 月 9 日出生，陕西省铜川鹏瑞交通设施工程有限公司总经理。2016 年 12 月 14 日因涉嫌犯玩忽职守罪被逮捕。

陕西省铜川市王益区人民检察院以被告人赵公文、范万涛、高琦犯玩忽职守罪，向陕西省铜川市王益区人民法院提起公诉。

被告人赵公文及辩护人提出，赵公文并非国家机关工作人员，开展机动车检测业务不属于行使国家行政管理职权，不符合渎职罪的主体要件；且其作为陕西省铜川鹏瑞交通设施工程有限公司（以下简称鹏瑞公司）授权签字人和质量负责人，对涉案机动车检测过程中存在的舞弊行为既不知情，也无法控制，不构成玩忽职守罪。

被告人范万涛及辩护人提出，范万涛不具有国家机关工作人员身份，在公司中身兼多职，不可能对机动车检测活动的全过程进行监督，涉案大客车进行检验时范万涛不在现场，不可能发现引车员和涉案大客车车主的串通作弊行为，不存在渎职行为；且此次事故是多种原因共同造成的，范万涛的行为与事故后果不存在因果关系，公诉机关指控构成玩忽职守罪不能成立。

被告人高琦及辩护人提出，鹏瑞公司系民营企业，高琦作为公司总经理，不具备玩忽职守罪的主体资格；且高琦作为公司管理人员，无法预见涉事大客车车主与他人相互串通、在机动车检测过程中违规造假，主观上不存在过失，客观行为与事故后果不存在刑法上的因果关系，不构成玩忽职守罪。

铜川市王益区人民法院经审理查明：鹏瑞公司于 2011 年 8 月 25 日成立，性质为自然人独资有限责任公司，经营范围为机动车安全性能检测、机动车综合性能检测和机动车尾气检测，被告人高琦任总经理。2015 年 3 月 17 日，鹏瑞公司获得陕西省质量技术监督局颁发的机动车安全技术检验机构检验资格许可证，次日获得计量认证资质认定证书。鹏瑞公司经陕西省公安厅交警大队备案审批后，于同年 4 月 17 日与铜川市公安局交警支队机动车监管信息平台联网，正式开展机动车安全技术检验业务。高琦任命被告人赵公文担任公司授权签字人和质量负责人，任命被告人范万涛担任公司检测科科长、质量监督员。其间，赵公文在申请授权签字人资质过程中弄虚作假，在不具备相关职称的情况下，提供了虚假的工程师资质证书，违规获得了授权签字人资质。

2015 年 5 月 5 日，陕 B23938 号大客车车主师东安（另案处理）与司机王钢（另案处理）一起驾驶该车前往鹏瑞公司进行车辆安全技术检验。为确保通过检验，师东安事先找到非法“车托”刘保社（另案处理）帮助办理车辆检验手续，并支付给刘保社费用 600 元，其中车辆违章罚款 100 元、车辆检验费 145 元、其他费用 35 元，其余 320 元为支付给刘保社的“好处费”。进行第一次车辆检验后，陕 B23938 号大客车因制动系统不合格，未能通过检验。刘保社为让该车在下午复检时顺利通过，找到鹏瑞公司引车员张勇（另案处理）帮忙，张勇表示同意。刘保社指使师东安拔掉陕 B23938 号大客车的刹车尾灯保险，师东安遂让王钢在车上配合踩刹车，自己将刹车尾灯保险拔掉。当日下午复检时，王钢告知张勇称，车辆后刹车灯保险已被拔掉。复检过程中，张勇驾驶陕 B23938 号大客车检验制动系统时，脚刹、手刹并用以增强制动性能。被告人范万涛作为质量监督员，未发现陕 B23938 号大客车违规检测、相关人员采取舞弊手段虚构检测数据等情况。被告人赵公文作为授权签字人，对该车复检过程中存在的舞弊行为失察，并签署了最后的检测合格意见，使陕 B23938 号大客车顺利通过检验，获得了机动车安全技术检验合格的结论，进而从公安机关交通管理部门取得了机动车定期检验合格标志。

陕 B23938 号大客车违规通过安全技术检验后，车主师东安及司机王钢均未对车辆制动系统进行有效维修，继续驾驶该车从事非法运营活动。2015 年 5 月 14 日，陕西省伊诺相伴生活馆租用包括陕 B23938 号大客车在内的多辆非法营运车辆，搭载 193 人前往陕西省淳化县仲山森林公园开展旅游促销活动。15 日 15 时许，旅游促销活动结束，王钢驾驶陕 B23938 号大客车搭载部分客户返回西安市。行至淳化县淳卜公路 1 千米+450 米处下坡左转弯处时，陕 B23938 号大客车失控，由道路右侧冲出路面坠入山谷，造成 36 人死亡、10 人受伤、直接经济损失 2300 余万元的特大道路交通事故。

国务院事故调查组调查认定，陕西咸阳“5·15”特大道路交通事故是一起生产安全责任事故。引发事故的直接原因为，王钢驾驶制动系统技术状况严重不良的大客车，行经下陡坡、连续急弯路段时，因制动力不足造成车速过快，行至发生事故的急弯路段时车速达到 59 公里/小时，在离心力作用下出现侧滑，失控冲出路面翻坠至崖下。大客车坠崖后车头猛烈撞击地面，冲击力造成乘客向前翻倒，由于大客车座椅与车身连接强度不足，事故发生时 70%的座椅发生脱落，砸压车内乘客，进一步加重了事故伤亡后果。事故发生的间接原因之一为，鹏瑞公司机动车安全技术性能检验工作管理混乱。鹏瑞公司在申请机动车检验资质时提供的授权签字人学历、职称造假，编造虚假材料骗取资质；公司对发动机等必检项目未提出查验要求，普遍存在漏检、少检现象；安排不具备大客车驾驶资质的引车员张勇进行检验；事故大客车制动系统复检时，检验人员与车主、非法中介人员合谋弄虚作假，导致严重不符合安全技术标准的事故大客车获得检验合格证明。

铜川市王益区人民法院认为，鹏瑞公司属于依法承担机动车安全技术检验职能的社会中介组织，被告人赵公文作为公司授权签字人、质量负责人，被告人范万涛作为公司检测科科长、质量监督员，被告人高琦作为公司总经理，3 名被告人对工作严重不负责任，致使出具的机动车技术检验报告存在重大失实，使严重不符合安全技术标准的大客车取得合格检测报告和机动车定期检验合格证明，得以继续上路行驶，最终导致特大道路交通事故发生，造成严重后果，3名被告人行为均构成出具证明文件重大失实罪。关于公诉机关指控3名被告人构成玩忽职守罪的意见，经查，3名被告人作为社会中介组织工作人员，不符合玩忽职守罪的主体要件，公诉机关指控罪名不当，应予纠正。关于3名被告人及辩护人提出的无失职行为、行为与事故后果之间不存在因果关系、不构成犯罪的诉辩意见，经查，鹏瑞公司对机动车安全技术性能检验工作管理混乱，编造虚假材料骗取检验资质，出具机动车安全技术检验报告重大失实，致使严重不符合安全技术标准的大客车获得检验合格证明，得以长期“带病”上路行驶，属于事故发生的间接原因；3名被告人的行为与事故后果存在刑法上的因果关系，符合出具证明文件重大失实罪的构成要件。据此，依照《刑法》第229条第3款、第52条、第53条之规定，判决如下：

1. 被告人赵公文犯出具证明文件重大失实罪，判处有期徒刑3年，并处罚金1万元。

2. 被告人范万涛犯出具证明文件重大失实罪，判处有期徒刑2年，并处罚金5000元。

3. 被告人高琦犯出具证明文件重大失实罪，判处有期徒刑1年，并处罚金3000元。

一审宣判后，被告人赵公文、范万涛、高琦上诉提出：鹏瑞公司属于向社会出具数据报告的检验机构，不属于社会中介组织；本人不是具体承担机动车安全技术检测职责的工作人员，对涉案大客车进行检验时3名被告人均未在场，该车违规通过检验系他人故意串通弄虚作假所致，3名被告人行为与事故后果不存在刑法上的因果关系，不符合出具证明文件重大失实罪的构成要件，请求改判无罪。

铜川市中级人民法院经审理认为，一审认定的事实清楚，证据确实、充分。鹏瑞公司是经许可具有开展机动车安全技术检验资格的检验机构，有权向社会出具具有证明作用的机动车检测数据和结果，其出具的机动车安全技术检验报告是公安机关车辆管理部门核发机动车检验合格标志的主要依据，属于提供数据、结果、结论等方面报告的中介组织。上诉人赵公文、范万涛和高琦均未认真履行公司《质量手册》规定的相关工作职责，致使鹏瑞公司违规开展检测业务，出具的机动车安全技术检验报告严重失实，使不符合安全技术标准的大客车获得检验合格证明，为该车“带病”上路行驶提供了条件。3名上诉人严重不负责任的行为与事故后果之间具有刑法上的因果关系，行为均构成出具证明文件重大失实罪。一审定罪准确，量刑适当，审判程序合法。遂裁定驳回上诉、维持原判。

二、主要问题

机动车检测机构工作人员因严重不负责任，违规出具不实检测报告的行为应当如何定性？

三、裁判理由

陕西咸阳“5·15”特大道路交通事故发生后，党中央、国务院高度重视，事故调查进程和对相关责任人员的处理结果引发社会广泛关注。国务院事故调查组在开展事故调查过程中，认定20名责任人员的行为涉嫌犯罪，由案发地司法机关先后采取刑事强制措施。其中，对承担涉案陕B23938号大客车安全性能检验职责的鹏瑞公司工作人员赵公文、范万涛和高琦，均以玩忽职守罪立案侦查，公诉机关以3名被告人涉嫌玩忽职守罪为由起诉至人民法院。

本案一、二审过程中，对于被告人赵公文、范万涛和高琦因为严重不负责任，违规出具不实机动车安全技术检验报告行为的定性问题争议较大，主要存在以下两种意见：

一种意见认为，机动车安全技术检验行为属于国家行政管理行为的延伸，鹏瑞公司经陕西省公安厅交警大队备案审批和铜川市交警支队公告后，对外开展机动车检验业务，并由当地公安机关交通管理部门通过远程网络监控手段对检验过程进行实时监督，应当认定鹏瑞公司是受国家机关委托行使行政管理职权的组织。被告人赵公文、范万涛、高琦作为鹏瑞公司工作人员，行使机动车安全技术检验职责，符合渎职罪的主体要件，3名被告人行为构成玩忽职守罪。

另一种意见认为，对机动车进行安全技术检验不属于行政管理行为，鹏瑞公司属于经国家质量监督管理部门认证的依法独立行使机动车安全技术检验职能的社会中介组织。被告人赵公文、范万涛和高琦作为社会中介组织工作人员，工作中严重不负责任，违规出具机动车安全技术检验报告的行为构成出具证明文件重大失实罪。

我们同意后一种意见。被告人赵公文、范万涛和高琦属于社会中介组织工作人员，不符合玩忽职守罪的构成要件，3名被告人行为依法构成出具证明文件重大失实罪。主要理由分析如下：

（一）被告人赵公文、范万涛和高琦的行为不符合玩忽职守罪的构成要件

玩忽职守罪，是指国家机关工作人员玩忽职守，致使公共财产、国家和人民利益遭受重大损失的行为。构成玩忽职守罪，至少需要满足两个条件：首先，犯罪客观方面表现为不履行或者不正确履行行政管理职权；其次，犯罪主体是国家机关工作人员或者其他符合规定的人员。从上述两个条件分析，被告人赵公文、范万涛和高琦均不符合。

第一，机动车安全技术检验机构工作人员对机动车进行安全技术检验的行为，不属于行使行政管理职权。《道路交通安全法》第13条第1款规定，对提供机动车行驶证和机动车第三者责任强制保险单的，机动车安全技术检验机构应当予以检验，任何单位不得附加其他条件。对符合机动车国家安全技术标准的，公安机关交通管理部门应当发给检验合格标志。再结合其他相关法律、法规的规定，可以看出，机动车要获得检验合格标志，需要经过两个程序：首先，由机动车安全技术检验机构对车辆进行安全技术性能检验，检验合格后，取得机动车安全技术检验报告；其次，机动车所有人或其委托的人持机动车安全技术检验报告向公安机关交通管理部门申请核发检验合格标志。在上述两个程序中，公安机关交通管理部门核发检验合格标志属于典型的行政许可行为，系代表国家履行行政管理职责的行为；而机动车安全技术检验机构接受机动车所有人的委托，开展机动车安全技术性能检验并出具检验报告，是公安机关交通管理部门实施行政许可的条件之一，只是对机动车各项安全技术性能是否符合国家标准出具证明的行为，不具备强制性，不符合行政管理行为的特征，不属于行使行政管理职权。

有意见提出，《道路交通安全法》虽然对机动车申请检验合格标志的程序作出了明确规定，但实践中相关规定内容并未得到彻底贯彻实施，部分机动车安全技术检验机构尚未完全实现社会化改革，仍然在承担部分行政管理职

责。本案中，铜川市公安局交警支队通过远程视频监控，对鹏瑞公司的检验行为进行实时监控，说明鹏瑞公司的检验行为与公安机关交通管理部门之间存在一定联系，机动车安全技术检验机构并未完全实行社会化，仍然在行使部分行政管理职权。研究认为，这种观点值得商榷。2011 年修正的《道路交通安全法》确定对机动车安全技术检验工作实行社会化改革后，实践中，部分地区的公安机关交通管理部门为了方便人民群众、减少工作环节，实现当场检验、当场核发机动车检验合格标志，采取了在机动车安全技术检验机构实地派驻民警办公的工作方式对机动车进行安全检验。2014 年，公安部与国家质检总局联合发布了《关于加强和改进机动车检验工作的意见》，要求驻检验机构民警全部撤回，全面推行公安机关交通管理部门与检验机构信息数据联网，远程核发机动车检验合格标志。可以看出，无论是采用实地派员还是远程网络监控手段，均是为了对机动车安全技术检验机构的检验行为进行有效监督管理，防止出现检验数据造假，确保检验结果的公正性，同时加快机动车检验合格标志的发放流程，达到便民、利民的目的，不能据此认为机动车安全技术检验机构行使了部分行政管理职权。

第二，机动车安全技术检验机构工作人员不符合玩忽职守罪的主体要件。《刑法》规定的玩忽职守罪的犯罪主体仅限于国家机关工作人员。另外，根据 2002 年《全国人民代表大会常务委员会关于〈中华人民共和国刑法〉第九章渎职罪主体适用问题的解释》的规定，在依照法律、法规规定行使国家行政管理职权的组织中从事公务的人员，或者在受国家机关委托代表国家机关行使职权的组织中从事公务的人员，在代表国家机关行使职权时，有渎职行为，构成犯罪的，依照刑法关于渎职罪的规定追究刑事责任。根据全国人大常委会法工委刑法室的解读，首先，依照法律、法规行使国家行政管理职权的组织，必须有明确的法律、法规授权，如证监会、银保监会等，机动车安全技术检验机构明显不属于此类。其次，根据《行政处罚法》《行政许可法》等法律、法规的规定，行政机关依照法律、法规或者规章的规定，可以在其法定权限内委托符合法定条件的组织实施行政处罚和行政许可，受委托组织在委托范围内以委托行政机关的名义实施行政处罚和行政许可。实践中常见的，如卫生防疫站接受卫生行政部门的委托发放卫生许可证、文化市场管理办公室接受文化局的委托负责文化娱乐场所审批等。在上述情况下，接受委托的组织均应当以委托行政机关的名义实施行政处罚或者行政许可。[①] 机动车安全技术检验机构以自己的名义出具机动车安全技术检验报告，并独立承担检验责任，不符合受国家机关委托行使行政管理职权组织的特征。另外，公安机关交通管理部门依法对辖区内机动车安全技术检验机构进行审批备案，并向社会公告其地址和联系方式，是为了加强机动车安全技术检验机构的规范管理；发放机动车检验合格标志的行政管理职权仍由公安机关交通管理部门行使，并未委托给机动车安全技术检验机构。据此，被告人赵公文、范万涛和高琦作为机动车安全技术检验机构工作人员，既不是国家机关工作人员，也不属于在依照法律、法规行使国家行政管理职权或者受国家机关委托代表国家机关行使职权的组织中从事公务的人员，不符合玩忽职守罪的主体要件。

（二）机动车安全技术检验机构工作人员因严重不负责任出具不实检验报告的行为，符合出具证明文件重大失实罪的构成要件

根据《刑法》第 229 条的规定，承担资产评估、验资、验证、会计、审计、法律服务等职责的中介组织的人员严重不负责任，出具重大失实的证明文件，造成严重后果的行为，构成出具证明文件重大失实罪。

现行多部行政法律、法规对机动车安全技术检验机构的性质作出了明确规定。《道路交通安全法》第 13 条第 2 款规定，对机动车的安全技术检验实行社会化。具体办法由国务院规定。《道路交通安全法实施条例》第 15 条第 1 款规定，机动车安全技术检验由机动车安全技术检验机构实施。机动车安全技术检验机构应当按照国家机动车安全技术检验标准对机动车进行检验，对检验结果承担法律责任。国家质检总局发布的《机动车安全技术检验机构监督管理办法》第 2 条第 3 款规定，该办法所称安检机构，是指在中华人民共和国境内，根据《道路交通安全法》及其实施条例的规定，按照机动车国家安全技术检验标准等要求，对上道路行驶的机动车进行检验，并向社会出具公证数据的检验机构。公安部、国家质检总局 2014 年 4 月发布的《关于加强和改进机动车检验工作的意见》明确提出，要正确处理政府与市场的关系，全面推进检验机构社会化。根据以上规定可以看出，机动车安全技术检验机

---

① 参见《〈关于《中华人民共和国刑法》第九章渎职罪主体适用问题的解释〉的理解与适用》，载黄太云：《刑事立法的理解与适用：刑事立法背景、立法原意深度解读》，中国人民公安大学出版社 2014 年版。

构的性质属于社会中介组织，是社会化的企业法人，国家对其实行资格管理和计量认证管理。机动车安全技术检验机构按照规定收取相关费用，开展检验工作后以自己的名义出具机动车安全技术检验报告，并对出具的检验结果独立承担法律责任，行使的是不具备强制效力的验证职责。

本案中，鹏瑞公司作为具有合法资质的机动车安全技术检验机构，被告人赵公文、范万涛和高琦作为鹏瑞公司工作人员，依法行使机动车安全技术检验职责，符合出具证明文件重大失实罪的主体要件。国务院事故调查报告认定，鹏瑞公司工作人员的违规检验行为是导致“5·15”特大道路交通事故的间接原因，结合其他证据，足以认定3名被告人不正确履行职责的行为与严重事故后果之间存在刑法上的因果关系，行为均构成出具证明文件重大失实罪。一、二审法院以出具证明文件重大失实罪对3名被告人判处相应刑罚，符合刑法规定。

（最高人民法院刑四庭　李加玺）

14. 侯玉广等重大劳动安全事故，不报、谎报安全事故案（河北省蔚县黑石沟煤矿“12·4”特大瓦斯爆炸事故案）

——不报、谎报安全事故罪的共犯认定

一、基本案情

被告人刘成胜，男，1965年8月20日出生，河北省蔚县黑石沟煤矿东翼井三井中班带班班长。2018年6月1日因涉嫌犯重大劳动安全事故罪被取保候审。

被告人侯玉广，男，1970年9月30日出生，黑石沟煤矿总会计。2018年6月18日因涉嫌犯不报、谎报安全事故罪被取保候审。

被告人辛永星，男，1972年12月24日出生，黑石沟煤矿车队队长。2018年6月25日因涉嫌犯不报、谎报安全事故罪被取保候审。

被告人李义，男，1956年8月12日出生，黑石沟煤矿救护队队长。2018年6月1日因涉嫌犯不报、谎报安全事故罪被取保候审。

河北省阳原县人民检察院以被告人刘成胜犯重大劳动安全事故罪，被告人侯玉广、辛永星、李义犯不报、谎报安全事故罪，向阳原县人民法院提起公诉。

被告人刘成胜、侯玉广、辛永星、李义对公诉机关指控的犯罪事实和罪名均无异议，表示认罪认罚。

阳原县人民法院经审理查明：2007年12月4日，河北省蔚县黑石沟煤矿开采有限公司（以下简称黑石沟煤矿）东翼井三井发生瓦斯爆炸事故，造成31人死亡、22人受伤，直接经济损失约1800万元。经国务院事故调查组调查认定，“12·4”特大瓦斯爆炸事故是一起生产安全责任事故，事故直接原因为，黑石沟煤矿东翼井通风系统不合理、通风设施不健全，东二中间巷附近违规布置“巷道式”采煤工作面微风、无风作业，导致瓦斯积聚，达到爆炸浓度；在局部通风机启动时，因电器设备失爆产生火花，引起瓦斯爆炸。被告人刘成胜时任黑石沟煤矿东翼井三井中班带班班长，负责本班人员的施工安全、巷道管理、顶板维护、询问瓦斯员井下瓦斯浓度等工作，其在履行上述工作职责期间未尽到班长职责，对事故发生负有责任。事故发生后，担任黑石沟煤矿总会计的被告人侯玉广在煤矿负责人刘掌权（另案处理）的安排下，负责将除已上报遇难的 8 名事故遇难者之外的其他遇难者的遗体转移至山西省广灵县、灵丘县等地进行存放和私自火化，并在与遇难者亲属谈好赔偿事宜之后，在刘掌权的授意下，伙同他人将所有赔偿费用的票据、证明材料、赔偿协议等一并烧毁。被告人辛永星时任黑石沟煤矿车队队长，在事故发生后受刘掌权的指使，前往阳原县火葬场伙同他人对遇难者尸体进行火化，并参与处理部分遇难者亲属的善后工作。被告人李义时任黑石沟煤矿救护队队长，在事故发生后参加救援，接受事故调查组调查询问时，在明知死亡人数不止 8 人的情况下，根据刘掌权的指使出具虚假救护报告，并向调查组谎称事故遇难人数为 8 人。刘成胜、侯玉广、辛永星、李义经电话通知分别自行到案接受调查。

阳原县人民法院认为，被告人刘成胜作为黑石沟煤矿东翼井三井中班带班班长，在带班期间未认真履行职责，对事故发生负有责任，其行为构成重大劳动安全事故罪。“12・4”特大瓦斯爆炸事故发生后，被告人侯玉广在黑石沟煤矿负责人刘掌权的安排下，明知实际遇难人数多于报告人数，仍然隐瞒事实真相，私下协商处理赔偿事宜，并销毁与赔偿有关的票据资料；被告人辛永星具体实施遇难矿工尸体的火化事宜；被告人李义作为救护队队长，出具虚假的事故救护报告，隐瞒事故真实情况，谎报事故遇难人数。3 名被告人行为均构成不报、谎报安全事故罪，且均属于情节特别严重情形。侯玉广、辛永星、李义在共同犯罪中起辅助作用，系从犯，依法予以减轻处罚；刘成胜、侯玉广、辛永星、李义均有自首情节，依法减轻处罚，且均自愿认罪认罚并签字具结，依法可以从宽处罚。根据各被告人的犯罪事实、性质、情节及悔罪表现，依照《刑法》第 135 条，第 139 条之一，第 25 条第 1 款，第 27 条，第 67 条第 1 款，第 72 条第 1 款，第 73 条第 2、3 款和《刑事诉讼法》第 15 条之规定，判决如下：

1. 被告人刘成胜犯重大劳动安全事故罪，判处有期徒刑2年7个月，缓刑3年。

2. 被告人侯玉广犯不报、谎报安全事故罪，判处有期徒刑2年6个月，缓刑3年。

3. 被告人辛永星犯不报、谎报安全事故罪，判处有期徒刑2年6个月，缓刑3年。

4. 被告人李义犯不报、谎报安全事故罪，判处有期徒刑2年6个月，缓刑3年。

宣判后，被告人刘成胜、侯玉广、辛永星、李义均服判不上诉，检察机关亦未抗诉。判决已经发生法律效力。

二、主要问题

如何正确认定不报、谎报安全事故罪的共同犯罪？

三、裁判理由

2007年12月4日发生的"12·4"特大瓦斯爆炸事故，造成31人死亡、22人受伤，直接经济损失约1800万元。事故发生后，黑石沟煤矿谎报事故。经群众举报，查实谎报行为。河北省张家口市两级人民法院依法对事故涉及的重大责任事故犯罪案件和渎职犯罪案件进行审理，对黑石沟煤矿投资人、日常生产经营管理负责人刘掌权以重大劳动安全事故罪和不报、谎报安全事故罪数罪并罚，依法从重判处其有期徒刑10年，另外还对11名煤矿工作人员和3名负有安全监管职责的国家机关工作人员依法判处刑罚，取得了良好效果。

本案是"12·4"特大瓦斯爆炸事故系列案件之一。本案涉及的不报、谎报安全事故罪是2006年施行的《刑法修正案（六）》新增加的罪名。对于本罪的构成要件、定罪量刑标准、共同犯罪认定等方面的问题，实践中经常出现争议。阳原县人民法院对侯玉广等3名被告人的行为依法认定为不报、谎报安全事故罪并判处刑罚，对类似案件的依法审理起到了良好示范作用。现结合本案具体情况，对与不报、谎报安全事故罪的共同犯罪认定有关的两个问题作简要分析。

（一）不报、谎报安全事故罪的主观罪过形式

我国刑法只承认故意共同犯罪。因此，要研究不报、谎报安全事故罪的共同犯罪认定，首先需要解决的问题是本罪是故意犯罪还是过失犯罪。

对于不报、谎报安全事故罪的罪过形式，刑法理论界存在不同认识，主要有三种观点。

第一种观点为过失说，认为不报、谎报安全事故罪的主观罪过形式是过失，即行为人应当预见自己不报、谎报安全事故情况的行为可能贻误事故抢救，导致事故后果进一步扩大，但因为疏忽大意而没有预见，或者虽然已经预见但轻信能够避免，以致造成事故后果进一步扩大。该观点还认为，《刑法》将不报、谎报安全事故罪与重大劳动安全事故罪、危险物品肇事罪、消防责任事故罪等过失犯罪罪名规定在一起，且本罪的法定刑配置与大部分过失犯罪罪名均相同，如果认定为故意犯罪，则《刑法》对本罪配置的法定刑明显过轻，与故意犯罪行为的社会危害性不相匹配。

第二种观点为故意说，认为不报、谎报安全事故行为人对危害后果的发生持故意心态。其中，有意见将本罪的罪过形式限定为直接故意，也有意见以《最高人民法院、最高人民检察院关于办理危害矿山生产安全刑事案件具体应用法律若干问题的解释》和《最高人民法院、最高人民检察院关于办理危害生产安全刑事案件适用法律若干问题的解释》的规定内容为依据，认为不报、谎报安全事故行为人对导致“事故后果扩大”的构成要件内容持间接故意心态，对“致使不能及时有效开展事故抢救”的构成要件内容持直接故意心态。

第三种观点为复合说，认为不报、谎报安全事故罪的罪过形式既可以是过失，包括疏忽大意的过失和过于自信的过失，也可以是间接故意甚至是直接故意。

我们同意上述第二种观点，认为不报、谎报安全事故罪属于故意犯罪。理由有以下几点：

首先，根据《刑法》的规定，判断行为人主观罪过的标准应当是其对自己的行为造成的危害后果所持心态，而确定作为某一犯罪构成要件的危害后果，也应当严格根据《刑法》的规定进行。根据《刑法》第139条之一的规定，不报、谎报安全事故罪构成要件中的危害后果是贻误事故抢救。

负有报告职责的人员在安全事故发生后不报或者谎报事故情况，对该行为可能导致的贻误事故抢救的危害后果，至少应持有放任的主观心态，属于刑法规定的间接故意心态。

其次，根据《最高人民法院、最高人民检察院关于办理危害矿山生产安全刑事案件具体应用法律若干问题的解释》的规定，在矿山生产安全事故发生后，帮助负有报告职责的人员不报或者谎报事故情况，贻误事故抢救的，对组织者或者积极参加者，以共犯论处；根据《最高人民法院、最高人民检察院关于办理危害生产安全刑事案件适用法律若干问题的解释》的规定，在安全事故发生后，与负有报告职责的人员串通，不报或者谎报事故情况，贻误事故抢救，情节严重的，依照《刑法》第 139 条之一的规定（即不报、谎报安全事故罪），以共犯论处。我国刑法不承认过失共同犯罪，司法解释的上述规定实际上已经表明不报、谎报安全事故罪属于故意犯罪。

最后，我国刑法并不排斥在同一章节甚至同一条文中同时规定故意犯罪和过失犯罪，或者对故意犯罪和过失犯罪配置相同法定刑。例如，《刑法》第 398 条同时规定了故意泄露国家秘密罪和过失泄露国家秘密罪，且两罪的法定刑配置完全相同。另外，对故意犯罪和过失犯罪的法定刑也不能进行简单类比，特别是在危害公共安全犯罪中，部分过失犯罪的社会危害性和适用的刑罚并不一定低于某些故意犯罪。根据《刑法》的体例和结构并不能得出不报、谎报安全事故罪属于过失犯罪的结论。认定不报、谎报安全事故罪属于故意犯罪，符合《刑法》规定。

（二）无报告职责人员是否可以构成不报、谎报安全事故罪的共犯

根据《刑法》的规定，不报、谎报安全事故罪的犯罪主体是特殊主体，即对安全事故情况负有报告职责的人员。根据《最高人民法院、最高人民检察院关于办理危害生产安全刑事案件适用法律若干问题的解释》第 4 条的规定，《刑法》第 139 条之一规定的不报、谎报安全事故罪中“负有报告职责的人员”，是指负有组织、指挥或者管理职责的负责人、管理人员、实际控制人、投资人，以及其他负有报告职责的人员。除上述人员之外的、对安全事故情况不负有报告职责的人员，一般情况下不能构成不报、谎报安全事故罪。

实践中存在争议的是，不具有特殊身份的人员，即所谓无身份者、对安全事故情况不负有报告职责的人员，是否可以与有身份者构成共同犯罪，成

为有身份者实施的不报、谎报安全事故罪的教唆犯、帮助犯或者共同实行犯。研究认为，根据刑法理论，无身份者完全可以构成有身份者实施的不报、谎报安全事故罪的教唆犯、帮助犯或者共同实行犯。根据《刑法》的规定，行为人具有一定的特定身份，是不报、谎报安全事故罪的必备构成条件，不具有特定身份的人员不能成立本罪。其法理依据在于，只有具有特定身份者才能够对本罪保护的法益造成实质侵害，而无身份者由于不具有特定身份，不能单独对本罪客体造成侵害，进而无法构成本罪。但是，《刑法》对本罪特殊主体构成要件的规定只是针对单独犯罪而言的，并不意味着无身份者不能通过和有身份者故意共同实施侵害法益的行为，使共同犯罪中身份犯的主体得到扩张，从而使无身份者成为本罪的共同犯罪人。根据我国《刑法》"总则"中关于共同犯罪的规定，完全可以得出一般主体与特殊主体共同故意实施以特殊身份为必备要件的犯罪可以成立共同犯罪的结论。刑法学界和实务界对此问题也已经形成共识。例如，最高人民检察院法律政策研究室 2003 年 4 月作出的《关于非司法工作人员是否可以构成徇私枉法罪共犯问题的答复》明确指出，非司法工作人员与司法工作人员勾结，共同实施徇私枉法行为，构成犯罪的，应当以徇私枉法罪的共犯追究刑事责任。这是对上述理论共识进行进一步引申的典型例证。同理，对安全事故情况不负有报告职责的人员在安全事故发生后，与负有报告职责的人员相互勾结、串通，共同实施不报、谎报事故情况行为，贻误事故抢救，情节严重的，完全符合不报、谎报安全事故罪的构成要件，对该不负有报告职责的人员应当以不报、谎报安全事故罪的共犯论处。

本案中，被告人侯玉广作为黑石沟煤矿的总会计、被告人辛永星作为黑石沟煤矿的车队队长，均不直接负责黑石沟煤矿的安全生产工作和事故救援调查工作，均不属于相关法律、法规规定的对安全事故情况负有报告职责的人员，不符合不报、谎报安全事故罪的犯罪主体要件。但是，侯玉广、辛永星在黑石沟煤矿负责人刘掌权的授意、指使、安排下，分别实施了秘密转移、存放、私自火化部分事故遇难者尸体，私下与事故遇难者亲属商议经济赔偿事宜以及烧毁赔偿费用票据、证明材料、赔偿协议材料等行为，二人的行为对刘掌权等人瞒报、谎报事故遇难人数起到了事实上的帮助作用，与刘掌权等人的行为相互结合，共同导致了贻误事故抢救的结果，依法与刘掌权等人构成共同犯罪。阳原县人民法院认定侯玉广、辛永星的行为均构成不报、谎报安全事故罪，且在共同犯罪中起辅助作用，系从犯，综合考虑 2 名被告人在共同犯罪中的地位、作用、自首情节和归案后认罪悔罪表现等各方面因素，依法确定其各自的刑事责任，符合罪责刑相适应原则。

需要说明的是，根据《刑法》第 139 条之一的罪状表述，不报、谎报安全事故罪是选择性罪名。行为人如果实施了不报安全事故行为，应认定为不报安全事故罪；如果实施了谎报安全事故行为，应认定为谎报安全事故罪；如果同时实施了不报安全事故和谎报安全事故两种行为，则应认定为不报、谎报安全事故罪，不实行数罪并罚。本案中，根据在案证据，被告人侯玉广、辛永星、李义均实施了瞒报、少报事故遇难人数的行为，并非完全不报安全事故情况，而瞒报、少报属于谎报的范畴，国务院事故调查报告亦认定黑石沟煤矿故意谎报事故情况的行为，并不属于不报事故情况情形。因此，阳原县人民法院认定侯玉广、辛永星、李义的行为均构成不报、谎报安全事故罪，虽然不影响对三人所处的具体刑期，但认定为谎报安全事故罪才更加符合《刑法》第 139 条之一的立法原意。

（最高人民法院刑四庭　李加玺）

15. 潘鹤平危险作业案

——如何正确适用危险作业罪

一、基本案情

被告人潘鹤平，男，1970 年 10 月 17 日出生，无业。2021 年 6 月 2 日因涉嫌犯危险作业罪被逮捕，同年 7 月 8 日被取保候审。

江苏省南通市崇川区人民检察院以被告人潘鹤平犯危险作业罪，向南通市崇川区人民法院提起公诉。

被告人潘鹤平对公诉机关指控的犯罪事实及罪名无异议，并在审查起诉阶段签署了认罪认罚具结书。辩护人提出，潘鹤平的行为未对社会造成严重后果，其到案后能如实供述自己的罪行，自愿认罪认罚，且已对被害人进行了积极赔偿，取得了所有被害人的谅解，建议对潘鹤平从轻处罚并适用缓刑。

南通市崇川区人民法院经审理查明：2020 年五六月至 2021 年 4 月，被告人潘鹤平在未经有关部门依法批准、未取得危险化学品经营许可证的情况下，利用擅自改装的装有塑料油桶的苏 F0D9K5 号金杯面包车、苏 E79V3Y 号金杯面包车和装有不锈钢油桶的苏 FP33G6 号东风汽车，先后在南通市崇川区钟秀西路南通大众燃气有限公司原办公经营地址附近空地、南通市崇川区城闸大桥停车场附近等处，采用外置电瓶搭电驱动油泵的方式为他人加油作业，共计销售汽油 6000 余升。经鉴定，潘鹤平销售的汽油符合汽油的指标特征，为汽油类产品，其中，硫含量不合格。潘鹤平 2021 年 4 月 14 日被公安机关抓获，次日被取保候审。取保候审期间，潘鹤平于同年 4 月 22 日将存储有汽油的苏 E79V3Y 号改装面包车停放至南通市崇川区阳光花园和黎明花园之间的大码头巷路北侧。4 月 27 日 15 时许，潘鹤平事先与他人联系后至苏 E79V3Y 号改装面包车停放处，从该改装面包车中取出装有 10 余升汽油的塑料油桶为他人驾驶前来的汽车加油。加油完毕后，潘鹤平为再次实施加油作业，采用电瓶为油泵搭电，导致苏 E79V3Y 号改装面包车起火成灾；因消防救援人员及时赶到实施救援，未酿成严重后果。火灾导致潘鹤平双下肢烧伤，造成附近的苏 FA965V 号汽车、苏 F8926R 号汽车、苏 F6828B 号汽车以及一辆电动自行车受损，并造成临近的南通市崇川区阳光花园 5 幢 105 室的两台空调外机受损。

南通市崇川区消防救援大队调查认定，此次火灾为苏 E79V3Y 号金杯面包车改造的加油车厢内汽油蒸气遇电火花爆燃引发成灾。经南通市价格认定中心鉴定，被毁坏的 3 辆汽车损失总计价值 26 734 元。案发后，受损 3 辆汽车的车主均已获得经济赔偿，对潘鹤平表示谅解；受损电动自行车的车主自愿放弃经济赔偿，亦对潘鹤平表示谅解。

南通市崇川区人民法院认为，汽油属于《危险化学品目录》所列危险化学品。《首批重点监管的危险化学品名录》附录明确，汽油高度易燃、蒸气遇空气能形成爆炸混合物，遇明火、高热能引起燃烧爆炸，高速冲击、流动、激荡后可因静电火花放电引起燃烧爆炸，操作人员必须经过专门培训，操作时穿防静电工作服，戴耐油橡胶手套，附近严禁烟火，汽油储存于阴凉、通风的库房，远离火种、热源，用储罐、铁桶等容器盛装，不要用塑料桶来存放汽油。被告人潘鹤平无从事汽油经营、储存的资质和条件，违法从事汽油经营、储存行为；火灾现场位于两个居民小区中间的小路上，因消防人员在起火后马上赶到现场才未造成严重危害后果，其行为具有发生重大伤亡事故或者产生其他严重后果的现实危险。潘鹤平未经国家有关部门的许可，擅自从事危险物品经营、存储行为，对其本人和其他不特定社会公众的人身和财产安全产生威胁，具有发生重大伤亡事故或者产生其他严重后果的现实危险，应以危险作业罪追究刑事责任。潘鹤平到案后能如实供述自己罪行，可以从轻处罚；承认指控的犯罪事实并愿意接受处罚，依法予以从宽处理；其有行政违法劣迹，酌情予以从重处罚；案发后积极赔偿被害人经济损失并取得谅解，酌情予以从轻处罚。潘鹤平之前已因非法加油被公安机关行政处罚，在被公安机关采取取保候审强制措施期间又非法加油引发火灾，本不宜适用非监禁刑，但考虑到其家庭情况特殊，妻子已经去世，儿子因车祸受伤仍在住院治疗，儿媳即将生产，从人文关怀的角度出发，可以考虑对其适用缓刑，对辩护人的相关辩护意见予以采纳。根据被告人的犯罪事实、情节、危害后果，依照《刑法》第134条之一第3项、第67条第3款、第72条第1款、第64条和《刑事诉讼法》第15条之规定，依法判决：被告人潘鹤平犯危险作业罪，判处有期徒刑6个月，缓刑1年。

宣判后，被告人潘鹤平服判不上诉，检察机关亦未抗诉。判决已经发生法律效力。

二、主要问题

如何正确适用危险作业罪?

三、裁判理由

从实践情况看，近年来发生的大部分生产安全事故，背后均存在相关责任单位和人员事前长时间的非法违法生产作业行为，事故隐患长期得不到纠正和整改，最终导致事故发生。安全生产理论和实践表明，只有坚持风险预控、关口前移，强化隐患排查治理，才能更加有效地防范重特大生产安全事故发生。刑法的打击对象不能仅限于实际引发重大事故的违反安全管理规定的行为，还应将导致重大事故隐患的严重非法违法生产作业行为纳入刑法打击范围，才能起到防患于未然、从源头上防范生产安全事故的积极作用。

2014年修正的《安全生产法》将第3条“安全生产管理，坚持安全第一、预防为主的方针”修改为“安全生产工作应当以人为本，坚持安全发展，坚持安全第一、预防为主、综合治理的方针，强化和落实生产经营单位的主体责任，建立生产经营单位负责、职工参与、政府监管、行业自律和社会监督的机制”。《安全生产法》的上述修改，总体上将我国的安全生产监管模式以结果控制为主转变为过程控制和结果控制并重，通过监管关口前移实现减少事故隐患、有效防止生产安全事故发生的效果。2016年发布的《中共中央、国务院关于推进安全生产领域改革发展的意见》明确提出，研究修改《刑法》有关条款，将生产经营过程中极易导致重大生产安全事故的违法行为列入《刑法》调整范围。立法机关在总结实践经验的基础上，通过2021年3月1日施行的《刑法修正案（十一）》，增设《刑法》第134条之一，将3种典型的严重非法违法生产作业行为规定为犯罪。《最高人民法院、最高人民检察院关于执行〈中华人民共和国刑法〉确定罪名的补充规定（七）》将新增的

《刑法》第 134 条之一规定的罪名明确为危险作业罪。

危险作业罪作为《刑法修正案（十一）》增设的新罪名，不要求实际发生现实危害结果，刑法理论上称之为“过失危险犯”。“过失危险犯”在《刑法》中非常少见，如何正确适用危险作业罪，需要认真研究、准确把握。尤其是本罪发生在生产经营单位的生产作业过程中，特别需要防止因为刑罚适用过多导致企业的正常生产经营活动受到不正当干扰，或者因为入罪条件过宽导致出现选择性执法的不合理现象。实践中，不能因为企业的生产作业活动存在重大事故隐患，就对有关责任人员以危险作业罪定罪处罚，需要严格依照刑法规定，根据存在的重大事故隐患具体情况、是否经过责令整改而拒不执行、是否具有“现实危险”等，进行综合审查判断。具体来讲，司法实践中正确适用危险作业罪，需要重点审查以下两个方面因素：

（一）是否属于《刑法》规定的 3 种违反安全管理规定的生产作业行为

《刑法》第 134 条之一明确列举了 3 种类型的违反安全管理规定的生产作业行为，且属于闭合性规定，未设置兜底性条款，目的在于严格限制危险作业罪的适用范围，防止司法实践中对本罪作随意的扩大解释。对于实践中存在的非法违法生产作业行为，只有属于本条规定的 3 种行为类型之一，才有可能构成危险作业罪。

首先，关闭、毁损直接关联设施型行为。即关闭、破坏直接关系生产安全的监控、报警、防护、救生设备、设施，或者篡改、隐瞒、销毁其相关数据、信息的行为。与生产安全直接相关的设备设施能够起到及时预警、全程监测、故障分析、风险研判等作用，就防范生产安全事故而言，具有优于人力、科学高效的特点。其中，篡改、隐瞒、销毁其相关数据、信息的行为的危险性，必须达到与关闭、破坏直接关系生产安全的监控、报警、防护、救生设备、设施的危险性相当的程度，篡改、隐瞒、销毁与生产安全无直接关联的数据、信息的行为，不属于本罪的规制范围。行为人对实施关闭、毁损直接关联设施型行为的主观心态是故意，但对发生重大事故结果并不具有希望或者积极追求的直接故意心态，否则可能构成以危险方法危害公共安全罪等其他严重故意犯罪。

其次，拒不执行整改措施型行为。即因存在重大事故隐患被依法责令停产停业、停止施工、停止使用有关设备、设施、场所或者立即采取排除危险的整改措施，而拒不执行的行为。存在重大事故隐患是认定符合本项规定的前提。《安全生产法》第118条第2款规定，国务院应急管理部门和其他负有安全生产监督管理职责的部门应当根据各自的职责分工，制定相关行业、领域重大危险源的辨识标准和重大事故隐患的判定标准。实践中，对于是否存在重大事故隐患，应当根据相关法律、行政法规、部门规章和国家标准、行业标准进行判断。责令整改包括“责令停产停业、停止施工、停止使用有关设备、设施、场所”和“责令立即采取排除危险的整改措施”两种类型。《刑法》第134条之一第2项还强调，因存在重大事故隐患被“依法”责令采取停产停业等措施，对于拒不执行没有执法依据的责令停产停业等措施的，不符合该项规定，不构成危险作业罪。

最后，未经批准擅自作业型行为。即涉及安全生产的事项未经依法批准或者许可，擅自从事矿山开采、金属冶炼、建筑施工，以及危险物品生产、经营、储存等高度危险的生产作业活动的行为。本项规定判断的关键点在于“未经依法批准或许可”和“高度危险”两个方面。“未经依法批准或许可”既包括自始未依法取得批准或者许可，又包括依法取得相关批准或者许可后，因为不再具备安全生产条件而被注销、吊销批准或者许可；“高度危险”的生产作业活动主要是指《刑法》规定的矿山开采、金属冶炼、建筑施工，以及危险物品生产、经营、储存等生产作业活动。《刑法》在此处采取了不完全列举的方式，对于实践中存在的其他生产作业活动是否可以纳入“高度危险”的生产作业活动的范畴，应当根据同类解释的原则，考察其危险性是否与矿山开采、金属冶炼、建筑施工，以及危险物品生产、经营、储存活动的危险性相当，进行严格把握。

（二）是否具有发生重大伤亡事故或者其他严重后果的现实危险

危险作业罪不要求发生现实危害结果，属于《刑法》对法益保护的提前介入，因此应当设置严格的入罪门槛，控制好刑事处罚的范围，合理界定行政处罚与刑事处罚的各自适用范围，仅将极少数危险性特别大、极易导致重大事故发生的非法违法生产作业行为纳入犯罪圈，而不能将可以通过行政手段有效解决的一般性违法行为认定为犯罪。动辄定罪，不仅不利于《刑法》预防、教育、警示功能的发挥，也不利于社会公众形成合理的心理和行为预期。《刑法》第134条之一规定的危险作业罪的成立条件之一是“具有发生重大伤亡事故或者其他严重后果的现实危险”。司法实践中，对于某一违反安全管理规定的生产作业行为是否具有“现实危险”，需要根据其所属行业的属性、具体行为方式、行为违规程度、生产作业环境等因素进行综合判断，特别需要注意以下两点：

首先，“现实危险”是成立危险作业罪的独立条件。“现实危险”是对《刑法》第134条之一规定的3种类型行为的进一步限定。根据该条规定，在行为人实施了关闭、毁损直接关联设施型行为、拒不执行整改措施型行为或者未经批准擅自作业型行为之一的情况下，还需要先对该行为是否“具有发生重大伤亡事故或者其他严重后果的现实危险”进行实质性判断，才能认定其是否构成危险作业罪。只有在行为人实施了《刑法》第134条之一规定的3种类型行为之一，同时“具有发生重大伤亡事故或者其他严重后果的现实危险”的情况下，才能认定构成危险作业罪。不能认为行为人只要实施了《刑法》第134条之一第1项至第3项规定的行为，就当然具有发生重大伤亡事故或者其他严重后果的现实危险，进而直接认定构成危险作业罪。

其次，应当严格把握“现实危险”的判断标准。《刑法》第134条之一将“具有发生重大伤亡事故或者其他严重后果的现实危险”规定为危险作业罪的独立构成要件，目的在于充分发挥其限制入罪、严把入罪关口的功能。所谓“现实危险”，是指某种类型的非法违法生产作业行为已经对生产安全和不特定多数人的生命健康安全构成了真正的、实在的、迫在眉睫的危险，这种危险如果持续存在、未得到及时有效处置，将直接导致实害结果的发生，直接造成重大伤亡事故或者其他严重后果；重大伤亡事故或者其他严重后果之所以没有发生，是因为存在某种介入因素，如采取了及时有效的救援措施等。换言之，在存在“现实危险”的情况下，如果发生生产安全事故，是理所当然的、意料之内的，而如果没有发生生产安全事故，反而带有某种运气、侥幸的成分。因此，司法实践中，对于“现实危险”的判定，原则上应当限定为已经造成了小的安全事故，但是未达到《刑法》和相关司法解释规定的重大伤亡事故或者其他严重后果的判定标准，或者已经出现了矿山井下瓦斯突出、冒顶、透水等重大险情或者事故征兆，只是因为及时开展事故救援或者其他偶然性的客观原因而未导致发生重大事故的情形。特别需要注意的是，不能将“现实危险”直接等同于重大事故隐患。只有在重大事故隐患未得到有效排除和整改，导致发生小的安全事故或者重大险情的情况下，才能认定为具有“现实危险”，进而以危险作业罪定罪处罚。

本案中，汽油属于有关法律、行政法规、部分规章规定的易燃易爆危险物品。被告人潘鹤平未依法取得从事汽油经营、储存的合法资质和经营许可，在不具备合法资质和相应生产作业条件的情况下，违法采用改装车辆为他人的机动车进行加油作业，擅自从事危险物品经营、储存这一高度危险的生产作业活动，属于《刑法》第 134 条之一第 3 项规定的未经批准擅自作业型行为。潘鹤平在加油作业过程中违反有关安全管理的规定，导致其用于加油的改装面包车起火，只是因为消防救援人员及时赶到才未酿成重大火灾，充分表明其非法生产作业活动存在重大事故隐患，且具有发生重大伤亡事故或者其他严重后果的现实危险，符合《刑法》第 134 条之一规定的危险作业罪的构成要件。人民法院依法认定潘鹤平的行为构成危险作业罪，同时综合考虑其犯罪事实和情节、认罪态度和个人有关情况，对其判处有期徒刑 6 个月、缓刑 1 年，充分体现了罪责刑相适应原则。本案的裁判，对于警示生产经营单位和个人依法从事生产作业活动，指导司法机关合理确定危险作业罪这一罪名的罪与非罪界限、依法运用刑罚手段打击非法违法生产作业行为，具有重要意义。

（最高人民法院刑四庭　李加玺）

第三部分

中央文件和法律、行政法规、部门规章

中共中央、国务院关于推进安全生产领域改革发展的意见

（2016 年 12 月 9 日）

安全生产是关系人民群众生命财产安全的大事，是经济社会协调健康发展的标志，是党和政府对人民利益高度负责的要求。党中央、国务院历来高度重视安全生产工作，党的十八大以来作出一系列重大决策部署，推动全国安全生产工作取得积极进展。同时也要看到，当前我国正处在工业化、城镇化持续推进过程中，生产经营规模不断扩大，传统和新型生产经营方式并存，各类事故隐患和安全风险交织叠加，安全生产基础薄弱、监管体制机制和法律制度不完善、企业主体责任落实不力等问题依然突出，生产安全事故易发多发，尤其是重特大安全事故频发势头尚未得到有效遏制，一些事故发生呈现由高危行业领域向其他行业领域蔓延趋势，直接危及生产安全和公共安全。为进一步加强安全生产工作，现就推进安全生产领域改革发展提出如下意见。

一、总体要求

（一）指导思想。全面贯彻党的十八大和十八届三中、四中、五中、六中全会精神，以邓小平理论、“三个代表”重要思想、科学发展观为指导，深入贯彻习近平总书记系列重要讲话精神和治国理政新理念新思想新战略，进一步增强“四个意识”，紧紧围绕统筹推进“五位一体”总体布局和协调推进“四个全面”战略布局，牢固树立新发展理念，坚持安全发展，坚守发展决不能以牺牲安全为代价这条不可逾越的红线，以防范遏制重特大生产安全事故为重点，坚持安全第一、预防为主、综合治理的方针，加强领导、改革创新，协调联动、齐抓共管，着力强化企业安全生产主体责任，着力堵塞监督管理漏洞，着力解决不遵守法律法规的问题，依靠严密的责任体系、严格的法治措施、有效的体制机制、有力的基础保障和完善的系统治理，切实增强安全

防范治理能力，大力提升我国安全生产整体水平，确保人民群众安康幸福、共享改革发展和社会文明进步成果。

（二）基本原则

——坚持安全发展。贯彻以人民为中心的发展思想，始终把人的生命安全放在首位，正确处理安全与发展的关系，大力实施安全发展战略，为经济社会发展提供强有力的安全保障。

——坚持改革创新。不断推进安全生产理论创新、制度创新、体制机制创新、科技创新和文化创新，增强企业内生动力，激发全社会创新活力，破解安全生产难题，推动安全生产与经济社会协调发展。

——坚持依法监管。大力弘扬社会主义法治精神，运用法治思维和法治方式，深化安全生产监管执法体制改革，完善安全生产法律法规和标准体系，严格规范公正文明执法，增强监管执法效能，提高安全生产法治化水平。

——坚持源头防范。严格安全生产市场准入，经济社会发展要以安全为前提，把安全生产贯穿城乡规划布局、设计、建设、管理和企业生产经营活动全过程。构建风险分级管控和隐患排查治理双重预防工作机制，严防风险演变、隐患升级导致生产安全事故发生。

——坚持系统治理。严密层级治理和行业治理、政府治理、社会治理相结合的安全生产治理体系，组织动员各方面力量实施社会共治。综合运用法律、行政、经济、市场等手段，落实人防、技防、物防措施，提升全社会安全生产治理能力。

（三）目标任务。到2020年，安全生产监管体制机制基本成熟，法律制度基本完善，全国生产安全事故总量明显减少，职业病危害防治取得积极进展，重特大生产安全事故频发势头得到有效遏制，安全生产整体水平与全面建成小康社会目标相适应。到2030年，实现安全生产治理体系和治理能力现代化，全民安全文明素质全面提升，安全生产保障能力显著增强，为实现中华民族伟大复兴的中国梦奠定稳固可靠的安全生产基础。

二、健全落实安全生产责任制

（四）明确地方党委和政府领导责任。坚持党政同责、一岗双责、齐抓共管、失职追责，完善安全生产责任体系。地方各级党委和政府要始终把安全生产摆在重要位置，加强组织领导。党政主要负责人是本地区安全生产第一责任人，班子其他成员对分管范围内的安全生产工作负领导责任。地方各级安全生产委员会主任由政府主要负责人担任，成员由同级党委和政府及相关部门负责人组成。

地方各级党委要认真贯彻执行党的安全生产方针，在统揽本地区经济社会发展全局中同步推进安全生产工作，定期研究决定安全生产重大问题。加强安全生产监管机构领导班子、干部队伍建设。严格安全生产履职绩效考核和失职责任追究。强化安全生产宣传教育和舆论引导。发挥人大对安全生产工作的监督促进作用、政协对安全生产工作的民主监督作用。推动组织、宣传、政法、机构编制等单位支持保障安全生产工作。动员社会各界积极参与、支持、监督安全生产工作。

地方各级政府要把安全生产纳入经济社会发展总体规划，制定实施安全生产专项规划，健全安全投入保障制度。及时研究部署安全生产工作，严格落实属地监管责任。充分发挥安全生产委员会作用，实施安全生产责任目标管理。建立安全生产巡查制度，督促各部门和下级政府履职尽责。加强安全生产监管执法能力建设，推进安全科技创新，提升信息化管理水平。严格安全准入标准，指导管控安全风险，督促整治重大隐患，强化源头治理。加强应急管理，完善安全生产应急救援体系。依法依规开展事故调查处理，督促落实问题整改。

（五）明确部门监管责任。按照管行业必须管安全、管业务必须管安全、管生产经营必须管安全和谁主管谁负责的原则，厘清安全生产综合监管与行业监管的关系，明确各有关部门安全生产和职业健康工作职责，并落实到部门工作职责规定中。安全生产监督管理部门负责安全生产法规标准和政策规划制定修订、执法监督、事故调查处理、应急救援管理、统计分析、宣传教育培训等综合性工作，承担职责范围内行业领域安全生产和职业健康监管执法职责。负有安全生产监督管理职责的有关部门依法依规履行相关行业领域安全生产和职业健康监管职责，强化监管执法，严厉查处违法违规行为。其他行业领域主管部门负有安全生产管理责任，要将安全生产工作作为行业领域管理的重要内容，从行业规划、产业政策、法规标准、行政许可等方面加强行业安全生产工作，指导督促企事业单位加强安全管理。党委和政府其他有关部门要在职责范围内为安全生产工作提供支持保障，共同推进安全发展。

（六）严格落实企业主体责任。企业对本单位安全生产和职业健康工作负全面责任，要严格履行安全生产法定责任，建立健全自我约束、持续改进的内生机制。企业实行全员安全生产责任制度，法定代表人和实际控制人同为安全生产第一责任人，主要技术负责人负有安全生产技术决策和指挥权，强化部门安全生产职责，落实一岗双责。完善落实混合所有制企业以及跨地区、多层级和境外中资企业投资主体的安全生产责任。建立企业全过程安全生产和职业健康管理制度，做到安全责任、管理、投入、培训和应急救援“五到位”。国有企业要发挥安全生产工作示范带头作用，自觉接受属地监管。

（七）健全责任考核机制。建立与全面建成小康社会相适应和体现安全发展水平的考核评价体系。完善考核制度，统筹整合、科学设定安全生产考核指标，加大安全生产在社会治安综合治理、精神文明建设等考核中的权重。各级政府要对同级安全生产委员会成员单位和下级政府实施严格的安全生产工作责任考核，实行过程考核与结果考核相结合。各地区各单位要建立安全生产绩效与履职评定、职务晋升、奖励惩处挂钩制度，严格落实安全生产“一票否决”制度。

（八）严格责任追究制度。实行党政领导干部任期安全生产责任制，日常工作依责尽职、发生事故依责追究。依法依规制定各有关部门安全生产权力和责任清单，尽职照单免责、失职照单问责。建立企业生产经营全过程安全责任追溯制度。严肃查处安全生产领域项目审批、行政许可、监管执法中的失职渎职和权钱交易等腐败行为。严格事故直报制度，对瞒报、谎报、漏报、迟报事故的单位和个人依法依规追责。对被追究刑事责任的生产经营者依法实施相应的职业禁入，对事故发生负有重大责任的社会服务机构和人员依法严肃追究法律责任，并依法实施相应的行业禁入。

三、改革安全监管监察体制

（九）完善监督管理体制。加强各级安全生产委员会组织领导，充分发挥其统筹协调作用，切实解决突出矛盾和问题。各级安全生产监督管理部门承担本级安全生产委员会日常工作，负责指导协调、监督检查、巡查考核本级政府有关部门和下级政府安全生产工作，履行综合监管职责。负有安全生产监督管理职责的部门，依照有关法律法规和部门职责，健全安全生产监管体制，严格落实监管职责。相关部门按照各自职责建立完善安全生产工作机制，形成齐抓共管格局。坚持管安全生产必须管职业健康，建立安全生产和职业健康一体化监管执法体制。

（十）改革重点行业领域安全监管监察体制。依托国家煤矿安全监察体制，加强非煤矿山安全生产监管监察，优化安全监察机构布局，将国家煤矿安全监察机构负责的安全生产行政许可事项移交给地方政府承担。着重加强危险化学品安全监管体制改革和力量建设，明确和落实危险化学品建设项目立项、规划、设计、施工及生产、储存、使用、销售、运输、废弃处置等环节的法定安全监管责任，建立有力的协调联动机制，消除监管空白。完善海洋石油安全生产监督管理体制机制，实行政企分开。理顺民航、铁路、电力等行业跨区域监管体制，明确行业监管、区域监管与地方监管职责。

（十一）进一步完善地方监管执法体制。地方各级党委和政府要将安全生产监督管理部门作为政府工作部门和行政执法机构，加强安全生产执法队伍建设，强化行政执法职能。统筹加强安全监管力量，重点充实市、县两级安全生产监管执法人员，强化乡镇（街道）安全生产监管力量建设。完善各类开发区、工业园区、港区、风景区等功能区安全生产监管体制，明确负责安全生产监督管理的机构，以及港区安全生产地方监管和部门监管责任。

（十二）健全应急救援管理体制。按照政事分开原则，推进安全生产应急救援管理体制改革，强化行政管理职能，提高组织协调能力和现场救援时效。健全省、市、县三级安全生产应急救援管理工作机制，建设联动互通的应急救援指挥平台。依托公安消防、大型企业、工业园区等应急救援力量，加强矿山和危险化学品等应急救援基地和队伍建设，实行区域化应急救援资源共享。

四、大力推进依法治理

（十三）健全法律法规体系。建立健全安全生产法律法规立改废释工作协调机制。加强涉及安全生产相关法规一致性审查，增强安全生产法制建设的系统性、可操作性。制定安全生产中长期立法规划，加快制定修订安全生产法配套法规。加强安全生产和职业健康法律法规衔接融合。研究修改刑法有关条款，将生产经营过程中极易导致重大生产安全事故的违法行为列入刑法调整范围。制定完善高危行业领域安全规程。设区的市根据立法法的立法精神，加强安全生产地方性法规建设，解决区域性安全生产突出问题。

（十四）完善标准体系。加快安全生产标准制定修订和整合，建立以强制性国家标准为主体的安全生产标准体系。鼓励依法成立的社会团体和企业制定更加严格规范的安全生产标准，结合国情积极借鉴实施国际先进标准。国务院安全生产监督管理部门负责生产经营单位职业危害预防治理国家标准制定发布工作；统筹提出安全生产强制性国家标准立项计划，有关部门按照职责分工组织起草、审查、实施和监督执行，国务院标准化行政主管部门负责及时立项、编号、对外通报、批准并发布。

（十五）严格安全准入制度。严格高危行业领域安全准入条件。按照强化监管与便民服务相结合原则，科学设置安全生产行政许可事项和办理程序，优化工作流程，简化办事环节，实施网上公开办理，接受社会监督。对与人民群众生命财产安全直接相关的行政许可事项，依法严格管理。对取消、下放、移交的行政许可事项，要加强事中事后安全监管。

（十六）规范监管执法行为。完善安全生产监管执法制度，明确每个生产经营单位安全生产监督和管理主体，制定实施执法计划，完善执法程序规定，依法严格查处各类违法违规行为。建立行政执法和刑事司法衔接制度，负有安全生产监督管理职责的部门要加强与公安、检察院、法院等协调配合，完善安全生产违法线索通报、案件移送与协查机制。对违法行为当事人拒不执行安全生产行政执法决定的，负有安全生产监督管理职责的部门应依法申请司法机关强制执行。完善司法机关参与事故调查机制，严肃查处违法犯罪行为。研究建立安全生产民事和行政公益诉讼制度。

（十七）完善执法监督机制。各级人大常委会要定期检查安全生产法律法规实施情况，开展专题询问。各级政协要围绕安全生产突出问题开展民主监督和协商调研。建立执法行为审议制度和重大行政执法决策机制，评估执法效果，防止滥用职权。健全领导干部非法干预安全生产监管执法的记录、通报和责任追究制度。完善安全生产执法纠错和执法信息公开制度，加强社会监督和舆论监督，保证执法严明、有错必纠。

（十八）健全监管执法保障体系。制定安全生产监管监察能力建设规划，明确监管执法装备及现场执法和应急救援用车配备标准，加强监管执法技术支撑体系建设，保障监管执法需要。建立完善负有安全生产监督管理职责的部门监管执法经费保障机制，将监管执法经费纳入同级财政全额保障范围。

加强监管执法制度化、标准化、信息化建设，确保规范高效监管执法。建立安全生产监管执法人员依法履行法定职责制度，激励保证监管执法人员忠于职守、履职尽责。严格监管执法人员资格管理，制定安全生产监管执法人员录用标准，提高专业监管执法人员比例。建立健全安全生产监管执法人员凡进必考、入职培训、持证上岗和定期轮训制度。统一安全生产执法标志标识和制式服装。

（十九）完善事故调查处理机制。坚持问责与整改并重，充分发挥事故查处对加强和改进安全生产工作的促进作用。完善生产安全事故调查组组长负责制。健全典型事故提级调查、跨地区协同调查和工作督导机制。建立事故调查分析技术支撑体系，所有事故调查报告要设立技术和管理问题专篇，详细分析原因并全文发布，做好解读，回应公众关切。对事故调查发现有漏洞、缺陷的有关法律法规和标准制度，及时启动制定修订工作。建立事故暴露问题整改督办制度，事故结案后一年内，负责事故调查的地方政府和国务院有关部门要组织开展评估，及时向社会公开，对履职不力、整改措施不落实的，依法依规严肃追究有关单位和人员责任。

五、建立安全预防控制体系

（二十）加强安全风险管控。地方各级政府要建立完善安全风险评估与论证机制，科学合理确定企业选址和基础设施建设、居民生活区空间布局。高危项目审批必须把安全生产作为前置条件，城乡规划布局、设计、建设、管理等各项工作必须以安全为前提，实行重大安全风险“一票否决”。加强新材料、新工艺、新业态安全风险评估和管控。紧密结合供给侧结构性改革，推动高危产业转型升级。位置相邻、行业相近、业态相似的地区和行业要建立完善重大安全风险联防联控机制。构建国家、省、市、县四级重大危险源信息管理体系，对重点行业、重点区域、重点企业实行风险预警控制，有效防范重特大生产安全事故。

（二十一）强化企业预防措施。企业要定期开展风险评估和危害辨识。针对高危工艺、设备、物品、场所和岗位，建立分级管控制度，制定落实安全操作规程。树立隐患就是事故的观念，建立健全隐患排查治理制度、重大隐患治理情况向负有安全生产监督管理职责的部门和企业职代会“双报告”制度，实行自查自改自报闭环管理。严格执行安全生产和职业健康“三同时”

制度。大力推进企业安全生产标准化建设，实现安全管理、操作行为、设备设施和作业环境的标准化。开展经常性的应急演练和人员避险自救培训，着力提升现场应急处置能力。

（二十二）建立隐患治理监督机制。制定生产安全事故隐患分级和排查治理标准。负有安全生产监督管理职责的部门要建立与企业隐患排查治理系统联网的信息平台，完善线上线下配套监管制度。强化隐患排查治理监督执法，对重大隐患整改不到位的企业依法采取停产停业、停止施工、停止供电和查封扣押等强制措施，按规定给予上限经济处罚，对构成犯罪的要移交司法机关依法追究刑事责任。严格重大隐患挂牌督办制度，对整改和督办不力的纳入政府核查问责范围，实行约谈告诫、公开曝光，情节严重的依法依规追究相关人员责任。

（二十三）强化城市运行安全保障。定期排查区域内安全风险点、危险源，落实管控措施，构建系统性、现代化的城市安全保障体系，推进安全发展示范城市建设。提高基础设施安全配置标准，重点加强对城市高层建筑、大型综合体、隧道桥梁、管线管廊、轨道交通、燃气、电力设施及电梯、游乐设施等的检测维护。完善大型群众性活动安全管理制度，加强人员密集场所安全监管。加强公安、民政、国土资源、住房城乡建设、交通运输、水利、农业、安全监管、气象、地震等相关部门的协调联动，严防自然灾害引发事故。

（二十四）加强重点领域工程治理。深入推进对煤矿瓦斯、水害等重大灾害以及矿山采空区、尾矿库的工程治理。加快实施人口密集区域的危险化学品和化工企业生产、仓储场所安全搬迁工程。深化油气开采、输送、炼化、码头接卸等领域安全整治。实施高速公路、乡村公路和急弯陡坡、临水临崖危险路段公路安全生命防护工程建设。加强高速铁路、跨海大桥、海底隧道、铁路浮桥、航运枢纽、港口等防灾监测、安全检测及防护系统建设。完善长途客运车辆、旅游客车、危险物品运输车辆和船舶生产制造标准，提高安全性能，强制安装智能视频监控报警、防碰撞和整车整船安全运行监管技术装备，对已运行的要加快安全技术装备改造升级。

（二十五）建立完善职业病防治体系。将职业病防治纳入各级政府民生工程及安全生产工作考核体系，制定职业病防治中长期规划，实施职业健康促进计划。加快职业病危害严重企业技术改造、转型升级和淘汰退出，加强高危粉尘、高毒物品等职业病危害源头治理。健全职业健康监管支撑保障体系，加强职业健康技术服务机构、职业病诊断鉴定机构和职业健康体检机构建设，强化职业病危害基础研究、预防控制、诊断鉴定、综合治疗能力。完善相关规定，扩大职业病患者救治范围，将职业病失能人员纳入社会保障范围，对符合条件的职业病患者落实医疗与生活救助措施。加强企业职业健康监管执法，督促落实职业病危害告知、日常监测、定期报告、防护保障和职业健康体检等制度措施，落实职业病防治主体责任。

六、加强安全基础保障能力建设

（二十六）完善安全投入长效机制。加强中央和地方财政安全生产预防及应急相关资金使用管理，加大安全生产与职业健康投入，强化审计监督。加强安全生产经济政策研究，完善安全生产专用设备企业所得税优惠目录。落实企业安全生产费用提取管理使用制度，建立企业增加安全投入的激励约束机制。健全投融资服务体系，引导企业集聚发展灾害防治、预测预警、检测监控、个体防护、应急处置、安全文化等技术、装备和服务产业。

（二十七）建立安全科技支撑体系。优化整合国家科技计划，统筹支持安全生产和职业健康领域科研项目，加强研发基地和博士后科研工作站建设。开展事故预防理论研究和关键技术装备研发，加快成果转化和推广应用。推动工业机器人、智能装备在危险工序和环节广泛应用。提升现代信息技术与安全生产融合度，统一标准规范，加快安全生产信息化建设，构建安全生产与职业健康信息化全国“一张网”。加强安全生产理论和政策研究，运用大数据技术开展安全生产规律性、关联性特征分析，提高安全生产决策科学化水平。

（二十八）健全社会化服务体系。将安全生产专业技术服务纳入现代服务业发展规划，培育多元化服务主体。建立政府购买安全生产服务制度。支持发展安全生产专业化行业组织，强化自治自律。完善注册安全工程师制度。改革完善安全生产和职业健康技术服务机构资质管理办法。支持相关机构开展安全生产和职业健康一体化评价等技术服务，严格实施评价公开制度，进一步激活和规范专业技术服务市场。鼓励中小微企业订单式、协作式购买运用安全生产管理和技术服务。建立安全生产和职业健康技术服务机构公示制度和由第三方实施的信用评定制度，严肃查处租借资质、违法挂靠、弄虚作假、垄断收费等各类违法违规行为。

（二十九）发挥市场机制推动作用。取消安全生产风险抵押金制度，建立健全安全生产责任保险制度，在矿山、危险化学品、烟花爆竹、交通运输、建筑施工、民用爆炸物品、金属冶炼、渔业生产等高危行业领域强制实施，切实发挥保险机构参与风险评估管控和事故预防功能。完善工伤保险制度，加快制定工伤预防费用的提取比例、使用和管理具体办法。积极推进安全生产诚信体系建设，完善企业安全生产不良记录“黑名单”制度，建立失信惩戒和守信激励机制。

（三十）健全安全宣传教育体系。将安全生产监督管理纳入各级党政领导干部培训内容。把安全知识普及纳入国民教育，建立完善中小学安全教育和高危行业职业安全教育体系。把安全生产纳入农民工技能培训内容。严格落实企业安全教育培训制度，切实做到先培训、后上岗。推进安全文化建设，加强警示教育，强化全民安全意识和法治意识。发挥工会、共青团、妇联等群团组织作用，依法维护职工群众的知情权、参与权与监督权。加强安全生产公益宣传和舆论监督。建立安全生产“12350”专线与社会公共管理平台统一接报、分类处置的举报投诉机制。鼓励开展安全生产志愿服务和慈善事业。加强安全生产国际交流合作，学习借鉴国外安全生产与职业健康先进经验。

各地区各部门要加强组织领导，严格实行领导干部安全生产工作责任制，根据本意见提出的任务和要求，结合实际认真研究制定实施办法，抓紧出台推进安全生产领域改革发展的具体政策措施，明确责任分工和时间进度要求，确保各项改革举措和工作要求落实到位。贯彻落实情况要及时向党中央、国务院报告，同时抄送国务院安全生产委员会办公室。中央全面深化改革领导小组办公室将适时牵头组织开展专项监督检查。

中华人民共和国安全生产法

（2002年6月29日第九届全国人民代表大会常务委员会第二十八次会议通过　根据2009年8月27日第十一届全国人民代表大会常务委员会第十次会议《关于修改部分法律的决定》第一次修正　根据2014年8月31日第十二届全国人民代表大会常务委员会第十次会议《关于修改〈中华人民共和国安全生产法〉的决定》第二次修正　根据2021年6月10日第十三届全国人民代表大会常务委员会第二十九次会议《关于修改〈中华人民共和国安全生产法〉的决定》第三次修正）

目　　录

第一章　总　　则

第一条　为了加强安全生产工作，防止和减少生产安全事故，保障人民群众生命和财产安全，促进经济社会持续健康发展，制定本法。

第二条　在中华人民共和国领域内从事生产经营活动的单位（以下统称生产经营单位）的安全生产，适用本法；有关法律、行政法规对消防安全和道路交通安全、铁路交通安全、水上交通安全、民用航空安全以及核与辐射安全、特种设备安全另有规定的，适用其规定。

第三条 安全生产工作坚持中国共产党的领导。

安全生产工作应当以人为本，坚持人民至上、生命至上，把保护人民生命安全摆在首位，树牢安全发展理念，坚持安全第一、预防为主、综合治理的方针，从源头上防范化解重大安全风险。

安全生产工作实行管行业必须管安全、管业务必须管安全、管生产经营必须管安全，强化和落实生产经营单位主体责任与政府监管责任，建立生产经营单位负责、职工参与、政府监管、行业自律和社会监督的机制。

第四条 生产经营单位必须遵守本法和其他有关安全生产的法律、法规，加强安全生产管理，建立健全全员安全生产责任制和安全生产规章制度，加大对安全生产资金、物资、技术、人员的投入保障力度，改善安全生产条件，加强安全生产标准化、信息化建设，构建安全风险分级管控和隐患排查治理双重预防机制，健全风险防范化解机制，提高安全生产水平，确保安全生产。

平台经济等新兴行业、领域的生产经营单位应当根据本行业、领域的特点，建立健全并落实全员安全生产责任制，加强从业人员安全生产教育和培训，履行本法和其他法律、法规规定的有关安全生产义务。

第五条 生产经营单位的主要负责人是本单位安全生产第一责任人，对本单位的安全生产工作全面负责。其他负责人对职责范围内的安全生产工作负责。

第六条 生产经营单位的从业人员有依法获得安全生产保障的权利，并应当依法履行安全生产方面的义务。

第七条 工会依法对安全生产工作进行监督。

生产经营单位的工会依法组织职工参加本单位安全生产工作的民主管理和民主监督，维护职工在安全生产方面的合法权益。生产经营单位制定或者修改有关安全生产的规章制度，应当听取工会的意见。

第八条 国务院和县级以上地方各级人民政府应当根据国民经济和社会发展规划制定安全生产规划，并组织实施。安全生产规划应当与国土空间规划等相关规划相衔接。

各级人民政府应当加强安全生产基础设施建设和安全生产监管能力建设，所需经费列入本级预算。

县级以上地方各级人民政府应当组织有关部门建立完善安全风险评估与论证机制，按照安全风险管控要求，进行产业规划和空间布局，并对位置相邻、行业相近、业态相似的生产经营单位实施重大安全风险联防联控。

第九条　国务院和县级以上地方各级人民政府应当加强对安全生产工作的领导，建立健全安全生产工作协调机制，支持、督促各有关部门依法履行安全生产监督管理职责，及时协调、解决安全生产监督管理中存在的重大问题。

乡镇人民政府和街道办事处，以及开发区、工业园区、港区、风景区等应当明确负责安全生产监督管理的有关工作机构及其职责，加强安全生产监管力量建设，按照职责对本行政区域或者管理区域内生产经营单位安全生产状况进行监督检查，协助人民政府有关部门或者按照授权依法履行安全生产监督管理职责。

第十条　国务院应急管理部门依照本法，对全国安全生产工作实施综合监督管理；县级以上地方各级人民政府应急管理部门依照本法，对本行政区域内安全生产工作实施综合监督管理。

国务院交通运输、住房和城乡建设、水利、民航等有关部门依照本法和其他有关法律、行政法规的规定，在各自的职责范围内对有关行业、领域的安全生产工作实施监督管理；县级以上地方各级人民政府有关部门依照本法和其他有关法律、法规的规定，在各自的职责范围内对有关行业、领域的安全生产工作实施监督管理。对新兴行业、领域的安全生产监督管理职责不明确的，由县级以上地方各级人民政府按照业务相近的原则确定监督管理部门。

应急管理部门和对有关行业、领域的安全生产工作实施监督管理的部门，统称负有安全生产监督管理职责的部门。负有安全生产监督管理职责的部门应当相互配合、齐抓共管、信息共享、资源共用，依法加强安全生产监督管理工作。

第十一条　国务院有关部门应当按照保障安全生产的要求，依法及时制定有关的国家标准或者行业标准，并根据科技进步和经济发展适时修订。

生产经营单位必须执行依法制定的保障安全生产的国家标准或者行业标准。

第十二条　国务院有关部门按照职责分工负责安全生产强制性国家标准

的项目提出、组织起草、征求意见、技术审查。国务院应急管理部门统筹提出安全生产强制性国家标准的立项计划。国务院标准化行政主管部门负责安全生产强制性国家标准的立项、编号、对外通报和授权批准发布工作。国务院标准化行政主管部门、有关部门依据法定职责对安全生产强制性国家标准的实施进行监督检查。

第十三条 各级人民政府及其有关部门应当采取多种形式，加强对有关安全生产的法律、法规和安全生产知识的宣传，增强全社会的安全生产意识。

第十四条 有关协会组织依照法律、行政法规和章程，为生产经营单位提供安全生产方面的信息、培训等服务，发挥自律作用，促进生产经营单位加强安全生产管理。

第十五条 依法设立的为安全生产提供技术、管理服务的机构，依照法律、行政法规和执业准则，接受生产经营单位的委托为其安全生产工作提供技术、管理服务。

生产经营单位委托前款规定的机构提供安全生产技术、管理服务的，保证安全生产的责任仍由本单位负责。

第十六条 国家实行生产安全事故责任追究制度，依照本法和有关法律、法规的规定，追究生产安全事故责任单位和责任人员的法律责任。

第十七条 县级以上各级人民政府应当组织负有安全生产监督管理职责的部门依法编制安全生产权力和责任清单，公开并接受社会监督。

第十八条 国家鼓励和支持安全生产科学技术研究和安全生产先进技术的推广应用，提高安全生产水平。

第十九条 国家对在改善安全生产条件、防止生产安全事故、参加抢险救护等方面取得显著成绩的单位和个人，给予奖励。

第二章 生产经营单位的安全生产保障

第二十条 生产经营单位应当具备本法和有关法律、行政法规和国家标准或者行业标准规定的安全生产条件；不具备安全生产条件的，不得从事生产经营活动。

第二十一条 生产经营单位的主要负责人对本单位安全生产工作负有下

列职责：

（一）建立健全并落实本单位全员安全生产责任制，加强安全生产标准化建设；

（二）组织制定并实施本单位安全生产规章制度和操作规程；

（三）组织制定并实施本单位安全生产教育和培训计划；

（四）保证本单位安全生产投入的有效实施；

（五）组织建立并落实安全风险分级管控和隐患排查治理双重预防工作机制，督促、检查本单位的安全生产工作，及时消除生产安全事故隐患；

（六）组织制定并实施本单位的生产安全事故应急救援预案；

（七）及时、如实报告生产安全事故。

第二十二条　生产经营单位的全员安全生产责任制应当明确各岗位的责任人员、责任范围和考核标准等内容。

生产经营单位应当建立相应的机制，加强对全员安全生产责任制落实情况的监督考核，保证全员安全生产责任制的落实。

第二十三条　生产经营单位应当具备的安全生产条件所必需的资金投入，由生产经营单位的决策机构、主要负责人或者个人经营的投资人予以保证，并对由于安全生产所必需的资金投入不足导致的后果承担责任。

有关生产经营单位应当按照规定提取和使用安全生产费用，专门用于改善安全生产条件。安全生产费用在成本中据实列支。安全生产费用提取、使用和监督管理的具体办法由国务院财政部门会同国务院应急管理部门征求国务院有关部门意见后制定。

第二十四条　矿山、金属冶炼、建筑施工、运输单位和危险物品的生产、经营、储存、装卸单位，应当设置安全生产管理机构或者配备专职安全生产管理人员。

前款规定以外的其他生产经营单位，从业人员超过一百人的，应当设置安全生产管理机构或者配备专职安全生产管理人员；从业人员在一百人以下的，应当配备专职或者兼职的安全生产管理人员。

第二十五条　生产经营单位的安全生产管理机构以及安全生产管理人员履行下列职责：

（一）组织或者参与拟订本单位安全生产规章制度、操作规程和生产安全事故应急救援预案；

（二）组织或者参与本单位安全生产教育和培训，如实记录安全生产教育和培训情况；

（三）组织开展危险源辨识和评估，督促落实本单位重大危险源的安全管理措施；

（四）组织或者参与本单位应急救援演练；

（五）检查本单位的安全生产状况，及时排查生产安全事故隐患，提出改进安全生产管理的建议；

（六）制止和纠正违章指挥、强令冒险作业、违反操作规程的行为；

（七）督促落实本单位安全生产整改措施。

生产经营单位可以设置专职安全生产分管负责人，协助本单位主要负责人履行安全生产管理职责。

第二十六条 生产经营单位的安全生产管理机构以及安全生产管理人员应当恪尽职守，依法履行职责。

生产经营单位作出涉及安全生产的经营决策，应当听取安全生产管理机构以及安全生产管理人员的意见。

生产经营单位不得因安全生产管理人员依法履行职责而降低其工资、福利等待遇或者解除与其订立的劳动合同。

危险物品的生产、储存单位以及矿山、金属冶炼单位的安全生产管理人员的任免，应当告知主管的负有安全生产监督管理职责的部门。

第二十七条 生产经营单位的主要负责人和安全生产管理人员必须具备与本单位所从事的生产经营活动相应的安全生产知识和管理能力。

危险物品的生产、经营、储存、装卸单位以及矿山、金属冶炼、建筑施工、运输单位的主要负责人和安全生产管理人员，应当由主管的负有安全生产监督管理职责的部门对其安全生产知识和管理能力考核合格。考核不得收费。

危险物品的生产、储存、装卸单位以及矿山、金属冶炼单位应当有注册安全工程师从事安全生产管理工作。鼓励其他生产经营单位聘用注册安全工程师从事安全生产管理工作。注册安全工程师按专业分类管理，具体办法由国务院人力资源和社会保障部门、国务院应急管理部门会同国务院有关部门制定。

第二十八条　生产经营单位应当对从业人员进行安全生产教育和培训，保证从业人员具备必要的安全生产知识，熟悉有关的安全生产规章制度和安全操作规程，掌握本岗位的安全操作技能，了解事故应急处理措施，知悉自身在安全生产方面的权利和义务。未经安全生产教育和培训合格的从业人员，不得上岗作业。

生产经营单位使用被派遣劳动者的，应当将被派遣劳动者纳入本单位从业人员统一管理，对被派遣劳动者进行岗位安全操作规程和安全操作技能的教育和培训。劳务派遣单位应当对被派遣劳动者进行必要的安全生产教育和培训。

生产经营单位接收中等职业学校、高等学校学生实习的，应当对实习学生进行相应的安全生产教育和培训，提供必要的劳动防护用品。学校应当协助生产经营单位对实习学生进行安全生产教育和培训。

生产经营单位应当建立安全生产教育和培训档案，如实记录安全生产教育和培训的时间、内容、参加人员以及考核结果等情况。

第二十九条　生产经营单位采用新工艺、新技术、新材料或者使用新设备，必须了解、掌握其安全技术特性，采取有效的安全防护措施，并对从业人员进行专门的安全生产教育和培训。

第三十条　生产经营单位的特种作业人员必须按照国家有关规定经专门的安全作业培训，取得相应资格，方可上岗作业。

特种作业人员的范围由国务院应急管理部门会同国务院有关部门确定。

第三十一条　生产经营单位新建、改建、扩建工程项目（以下统称建设项目）的安全设施，必须与主体工程同时设计、同时施工、同时投入生产和使用。安全设施投资应当纳入建设项目概算。

第三十二条　矿山、金属冶炼建设项目和用于生产、储存、装卸危险物品的建设项目，应当按照国家有关规定进行安全评价。

第三十三条　建设项目安全设施的设计人、设计单位应当对安全设施设计负责。

矿山、金属冶炼建设项目和用于生产、储存、装卸危险物品的建设项目的安全设施设计应当按照国家有关规定报经有关部门审查，审查部门及其负责审查的人员对审查结果负责。

第三十四条 矿山、金属冶炼建设项目和用于生产、储存、装卸危险物品的建设项目的施工单位必须按照批准的安全设施设计施工，并对安全设施的工程质量负责。

矿山、金属冶炼建设项目和用于生产、储存、装卸危险物品的建设项目竣工投入生产或者使用前，应当由建设单位负责组织对安全设施进行验收；验收合格后，方可投入生产和使用。负有安全生产监督管理职责的部门应当加强对建设单位验收活动和验收结果的监督核查。

第三十五条 生产经营单位应当在有较大危险因素的生产经营场所和有关设施、设备上，设置明显的安全警示标志。

第三十六条 安全设备的设计、制造、安装、使用、检测、维修、改造和报废，应当符合国家标准或者行业标准。

生产经营单位必须对安全设备进行经常性维护、保养，并定期检测，保证正常运转。维护、保养、检测应当作好记录，并由有关人员签字。

生产经营单位不得关闭、破坏直接关系生产安全的监控、报警、防护、救生设备、设施，或者篡改、隐瞒、销毁其相关数据、信息。

餐饮等行业的生产经营单位使用燃气的，应当安装可燃气体报警装置，并保障其正常使用。

第三十七条 生产经营单位使用的危险物品的容器、运输工具，以及涉及人身安全、危险性较大的海洋石油开采特种设备和矿山井下特种设备，必须按照国家有关规定，由专业生产单位生产，并经具有专业资质的检测、检验机构检测、检验合格，取得安全使用证或者安全标志，方可投入使用。检测、检验机构对检测、检验结果负责。

第三十八条 国家对严重危及生产安全的工艺、设备实行淘汰制度，具体目录由国务院应急管理部门会同国务院有关部门制定并公布。法律、行政法规对目录的制定另有规定的，适用其规定。

省、自治区、直辖市人民政府可以根据本地区实际情况制定并公布具体目录，对前款规定以外的危及生产安全的工艺、设备予以淘汰。

生产经营单位不得使用应当淘汰的危及生产安全的工艺、设备。

第三十九条 生产、经营、运输、储存、使用危险物品或者处置废弃危险物品的，由有关主管部门依照有关法律、法规的规定和国家标准或者行业标准审批并实施监督管理。

生产经营单位生产、经营、运输、储存、使用危险物品或者处置废弃危险物品，必须执行有关法律、法规和国家标准或者行业标准，建立专门的安全管理制度，采取可靠的安全措施，接受有关主管部门依法实施的监督管理。

第四十条 生产经营单位对重大危险源应当登记建档，进行定期检测、评估、监控，并制定应急预案，告知从业人员和相关人员在紧急情况下应当采取的应急措施。

生产经营单位应当按照国家有关规定将本单位重大危险源及有关安全措施、应急措施报有关地方人民政府应急管理部门和有关部门备案。有关地方人民政府应急管理部门和有关部门应当通过相关信息系统实现信息共享。

第四十一条 生产经营单位应当建立安全风险分级管控制度，按照安全风险分级采取相应的管控措施。

生产经营单位应当建立健全并落实生产安全事故隐患排查治理制度，采取技术、管理措施，及时发现并消除事故隐患。事故隐患排查治理情况应当如实记录，并通过职工大会或者职工代表大会、信息公示栏等方式向从业人员通报。其中，重大事故隐患排查治理情况应当及时向负有安全生产监督管理职责的部门和职工大会或者职工代表大会报告。

县级以上地方各级人民政府负有安全生产监督管理职责的部门应当将重大事故隐患纳入相关信息系统，建立健全重大事故隐患治理督办制度，督促生产经营单位消除重大事故隐患。

第四十二条 生产、经营、储存、使用危险物品的车间、商店、仓库不得与员工宿舍在同一座建筑物内，并应当与员工宿舍保持安全距离。

生产经营场所和员工宿舍应当设有符合紧急疏散要求、标志明显、保持畅通的出口、疏散通道。禁止占用、锁闭、封堵生产经营场所或者员工宿舍的出口、疏散通道。

第四十三条 生产经营单位进行爆破、吊装、动火、临时用电以及国务院应急管理部门会同国务院有关部门规定的其他危险作业，应当安排专门人员进行现场安全管理，确保操作规程的遵守和安全措施的落实。

第四十四条 生产经营单位应当教育和督促从业人员严格执行本单位的

安全生产规章制度和安全操作规程；并向从业人员如实告知作业场所和工作岗位存在的危险因素、防范措施以及事故应急措施。

生产经营单位应当关注从业人员的身体、心理状况和行为习惯，加强对从业人员的心理疏导、精神慰藉，严格落实岗位安全生产责任，防范从业人员行为异常导致事故发生。

第四十五条 生产经营单位必须为从业人员提供符合国家标准或者行业标准的劳动防护用品，并监督、教育从业人员按照使用规则佩戴、使用。

第四十六条 生产经营单位的安全生产管理人员应当根据本单位的生产经营特点，对安全生产状况进行经常性检查；对检查中发现的安全问题，应当立即处理；不能处理的，应当及时报告本单位有关负责人，有关负责人应当及时处理。检查及处理情况应当如实记录在案。

生产经营单位的安全生产管理人员在检查中发现重大事故隐患，依照前款规定向本单位有关负责人报告，有关负责人不及时处理的，安全生产管理人员可以向主管的负有安全生产监督管理职责的部门报告，接到报告的部门应当依法及时处理。

第四十七条 生产经营单位应当安排用于配备劳动防护用品、进行安全生产培训的经费。

第四十八条 两个以上生产经营单位在同一作业区域内进行生产经营活动，可能危及对方生产安全的，应当签订安全生产管理协议，明确各自的安全生产管理职责和应当采取的安全措施，并指定专职安全生产管理人员进行安全检查与协调。

第四十九条 生产经营单位不得将生产经营项目、场所、设备发包或者出租给不具备安全生产条件或者相应资质的单位或者个人。

生产经营项目、场所发包或者出租给其他单位的，生产经营单位应当与承包单位、承租单位签订专门的安全生产管理协议，或者在承包合同、租赁合同中约定各自的安全生产管理职责；生产经营单位对承包单位、承租单位的安全生产工作统一协调、管理，定期进行安全检查，发现安全问题的，应当及时督促整改。

矿山、金属冶炼建设项目和用于生产、储存、装卸危险物品的建设项目的施工单位应当加强对施工项目的安全管理，不得倒卖、出租、出借、挂靠或者以其他形式非法转让施工资质，不得将其承包的全部建设工程转包给第三人或者将其承包的全部建设工程支解以后以分包的名义分别转包给第三人，不得将工程分包给不具备相应资质条件的单位。

第五十条 生产经营单位发生生产安全事故时，单位的主要负责人应当立即组织抢救，并不得在事故调查处理期间擅离职守。

第五十一条 生产经营单位必须依法参加工伤保险，为从业人员缴纳保险费。

国家鼓励生产经营单位投保安全生产责任保险；属于国家规定的高危行业、领域的生产经营单位，应当投保安全生产责任保险。具体范围和实施办法由国务院应急管理部门会同国务院财政部门、国务院保险监督管理机构和相关行业主管部门制定。

第三章 从业人员的安全生产权利义务

第五十二条 生产经营单位与从业人员订立的劳动合同，应当载明有关保障从业人员劳动安全、防止职业危害的事项，以及依法为从业人员办理工伤保险的事项。

生产经营单位不得以任何形式与从业人员订立协议，免除或者减轻其对从业人员因生产安全事故伤亡依法应承担的责任。

第五十三条 生产经营单位的从业人员有权了解其作业场所和工作岗位存在的危险因素、防范措施及事故应急措施，有权对本单位的安全生产工作提出建议。

第五十四条 从业人员有权对本单位安全生产工作中存在的问题提出批评、检举、控告；有权拒绝违章指挥和强令冒险作业。

生产经营单位不得因从业人员对本单位安全生产工作提出批评、检举、控告或者拒绝违章指挥、强令冒险作业而降低其工资、福利等待遇或者解除与其订立的劳动合同。

第五十五条 从业人员发现直接危及人身安全的紧急情况时，有权停止作业或者在采取可能的应急措施后撤离作业场所。

生产经营单位不得因从业人员在前款紧急情况下停止作业或者采取紧急

撤离措施而降低其工资、福利等待遇或者解除与其订立的劳动合同。

第五十六条 生产经营单位发生生产安全事故后，应当及时采取措施救治有关人员。

因生产安全事故受到损害的从业人员，除依法享有工伤保险外，依照有关民事法律尚有获得赔偿的权利的，有权提出赔偿要求。

第五十七条 从业人员在作业过程中，应当严格落实岗位安全责任，遵守本单位的安全生产规章制度和操作规程，服从管理，正确佩戴和使用劳动防护用品。

第五十八条 从业人员应当接受安全生产教育和培训，掌握本职工作所需的安全生产知识，提高安全生产技能，增强事故预防和应急处理能力。

第五十九条 从业人员发现事故隐患或者其他不安全因素，应当立即向现场安全生产管理人员或者本单位负责人报告；接到报告的人员应当及时予以处理。

第六十条 工会有权对建设项目的安全设施与主体工程同时设计、同时施工、同时投入生产和使用进行监督，提出意见。

工会对生产经营单位违反安全生产法律、法规，侵犯从业人员合法权益的行为，有权要求纠正；发现生产经营单位违章指挥、强令冒险作业或者发现事故隐患时，有权提出解决的建议，生产经营单位应当及时研究答复；发现危及从业人员生命安全的情况时，有权向生产经营单位建议组织从业人员撤离危险场所，生产经营单位必须立即作出处理。

工会有权依法参加事故调查，向有关部门提出处理意见，并要求追究有关人员的责任。

第六十一条 生产经营单位使用被派遣劳动者的，被派遣劳动者享有本法规定的从业人员的权利，并应当履行本法规定的从业人员的义务。

第四章 安全生产的监督管理

第六十二条 县级以上地方各级人民政府应当根据本行政区域内的安全生产状况，组织有关部门按照职责分工，对本行政区域内容易发生重大生产安全事故的生产经营单位进行严格检查。

应急管理部门应当按照分类分级监督管理的要求，制定安全生产年度监督检查计划，并按照年度监督检查计划进行监督检查，发现事故隐患，应当及时处理。

第六十三条　负有安全生产监督管理职责的部门依照有关法律、法规的规定，对涉及安全生产的事项需要审查批准（包括批准、核准、许可、注册、认证、颁发证照等，下同）或者验收的，必须严格依照有关法律、法规和国家标准或者行业标准规定的安全生产条件和程序进行审查；不符合有关法律、法规和国家标准或者行业标准规定的安全生产条件的，不得批准或者验收通过。对未依法取得批准或者验收合格的单位擅自从事有关活动的，负责行政审批的部门发现或者接到举报后应当立即予以取缔，并依法予以处理。对已经依法取得批准的单位，负责行政审批的部门发现其不再具备安全生产条件的，应当撤销原批准。

第六十四条　负有安全生产监督管理职责的部门对涉及安全生产的事项进行审查、验收，不得收取费用；不得要求接受审查、验收的单位购买其指定品牌或者指定生产、销售单位的安全设备、器材或者其他产品。

第六十五条　应急管理部门和其他负有安全生产监督管理职责的部门依法开展安全生产行政执法工作，对生产经营单位执行有关安全生产的法律、法规和国家标准或者行业标准的情况进行监督检查，行使以下职权：

（一）进入生产经营单位进行检查，调阅有关资料，向有关单位和人员了解情况；

（二）对检查中发现的安全生产违法行为，当场予以纠正或者要求限期改正；对依法应当给予行政处罚的行为，依照本法和其他有关法律、行政法规的规定作出行政处罚决定；

（三）对检查中发现的事故隐患，应当责令立即排除；重大事故隐患排除前或者排除过程中无法保证安全的，应当责令从危险区域内撤出作业人员，责令暂时停产停业或者停止使用相关设施、设备；重大事故隐患排除后，经审查同意，方可恢复生产经营和使用；

（四）对有根据认为不符合保障安全生产的国家标准或者行业标准的设施、设备、器材以及违法生产、储存、使用、经营、运输的危险物品予以查封或者扣押，对违法生产、储存、使用、经营危险物品的作业场所予以查封，并依法作出处理决定。

监督检查不得影响被检查单位的正常生产经营活动。

第六十六条 生产经营单位对负有安全生产监督管理职责的部门的监督检查人员（以下统称安全生产监督检查人员）依法履行监督检查职责，应当予以配合，不得拒绝、阻挠。

第六十七条 安全生产监督检查人员应当忠于职守，坚持原则，秉公执法。

安全生产监督检查人员执行监督检查任务时，必须出示有效的行政执法证件；对涉及被检查单位的技术秘密和业务秘密，应当为其保密。

第六十八条 安全生产监督检查人员应当将检查的时间、地点、内容、发现的问题及其处理情况，作出书面记录，并由检查人员和被检查单位的负责人签字；被检查单位的负责人拒绝签字的，检查人员应当将情况记录在案，并向负有安全生产监督管理职责的部门报告。

第六十九条 负有安全生产监督管理职责的部门在监督检查中，应当互相配合，实行联合检查；确需分别进行检查的，应当互通情况，发现存在的安全问题应当由其他有关部门进行处理的，应当及时移送其他有关部门并形成记录备查，接受移送的部门应当及时进行处理。

第七十条 负有安全生产监督管理职责的部门依法对存在重大事故隐患的生产经营单位作出停产停业、停止施工、停止使用相关设施或者设备的决定，生产经营单位应当依法执行，及时消除事故隐患。生产经营单位拒不执行，有发生生产安全事故的现实危险的，在保证安全的前提下，经本部门主要负责人批准，负有安全生产监督管理职责的部门可以采取通知有关单位停止供电、停止供应民用爆炸物品等措施，强制生产经营单位履行决定。通知应当采用书面形式，有关单位应当予以配合。

负有安全生产监督管理职责的部门依照前款规定采取停止供电措施，除有危及生产安全的紧急情形外，应当提前二十四小时通知生产经营单位。生产经营单位依法履行行政决定、采取相应措施消除事故隐患的，负有安全生产监督管理职责的部门应当及时解除前款规定的措施。

第七十一条 监察机关依照监察法的规定，对负有安全生产监督管理职责的部门及其工作人员履行安全生产监督管理职责实施监察。

第七十二条　承担安全评价、认证、检测、检验职责的机构应当具备国家规定的资质条件，并对其作出的安全评价、认证、检测、检验结果的合法性、真实性负责。资质条件由国务院应急管理部门会同国务院有关部门制定。

承担安全评价、认证、检测、检验职责的机构应当建立并实施服务公开和报告公开制度，不得租借资质、挂靠、出具虚假报告。

第七十三条　负有安全生产监督管理职责的部门应当建立举报制度，公开举报电话、信箱或者电子邮件地址等网络举报平台，受理有关安全生产的举报；受理的举报事项经调查核实后，应当形成书面材料；需要落实整改措施的，报经有关负责人签字并督促落实。对不属于本部门职责，需要由其他有关部门进行调查处理的，转交其他有关部门处理。

涉及人员死亡的举报事项，应当由县级以上人民政府组织核查处理。

第七十四条　任何单位或者个人对事故隐患或者安全生产违法行为，均有权向负有安全生产监督管理职责的部门报告或者举报。

因安全生产违法行为造成重大事故隐患或者导致重大事故，致使国家利益或者社会公共利益受到侵害的，人民检察院可以根据民事诉讼法、行政诉讼法的相关规定提起公益诉讼。

第七十五条　居民委员会、村民委员会发现其所在区域内的生产经营单位存在事故隐患或者安全生产违法行为时，应当向当地人民政府或者有关部门报告。

第七十六条　县级以上各级人民政府及其有关部门对报告重大事故隐患或者举报安全生产违法行为的有功人员，给予奖励。具体奖励办法由国务院应急管理部门会同国务院财政部门制定。

第七十七条　新闻、出版、广播、电影、电视等单位有进行安全生产公益宣传教育的义务，有对违反安全生产法律、法规的行为进行舆论监督的权利。

第七十八条　负有安全生产监督管理职责的部门应当建立安全生产违法行为信息库，如实记录生产经营单位及其有关从业人员的安全生产违法行为信息；对违法行为情节严重的生产经营单位及其有关从业人员，应当及时向社会公告，并通报行业主管部门、投资主管部门、自然资源主管部门、生态环境主管部门、证券监督管理机构以及有关金融机构。有关部门和机构应当对存在失信行为的生产经营单位及其有关从业人员采取加大执法检查频次、暂停项目审批、上调有关保险费率、行业或者职业禁入等联合惩戒措施，并向社会公示。

负有安全生产监督管理职责的部门应当加强对生产经营单位行政处罚信息的及时归集、共享、应用和公开，对生产经营单位作出处罚决定后七个工作日内在监督管理部门公示系统予以公开曝光，强化对违法失信生产经营单位及其有关从业人员的社会监督，提高全社会安全生产诚信水平。

第五章　生产安全事故的应急救援与调查处理

第七十九条　国家加强生产安全事故应急能力建设，在重点行业、领域建立应急救援基地和应急救援队伍，并由国家安全生产应急救援机构统一协调指挥；鼓励生产经营单位和其他社会力量建立应急救援队伍，配备相应的应急救援装备和物资，提高应急救援的专业化水平。

国务院应急管理部门牵头建立全国统一的生产安全事故应急救援信息系统，国务院交通运输、住房和城乡建设、水利、民航等有关部门和县级以上地方人民政府建立健全相关行业、领域、地区的生产安全事故应急救援信息系统，实现互联互通、信息共享，通过推行网上安全信息采集、安全监管和监测预警，提升监管的精准化、智能化水平。

第八十条　县级以上地方各级人民政府应当组织有关部门制定本行政区域内生产安全事故应急救援预案，建立应急救援体系。

乡镇人民政府和街道办事处，以及开发区、工业园区、港区、风景区等应当制定相应的生产安全事故应急救援预案，协助人民政府有关部门或者按照授权依法履行生产安全事故应急救援工作职责。

第八十一条　生产经营单位应当制定本单位生产安全事故应急救援预案，与所在地县级以上地方人民政府组织制定的生产安全事故应急救援预案相衔接，并定期组织演练。

第八十二条　危险物品的生产、经营、储存单位以及矿山、金属冶炼、城市轨道交通运营、建筑施工单位应当建立应急救援组织；生产经营规模较小的，可以不建立应急救援组织，但应当指定兼职的应急救援人员。

危险物品的生产、经营、储存、运输单位以及矿山、金属冶炼、城市轨道交通运营、建筑施工单位应当配备必要的应急救援器材、设备和物资，并进行经常性维护、保养，保证正常运转。

第八十三条　生产经营单位发生生产安全事故后，事故现场有关人员应当立即报告本单位负责人。

单位负责人接到事故报告后，应当迅速采取有效措施，组织抢救，防止事故扩大，减少人员伤亡和财产损失，并按照国家有关规定立即如实报告当地负有安全生产监督管理职责的部门，不得隐瞒不报、谎报或者迟报，不得故意破坏事故现场、毁灭有关证据。

第八十四条　负有安全生产监督管理职责的部门接到事故报告后，应当立即按照国家有关规定上报事故情况。负有安全生产监督管理职责的部门和有关地方人民政府对事故情况不得隐瞒不报、谎报或者迟报。

第八十五条　有关地方人民政府和负有安全生产监督管理职责的部门的负责人接到生产安全事故报告后，应当按照生产安全事故应急救援预案的要求立即赶到事故现场，组织事故抢救。

参与事故抢救的部门和单位应当服从统一指挥，加强协同联动，采取有效的应急救援措施，并根据事故救援的需要采取警戒、疏散等措施，防止事故扩大和次生灾害的发生，减少人员伤亡和财产损失。

事故抢救过程中应当采取必要措施，避免或者减少对环境造成的危害。

任何单位和个人都应当支持、配合事故抢救，并提供一切便利条件。

第八十六条　事故调查处理应当按照科学严谨、依法依规、实事求是、注重实效的原则，及时、准确地查清事故原因，查明事故性质和责任，评估应急处置工作，总结事故教训，提出整改措施，并对事故责任单位和人员提出处理建议。事故调查报告应当依法及时向社会公布。事故调查和处理的具体办法由国务院制定。

事故发生单位应当及时全面落实整改措施，负有安全生产监督管理职责的部门应当加强监督检查。

负责事故调查处理的国务院有关部门和地方人民政府应当在批复事故调查报告后一年内，组织有关部门对事故整改和防范措施落实情况进行评估，并及时向社会公开评估结果；对不履行职责导致事故整改和防范措施没有落实的有关单位和人员，应当按照有关规定追究责任。

第八十七条 生产经营单位发生生产安全事故，经调查确定为责任事故的，除了应当查明事故单位的责任并依法予以追究外，还应当查明对安全生产的有关事项负有审查批准和监督职责的行政部门的责任，对有失职、渎职行为的，依照本法第九十条的规定追究法律责任。

第八十八条 任何单位和个人不得阻挠和干涉对事故的依法调查处理。

第八十九条 县级以上地方各级人民政府应急管理部门应当定期统计分析本行政区域内发生生产安全事故的情况，并定期向社会公布。

第六章 法 律 责 任

第九十条 负有安全生产监督管理职责的部门的工作人员，有下列行为之一的，给予降级或者撤职的处分；构成犯罪的，依照刑法有关规定追究刑事责任：

（一）对不符合法定安全生产条件的涉及安全生产的事项予以批准或者验收通过的；

（二）发现未依法取得批准、验收的单位擅自从事有关活动或者接到举报后不予取缔或者不依法予以处理的；

（三）对已经依法取得批准的单位不履行监督管理职责，发现其不再具备安全生产条件而不撤销原批准或者发现安全生产违法行为不予查处的；

（四）在监督检查中发现重大事故隐患，不依法及时处理的。

负有安全生产监督管理职责的部门的工作人员有前款规定以外的滥用职权、玩忽职守、徇私舞弊行为的，依法给予处分；构成犯罪的，依照刑法有关规定追究刑事责任。

第九十一条 负有安全生产监督管理职责的部门，要求被审查、验收的单位购买其指定的安全设备、器材或者其他产品的，在对安全生产事项的审查、验收中收取费用的，由其上级机关或者监察机关责令改正，责令退还收取的费用；情节严重的，对直接负责的主管人员和其他直接责任人员依法给予处分。

第九十二条 承担安全评价、认证、检测、检验职责的机构出具失实报告的，责令停业整顿，并处三万元以上十万元以下的罚款；给他人造成损害的，依法承担赔偿责任。

承担安全评价、认证、检测、检验职责的机构租借资质、挂靠、出具虚假报告的，没收违法所得；违法所得在十万元以上的，并处违法所得二倍以上五倍以下的罚款，没有违法所得或者违法所得不足十万元的，单处或者并处十万元以上二十万元以下的罚款；对其直接负责的主管人员和其他直接责任人员处五万元以上十万元以下的罚款；给他人造成损害的，与生产经营单位承担连带赔偿责任；构成犯罪的，依照刑法有关规定追究刑事责任。

对有前款违法行为的机构及其直接责任人员，吊销其相应资质和资格，五年内不得从事安全评价、认证、检测、检验等工作；情节严重的，实行终身行业和职业禁入。

第九十三条　生产经营单位的决策机构、主要负责人或者个人经营的投资人不依照本法规定保证安全生产所必需的资金投入，致使生产经营单位不具备安全生产条件的，责令限期改正，提供必需的资金；逾期未改正的，责令生产经营单位停产停业整顿。

有前款违法行为，导致发生生产安全事故的，对生产经营单位的主要负责人给予撤职处分，对个人经营的投资人处二万元以上二十万元以下的罚款；构成犯罪的，依照刑法有关规定追究刑事责任。

第九十四条　生产经营单位的主要负责人未履行本法规定的安全生产管理职责的，责令限期改正，处二万元以上五万元以下的罚款；逾期未改正的，处五万元以上十万元以下的罚款，责令生产经营单位停产停业整顿。

生产经营单位的主要负责人有前款违法行为，导致发生生产安全事故的，给予撤职处分；构成犯罪的，依照刑法有关规定追究刑事责任。

生产经营单位的主要负责人依照前款规定受刑事处罚或者撤职处分的，自刑罚执行完毕或者受处分之日起，五年内不得担任任何生产经营单位的主要负责人；对重大、特别重大生产安全事故负有责任的，终身不得担任本行业生产经营单位的主要负责人。

第九十五条　生产经营单位的主要负责人未履行本法规定的安全生产管理职责，导致发生生产安全事故的，由应急管理部门依照下列规定处以罚款：

（一）发生一般事故的，处上一年年收入百分之四十的罚款；

（二）发生较大事故的，处上一年年收入百分之六十的罚款；

（三）发生重大事故的，处上一年年收入百分之八十的罚款；

（四）发生特别重大事故的，处上一年年收入百分之一百的罚款。

第九十六条 生产经营单位的其他负责人和安全生产管理人员未履行本法规定的安全生产管理职责的，责令限期改正，处一万元以上三万元以下的罚款；导致发生生产安全事故的，暂停或者吊销其与安全生产有关的资格，并处上一年年收入百分之二十以上百分之五十以下的罚款；构成犯罪的，依照刑法有关规定追究刑事责任。

第九十七条 生产经营单位有下列行为之一的，责令限期改正，处十万元以下的罚款；逾期未改正的，责令停产停业整顿，并处十万元以上二十万元以下的罚款，对其直接负责的主管人员和其他直接责任人员处二万元以上五万元以下的罚款：

（一）未按照规定设置安全生产管理机构或者配备安全生产管理人员、注册安全工程师的；

（二）危险物品的生产、经营、储存、装卸单位以及矿山、金属冶炼、建筑施工、运输单位的主要负责人和安全生产管理人员未按照规定经考核合格的；

（三）未按照规定对从业人员、被派遣劳动者、实习学生进行安全生产教育和培训，或者未按照规定如实告知有关的安全生产事项的；

（四）未如实记录安全生产教育和培训情况的；

（五）未将事故隐患排查治理情况如实记录或者未向从业人员通报的；

（六）未按照规定制定生产安全事故应急救援预案或者未定期组织演练的；

（七）特种作业人员未按照规定经专门的安全作业培训并取得相应资格，上岗作业的。

第九十八条 生产经营单位有下列行为之一的，责令停止建设或者停产停业整顿，限期改正，并处十万元以上五十万元以下的罚款，对其直接负责的主管人员和其他直接责任人员处二万元以上五万元以下的罚款；逾期未改正的，处五十万元以上一百万元以下的罚款，对其直接负责的主管人员和其他直接责任人员处五万元以上十万元以下的罚款；构成犯罪的，依照刑法有关规定追究刑事责任：

（一）未按照规定对矿山、金属冶炼建设项目或者用于生产、储存、装卸危险物品的建设项目进行安全评价的；

（二）矿山、金属冶炼建设项目或者用于生产、储存、装卸危险物品的建设项目没有安全设施设计或者安全设施设计未按照规定报经有关部门审查同意的；

（三）矿山、金属冶炼建设项目或者用于生产、储存、装卸危险物品的建设项目的施工单位未按照批准的安全设施设计施工的；

（四）矿山、金属冶炼建设项目或者用于生产、储存、装卸危险物品的建设项目竣工投入生产或者使用前，安全设施未经验收合格的。

第九十九条　生产经营单位有下列行为之一的，责令限期改正，处五万元以下的罚款；逾期未改正的，处五万元以上二十万元以下的罚款，对其直接负责的主管人员和其他直接责任人员处一万元以上二万元以下的罚款；情节严重的，责令停产停业整顿；构成犯罪的，依照刑法有关规定追究刑事责任：

（一）未在有较大危险因素的生产经营场所和有关设施、设备上设置明显的安全警示标志的；

（二）安全设备的安装、使用、检测、改造和报废不符合国家标准或者行业标准的；

（三）未对安全设备进行经常性维护、保养和定期检测的；

（四）关闭、破坏直接关系生产安全的监控、报警、防护、救生设备、设施，或者篡改、隐瞒、销毁其相关数据、信息的；

（五）未为从业人员提供符合国家标准或者行业标准的劳动防护用品的；

（六）危险物品的容器、运输工具，以及涉及人身安全、危险性较大的海洋石油开采特种设备和矿山井下特种设备未经具有专业资质的机构检测、检验合格，取得安全使用证或者安全标志，投入使用的；

（七）使用应当淘汰的危及生产安全的工艺、设备的；

（八）餐饮等行业的生产经营单位使用燃气未安装可燃气体报警装置的。

第一百条　未经依法批准，擅自生产、经营、运输、储存、使用危险物品或者处置废弃危险物品的，依照有关危险物品安全管理的法律、行政法规的规定予以处罚；构成犯罪的，依照刑法有关规定追究刑事责任。

第一百零一条 生产经营单位有下列行为之一的，责令限期改正，处十万元以下的罚款；逾期未改正的，责令停产停业整顿，并处十万元以上二十万元以下的罚款，对其直接负责的主管人员和其他直接责任人员处二万元以上五万元以下的罚款；构成犯罪的，依照刑法有关规定追究刑事责任：

（一）生产、经营、运输、储存、使用危险物品或者处置废弃危险物品，未建立专门安全管理制度、未采取可靠的安全措施的；

（二）对重大危险源未登记建档，未进行定期检测、评估、监控，未制定应急预案，或者未告知应急措施的；

（三）进行爆破、吊装、动火、临时用电以及国务院应急管理部门会同国务院有关部门规定的其他危险作业，未安排专门人员进行现场安全管理的；

（四）未建立安全风险分级管控制度或者未按照安全风险分级采取相应管控措施的；

（五）未建立事故隐患排查治理制度，或者重大事故隐患排查治理情况未按照规定报告的。

第一百零二条 生产经营单位未采取措施消除事故隐患的，责令立即消除或者限期消除，处五万元以下的罚款；生产经营单位拒不执行的，责令停产停业整顿，对其直接负责的主管人员和其他直接责任人员处五万元以上十万元以下的罚款；构成犯罪的，依照刑法有关规定追究刑事责任。

第一百零三条 生产经营单位将生产经营项目、场所、设备发包或者出租给不具备安全生产条件或者相应资质的单位或者个人的，责令限期改正，没收违法所得；违法所得十万元以上的，并处违法所得二倍以上五倍以下的罚款；没有违法所得或者违法所得不足十万元的，单处或者并处十万元以上二十万元以下的罚款；对其直接负责的主管人员和其他直接责任人员处一万元以上二万元以下的罚款；导致发生生产安全事故给他人造成损害的，与承包方、承租方承担连带赔偿责任。

生产经营单位未与承包单位、承租单位签订专门的安全生产管理协议或者未在承包合同、租赁合同中明确各自的安全生产管理职责，或者未对承包单位、承租单位的安全生产统一协调、管理的，责令限期改正，处五万元以下的罚款，对其直接负责的主管人员和其他直接责任人员处一万元以下的罚款；逾期未改正的，责令停产停业整顿。

矿山、金属冶炼建设项目和用于生产、储存、装卸危险物品的建设项目的施工单位未按照规定对施工项目进行安全管理的，责令限期改正，处十万元以下的罚款，对其直接负责的主管人员和其他直接责任人员处二万元以下的罚款；逾期未改正的，责令停产停业整顿。以上施工单位倒卖、出租、出借、挂靠或者以其他形式非法转让施工资质的，责令停产停业整顿，吊销资质证书，没收违法所得；违法所得十万元以上的，并处违法所得二倍以上五倍以下的罚款，没有违法所得或者违法所得不足十万元的，单处或者并处十万元以上二十万元以下的罚款；对其直接负责的主管人员和其他直接责任人员处五万元以上十万元以下的罚款；构成犯罪的，依照刑法有关规定追究刑事责任。

第一百零四条　两个以上生产经营单位在同一作业区域内进行可能危及对方安全生产的生产经营活动，未签订安全生产管理协议或者未指定专职安全生产管理人员进行安全检查与协调的，责令限期改正，处五万元以下的罚款，对其直接负责的主管人员和其他直接责任人员处一万元以下的罚款；逾期未改正的，责令停产停业。

第一百零五条　生产经营单位有下列行为之一的，责令限期改正，处五万元以下的罚款，对其直接负责的主管人员和其他直接责任人员处一万元以下的罚款；逾期未改正的，责令停产停业整顿；构成犯罪的，依照刑法有关规定追究刑事责任：

（一）生产、经营、储存、使用危险物品的车间、商店、仓库与员工宿舍在同一座建筑内，或者与员工宿舍的距离不符合安全要求的；

（二）生产经营场所和员工宿舍未设有符合紧急疏散需要、标志明显、保持畅通的出口、疏散通道，或者占用、锁闭、封堵生产经营场所或者员工宿舍出口、疏散通道的。

第一百零六条　生产经营单位与从业人员订立协议，免除或者减轻其对从业人员因生产安全事故伤亡依法应承担的责任的，该协议无效；对生产经营单位的主要负责人、个人经营的投资人处二万元以上十万元以下的罚款。

第一百零七条　生产经营单位的从业人员不落实岗位安全责任，不服从管理，违反安全生产规章制度或者操作规程的，由生产经营单位给予批评教育，依照有关规章制度给予处分；构成犯罪的，依照刑法有关规定追究刑事责任。

第一百零八条 违反本法规定，生产经营单位拒绝、阻碍负有安全生产监督管理职责的部门依法实施监督检查的，责令改正；拒不改正的，处二万元以上二十万元以下的罚款；对其直接负责的主管人员和其他直接责任人员处一万元以上二万元以下的罚款；构成犯罪的，依照刑法有关规定追究刑事责任。

第一百零九条 高危行业、领域的生产经营单位未按照国家规定投保安全生产责任保险的，责令限期改正，处五万元以上十万元以下的罚款；逾期未改正的，处十万元以上二十万元以下的罚款。

第一百一十条 生产经营单位的主要负责人在本单位发生生产安全事故时，不立即组织抢救或者在事故调查处理期间擅离职守或者逃匿的，给予降级、撤职的处分，并由应急管理部门处上一年年收入百分之六十至百分之一百的罚款；对逃匿的处十五日以下拘留；构成犯罪的，依照刑法有关规定追究刑事责任。

生产经营单位的主要负责人对生产安全事故隐瞒不报、谎报或者迟报的，依照前款规定处罚。

第一百一十一条 有关地方人民政府、负有安全生产监督管理职责的部门，对生产安全事故隐瞒不报、谎报或者迟报的，对直接负责的主管人员和其他直接责任人员依法给予处分；构成犯罪的，依照刑法有关规定追究刑事责任。

第一百一十二条 生产经营单位违反本法规定，被责令改正且受到罚款处罚，拒不改正的，负有安全生产监督管理职责的部门可以自作出责令改正之日的次日起，按照原处罚数额按日连续处罚。

第一百一十三条 生产经营单位存在下列情形之一的，负有安全生产监督管理职责的部门应当提请地方人民政府予以关闭，有关部门应当依法吊销其有关证照。生产经营单位主要负责人五年内不得担任任何生产经营单位的主要负责人；情节严重的，终身不得担任本行业生产经营单位的主要负责人：

（一）存在重大事故隐患，一百八十日内三次或者一年内四次受到本法规定的行政处罚的；

（二）经停产停业整顿，仍不具备法律、行政法规和国家标准或者行业标准规定的安全生产条件的；

（三）不具备法律、行政法规和国家标准或者行业标准规定的安全生产条件，导致发生重大、特别重大生产安全事故的；

（四）拒不执行负有安全生产监督管理职责的部门作出的停产停业整顿决定的。

第一百一十四条　发生生产安全事故，对负有责任的生产经营单位除要求其依法承担相应的赔偿等责任外，由应急管理部门依照下列规定处以罚款：

（一）发生一般事故的，处三十万元以上一百万元以下的罚款；

（二）发生较大事故的，处一百万元以上二百万元以下的罚款；

（三）发生重大事故的，处二百万元以上一千万元以下的罚款；

（四）发生特别重大事故的，处一千万元以上二千万元以下的罚款。

发生生产安全事故，情节特别严重、影响特别恶劣的，应急管理部门可以按照前款罚款数额的二倍以上五倍以下对负有责任的生产经营单位处以罚款。

第一百一十五条　本法规定的行政处罚，由应急管理部门和其他负有安全生产监督管理职责的部门按照职责分工决定；其中，根据本法第九十五条、第一百一十条、第一百一十四条的规定应当给予民航、铁路、电力行业的生产经营单位及其主要负责人行政处罚的，也可以由主管的负有安全生产监督管理职责的部门进行处罚。予以关闭的行政处罚，由负有安全生产监督管理职责的部门报请县级以上人民政府按照国务院规定的权限决定；给予拘留的行政处罚，由公安机关依照治安管理处罚的规定决定。

第一百一十六条　生产经营单位发生生产安全事故造成人员伤亡、他人财产损失的，应当依法承担赔偿责任；拒不承担或者其负责人逃匿的，由人民法院依法强制执行。

生产安全事故的责任人未依法承担赔偿责任，经人民法院依法采取执行措施后，仍不能对受害人给予足额赔偿的，应当继续履行赔偿义务；受害人发现责任人有其他财产的，可以随时请求人民法院执行。

第七章　附　　则

第一百一十七条　本法下列用语的含义：

危险物品，是指易燃易爆物品、危险化学品、放射性物品等能够危及人身安全和财产安全的物品。

重大危险源，是指长期地或者临时地生产、搬运、使用或者储存危险物品，且危险物品的数量等于或者超过临界量的单元（包括场所和设施）。

第一百一十八条 本法规定的生产安全一般事故、较大事故、重大事故、特别重大事故的划分标准由国务院规定。

国务院应急管理部门和其他负有安全生产监督管理职责的部门应当根据各自的职责分工，制定相关行业、领域重大危险源的辨识标准和重大事故隐患的判定标准。

第一百一十九条 本法自2002年11月1日起施行。

中华人民共和国矿山安全法

（1992 年 11 月 7 日第七届全国人民代表大会常务委员会第二十八次会议通过　根据 2009 年 8 月 27 日第十一届全国人民代表大会常务委员会第十次会议《关于修改部分法律的决定》修正）

目　　录

第一章　总　　则

第一条　为了保障矿山生产安全，防止矿山事故，保护矿山职工人身安全，促进采矿业的发展，制定本法。

第二条　在中华人民共和国领域和中华人民共和国管辖的其他海域从事矿产资源开采活动，必须遵守本法。

第三条　矿山企业必须具有保障安全生产的设施，建立、健全安全管理制度，采取有效措施改善职工劳动条件，加强矿山安全管理工作，保证安全生产。

第四条　国务院劳动行政主管部门对全国矿山安全工作实施统一监督。

县级以上地方各级人民政府劳动行政主管部门对本行政区域内的矿山安全工作实施统一监督。

县级以上人民政府管理矿山企业的主管部门对矿山安全工作进行管理。

第五条 国家鼓励矿山安全科学技术研究，推广先进技术，改进安全设施，提高矿山安全生产水平。

第六条 对坚持矿山安全生产，防止矿山事故，参加矿山抢险救护，进行矿山安全科学技术研究等方面取得显著成绩的单位和个人，给予奖励。

第二章 矿山建设的安全保障

第七条 矿山建设工程的安全设施必须和主体工程同时设计、同时施工、同时投入生产和使用。

第八条 矿山建设工程的设计文件，必须符合矿山安全规程和行业技术规范，并按照国家规定经管理矿山企业的主管部门批准；不符合矿山安全规程和行业技术规范的，不得批准。

矿山建设工程安全设施的设计必须有劳动行政主管部门参加审查。

矿山安全规程和行业技术规范，由国务院管理矿山企业的主管部门制定。

第九条 矿山设计下列项目必须符合矿山安全规程和行业技术规范：

（一）矿井的通风系统和供风量、风质、风速；

（二）露天矿的边坡角和台阶的宽度、高度；

（三）供电系统；

（四）提升、运输系统；

（五）防水、排水系统和防火、灭火系统；

（六）防瓦斯系统和防尘系统；

（七）有关矿山安全的其他项目。

第十条 每个矿井必须有两个以上能行人的安全出口，出口之间的直线水平距离必须符合矿山安全规程和行业技术规范。

第十一条 矿山必须有与外界相通的、符合安全要求的运输和通讯设施。

第十二条 矿山建设工程必须按照管理矿山企业的主管部门批准的设计文件施工。

矿山建设工程安全设施竣工后，由管理矿山企业的主管部门验收，并须有劳动行政主管部门参加；不符合矿山安全规程和行业技术规范的，不得验收，不得投入生产。

第三章　矿山开采的安全保障

第十三条　矿山开采必须具备保障安全生产的条件，执行开采不同矿种的矿山安全规程和行业技术规范。

第十四条　矿山设计规定保留的矿柱、岩柱，在规定的期限内，应当予以保护，不得开采或者毁坏。

第十五条　矿山使用的有特殊安全要求的设备、器材、防护用品和安全检测仪器，必须符合国家安全标准或者行业安全标准；不符合国家安全标准或者行业安全标准的，不得使用。

第十六条　矿山企业必须对机电设备及其防护装置、安全检测仪器，定期检查、维修，保证使用安全。

第十七条　矿山企业必须对作业场所中的有毒有害物质和井下空气含氧量进行检测，保证符合安全要求。

第十八条　矿山企业必须对下列危害安全的事故隐患采取预防措施：

（一）冒顶、片帮、边坡滑落和地表塌陷；

（二）瓦斯爆炸、煤尘爆炸；

（三）冲击地压、瓦斯突出、井喷；

（四）地面和井下的火灾、水害；

（五）爆破器材和爆破作业发生的危害；

（六）粉尘、有毒有害气体、放射性物质和其他有害物质引起的危害；

（七）其他危害。

第十九条　矿山企业对使用机械、电气设备，排土场、矸石山、尾矿库和矿山闭坑后可能引起的危害，应当采取预防措施。

第四章　矿山企业的安全管理

第二十条　矿山企业必须建立、健全安全生产责任制。

矿长对本企业的安全生产工作负责。

第二十一条 矿长应当定期向职工代表大会或者职工大会报告安全生产工作，发挥职工代表大会的监督作用。

第二十二条 矿山企业职工必须遵守有关矿山安全的法律、法规和企业规章制度。

矿山企业职工有权对危害安全的行为，提出批评、检举和控告。

第二十三条 矿山企业工会依法维护职工生产安全的合法权益，组织职工对矿山安全工作进行监督。

第二十四条 矿山企业违反有关安全的法律、法规，工会有权要求企业行政方面或者有关部门认真处理。

矿山企业召开讨论有关安全生产的会议，应当有工会代表参加，工会有权提出意见和建议。

第二十五条 矿山企业工会发现企业行政方面违章指挥、强令工人冒险作业或者生产过程中发现明显重大事故隐患和职业危害，有权提出解决的建议；发现危及职工生命安全的情况时，有权向矿山企业行政方面建议组织职工撤离危险现场，矿山企业行政方面必须及时作出处理决定。

第二十六条 矿山企业必须对职工进行安全教育、培训；未经安全教育、培训的，不得上岗作业。

矿山企业安全生产的特种作业人员必须接受专门培训，经考核合格取得操作资格证书的，方可上岗作业。

第二十七条 矿长必须经过考核，具备安全专业知识，具有领导安全生产和处理矿山事故的能力。

矿山企业安全工作人员必须具备必要的安全专业知识和矿山安全工作经验。

第二十八条 矿山企业必须向职工发放保障安全生产所需的劳动防护用品。

第二十九条 矿山企业不得录用未成年人从事矿山井下劳动。

矿山企业对女职工按照国家规定实行特殊劳动保护，不得分配女职工从事矿山井下劳动。

第三十条 矿山企业必须制定矿山事故防范措施，并组织落实。

第三十一条　矿山企业应当建立由专职或者兼职人员组成的救护和医疗急救组织，配备必要的装备、器材和药物。

第三十二条　矿山企业必须从矿产品销售额中按照国家规定提取安全技术措施专项费用。安全技术措施专项费用必须全部用于改善矿山安全生产条件，不得挪作他用。

第五章　矿山安全的监督和管理

第三十三条　县级以上各级人民政府劳动行政主管部门对矿山安全工作行使下列监督职责：

（一）检查矿山企业和管理矿山企业的主管部门贯彻执行矿山安全法律、法规的情况；

（二）参加矿山建设工程安全设施的设计审查和竣工验收；

（三）检查矿山劳动条件和安全状况；

（四）检查矿山企业职工安全教育、培训工作；

（五）监督矿山企业提取和使用安全技术措施专项费用的情况；

（六）参加并监督矿山事故的调查和处理；

（七）法律、行政法规规定的其他监督职责。

第三十四条　县级以上人民政府管理矿山企业的主管部门对矿山安全工作行使下列管理职责：

（一）检查矿山企业贯彻执行矿山安全法律、法规的情况；

（二）审查批准矿山建设工程安全设施的设计；

（三）负责矿山建设工程安全设施的竣工验收；

（四）组织矿长和矿山企业安全工作人员的培训工作；

（五）调查和处理重大矿山事故；

（六）法律、行政法规规定的其他管理职责。

第三十五条　劳动行政主管部门的矿山安全监督人员有权进入矿山企业，在现场检查安全状况；发现有危及职工安全的紧急险情时，应当要求矿山企业立即处理。

第六章 矿山事故处理

第三十六条 发生矿山事故，矿山企业必须立即组织抢救，防止事故扩大，减少人员伤亡和财产损失，对伤亡事故必须立即如实报告劳动行政主管部门和管理矿山企业的主管部门。

第三十七条 发生一般矿山事故，由矿山企业负责调查和处理。

发生重大矿山事故，由政府及其有关部门、工会和矿山企业按照行政法规的规定进行调查和处理。

第三十八条 矿山企业对矿山事故中伤亡的职工按照国家规定给予抚恤或者补偿。

第三十九条 矿山事故发生后，应当尽快消除现场危险，查明事故原因，提出防范措施。现场危险消除后，方可恢复生产。

第七章 法律责任

第四十条 违反本法规定，有下列行为之一的，由劳动行政主管部门责令改正，可以并处罚款；情节严重的，提请县级以上人民政府决定责令停产整顿；对主管人员和直接责任人员由其所在单位或者上级主管机关给予行政处分：

（一）未对职工进行安全教育、培训，分配职工上岗作业的；

（二）使用不符合国家安全标准或者行业安全标准的设备、器材、防护用品、安全检测仪器的；

（三）未按照规定提取或者使用安全技术措施专项费用的；

（四）拒绝矿山安全监督人员现场检查或者在被检查时隐瞒事故隐患、不如实反映情况的；

（五）未按照规定及时、如实报告矿山事故的。

第四十一条 矿长不具备安全专业知识的，安全生产的特种作业人员未取得操作资格证书上岗作业的，由劳动行政主管部门责令限期改正；逾期不改正的，提请县级以上人民政府决定责令停产，调整配备合格人员后，方可恢复生产。

第四十二条　矿山建设工程安全设施的设计未经批准擅自施工的，由管理矿山企业的主管部门责令停止施工；拒不执行的，由管理矿山企业的主管部门提请县级以上人民政府决定由有关主管部门吊销其采矿许可证和营业执照。

第四十三条　矿山建设工程的安全设施未经验收或者验收不合格擅自投入生产的，由劳动行政主管部门会同管理矿山企业的主管部门责令停止生产，并由劳动行政主管部门处以罚款；拒不停止生产的，由劳动行政主管部门提请县级以上人民政府决定由有关主管部门吊销其采矿许可证和营业执照。

第四十四条　已经投入生产的矿山企业，不具备安全生产条件而强行开采的，由劳动行政主管部门会同管理矿山企业的主管部门责令限期改进；逾期仍不具备安全生产条件的，由劳动行政主管部门提请县级以上人民政府决定责令停产整顿或者由有关主管部门吊销其采矿许可证和营业执照。

第四十五条　当事人对行政处罚决定不服的，可以在接到处罚决定通知之日起十五日内向作出处罚决定的机关的上一级机关申请复议；当事人也可以在接到处罚决定通知之日起十五日内直接向人民法院起诉。

复议机关应当在接到复议申请之日起六十日内作出复议决定。当事人对复议决定不服的，可以在接到复议决定之日起十五日内向人民法院起诉。复议机关逾期不作出复议决定的，当事人可以在复议期满之日起十五日内向人民法院起诉。

当事人逾期不申请复议也不向人民法院起诉、又不履行处罚决定的，作出处罚决定的机关可以申请人民法院强制执行。

第四十六条　矿山企业主管人员违章指挥、强令工人冒险作业，因而发生重大伤亡事故的，依照刑法有关规定追究刑事责任。

第四十七条　矿山企业主管人员对矿山事故隐患不采取措施，因而发生重大伤亡事故的，依照刑法有关规定追究刑事责任。

第四十八条　矿山安全监督人员和安全管理人员滥用职权、玩忽职守、徇私舞弊，构成犯罪的，依法追究刑事责任；不构成犯罪的，给予行政处分。

第八章　附　　则

第四十九条　国务院劳动行政主管部门根据本法制定实施条例，报国务院批准施行。

省、自治区、直辖市人民代表大会常务委员会可以根据本法和本地区的实际情况，制定实施办法。

第五十条 本法自1993年5月1日起施行。

中华人民共和国消防法

（1998年4月29日第九届全国人民代表大会常务委员会第二次会议通过　2008年10月28日第十一届全国人民代表大会常务委员会第五次会议修订　根据2019年4月23日第十三届全国人民代表大会常务委员会第十次会议《关于修改〈中华人民共和国建筑法〉等八部法律的决定》第一次修正　根据2021年4月29日第十三届全国人民代表大会常务委员会第二十八次会议《关于修改〈中华人民共和国道路交通安全法〉等八部法律的决定》第二次修正）

目　　录

第一章　总　　则

第一条　为了预防火灾和减少火灾危害，加强应急救援工作，保护人身、财产安全，维护公共安全，制定本法。

第二条　消防工作贯彻预防为主、防消结合的方针，按照政府统一领导、部门依法监管、单位全面负责、公民积极参与的原则，实行消防安全责任制，建立健全社会化的消防工作网络。

第三条 国务院领导全国的消防工作。地方各级人民政府负责本行政区域内的消防工作。

各级人民政府应当将消防工作纳入国民经济和社会发展计划，保障消防工作与经济社会发展相适应。

第四条 国务院应急管理部门对全国的消防工作实施监督管理。县级以上地方人民政府应急管理部门对本行政区域内的消防工作实施监督管理，并由本级人民政府消防救援机构负责实施。军事设施的消防工作，由其主管单位监督管理，消防救援机构协助；矿井地下部分、核电厂、海上石油天然气设施的消防工作，由其主管单位监督管理。

县级以上人民政府其他有关部门在各自的职责范围内，依照本法和其他相关法律、法规的规定做好消防工作。

法律、行政法规对森林、草原的消防工作另有规定的，从其规定。

第五条 任何单位和个人都有维护消防安全、保护消防设施、预防火灾、报告火警的义务。任何单位和成年人都有参加有组织的灭火工作的义务。

第六条 各级人民政府应当组织开展经常性的消防宣传教育，提高公民的消防安全意识。

机关、团体、企业、事业等单位，应当加强对本单位人员的消防宣传教育。

应急管理部门及消防救援机构应当加强消防法律、法规的宣传，并督促、指导、协助有关单位做好消防宣传教育工作。

教育、人力资源行政主管部门和学校、有关职业培训机构应当将消防知识纳入教育、教学、培训的内容。

新闻、广播、电视等有关单位，应当有针对性地面向社会进行消防宣传教育。

工会、共产主义青年团、妇女联合会等团体应当结合各自工作对象的特点，组织开展消防宣传教育。

村民委员会、居民委员会应当协助人民政府以及公安机关、应急管理等部门，加强消防宣传教育。

第七条 国家鼓励、支持消防科学研究和技术创新，推广使用先进的消防和应急救援技术、设备；鼓励、支持社会力量开展消防公益活动。

对在消防工作中有突出贡献的单位和个人，应当按照国家有关规定给予表彰和奖励。

第二章　火 灾 预 防

第八条　地方各级人民政府应当将包括消防安全布局、消防站、消防供水、消防通信、消防车通道、消防装备等内容的消防规划纳入城乡规划，并负责组织实施。

城乡消防安全布局不符合消防安全要求的，应当调整、完善；公共消防设施、消防装备不足或者不适应实际需要的，应当增建、改建、配置或者进行技术改造。

第九条　建设工程的消防设计、施工必须符合国家工程建设消防技术标准。建设、设计、施工、工程监理等单位依法对建设工程的消防设计、施工质量负责。

第十条　对按照国家工程建设消防技术标准需要进行消防设计的建设工程，实行建设工程消防设计审查验收制度。

第十一条　国务院住房和城乡建设主管部门规定的特殊建设工程，建设单位应当将消防设计文件报送住房和城乡建设主管部门审查，住房和城乡建设主管部门依法对审查的结果负责。

前款规定以外的其他建设工程，建设单位申请领取施工许可证或者申请批准开工报告时应当提供满足施工需要的消防设计图纸及技术资料。

第十二条　特殊建设工程未经消防设计审查或者审查不合格的，建设单位、施工单位不得施工；其他建设工程，建设单位未提供满足施工需要的消防设计图纸及技术资料的，有关部门不得发放施工许可证或者批准开工报告。

第十三条　国务院住房和城乡建设主管部门规定应当申请消防验收的建设工程竣工，建设单位应当向住房和城乡建设主管部门申请消防验收。

前款规定以外的其他建设工程，建设单位在验收后应当报住房和城乡建设主管部门备案，住房和城乡建设主管部门应当进行抽查。

依法应当进行消防验收的建设工程，未经消防验收或者消防验收不合格的，禁止投入使用；其他建设工程经依法抽查不合格的，应当停止使用。

第十四条 建设工程消防设计审查、消防验收、备案和抽查的具体办法，由国务院住房和城乡建设主管部门规定。

第十五条 公众聚集场所投入使用、营业前消防安全检查实行告知承诺管理。公众聚集场所在投入使用、营业前，建设单位或者使用单位应当向场所所在地的县级以上地方人民政府消防救援机构申请消防安全检查，作出场所符合消防技术标准和管理规定的承诺，提交规定的材料，并对其承诺和材料的真实性负责。

消防救援机构对申请人提交的材料进行审查；申请材料齐全、符合法定形式的，应当予以许可。消防救援机构应当根据消防技术标准和管理规定，及时对作出承诺的公众聚集场所进行核查。

申请人选择不采用告知承诺方式办理的，消防救援机构应当自受理申请之日起十个工作日内，根据消防技术标准和管理规定，对该场所进行检查。经检查符合消防安全要求的，应当予以许可。

公众聚集场所未经消防救援机构许可的，不得投入使用、营业。消防安全检查的具体办法，由国务院应急管理部门制定。

第十六条 机关、团体、企业、事业等单位应当履行下列消防安全职责：

（一）落实消防安全责任制，制定本单位的消防安全制度、消防安全操作规程，制定灭火和应急疏散预案；

（二）按照国家标准、行业标准配置消防设施、器材，设置消防安全标志，并定期组织检验、维修，确保完好有效；

（三）对建筑消防设施每年至少进行一次全面检测，确保完好有效，检测记录应当完整准确，存档备查；

（四）保障疏散通道、安全出口、消防车通道畅通，保证防火防烟分区、防火间距符合消防技术标准；

（五）组织防火检查，及时消除火灾隐患；

（六）组织进行有针对性的消防演练；

（七）法律、法规规定的其他消防安全职责。

单位的主要负责人是本单位的消防安全责任人。

第十七条 县级以上地方人民政府消防救援机构应当将发生火灾可能性较大以及发生火灾可能造成重大的人身伤亡或者财产损失的单位，确定为本行政区域内的消防安全重点单位，并由应急管理部门报本级人民政府备案。

消防安全重点单位除应当履行本法第十六条规定的职责外，还应当履行下列消防安全职责：

（一）确定消防安全管理人，组织实施本单位的消防安全管理工作；

（二）建立消防档案，确定消防安全重点部位，设置防火标志，实行严格管理；

（三）实行每日防火巡查，并建立巡查记录；

（四）对职工进行岗前消防安全培训，定期组织消防安全培训和消防演练。

第十八条 同一建筑物由两个以上单位管理或者使用的，应当明确各方的消防安全责任，并确定责任人对共用的疏散通道、安全出口、建筑消防设施和消防车通道进行统一管理。

住宅区的物业服务企业应当对管理区域内的共用消防设施进行维护管理，提供消防安全防范服务。

第十九条 生产、储存、经营易燃易爆危险品的场所不得与居住场所设置在同一建筑物内，并应当与居住场所保持安全距离。

生产、储存、经营其他物品的场所与居住场所设置在同一建筑物内的，应当符合国家工程建设消防技术标准。

第二十条 举办大型群众性活动，承办人应当依法向公安机关申请安全许可，制定灭火和应急疏散预案并组织演练，明确消防安全责任分工，确定消防安全管理人员，保持消防设施和消防器材配置齐全、完好有效，保证疏散通道、安全出口、疏散指示标志、应急照明和消防车通道符合消防技术标准和管理规定。

第二十一条 禁止在具有火灾、爆炸危险的场所吸烟、使用明火。因施工等特殊情况需要使用明火作业的，应当按照规定事先办理审批手续，采取相应的消防安全措施；作业人员应当遵守消防安全规定。

进行电焊、气焊等具有火灾危险作业的人员和自动消防系统的操作人员，必须持证上岗，并遵守消防安全操作规程。

第二十二条 生产、储存、装卸易燃易爆危险品的工厂、仓库和专用车站、码头的设置，应当符合消防技术标准。易燃易爆气体和液体的充装站、供应站、调压站，应当设置在符合消防安全要求的位置，并符合防火防爆要求。

已经设置的生产、储存、装卸易燃易爆危险品的工厂、仓库和专用车站、码头，易燃易爆气体和液体的充装站、供应站、调压站，不再符合前款规定的，地方人民政府应当组织、协调有关部门、单位限期解决，消除安全隐患。

第二十三条 生产、储存、运输、销售、使用、销毁易燃易爆危险品，必须执行消防技术标准和管理规定。

进入生产、储存易燃易爆危险品的场所，必须执行消防安全规定。禁止非法携带易燃易爆危险品进入公共场所或者乘坐公共交通工具。

储存可燃物资仓库的管理，必须执行消防技术标准和管理规定。

第二十四条 消防产品必须符合国家标准；没有国家标准的，必须符合行业标准。禁止生产、销售或者使用不合格的消防产品以及国家明令淘汰的消防产品。

依法实行强制性产品认证的消防产品，由具有法定资质的认证机构按照国家标准、行业标准的强制性要求认证合格后，方可生产、销售、使用。实行强制性产品认证的消防产品目录，由国务院产品质量监督部门会同国务院应急管理部门制定并公布。

新研制的尚未制定国家标准、行业标准的消防产品，应当按照国务院产品质量监督部门会同国务院应急管理部门规定的办法，经技术鉴定符合消防安全要求的，方可生产、销售、使用。

依照本条规定经强制性产品认证合格或者技术鉴定合格的消防产品，国务院应急管理部门应当予以公布。

第二十五条 产品质量监督部门、工商行政管理部门、消防救援机构应当按照各自职责加强对消防产品质量的监督检查。

第二十六条 建筑构件、建筑材料和室内装修、装饰材料的防火性能必须符合国家标准；没有国家标准的，必须符合行业标准。

人员密集场所室内装修、装饰，应当按照消防技术标准的要求，使用不燃、难燃材料。

第二十七条 电器产品、燃气用具的产品标准，应当符合消防安全的要求。

电器产品、燃气用具的安装、使用及其线路、管路的设计、敷设、维护保养、检测，必须符合消防技术标准和管理规定。

第二十八条　任何单位、个人不得损坏、挪用或者擅自拆除、停用消防设施、器材，不得埋压、圈占、遮挡消火栓或者占用防火间距，不得占用、堵塞、封闭疏散通道、安全出口、消防车通道。人员密集场所的门窗不得设置影响逃生和灭火救援的障碍物。

第二十九条　负责公共消防设施维护管理的单位，应当保持消防供水、消防通信、消防车通道等公共消防设施的完好有效。在修建道路以及停电、停水、截断通信线路时有可能影响消防队灭火救援的，有关单位必须事先通知当地消防救援机构。

第三十条　地方各级人民政府应当加强对农村消防工作的领导，采取措施加强公共消防设施建设，组织建立和督促落实消防安全责任制。

第三十一条　在农业收获季节、森林和草原防火期间、重大节假日期间以及火灾多发季节，地方各级人民政府应当组织开展有针对性的消防宣传教育，采取防火措施，进行消防安全检查。

第三十二条　乡镇人民政府、城市街道办事处应当指导、支持和帮助村民委员会、居民委员会开展群众性的消防工作。村民委员会、居民委员会应当确定消防安全管理人，组织制定防火安全公约，进行防火安全检查。

第三十三条　国家鼓励、引导公众聚集场所和生产、储存、运输、销售易燃易爆危险品的企业投保火灾公众责任保险；鼓励保险公司承保火灾公众责任保险。

第三十四条　消防设施维护保养检测、消防安全评估等消防技术服务机构应当符合从业条件，执业人员应当依法获得相应的资格；依照法律、行政法规、国家标准、行业标准和执业准则，接受委托提供消防技术服务，并对服务质量负责。

第三章　消防组织

第三十五条　各级人民政府应当加强消防组织建设，根据经济社会发展的需要，建立多种形式的消防组织，加强消防技术人才培养，增强火灾预防、扑救和应急救援的能力。

第三十六条 县级以上地方人民政府应当按照国家规定建立国家综合性消防救援队、专职消防队，并按照国家标准配备消防装备，承担火灾扑救工作。

乡镇人民政府应当根据当地经济发展和消防工作的需要，建立专职消防队、志愿消防队，承担火灾扑救工作。

第三十七条 国家综合性消防救援队、专职消防队按照国家规定承担重大灾害事故和其他以抢救人员生命为主的应急救援工作。

第三十八条 国家综合性消防救援队、专职消防队应当充分发挥火灾扑救和应急救援专业力量的骨干作用；按照国家规定，组织实施专业技能训练，配备并维护保养装备器材，提高火灾扑救和应急救援的能力。

第三十九条 下列单位应当建立单位专职消防队，承担本单位的火灾扑救工作：

（一）大型核设施单位、大型发电厂、民用机场、主要港口；

（二）生产、储存易燃易爆危险品的大型企业；

（三）储备可燃的重要物资的大型仓库、基地；

（四）第一项、第二项、第三项规定以外的火灾危险性较大、距离国家综合性消防救援队较远的其他大型企业；

（五）距离国家综合性消防救援队较远、被列为全国重点文物保护单位的古建筑群的管理单位。

第四十条 专职消防队的建立，应当符合国家有关规定，并报当地消防救援机构验收。

专职消防队的队员依法享受社会保险和福利待遇。

第四十一条 机关、团体、企业、事业等单位以及村民委员会、居民委员会根据需要，建立志愿消防队等多种形式的消防组织，开展群众性自防自救工作。

第四十二条 消防救援机构应当对专职消防队、志愿消防队等消防组织进行业务指导；根据扑救火灾的需要，可以调动指挥专职消防队参加火灾扑救工作。

第四章　灭火救援

第四十三条　县级以上地方人民政府应当组织有关部门针对本行政区域内的火灾特点制定应急预案，建立应急反应和处置机制，为火灾扑救和应急救援工作提供人员、装备等保障。

第四十四条　任何人发现火灾都应当立即报警。任何单位、个人都应当无偿为报警提供便利，不得阻拦报警。严禁谎报火警。

人员密集场所发生火灾，该场所的现场工作人员应当立即组织、引导在场人员疏散。

任何单位发生火灾，必须立即组织力量扑救。邻近单位应当给予支援。

消防队接到火警，必须立即赶赴火灾现场，救助遇险人员，排除险情，扑灭火灾。

第四十五条　消防救援机构统一组织和指挥火灾现场扑救，应当优先保障遇险人员的生命安全。

火灾现场总指挥根据扑救火灾的需要，有权决定下列事项：

（一）使用各种水源；

（二）截断电力、可燃气体和可燃液体的输送，限制用火用电；

（三）划定警戒区，实行局部交通管制；

（四）利用临近建筑物和有关设施；

（五）为了抢救人员和重要物资，防止火势蔓延，拆除或者破损毗邻火灾现场的建筑物、构筑物或者设施等；

（六）调动供水、供电、供气、通信、医疗救护、交通运输、环境保护等有关单位协助灭火救援。

根据扑救火灾的紧急需要，有关地方人民政府应当组织人员、调集所需物资支援灭火。

第四十六条　国家综合性消防救援队、专职消防队参加火灾以外的其他重大灾害事故的应急救援工作，由县级以上人民政府统一领导。

第四十七条　消防车、消防艇前往执行火灾扑救或者应急救援任务，在确保安全的前提下，不受行驶速度、行驶路线、行驶方向和指挥信号的限制，其他车辆、船舶以及行人应当让行，不得穿插超越；收费公路、桥梁免收车辆通行费。交通管理指挥人员应当保证消防车、消防艇迅速通行。

赶赴火灾现场或者应急救援现场的消防人员和调集的消防装备、物资，需要铁路、水路或者航空运输的，有关单位应当优先运输。

第四十八条 消防车、消防艇以及消防器材、装备和设施，不得用于与消防和应急救援工作无关的事项。

第四十九条 国家综合性消防救援队、专职消防队扑救火灾、应急救援，不得收取任何费用。

单位专职消防队、志愿消防队参加扑救外单位火灾所损耗的燃料、灭火剂和器材、装备等，由火灾发生地的人民政府给予补偿。

第五十条 对因参加扑救火灾或者应急救援受伤、致残或者死亡的人员，按照国家有关规定给予医疗、抚恤。

第五十一条 消防救援机构有权根据需要封闭火灾现场，负责调查火灾原因，统计火灾损失。

火灾扑灭后，发生火灾的单位和相关人员应当按照消防救援机构的要求保护现场，接受事故调查，如实提供与火灾有关的情况。

消防救援机构根据火灾现场勘验、调查情况和有关的检验、鉴定意见，及时制作火灾事故认定书，作为处理火灾事故的证据。

第五章 监督检查

第五十二条 地方各级人民政府应当落实消防工作责任制，对本级人民政府有关部门履行消防安全职责的情况进行监督检查。

县级以上地方人民政府有关部门应当根据本系统的特点，有针对性地开展消防安全检查，及时督促整改火灾隐患。

第五十三条 消防救援机构应当对机关、团体、企业、事业等单位遵守消防法律、法规的情况依法进行监督检查。公安派出所可以负责日常消防监督检查、开展消防宣传教育，具体办法由国务院公安部门规定。

消防救援机构、公安派出所的工作人员进行消防监督检查，应当出示证件。

第五十四条　消防救援机构在消防监督检查中发现火灾隐患的，应当通知有关单位或者个人立即采取措施消除隐患；不及时消除隐患可能严重威胁公共安全的，消防救援机构应当依照规定对危险部位或者场所采取临时查封措施。

第五十五条　消防救援机构在消防监督检查中发现城乡消防安全布局、公共消防设施不符合消防安全要求，或者发现本地区存在影响公共安全的重大火灾隐患的，应当由应急管理部门书面报告本级人民政府。

接到报告的人民政府应当及时核实情况，组织或者责成有关部门、单位采取措施，予以整改。

第五十六条　住房和城乡建设主管部门、消防救援机构及其工作人员应当按照法定的职权和程序进行消防设计审查、消防验收、备案抽查和消防安全检查，做到公正、严格、文明、高效。

住房和城乡建设主管部门、消防救援机构及其工作人员进行消防设计审查、消防验收、备案抽查和消防安全检查等，不得收取费用，不得利用职务谋取利益；不得利用职务为用户、建设单位指定或者变相指定消防产品的品牌、销售单位或者消防技术服务机构、消防设施施工单位。

第五十七条　住房和城乡建设主管部门、消防救援机构及其工作人员执行职务，应当自觉接受社会和公民的监督。

任何单位和个人都有权对住房和城乡建设主管部门、消防救援机构及其工作人员在执法中的违法行为进行检举、控告。收到检举、控告的机关，应当按照职责及时查处。

第六章　法律责任

第五十八条　违反本法规定，有下列行为之一的，由住房和城乡建设主管部门、消防救援机构按照各自职权责令停止施工、停止使用或者停产停业，并处三万元以上三十万元以下罚款：

（一）依法应当进行消防设计审查的建设工程，未经依法审查或者审查不合格，擅自施工的；

（二）依法应当进行消防验收的建设工程，未经消防验收或者消防验收不合格，擅自投入使用的；

（三）本法第十三条规定的其他建设工程验收后经依法抽查不合格，不停止使用的；

（四）公众聚集场所未经消防救援机构许可，擅自投入使用、营业的，或者经核查发现场所使用、营业情况与承诺内容不符的。

核查发现公众聚集场所使用、营业情况与承诺内容不符，经责令限期改正，逾期不整改或者整改后仍达不到要求的，依法撤销相应许可。

建设单位未依照本法规定在验收后报住房和城乡建设主管部门备案的，由住房和城乡建设主管部门责令改正，处五千元以下罚款。

第五十九条 违反本法规定，有下列行为之一的，由住房和城乡建设主管部门责令改正或者停止施工，并处一万元以上十万元以下罚款：

（一）建设单位要求建筑设计单位或者建筑施工企业降低消防技术标准设计、施工的；

（二）建筑设计单位不按照消防技术标准强制性要求进行消防设计的；

（三）建筑施工企业不按照消防设计文件和消防技术标准施工，降低消防施工质量的；

（四）工程监理单位与建设单位或者建筑施工企业串通，弄虚作假，降低消防施工质量的。

第六十条 单位违反本法规定，有下列行为之一的，责令改正，处五千元以上五万元以下罚款：

（一）消防设施、器材或者消防安全标志的配置、设置不符合国家标准、行业标准，或者未保持完好有效的；

（二）损坏、挪用或者擅自拆除、停用消防设施、器材的；

（三）占用、堵塞、封闭疏散通道、安全出口或者有其他妨碍安全疏散行为的；

（四）埋压、圈占、遮挡消火栓或者占用防火间距的；

（五）占用、堵塞、封闭消防车通道，妨碍消防车通行的；

（六）人员密集场所在门窗上设置影响逃生和灭火救援的障碍物的；

（七）对火灾隐患经消防救援机构通知后不及时采取措施消除的。

个人有前款第二项、第三项、第四项、第五项行为之一的，处警告或者五百元以下罚款。

有本条第一款第三项、第四项、第五项、第六项行为，经责令改正拒不改正的，强制执行，所需费用由违法行为人承担。

第六十一条　生产、储存、经营易燃易爆危险品的场所与居住场所设置在同一建筑物内，或者未与居住场所保持安全距离的，责令停产停业，并处五千元以上五万元以下罚款。

生产、储存、经营其他物品的场所与居住场所设置在同一建筑物内，不符合消防技术标准的，依照前款规定处罚。

第六十二条　有下列行为之一的，依照《中华人民共和国治安管理处罚法》的规定处罚：

（一）违反有关消防技术标准和管理规定生产、储存、运输、销售、使用、销毁易燃易爆危险品的；

（二）非法携带易燃易爆危险品进入公共场所或者乘坐公共交通工具的；

（三）谎报火警的；

（四）阻碍消防车、消防艇执行任务的；

（五）阻碍消防救援机构的工作人员依法执行职务的。

第六十三条　违反本法规定，有下列行为之一的，处警告或者五百元以下罚款；情节严重的，处五日以下拘留：

（一）违反消防安全规定进入生产、储存易燃易爆危险品场所的；

（二）违反规定使用明火作业或者在具有火灾、爆炸危险的场所吸烟、使用明火的。

第六十四条　违反本法规定，有下列行为之一，尚不构成犯罪的，处十日以上十五日以下拘留，可以并处五百元以下罚款；情节较轻的，处警告或者五百元以下罚款：

（一）指使或者强令他人违反消防安全规定，冒险作业的；

（二）过失引起火灾的；

（三）在火灾发生后阻拦报警，或者负有报告职责的人员不及时报警的；

（四）扰乱火灾现场秩序，或者拒不执行火灾现场指挥员指挥，影响灭火救援的；

（五）故意破坏或者伪造火灾现场的；

（六）擅自拆封或者使用被消防救援机构查封的场所、部位的。

第六十五条 违反本法规定，生产、销售不合格的消防产品或者国家明令淘汰的消防产品的，由产品质量监督部门或者工商行政管理部门依照《中华人民共和国产品质量法》的规定从重处罚。

人员密集场所使用不合格的消防产品或者国家明令淘汰的消防产品的，责令限期改正；逾期不改正的，处五千元以上五万元以下罚款，并对其直接负责的主管人员和其他直接责任人员处五百元以上二千元以下罚款；情节严重的，责令停产停业。

消防救援机构对于本条第二款规定的情形，除依法对使用者予以处罚外，应当将发现不合格的消防产品和国家明令淘汰的消防产品的情况通报产品质量监督部门、工商行政管理部门。产品质量监督部门、工商行政管理部门应当对生产者、销售者依法及时查处。

第六十六条 电器产品、燃气用具的安装、使用及其线路、管路的设计、敷设、维护保养、检测不符合消防技术标准和管理规定的，责令限期改正；逾期不改正的，责令停止使用，可以并处一千元以上五千元以下罚款。

第六十七条 机关、团体、企业、事业等单位违反本法第十六条、第十七条、第十八条、第二十一条第二款规定的，责令限期改正；逾期不改正的，对其直接负责的主管人员和其他直接责任人员依法给予处分或者给予警告处罚。

第六十八条 人员密集场所发生火灾，该场所的现场工作人员不履行组织、引导在场人员疏散的义务，情节严重，尚不构成犯罪的，处五日以上十日以下拘留。

第六十九条 消防设施维护保养检测、消防安全评估等消防技术服务机构，不具备从业条件从事消防技术服务活动或者出具虚假文件的，由消防救援机构责令改正，处五万元以上十万元以下罚款，并对直接负责的主管人员和其他直接责任人员处一万元以上五万元以下罚款；不按照国家标准、行业标准开展消防技术服务活动的，责令改正，处五万元以下罚款，并对直接负责的主管人员和其他直接责任人员处一万元以下罚款；有违法所得的，并处没收违法所得；给他人造成损失的，依法承担赔偿责任；情节严重的，依法责令停止执业或者吊销相应资格；造成重大损失的，由相关部门吊销营业执照，并对有关责任人员采取终身市场禁入措施。

前款规定的机构出具失实文件，给他人造成损失的，依法承担赔偿责任；造成重大损失的，由消防救援机构依法责令停止执业或者吊销相应资格，由相关部门吊销营业执照，并对有关责任人员采取终身市场禁入措施。

第七十条　本法规定的行政处罚，除应当由公安机关依照《中华人民共和国治安管理处罚法》的有关规定决定的外，由住房和城乡建设主管部门、消防救援机构按照各自职权决定。

被责令停止施工、停止使用、停产停业的，应当在整改后向作出决定的部门或者机构报告，经检查合格，方可恢复施工、使用、生产、经营。

当事人逾期不执行停产停业、停止使用、停止施工决定的，由作出决定的部门或者机构强制执行。

责令停产停业，对经济和社会生活影响较大的，由住房和城乡建设主管部门或者应急管理部门报请本级人民政府依法决定。

第七十一条　住房和城乡建设主管部门、消防救援机构的工作人员滥用职权、玩忽职守、徇私舞弊，有下列行为之一，尚不构成犯罪的，依法给予处分：

（一）对不符合消防安全要求的消防设计文件、建设工程、场所准予审查合格、消防验收合格、消防安全检查合格的；

（二）无故拖延消防设计审查、消防验收、消防安全检查，不在法定期限内履行职责的；

（三）发现火灾隐患不及时通知有关单位或者个人整改的；

（四）利用职务为用户、建设单位指定或者变相指定消防产品的品牌、销售单位或者消防技术服务机构、消防设施施工单位的；

（五）将消防车、消防艇以及消防器材、装备和设施用于与消防和应急救援无关的事项的；

（六）其他滥用职权、玩忽职守、徇私舞弊的行为。

产品质量监督、工商行政管理等其他有关行政主管部门的工作人员在消防工作中滥用职权、玩忽职守、徇私舞弊，尚不构成犯罪的，依法给予处分。

第七十二条　违反本法规定，构成犯罪的，依法追究刑事责任。

第七章 附 则

第七十三条 本法下列用语的含义：

（一）消防设施，是指火灾自动报警系统、自动灭火系统、消火栓系统、防烟排烟系统以及应急广播和应急照明、安全疏散设施等。

（二）消防产品，是指专门用于火灾预防、灭火救援和火灾防护、避难、逃生的产品。

（三）公众聚集场所，是指宾馆、饭店、商场、集贸市场、客运车站候车室、客运码头候船厅、民用机场航站楼、体育场馆、会堂以及公共娱乐场所等。

（四）人员密集场所，是指公众聚集场所，医院的门诊楼、病房楼，学校的教学楼、图书馆、食堂和集体宿舍，养老院，福利院，托儿所，幼儿园，公共图书馆的阅览室，公共展览馆、博物馆的展示厅，劳动密集型企业的生产加工车间和员工集体宿舍，旅游、宗教活动场所等。

第七十四条 本法自 2009 年 5 月 1 日起施行。

中华人民共和国海上交通安全法

（1983 年 9 月 2 日第六届全国人民代表大会常务委员会第二次会议通过　根据 2016 年 11 月 7 日第十二届全国人民代表大会常务委员会第二十四次会议《关于修改〈中华人民共和国对外贸易法〉等十二部法律的决定》修正　2021 年 4 月 29 日第十三届全国人民代表大会常务委员会第二十八次会议修订）

目　　录

第一章　总　　则

第一条　为了加强海上交通管理，维护海上交通秩序，保障生命财产安全，维护国家权益，制定本法。

第二条　在中华人民共和国管辖海域内从事航行、停泊、作业以及其他与海上交通安全相关的活动，适用本法。

第三条 国家依法保障交通用海。

海上交通安全工作坚持安全第一、预防为主、便利通行、依法管理的原则，保障海上交通安全、有序、畅通。

第四条 国务院交通运输主管部门主管全国海上交通安全工作。

国家海事管理机构统一负责海上交通安全监督管理工作，其他各级海事管理机构按照职责具体负责辖区内的海上交通安全监督管理工作。

第五条 各级人民政府及有关部门应当支持海上交通安全工作，加强海上交通安全的宣传教育，提高全社会的海上交通安全意识。

第六条 国家依法保障船员的劳动安全和职业健康，维护船员的合法权益。

第七条 从事船舶、海上设施航行、停泊、作业以及其他与海上交通相关活动的单位、个人，应当遵守有关海上交通安全的法律、行政法规、规章以及强制性标准和技术规范；依法享有获得航海保障和海上救助的权利，承担维护海上交通安全和保护海洋生态环境的义务。

第八条 国家鼓励和支持先进科学技术在海上交通安全工作中的应用，促进海上交通安全现代化建设，提高海上交通安全科学技术水平。

第二章　船舶、海上设施和船员

第九条 中国籍船舶、在中华人民共和国管辖海域设置的海上设施、船运集装箱，以及国家海事管理机构确定的关系海上交通安全的重要船用设备、部件和材料，应当符合有关法律、行政法规、规章以及强制性标准和技术规范的要求，经船舶检验机构检验合格，取得相应证书、文书。证书、文书的清单由国家海事管理机构制定并公布。

设立船舶检验机构应当经国家海事管理机构许可。船舶检验机构设立条件、程序及其管理等依照有关船舶检验的法律、行政法规的规定执行。

持有相关证书、文书的单位应当按照规定的用途使用船舶、海上设施、船运集装箱以及重要船用设备、部件和材料，并应当依法定期进行安全技术检验。

第十条 船舶依照有关船舶登记的法律、行政法规的规定向海事管理机构申请船舶国籍登记、取得国籍证书后，方可悬挂中华人民共和国国旗航行、停泊、作业。

中国籍船舶灭失或者报废的，船舶所有人应当在国务院交通运输主管部门规定的期限内申请办理注销国籍登记；船舶所有人逾期不申请注销国籍登记的，海事管理机构可以发布关于拟强制注销船舶国籍登记的公告。船舶所有人自公告发布之日起六十日内未提出异议的，海事管理机构可以注销该船舶的国籍登记。

第十一条　中国籍船舶所有人、经营人或者管理人应当建立并运行安全营运和防治船舶污染管理体系。

海事管理机构经对前款规定的管理体系审核合格的，发给符合证明和相应的船舶安全管理证书。

第十二条　中国籍国际航行船舶的所有人、经营人或者管理人应当依照国务院交通运输主管部门的规定建立船舶保安制度，制定船舶保安计划，并按照船舶保安计划配备船舶保安设备，定期开展演练。

第十三条　中国籍船员和海上设施上的工作人员应当接受海上交通安全以及相应岗位的专业教育、培训。

中国籍船员应当依照有关船员管理的法律、行政法规的规定向海事管理机构申请取得船员适任证书，并取得健康证明。

外国籍船员在中国籍船舶上工作的，按照有关船员管理的法律、行政法规的规定执行。

船员在船舶上工作，应当符合船员适任证书载明的船舶、航区、职务的范围。

第十四条　中国籍船舶的所有人、经营人或者管理人应当为其国际航行船舶向海事管理机构申请取得海事劳工证书。船舶取得海事劳工证书应当符合下列条件：

（一）所有人、经营人或者管理人依法招用船员，与其签订劳动合同或者就业协议，并为船舶配备符合要求的船员；

（二）所有人、经营人或者管理人已保障船员在船舶上的工作环境、职业健康保障和安全防护、工作和休息时间、工资报酬、生活条件、医疗条件、社会保险等符合国家有关规定；

（三）所有人、经营人或者管理人已建立符合要求的船员投诉和处理机制；

（四）所有人、经营人或者管理人已就船员遣返费用以及在船就业期间发生伤害、疾病或者死亡依法应当支付的费用提供相应的财务担保或者投保相应的保险。

海事管理机构商人力资源社会保障行政部门，按照各自职责对申请人及其船舶是否符合前款规定条件进行审核。经审核符合规定条件的，海事管理机构应当自受理申请之日起十个工作日内颁发海事劳工证书；不符合规定条件的，海事管理机构应当告知申请人并说明理由。

海事劳工证书颁发及监督检查的具体办法由国务院交通运输主管部门会同国务院人力资源社会保障行政部门制定并公布。

第十五条　海事管理机构依照有关船员管理的法律、行政法规的规定，对单位从事海船船员培训业务进行管理。

第十六条　国务院交通运输主管部门和其他有关部门、有关县级以上地方人民政府应当建立健全船员境外突发事件预警和应急处置机制，制定船员境外突发事件应急预案。

船员境外突发事件应急处置由船员派出单位所在地的省、自治区、直辖市人民政府负责，船员户籍所在地的省、自治区、直辖市人民政府予以配合。

中华人民共和国驻外国使馆、领馆和相关海事管理机构应当协助处置船员境外突发事件。

第十七条　本章第九条至第十二条、第十四条规定适用的船舶范围由有关法律、行政法规具体规定，或者由国务院交通运输主管部门拟定并报国务院批准后公布。

第三章　海上交通条件和航行保障

第十八条　国务院交通运输主管部门统筹规划和管理海上交通资源，促进海上交通资源的合理开发和有效利用。

海上交通资源规划应当符合国土空间规划。

第十九条　海事管理机构根据海域的自然状况、海上交通状况以及海上交通安全管理的需要，划定、调整并及时公布船舶定线区、船舶报告区、交通管制区、禁航区、安全作业区和港外锚地等海上交通功能区域。

海事管理机构划定或者调整船舶定线区、港外锚地以及对其他海洋功能区域或者用海活动造成影响的安全作业区，应当征求渔业渔政、生态环境、自然资源等有关部门的意见。为了军事需要划定、调整禁航区的，由负责划定、调整禁航区的军事机关作出决定，海事管理机构予以公布。

第二十条　建设海洋工程、海岸工程影响海上交通安全的，应当根据情况配备防止船舶碰撞的设施、设备并设置专用航标。

第二十一条　国家建立完善船舶定位、导航、授时、通信和远程监测等海上交通支持服务系统，为船舶、海上设施提供信息服务。

第二十二条　任何单位、个人不得损坏海上交通支持服务系统或者妨碍其工作效能。建设建筑物、构筑物，使用设施设备可能影响海上交通支持服务系统正常使用的，建设单位、所有人或者使用人应当与相关海上交通支持服务系统的管理单位协商，作出妥善安排。

第二十三条　国务院交通运输主管部门应当采取必要的措施，保障海上交通安全无线电通信设施的合理布局和有效覆盖，规划本系统（行业）海上无线电台（站）的建设布局和台址，核发船舶制式无线电台执照及电台识别码。

国务院交通运输主管部门组织本系统（行业）的海上无线电监测系统建设并对其无线电信号实施监测，会同国家无线电管理机构维护海上无线电波秩序。

第二十四条　船舶在中华人民共和国管辖海域内通信需要使用岸基无线电台（站）转接的，应当通过依法设置的境内海岸无线电台（站）或者卫星关口站进行转接。

承担无线电通信任务的船员和岸基无线电台（站）的工作人员应当遵守海上无线电通信规则，保持海上交通安全通信频道的值守和畅通，不得使用海上交通安全通信频率交流与海上交通安全无关的内容。

任何单位、个人不得违反国家有关规定使用无线电台识别码，影响海上搜救的身份识别。

第二十五条　天文、气象、海洋等有关单位应当及时预报、播发和提供航海天文、世界时、海洋气象、海浪、海流、潮汐、冰情等信息。

第二十六条 国务院交通运输主管部门统一布局、建设和管理公用航标。海洋工程、海岸工程的建设单位、所有人或者经营人需要设置、撤除专用航标，移动专用航标位置或者改变航标灯光、功率等的，应当报经海事管理机构同意。需要设置临时航标的，应当符合海事管理机构确定的航标设置点。

自然资源主管部门依法保障航标设施和装置的用地、用海、用岛，并依法为其办理有关手续。

航标的建设、维护、保养应当符合有关强制性标准和技术规范的要求。航标维护单位和专用航标的所有人应当对航标进行巡查和维护保养，保证航标处于良好适用状态。航标发生位移、损坏、灭失的，航标维护单位或者专用航标的所有人应当及时予以恢复。

第二十七条 任何单位、个人发现下列情形之一的，应当立即向海事管理机构报告；涉及航道管理机构职责或者专用航标的，海事管理机构应当及时通报航道管理机构或者专用航标的所有人：

（一）助航标志或者导航设施位移、损坏、灭失；

（二）有妨碍海上交通安全的沉没物、漂浮物、搁浅物或者其他碍航物；

（三）其他妨碍海上交通安全的异常情况。

第二十八条 海事管理机构应当依据海上交通安全管理的需要，就具有紧迫性、危险性的情况发布航行警告，就其他影响海上交通安全的情况发布航行通告。

海事管理机构应当将航行警告、航行通告，以及船舶定线区的划定、调整情况通报海军航海保证部门，并及时提供有关资料。

第二十九条 海事管理机构应当及时向船舶、海上设施播发海上交通安全信息。

船舶、海上设施在定线区、交通管制区或者通航船舶密集的区域航行、停泊、作业时，海事管理机构应当根据其请求提供相应的安全信息服务。

第三十条 下列船舶在国务院交通运输主管部门划定的引航区内航行、停泊或者移泊的，应当向引航机构申请引航：

（一）外国籍船舶，但国务院交通运输主管部门经报国务院批准后规定可以免除的除外；

（二）核动力船舶、载运放射性物质的船舶、超大型油轮；

（三）可能危及港口安全的散装液化气船、散装危险化学品船；

（四）长、宽、高接近相应航道通航条件限值的船舶。

前款第三项、第四项船舶的具体标准，由有关海事管理机构根据港口实际情况制定并公布。

船舶自愿申请引航的，引航机构应当提供引航服务。

第三十一条　引航机构应当及时派遣具有相应能力、经验的引航员为船舶提供引航服务。

引航员应当根据引航机构的指派，在规定的水域登离被引领船舶，安全谨慎地执行船舶引航任务。被引领船舶应当配备符合规定的登离装置，并保障引航员在登离船舶及在船上引航期间的安全。

引航员引领船舶时，不解除船长指挥和管理船舶的责任。

第三十二条　国务院交通运输主管部门根据船舶、海上设施和港口面临的保安威胁情形，确定并及时发布保安等级。船舶、海上设施和港口应当根据保安等级采取相应的保安措施。

第四章　航行、停泊、作业

第三十三条　船舶航行、停泊、作业，应当持有有效的船舶国籍证书及其他法定证书、文书，配备依照有关规定出版的航海图书资料，悬挂相关国家、地区或者组织的旗帜，标明船名、船舶识别号、船籍港、载重线标志。

船舶应当满足最低安全配员要求，配备持有合格有效证书的船员。

海上设施停泊、作业，应当持有法定证书、文书，并按规定配备掌握避碰、信号、通信、消防、救生等专业技能的人员。

第三十四条　船长应当在船舶开航前检查并在开航时确认船员适任、船舶适航、货物适载，并了解气象和海况信息以及海事管理机构发布的航行通告、航行警告及其他警示信息，落实相应的应急措施，不得冒险开航。

船舶所有人、经营人或者管理人不得指使、强令船员违章冒险操作、作业。

第三十五条　船舶应当在其船舶检验证书载明的航区内航行、停泊、作业。

船舶航行、停泊、作业时，应当遵守相关航行规则，按照有关规定显示信号、悬挂标志，保持足够的富余水深。

第三十六条 船舶在航行中应当按照有关规定开启船舶的自动识别、航行数据记录、远程识别和跟踪、通信等与航行安全、保安、防治污染相关的装置，并持续进行显示和记录。

任何单位、个人不得拆封、拆解、初始化、再设置航行数据记录装置或者读取其记录的信息，但法律、行政法规另有规定的除外。

第三十七条 船舶应当配备航海日志、轮机日志、无线电记录簿等航行记录，按照有关规定全面、真实、及时记录涉及海上交通安全的船舶操作以及船舶航行、停泊、作业中的重要事件，并妥善保管相关记录簿。

第三十八条 船长负责管理和指挥船舶。在保障海上生命安全、船舶保安和防治船舶污染方面，船长有权独立作出决定。

船长应当采取必要的措施，保护船舶、在船人员、船舶航行文件、货物以及其他财产的安全。船长在其职权范围内发布的命令，船员、乘客及其他在船人员应当执行。

第三十九条 为了保障船舶和在船人员的安全，船长有权在职责范围内对涉嫌在船上进行违法犯罪活动的人员采取禁闭或者其他必要的限制措施，并防止其隐匿、毁灭、伪造证据。

船长采取前款措施，应当制作案情报告书，由其和两名以上在船人员签字。中国籍船舶抵达我国港口后，应当及时将相关人员移送有关主管部门。

第四十条 发现在船人员患有或者疑似患有严重威胁他人健康的传染病的，船长应当立即启动相应的应急预案，在职责范围内对相关人员采取必要的隔离措施，并及时报告有关主管部门。

第四十一条 船长在航行中死亡或者因故不能履行职责的，应当由驾驶员中职务最高的人代理船长职务；船舶在下一个港口开航前，其所有人、经营人或者管理人应当指派新船长接任。

第四十二条 船员应当按照有关航行、值班的规章制度和操作规程以及船长的指令操纵、管理船舶，保持安全值班，不得擅离职守。船员履行在船值班职责前和值班期间，不得摄入可能影响安全值班的食品、药品或者其他物品。

第四十三条　船舶进出港口、锚地或者通过桥区水域、海峡、狭水道、重要渔业水域、通航船舶密集的区域、船舶定线区、交通管制区，应当加强瞭望、保持安全航速，并遵守前述区域的特殊航行规则。

前款所称重要渔业水域由国务院渔业渔政主管部门征求国务院交通运输主管部门意见后划定并公布。

船舶穿越航道不得妨碍航道内船舶的正常航行，不得抢越他船船艏。超过桥梁通航尺度的船舶禁止进入桥区水域。

第四十四条　船舶不得违反规定进入或者穿越禁航区。

船舶进出船舶报告区，应当向海事管理机构报告船位和动态信息。

在安全作业区、港外锚地范围内，禁止从事养殖、种植、捕捞以及其他影响海上交通安全的作业或者活动。

第四十五条　船舶载运或者拖带超长、超高、超宽、半潜的船舶、海上设施或者其他物体航行，应当采取拖拽部位加强、护航等特殊的安全保障措施，在开航前向海事管理机构报告航行计划，并按有关规定显示信号、悬挂标志；拖带移动式平台、浮船坞等大型海上设施的，还应当依法交验船舶检验机构出具的拖航检验证书。

第四十六条　国际航行船舶进出口岸，应当依法向海事管理机构申请许可并接受海事管理机构及其他口岸查验机构的监督检查。海事管理机构应当自受理申请之日起五个工作日内作出许可或者不予许可的决定。

外国籍船舶临时进入非对外开放水域，应当依照国务院关于船舶进出口岸的规定取得许可。

国内航行船舶进出港口、港外装卸站，应当向海事管理机构报告船舶的航次计划、适航状态、船员配备和客货载运等情况。

第四十七条　船舶应当在符合安全条件的码头、泊位、装卸站、锚地、安全作业区停泊。船舶停泊不得危及其他船舶、海上设施的安全。

船舶进出港口、港外装卸站，应当符合靠泊条件和关于潮汐、气象、海况等航行条件的要求。

超长、超高、超宽的船舶或者操纵能力受到限制的船舶进出港口、港外装卸站可能影响海上交通安全的，海事管理机构应当对船舶进出港安全条件进行核查，并可以要求船舶采取加配拖轮、乘潮进港等相应的安全措施。

第四十八条 在中华人民共和国管辖海域内进行施工作业，应当经海事管理机构许可，并核定相应安全作业区。取得海上施工作业许可，应当符合下列条件：

（一）施工作业的单位、人员、船舶、设施符合安全航行、停泊、作业的要求；

（二）有施工作业方案；

（三）有符合海上交通安全和防治船舶污染海洋环境要求的保障措施、应急预案和责任制度。

从事施工作业的船舶应当在核定的安全作业区内作业，并落实海上交通安全管理措施。其他无关船舶、海上设施不得进入安全作业区。

在港口水域内进行采掘、爆破等可能危及港口安全的作业，适用港口管理的法律规定。

第四十九条 从事体育、娱乐、演练、试航、科学观测等水上水下活动，应当遵守海上交通安全管理规定；可能影响海上交通安全的，应当提前十个工作日将活动涉及的海域范围报告海事管理机构。

第五十条 海上施工作业或者水上水下活动结束后，有关单位、个人应当及时消除可能妨碍海上交通安全的隐患。

第五十一条 碍航物的所有人、经营人或者管理人应当按照有关强制性标准和技术规范的要求及时设置警示标志，向海事管理机构报告碍航物的名称、形状、尺寸、位置和深度，并在海事管理机构限定的期限内打捞清除。碍航物的所有人放弃所有权的，不免除其打捞清除义务。

不能确定碍航物的所有人、经营人或者管理人的，海事管理机构应当组织设置标志、打捞或者采取相应措施，发生的费用纳入部门预算。

第五十二条 有下列情形之一，对海上交通安全有较大影响的，海事管理机构应当根据具体情况采取停航、限速或者划定交通管制区等相应交通管制措施并向社会公告：

（一）天气、海况恶劣；

（二）发生影响航行的海上险情或者海上交通事故；

（三）进行军事训练、演习或者其他相关活动；

（四）开展大型水上水下活动；

（五）特定海域通航密度接近饱和；

（六）其他对海上交通安全有较大影响的情形。

第五十三条　国务院交通运输主管部门为维护海上交通安全、保护海洋环境，可以会同有关主管部门采取必要措施，防止和制止外国籍船舶在领海的非无害通过。

第五十四条　下列外国籍船舶进出中华人民共和国领海，应当向海事管理机构报告：

（一）潜水器；

（二）核动力船舶；

（三）载运放射性物质或者其他有毒有害物质的船舶；

（四）法律、行政法规或者国务院规定的可能危及中华人民共和国海上交通安全的其他船舶。

前款规定的船舶通过中华人民共和国领海，应当持有有关证书，采取符合中华人民共和国法律、行政法规和规章规定的特别预防措施，并接受海事管理机构的指令和监督。

第五十五条　除依照本法规定获得进入口岸许可外，外国籍船舶不得进入中华人民共和国内水；但是，因人员病急、机件故障、遇难、避风等紧急情况未及获得许可的可以进入。

外国籍船舶因前款规定的紧急情况进入中华人民共和国内水的，应当在进入的同时向海事管理机构紧急报告，接受海事管理机构的指令和监督。海事管理机构应当及时通报管辖海域的海警机构、就近的出入境边防检查机关和当地公安机关、海关等其他主管部门。

第五十六条　中华人民共和国军用船舶执行军事任务、公务船舶执行公务，遇有紧急情况，在保证海上交通安全的前提下，可以不受航行、停泊、作业有关规则的限制。

第五章　海上客货运输安全

第五十七条　除进行抢险或者生命救助外，客船应当按照船舶检验证书核定的载客定额载运乘客，货船载运货物应当符合船舶检验证书核定的载重线和载货种类，不得载运乘客。

第五十八条 客船载运乘客不得同时载运危险货物。

乘客不得随身携带或者在行李中夹带法律、行政法规或者国务院交通运输主管部门规定的危险物品。

第五十九条 客船应当在显著位置向乘客明示安全须知，设置安全标志和警示，并向乘客介绍救生用具的使用方法以及在紧急情况下应当采取的应急措施。乘客应当遵守安全乘船要求。

第六十条 海上渡口所在地的县级以上地方人民政府应当建立健全渡口安全管理责任制，制定海上渡口的安全管理办法，监督、指导海上渡口经营者落实安全主体责任，维护渡运秩序，保障渡运安全。

海上渡口的渡运线路由渡口所在地的县级以上地方人民政府交通运输主管部门会同海事管理机构划定。渡船应当按照划定的线路安全渡运。

遇有恶劣天气、海况，县级以上地方人民政府或者其指定的部门应当发布停止渡运的公告。

第六十一条 船舶载运货物，应当按照有关法律、行政法规、规章以及强制性标准和技术规范的要求安全装卸、积载、隔离、系固和管理。

第六十二条 船舶载运危险货物，应当持有有效的危险货物适装证书，并根据危险货物的特性和应急措施的要求，编制危险货物应急处置预案，配备相应的消防、应急设备和器材。

第六十三条 托运人托运危险货物，应当将其正式名称、危险性质以及应当采取的防护措施通知承运人，并按照有关法律、行政法规、规章以及强制性标准和技术规范的要求妥善包装，设置明显的危险品标志和标签。

托运人不得在托运的普通货物中夹带危险货物或者将危险货物谎报为普通货物托运。

托运人托运的货物为国际海上危险货物运输规则和国家危险货物品名表上未列明但具有危险特性的货物的，托运人还应当提交有关专业机构出具的表明该货物危险特性以及应当采取的防护措施等情况的文件。

货物危险特性的判断标准由国家海事管理机构制定并公布。

第六十四条 船舶载运危险货物进出港口，应当符合下列条件，经海事管理机构许可，并向海事管理机构报告进出港口和停留的时间等事项：

（一）所载运的危险货物符合海上安全运输要求；

（二）船舶的装载符合所持有的证书、文书的要求；

（三）拟靠泊或者进行危险货物装卸作业的港口、码头、泊位具备有关法律、行政法规规定的危险货物作业经营资质。

海事管理机构应当自收到申请之时起二十四小时内作出许可或者不予许可的决定。

定船舶、定航线并且定货种的船舶可以申请办理一定期限内多次进出港口许可，期限不超过三十日。海事管理机构应当自收到申请之日起五个工作日内作出许可或者不予许可的决定。

海事管理机构予以许可的，应当通报港口行政管理部门。

第六十五条　船舶、海上设施从事危险货物运输或者装卸、过驳作业，应当编制作业方案，遵守有关强制性标准和安全作业操作规程，采取必要的预防措施，防止发生安全事故。

在港口水域外从事散装液体危险货物过驳作业的，还应当符合下列条件，经海事管理机构许可并核定安全作业区：

（一）拟进行过驳作业的船舶或者海上设施符合海上交通安全与防治船舶污染海洋环境的要求；

（二）拟过驳的货物符合安全过驳要求；

（三）参加过驳作业的人员具备法律、行政法规规定的过驳作业能力；

（四）拟作业水域及其底质、周边环境适宜开展过驳作业；

（五）过驳作业对海洋资源以及附近的军事目标、重要民用目标不构成威胁；

（六）有符合安全要求的过驳作业方案、安全保障措施和应急预案。

对单航次作业的船舶，海事管理机构应当自收到申请之时起二十四小时内作出许可或者不予许可的决定；对在特定水域多航次作业的船舶，海事管理机构应当自收到申请之日起五个工作日内作出许可或者不予许可的决定。

第六章　海上搜寻救助

第六十六条　海上遇险人员依法享有获得生命救助的权利。生命救助优先于环境和财产救助。

第六十七条 海上搜救工作应当坚持政府领导、统一指挥、属地为主、专群结合、就近快速的原则。

第六十八条 国家建立海上搜救协调机制，统筹全国海上搜救应急反应工作，研究解决海上搜救工作中的重大问题，组织协调重大海上搜救应急行动。协调机制由国务院有关部门、单位和有关军事机关组成。

中国海上搜救中心和有关地方人民政府设立的海上搜救中心或者指定的机构（以下统称海上搜救中心）负责海上搜救的组织、协调、指挥工作。

第六十九条 沿海县级以上地方人民政府应当安排必要的海上搜救资金，保障搜救工作的正常开展。

第七十条 海上搜救中心各成员单位应当在海上搜救中心统一组织、协调、指挥下，根据各自职责，承担海上搜救应急、抢险救灾、支持保障、善后处理等工作。

第七十一条 国家设立专业海上搜救队伍，加强海上搜救力量建设。专业海上搜救队伍应当配备专业搜救装备，建立定期演练和日常培训制度，提升搜救水平。

国家鼓励社会力量建立海上搜救队伍，参与海上搜救行动。

第七十二条 船舶、海上设施、航空器及人员在海上遇险的，应当立即报告海上搜救中心，不得瞒报、谎报海上险情。

船舶、海上设施、航空器及人员误发遇险报警信号的，除立即向海上搜救中心报告外，还应当采取必要措施消除影响。

其他任何单位、个人发现或者获悉海上险情的，应当立即报告海上搜救中心。

第七十三条 发生碰撞事故的船舶、海上设施，应当互通名称、国籍和登记港，在不严重危及自身安全的情况下尽力救助对方人员，不得擅自离开事故现场水域或者逃逸。

第七十四条 遇险的船舶、海上设施及其所有人、经营人或者管理人应当采取有效措施防止、减少生命财产损失和海洋环境污染。

船舶遇险时，乘客应当服从船长指挥，配合采取相关应急措施。乘客有权获知必要的险情信息。

船长决定弃船时，应当组织乘客、船员依次离船，并尽力抢救法定航行资料。船长应当最后离船。

第七十五条 船舶、海上设施、航空器收到求救信号或者发现有人遭遇生命危险的，在不严重危及自身安全的情况下，应当尽力救助遇险人员。

第七十六条 海上搜救中心接到险情报告后，应当立即进行核实，及时组织、协调、指挥政府有关部门、专业搜救队伍、社会有关单位等各方力量参加搜救，并指定现场指挥。参加搜救的船舶、海上设施、航空器及人员应当服从现场指挥，及时报告搜救动态和搜救结果。

搜救行动的中止、恢复、终止决定由海上搜救中心作出。未经海上搜救中心同意，参加搜救的船舶、海上设施、航空器及人员不得擅自退出搜救行动。

军队参加海上搜救，依照有关法律、行政法规的规定执行。

第七十七条 遇险船舶、海上设施、航空器或者遇险人员应当服从海上搜救中心和现场指挥的指令，及时接受救助。

遇险船舶、海上设施、航空器不配合救助的，现场指挥根据险情危急情况，可以采取相应救助措施。

第七十八条 海上事故或者险情发生后，有关地方人民政府应当及时组织医疗机构为遇险人员提供紧急医疗救助，为获救人员提供必要的生活保障，并组织有关方面采取善后措施。

第七十九条 在中华人民共和国缔结或者参加的国际条约规定由我国承担搜救义务的海域内开展搜救，依照本章规定执行。

中国籍船舶在中华人民共和国管辖海域以及海上搜救责任区域以外的其他海域发生险情的，中国海上搜救中心接到信息后，应当依据中华人民共和国缔结或者参加的国际条约的规定开展国际协作。

第七章 海上交通事故调查处理

第八十条 船舶、海上设施发生海上交通事故，应当及时向海事管理机构报告，并接受调查。

第八十一条 海上交通事故根据造成的损害后果分为特别重大事故、重大事故、较大事故和一般事故。事故等级划分的人身伤亡标准依照有关安全生产的法律、行政法规的规定确定；事故等级划分的直接经济损失标准，由国务院交通运输主管部门会同国务院有关部门根据海上交通事故中的特殊情况确定，报国务院批准后公布施行。

第八十二条 特别重大海上交通事故由国务院或者国务院授权的部门组织事故调查组进行调查，海事管理机构应当参与或者配合开展调查工作。

其他海上交通事故由海事管理机构组织事故调查组进行调查，有关部门予以配合。国务院认为有必要的，可以直接组织或者授权有关部门组织事故调查组进行调查。

海事管理机构进行事故调查，事故涉及执行军事运输任务的，应当会同有关军事机关进行调查；涉及渔业船舶的，渔业渔政主管部门、海警机构应当参与调查。

第八十三条 调查海上交通事故，应当全面、客观、公正、及时，依法查明事故事实和原因，认定事故责任。

第八十四条 海事管理机构可以根据事故调查处理需要拆封、拆解当事船舶的航行数据记录装置或者读取其记录的信息，要求船舶驶向指定地点或者禁止其离港，扣留船舶或者海上设施的证书、文书、物品、资料等并妥善保管。有关人员应当配合事故调查。

第八十五条 海上交通事故调查组应当自事故发生之日起九十日内提交海上交通事故调查报告；特殊情况下，经负责组织事故调查组的部门负责人批准，提交事故调查报告的期限可以适当延长，但延长期限最长不得超过九十日。事故技术鉴定所需时间不计入事故调查期限。

海事管理机构应当自收到海上交通事故调查报告之日起十五个工作日内作出事故责任认定书，作为处理海上交通事故的证据。

事故损失较小、事实清楚、责任明确的，可以依照国务院交通运输主管部门的规定适用简易调查程序。

海上交通事故调查报告、事故责任认定书应当依照有关法律、行政法规的规定向社会公开。

第八十六条 中国籍船舶在中华人民共和国管辖海域外发生海上交通事故的，应当及时向海事管理机构报告事故情况并接受调查。

外国籍船舶在中华人民共和国管辖海域外发生事故，造成中国公民重伤或者死亡的，海事管理机构根据中华人民共和国缔结或者参加的国际条约的规定参与调查。

第八十七条　船舶、海上设施在海上遭遇恶劣天气、海况以及意外事故，造成或者可能造成损害，需要说明并记录时间、海域以及所采取的应对措施等具体情况的，可以向海事管理机构申请办理海事声明签注。海事管理机构应当依照规定提供签注服务。

第八章　监 督 管 理

第八十八条　海事管理机构对在中华人民共和国管辖海域内从事航行、停泊、作业以及其他与海上交通安全相关的活动，依法实施监督检查。

海事管理机构依照中华人民共和国法律、行政法规以及中华人民共和国缔结或者参加的国际条约对外国籍船舶实施港口国、沿岸国监督检查。

海事管理机构工作人员执行公务时，应当按照规定着装，佩戴职衔标志，出示执法证件，并自觉接受监督。

海事管理机构依法履行监督检查职责，有关单位、个人应当予以配合，不得拒绝、阻碍依法实施的监督检查。

第八十九条　海事管理机构实施监督检查可以采取登船检查、查验证书、现场检查、询问有关人员、电子监控等方式。

载运危险货物的船舶涉嫌存在瞒报、谎报危险货物等情况的，海事管理机构可以采取开箱查验等方式进行检查。海事管理机构应当将开箱查验情况通报有关部门。港口经营人和有关单位、个人应当予以协助。

第九十条　海事管理机构对船舶、海上设施实施监督检查时，应当避免、减少对其正常作业的影响。

除法律、行政法规另有规定或者不立即实施监督检查可能造成严重后果外，不得拦截正在航行中的船舶进行检查。

第九十一条　船舶、海上设施对港口安全具有威胁的，海事管理机构应当责令立即或者限期改正、限制操作，责令驶往指定地点、禁止进港或者将其驱逐出港。

船舶、海上设施处于不适航或者不适拖状态，船员、海上设施上的相关人员未持有有效的法定证书、文书，或者存在其他严重危害海上交通安全、污染海洋环境的隐患的，海事管理机构应当根据情况禁止有关船舶、海上设施进出港，暂扣有关证书、文书或者责令其停航、改航、驶往指定地点或者停止作业。船舶超载的，海事管理机构可以依法对船舶进行强制减载。因强制减载发生的费用由违法船舶所有人、经营人或者管理人承担。

船舶、海上设施发生海上交通事故、污染事故，未结清国家规定的税费、滞纳金且未提供担保或者未履行其他法定义务的，海事管理机构应当责令改正，并可以禁止其离港。

第九十二条 外国籍船舶可能威胁中华人民共和国内水、领海安全的，海事管理机构有权责令其离开。

外国籍船舶违反中华人民共和国海上交通安全或者防治船舶污染的法律、行政法规的，海事管理机构可以依法行使紧追权。

第九十三条 任何单位、个人有权向海事管理机构举报妨碍海上交通安全的行为。海事管理机构接到举报后，应当及时进行核实、处理。

第九十四条 海事管理机构在监督检查中，发现船舶、海上设施有违反其他法律、行政法规行为的，应当依法及时通报或者移送有关主管部门处理。

第九章 法律责任

第九十五条 船舶、海上设施未持有有效的证书、文书的，由海事管理机构责令改正，对违法船舶或者海上设施的所有人、经营人或者管理人处三万元以上三十万元以下的罚款，对船长和有关责任人员处三千元以上三万元以下的罚款；情节严重的，暂扣船长、责任船员的船员适任证书十八个月至三十个月，直至吊销船员适任证书；对船舶持有的伪造、变造证书、文书，予以没收；对存在严重安全隐患的船舶，可以依法予以没收。

第九十六条 船舶或者海上设施有下列情形之一的，由海事管理机构责令改正，对违法船舶或者海上设施的所有人、经营人或者管理人处二万元以上二十万元以下的罚款，对船长和有关责任人员处二千元以上二万元以下的罚款；情节严重的，吊销违法船舶所有人、经营人或者管理人的有关证书、文书，暂扣船长、责任船员的船员适任证书十二个月至二十四个月，直至吊销船员适任证书：

（一）船舶、海上设施的实际状况与持有的证书、文书不符；

（二）船舶未依法悬挂国旗，或者违法悬挂其他国家、地区或者组织的旗帜；

（三）船舶未按规定标明船名、船舶识别号、船籍港、载重线标志；

（四）船舶、海上设施的配员不符合最低安全配员要求。

第九十七条　在船舶上工作未持有船员适任证书、船员健康证明或者所持船员适任证书、健康证明不符合要求的，由海事管理机构对船舶的所有人、经营人或者管理人处一万元以上十万元以下的罚款，对责任船员处三千元以上三万元以下的罚款；情节严重的，对船舶的所有人、经营人或者管理人处三万元以上三十万元以下的罚款，暂扣责任船员的船员适任证书六个月至十二个月，直至吊销船员适任证书。

第九十八条　以欺骗、贿赂等不正当手段为中国籍船舶取得相关证书、文书的，由海事管理机构撤销有关许可，没收相关证书、文书，对船舶所有人、经营人或者管理人处四万元以上四十万元以下的罚款。

以欺骗、贿赂等不正当手段取得船员适任证书的，由海事管理机构撤销有关许可，没收船员适任证书，对责任人员处五千元以上五万元以下的罚款。

第九十九条　船员未保持安全值班，违反规定摄入可能影响安全值班的食品、药品或者其他物品，或者有其他违反海上船员值班规则的行为的，由海事管理机构对船长、责任船员处一千元以上一万元以下的罚款，或者暂扣船员适任证书三个月至十二个月；情节严重的，吊销船长、责任船员的船员适任证书。

第一百条　有下列情形之一的，由海事管理机构责令改正；情节严重的，处三万元以上十万元以下的罚款：

（一）建设海洋工程、海岸工程未按规定配备相应的防止船舶碰撞的设施、设备并设置专用航标；

（二）损坏海上交通支持服务系统或者妨碍其工作效能；

（三）未经海事管理机构同意设置、撤除专用航标，移动专用航标位置或者改变航标灯光、功率等其他状况，或者设置临时航标不符合海事管理机构确定的航标设置点；

（四）在安全作业区、港外锚地范围内从事养殖、种植、捕捞以及其他影响海上交通安全的作业或者活动。

第一百零一条 有下列情形之一的，由海事管理机构责令改正，对有关责任人员处三万元以下的罚款；情节严重的，处三万元以上十万元以下的罚款，并暂扣责任船员的船员适任证书一个月至三个月：

（一）承担无线电通信任务的船员和岸基无线电台（站）的工作人员未保持海上交通安全通信频道的值守和畅通，或者使用海上交通安全通信频率交流与海上交通安全无关的内容；

（二）违反国家有关规定使用无线电台识别码，影响海上搜救的身份识别；

（三）其他违反海上无线电通信规则的行为。

第一百零二条 船舶未依照本法规定申请引航的，由海事管理机构对违法船舶的所有人、经营人或者管理人处五万元以上五十万元以下的罚款，对船长处一千元以上一万元以下的罚款；情节严重的，暂扣有关船舶证书三个月至十二个月，暂扣船长的船员适任证书一个月至三个月。

引航机构派遣引航员存在过失，造成船舶损失的，由海事管理机构对引航机构处三万元以上三十万元以下的罚款。

未经引航机构指派擅自提供引航服务的，由海事管理机构对引领船舶的人员处三千元以上三万元以下的罚款。

第一百零三条 船舶在海上航行、停泊、作业，有下列情形之一的，由海事管理机构责令改正，对违法船舶的所有人、经营人或者管理人处二万元以上二十万元以下的罚款，对船长、责任船员处二千元以上二万元以下的罚款，暂扣船员适任证书三个月至十二个月；情节严重的，吊销船长、责任船员的船员适任证书：

（一）船舶进出港口、锚地或者通过桥区水域、海峡、狭水道、重要渔业水域、通航船舶密集的区域、船舶定线区、交通管制区时，未加强瞭望、保持安全航速并遵守前述区域的特殊航行规则；

（二）未按照有关规定显示信号、悬挂标志或者保持足够的富余水深；

（三）不符合安全开航条件冒险开航，违章冒险操作、作业，或者未按照船舶检验证书载明的航区航行、停泊、作业；

（四）未按照有关规定开启船舶的自动识别、航行数据记录、远程识别和跟踪、通信等与航行安全、保安、防治污染相关的装置，并持续进行显示和记录；

（五）擅自拆封、拆解、初始化、再设置航行数据记录装置或者读取其记录的信息；

（六）船舶穿越航道妨碍航道内船舶的正常航行，抢越他船船艏或者超过桥梁通航尺度进入桥区水域；

（七）船舶违反规定进入或者穿越禁航区；

（八）船舶载运或者拖带超长、超高、超宽、半潜的船舶、海上设施或者其他物体航行，未采取特殊的安全保障措施，未在开航前向海事管理机构报告航行计划，未按规定显示信号、悬挂标志，或者拖带移动式平台、浮船坞等大型海上设施未依法交验船舶检验机构出具的拖航检验证书；

（九）船舶在不符合安全条件的码头、泊位、装卸站、锚地、安全作业区停泊，或者停泊危及其他船舶、海上设施的安全；

（十）船舶违反规定超过检验证书核定的载客定额、载重线、载货种类载运乘客、货物，或者客船载运乘客同时载运危险货物；

（十一）客船未向乘客明示安全须知、设置安全标志和警示；

（十二）未按照有关法律、行政法规、规章以及强制性标准和技术规范的要求安全装卸、积载、隔离、系固和管理货物；

（十三）其他违反海上航行、停泊、作业规则的行为。

第一百零四条　国际航行船舶未经许可进出口岸的，由海事管理机构对违法船舶的所有人、经营人或者管理人处三千元以上三万元以下的罚款，对船长、责任船员或者其他责任人员，处二千元以上二万元以下的罚款；情节严重的，吊销船长、责任船员的船员适任证书。

国内航行船舶进出港口、港外装卸站未依法向海事管理机构报告的，由海事管理机构对违法船舶的所有人、经营人或者管理人处三千元以上三万元以下的罚款，对船长、责任船员或者其他责任人员处五百元以上五千元以下的罚款。

第一百零五条　船舶、海上设施未经许可从事海上施工作业，或者未按照许可要求、超出核定的安全作业区进行作业的，由海事管理机构责令改正，对违法船舶、海上设施的所有人、经营人或者管理人处三万元以上三十万元以下的罚款，对船长、责任船员处三千元以上三万元以下的罚款，或者暂扣船员适任证书六个月至十二个月；情节严重的，吊销船长、责任船员的船员适任证书。

从事可能影响海上交通安全的水上水下活动，未按规定提前报告海事管理机构的，由海事管理机构对违法船舶、海上设施的所有人、经营人或者管理人处一万元以上三万元以下的罚款，对船长、责任船员处二千元以上二万元以下的罚款。

第一百零六条 碍航物的所有人、经营人或者管理人有下列情形之一的，由海事管理机构责令改正，处二万元以上二十万元以下的罚款；逾期未改正的，海事管理机构有权依法实施代履行，代履行的费用由碍航物的所有人、经营人或者管理人承担：

（一）未按照有关强制性标准和技术规范的要求及时设置警示标志；

（二）未向海事管理机构报告碍航物的名称、形状、尺寸、位置和深度；

（三）未在海事管理机构限定的期限内打捞清除碍航物。

第一百零七条 外国籍船舶进出中华人民共和国内水、领海违反本法规定的，由海事管理机构对违法船舶的所有人、经营人或者管理人处五万元以上五十万元以下的罚款，对船长处一万元以上三万元以下的罚款。

第一百零八条 载运危险货物的船舶有下列情形之一的，海事管理机构应当责令改正，对违法船舶的所有人、经营人或者管理人处五万元以上五十万元以下的罚款，对船长、责任船员或者其他责任人员，处五千元以上五万元以下的罚款；情节严重的，责令停止作业或者航行，暂扣船长、责任船员的船员适任证书六个月至十二个月，直至吊销船员适任证书：

（一）未经许可进出港口或者从事散装液体危险货物过驳作业；

（二）未按规定编制相应的应急处置预案，配备相应的消防、应急设备和器材；

（三）违反有关强制性标准和安全作业操作规程的要求从事危险货物装卸、过驳作业。

第一百零九条 托运人托运危险货物，有下列情形之一的，由海事管理机构责令改正，处五万元以上三十万元以下的罚款：

（一）未将托运的危险货物的正式名称、危险性质以及应当采取的防护措施通知承运人；

（二）未按照有关法律、行政法规、规章以及强制性标准和技术规范的要求对危险货物妥善包装，设置明显的危险品标志和标签；

（三）在托运的普通货物中夹带危险货物或者将危险货物谎报为普通货物托运；

（四）未依法提交有关专业机构出具的表明该货物危险特性以及应当采取的防护措施等情况的文件。

第一百一十条 船舶、海上设施遇险或者发生海上交通事故后未履行报告义务，或者存在瞒报、谎报情形的，由海事管理机构对违法船舶、海上设施的所有人、经营人或者管理人处三千元以上三万元以下的罚款，对船长、责任船员处二千元以上二万元以下的罚款，暂扣船员适任证书六个月至二十四个月；情节严重的，对违法船舶、海上设施的所有人、经营人或者管理人处一万元以上十万元以下的罚款，吊销船长、责任船员的船员适任证书。

第一百一十一条 船舶发生海上交通事故后逃逸的，由海事管理机构对违法船舶的所有人、经营人或者管理人处十万元以上五十万元以下的罚款，对船长、责任船员处五千元以上五万元以下的罚款并吊销船员适任证书，受处罚者终身不得重新申请。

第一百一十二条 船舶、海上设施不依法履行海上救助义务，不服从海上搜救中心指挥的，由海事管理机构对船舶、海上设施的所有人、经营人或者管理人处三万元以上三十万元以下的罚款，暂扣船长、责任船员的船员适任证书六个月至十二个月，直至吊销船员适任证书。

第一百一十三条 有关单位、个人拒绝、阻碍海事管理机构监督检查，或者在接受监督检查时弄虚作假的，由海事管理机构处二千元以上二万元以下的罚款，暂扣船长、责任船员的船员适任证书六个月至二十四个月，直至吊销船员适任证书。

第一百一十四条 交通运输主管部门、海事管理机构及其他有关部门的工作人员违反本法规定，滥用职权、玩忽职守、徇私舞弊的，依法给予处分。

第一百一十五条 因海上交通事故引发民事纠纷的，当事人可以依法申请仲裁或者向人民法院提起诉讼。

第一百一十六条 违反本法规定，构成违反治安管理行为的，依法给予治安管理处罚；造成人身、财产损害的，依法承担民事责任；构成犯罪的，依法追究刑事责任。

第十章 附 则

第一百一十七条 本法下列用语的含义是：

船舶，是指各类排水或者非排水的船、艇、筏、水上飞行器、潜水器、移动式平台以及其他移动式装置。

海上设施，是指水上水下各种固定或者浮动建筑、装置和固定平台，但是不包括码头、防波堤等港口设施。

内水，是指中华人民共和国领海基线向陆地一侧至海岸线的海域。

施工作业，是指勘探、采掘、爆破，构筑、维修、拆除水上水下构筑物或者设施，航道建设、疏浚（航道养护疏浚除外）作业，打捞沉船沉物。

海上交通事故，是指船舶、海上设施在航行、停泊、作业过程中发生的，由于碰撞、搁浅、触礁、触碰、火灾、风灾、浪损、沉没等原因造成人员伤亡或者财产损失的事故。

海上险情，是指对海上生命安全、水域环境构成威胁，需立即采取措施规避、控制、减轻和消除的各种情形。

危险货物，是指国际海上危险货物运输规则和国家危险货物品名表上列明的，易燃、易爆、有毒、有腐蚀性、有放射性、有污染危害性等，在船舶载运过程中可能造成人身伤害、财产损失或者环境污染而需要采取特别防护措施的货物。

海上渡口，是指海上岛屿之间、海上岛屿与大陆之间，以及隔海相望的大陆与大陆之间，专用于渡船渡运人员、行李、车辆的交通基础设施。

第一百一十八条 公务船舶检验、船员配备的具体办法由国务院交通运输主管部门会同有关主管部门另行制定。

体育运动船舶的登记、检验办法由国务院体育主管部门另行制定。训练、比赛期间的体育运动船舶的海上交通安全监督管理由体育主管部门负责。

渔业船员、渔业无线电、渔业航标的监督管理，渔业船舶的登记管理，渔港水域内的海上交通安全管理，渔业船舶（含外国籍渔业船舶）之间交通事故的调查处理，由县级以上人民政府渔业渔政主管部门负责。法律、行政法规或者国务院对渔业船舶之间交通事故的调查处理另有规定的，从其规定。

除前款规定外，渔业船舶的海上交通安全管理由海事管理机构负责。渔业船舶的检验及其监督管理，由海事管理机构依照有关法律、行政法规的规定执行。

浮式储油装置等海上石油、天然气生产设施的检验适用有关法律、行政法规的规定。

第一百一十九条　海上军事管辖区和军用船舶、海上设施的内部海上交通安全管理，军用航标的设立和管理，以及为军事目的进行作业或者水上水下活动的管理，由中央军事委员会另行制定管理办法。

划定、调整海上交通功能区或者领海内特定水域，划定海上渡口的渡运线路，许可海上施工作业，可能对军用船舶的战备、训练、执勤等行动造成影响的，海事管理机构应当事先征求有关军事机关的意见。

执行军事运输任务有特殊需要的，有关军事机关应当及时向海事管理机构通报相关信息。海事管理机构应当给予必要的便利。

海上交通安全管理涉及国防交通、军事设施保护的，依照有关法律的规定执行。

第一百二十条　外国籍公务船舶在中华人民共和国领海航行、停泊、作业，违反中华人民共和国法律、行政法规的，依照有关法律、行政法规的规定处理。

在中华人民共和国管辖海域内的外国籍军用船舶的管理，适用有关法律的规定。

第一百二十一条　中华人民共和国缔结或者参加的国际条约同本法有不同规定的，适用国际条约的规定，但中华人民共和国声明保留的条款除外。

第一百二十二条　本法自 2021 年 9 月 1 日起施行。

安全生产许可证条例

（2004 年 1 月 13 日国务院令第 397 号公布　根据 2013 年 7 月 18 日国务院令第 638 号《关于废止和修改部分行政法规的决定》第一次修订　根据 2014 年 7 月 29 日国务院令第 653 号《关于修改部分行政法规的决定》第二次修订）

第一条　为了严格规范安全生产条件，进一步加强安全生产监督管理，防止和减少生产安全事故，根据《中华人民共和国安全生产法》的有关规定，制定本条例。

第二条　国家对矿山企业、建筑施工企业和危险化学品、烟花爆竹、民用爆炸物品生产企业（以下统称企业）实行安全生产许可制度。

企业未取得安全生产许可证的，不得从事生产活动。

第三条　国务院安全生产监督管理部门负责中央管理的非煤矿矿山企业和危险化学品、烟花爆竹生产企业安全生产许可证的颁发和管理。

省、自治区、直辖市人民政府安全生产监督管理部门负责前款规定以外的非煤矿矿山企业和危险化学品、烟花爆竹生产企业安全生产许可证的颁发和管理，并接受国务院安全生产监督管理部门的指导和监督。

国家煤矿安全监察机构负责中央管理的煤矿企业安全生产许可证的颁发和管理。

在省、自治区、直辖市设立的煤矿安全监察机构负责前款规定以外的其他煤矿企业安全生产许可证的颁发和管理，并接受国家煤矿安全监察机构的指导和监督。

第四条　省、自治区、直辖市人民政府建设主管部门负责建筑施工企业安全生产许可证的颁发和管理，并接受国务院建设主管部门的指导和监督。

第五条　省、自治区、直辖市人民政府民用爆炸物品行业主管部门负责民用爆炸物品生产企业安全生产许可证的颁发和管理，并接受国务院民用爆炸物品行业主管部门的指导和监督。

第六条　企业取得安全生产许可证，应当具备下列安全生产条件：

（一）建立、健全安全生产责任制，制定完备的安全生产规章制度和操作规程；

（二）安全投入符合安全生产要求；

（三）设置安全生产管理机构，配备专职安全生产管理人员；

（四）主要负责人和安全生产管理人员经考核合格；

（五）特种作业人员经有关业务主管部门考核合格，取得特种作业操作资格证书；

（六）从业人员经安全生产教育和培训合格；

（七）依法参加工伤保险，为从业人员缴纳保险费；

（八）厂房、作业场所和安全设施、设备、工艺符合有关安全生产法律、法规、标准和规程的要求；

（九）有职业危害防治措施，并为从业人员配备符合国家标准或者行业标准的劳动防护用品；

（十）依法进行安全评价；

（十一）有重大危险源检测、评估、监控措施和应急预案；

（十二）有生产安全事故应急救援预案、应急救援组织或者应急救援人员，配备必要的应急救援器材、设备；

（十三）法律、法规规定的其他条件。

第七条　企业进行生产前，应当依照本条例的规定向安全生产许可证颁发管理机关申请领取安全生产许可证，并提供本条例第六条规定的相关文件、资料。安全生产许可证颁发管理机关应当自收到申请之日起 45 日内审查完毕，经审查符合本条例规定的安全生产条件的，颁发安全生产许可证；不符合本条例规定的安全生产条件的，不予颁发安全生产许可证，书面通知企业并说明理由。

煤矿企业应当以矿（井）为单位，依照本条例的规定取得安全生产许可证。

第八条　安全生产许可证由国务院安全生产监督管理部门规定统一的式样。

第九条 安全生产许可证的有效期为 3 年。安全生产许可证有效期满需要延期的，企业应当于期满前 3 个月向原安全生产许可证颁发管理机关办理延期手续。

企业在安全生产许可证有效期内，严格遵守有关安全生产的法律法规，未发生死亡事故的，安全生产许可证有效期届满时，经原安全生产许可证颁发管理机关同意，不再审查，安全生产许可证有效期延期 3 年。

第十条 安全生产许可证颁发管理机关应当建立、健全安全生产许可证档案管理制度，并定期向社会公布企业取得安全生产许可证的情况。

第十一条 煤矿企业安全生产许可证颁发管理机关、建筑施工企业安全生产许可证颁发管理机关、民用爆炸物品生产企业安全生产许可证颁发管理机关，应当每年向同级安全生产监督管理部门通报其安全生产许可证颁发和管理情况。

第十二条 国务院安全生产监督管理部门和省、自治区、直辖市人民政府安全生产监督管理部门对建筑施工企业、民用爆炸物品生产企业、煤矿企业取得安全生产许可证的情况进行监督。

第十三条 企业不得转让、冒用安全生产许可证或者使用伪造的安全生产许可证。

第十四条 企业取得安全生产许可证后，不得降低安全生产条件，并应当加强日常安全生产管理，接受安全生产许可证颁发管理机关的监督检查。

安全生产许可证颁发管理机关应当加强对取得安全生产许可证的企业的监督检查，发现其不再具备本条例规定的安全生产条件的，应当暂扣或者吊销安全生产许可证。

第十五条 安全生产许可证颁发管理机关工作人员在安全生产许可证颁发、管理和监督检查工作中，不得索取或者接受企业的财物，不得谋取其他利益。

第十六条 监察机关依照《中华人民共和国行政监察法》的规定，对安全生产许可证颁发管理机关及其工作人员履行本条例规定的职责实施监察。

第十七条 任何单位或者个人对违反本条例规定的行为，有权向安全生产许可证颁发管理机关或者监察机关等有关部门举报。

第十八条 安全生产许可证颁发管理机关工作人员有下列行为之一的，

给予降级或者撤职的行政处分；构成犯罪的，依法追究刑事责任：

（一）向不符合本条例规定的安全生产条件的企业颁发安全生产许可证的；

（二）发现企业未依法取得安全生产许可证擅自从事生产活动，不依法处理的；

（三）发现取得安全生产许可证的企业不再具备本条例规定的安全生产条件，不依法处理的；

（四）接到对违反本条例规定行为的举报后，不及时处理的；

（五）在安全生产许可证颁发、管理和监督检查工作中，索取或者接受企业的财物，或者谋取其他利益的。

第十九条　违反本条例规定，未取得安全生产许可证擅自进行生产的，责令停止生产，没收违法所得，并处10万元以上50万元以下的罚款；造成重大事故或者其他严重后果，构成犯罪的，依法追究刑事责任。

第二十条　违反本条例规定，安全生产许可证有效期满未办理延期手续，继续进行生产的，责令停止生产，限期补办延期手续，没收违法所得，并处5万元以上10万元以下的罚款；逾期仍不办理延期手续，继续进行生产的，依照本条例第十九条的规定处罚。

第二十一条　违反本条例规定，转让安全生产许可证的，没收违法所得，处10万元以上50万元以下的罚款，并吊销其安全生产许可证；构成犯罪的，依法追究刑事责任；接受转让的，依照本条例第十九条的规定处罚。

冒用安全生产许可证或者使用伪造的安全生产许可证的，依照本条例第十九条的规定处罚。

第二十二条　本条例施行前已经进行生产的企业，应当自本条例施行之日起1年内，依照本条例的规定向安全生产许可证颁发管理机关申请办理安全生产许可证；逾期不办理安全生产许可证，或者经审查不符合本条例规定的安全生产条件，未取得安全生产许可证，继续进行生产的，依照本条例第十九条的规定处罚。

第二十三条　本条例规定的行政处罚，由安全生产许可证颁发管理机关决定。

第二十四条　本条例自公布之日起施行。

生产安全事故报告和调查处理条例

（2007年4月9日国务院令第493号公布
自2007年6月1日起施行）

第一章　总　　则

第一条　为了规范生产安全事故的报告和调查处理，落实生产安全事故责任追究制度，防止和减少生产安全事故，根据《中华人民共和国安全生产法》和有关法律，制定本条例。

第二条　生产经营活动中发生的造成人身伤亡或者直接经济损失的生产安全事故的报告和调查处理，适用本条例；环境污染事故、核设施事故、国防科研生产事故的报告和调查处理不适用本条例。

第三条　根据生产安全事故（以下简称事故）造成的人员伤亡或者直接经济损失，事故一般分为以下等级：

（一）特别重大事故，是指造成30人以上死亡，或者100人以上重伤（包括急性工业中毒，下同），或者1亿元以上直接经济损失的事故；

（二）重大事故，是指造成10人以上30人以下死亡，或者50人以上100人以下重伤，或者5000万元以上1亿元以下直接经济损失的事故；

（三）较大事故，是指造成3人以上10人以下死亡，或者10人以上50人以下重伤，或者1000万元以上5000万元以下直接经济损失的事故；

（四）一般事故，是指造成3人以下死亡，或者10人以下重伤，或者1000万元以下直接经济损失的事故。

国务院安全生产监督管理部门可以会同国务院有关部门，制定事故等级划分的补充性规定。

本条第一款所称的“以上”包括本数，所称的“以下”不包括本数。

第四条　事故报告应当及时、准确、完整，任何单位和个人对事故不得迟报、漏报、谎报或者瞒报。

事故调查处理应当坚持实事求是、尊重科学的原则，及时、准确地查清事故经过、事故原因和事故损失，查明事故性质，认定事故责任，总结事故教训，提出整改措施，并对事故责任者依法追究责任。

第五条　县级以上人民政府应当依照本条例的规定，严格履行职责，及时、准确地完成事故调查处理工作。

事故发生地有关地方人民政府应当支持、配合上级人民政府或者有关部门的事故调查处理工作，并提供必要的便利条件。

参加事故调查处理的部门和单位应当互相配合，提高事故调查处理工作的效率。

第六条　工会依法参加事故调查处理，有权向有关部门提出处理意见。

第七条　任何单位和个人不得阻挠和干涉对事故的报告和依法调查处理。

第八条　对事故报告和调查处理中的违法行为，任何单位和个人有权向安全生产监督管理部门、监察机关或者其他有关部门举报，接到举报的部门应当依法及时处理。

第二章　事 故 报 告

第九条　事故发生后，事故现场有关人员应当立即向本单位负责人报告；单位负责人接到报告后，应当于 1 小时内向事故发生地县级以上人民政府安全生产监督管理部门和负有安全生产监督管理职责的有关部门报告。

情况紧急时，事故现场有关人员可以直接向事故发生地县级以上人民政府安全生产监督管理部门和负有安全生产监督管理职责的有关部门报告。

第十条　安全生产监督管理部门和负有安全生产监督管理职责的有关部门接到事故报告后，应当依照下列规定上报事故情况，并通知公安机关、劳动保障行政部门、工会和人民检察院：

（一）特别重大事故、重大事故逐级上报至国务院安全生产监督管理部门和负有安全生产监督管理职责的有关部门；

（二）较大事故逐级上报至省、自治区、直辖市人民政府安全生产监督管理部门和负有安全生产监督管理职责的有关部门；

（三）一般事故上报至设区的市级人民政府安全生产监督管理部门和负有安全生产监督管理职责的有关部门。

安全生产监督管理部门和负有安全生产监督管理职责的有关部门依照前款规定上报事故情况，应当同时报告本级人民政府。国务院安全生产监督管理部门和负有安全生产监督管理职责的有关部门以及省级人民政府接到发生特别重大事故、重大事故的报告后，应当立即报告国务院。

必要时，安全生产监督管理部门和负有安全生产监督管理职责的有关部门可以越级上报事故情况。

第十一条 安全生产监督管理部门和负有安全生产监督管理职责的有关部门逐级上报事故情况，每级上报的时间不得超过 2 小时。

第十二条 报告事故应当包括下列内容：

（一）事故发生单位概况；

（二）事故发生的时间、地点以及事故现场情况；

（三）事故的简要经过；

（四）事故已经造成或者可能造成的伤亡人数（包括下落不明的人数）和初步估计的直接经济损失；

（五）已经采取的措施；

（六）其他应当报告的情况。

第十三条 事故报告后出现新情况的，应当及时补报。

自事故发生之日起 30 日内，事故造成的伤亡人数发生变化的，应当及时补报。道路交通事故、火灾事故自发生之日起 7 日内，事故造成的伤亡人数发生变化的，应当及时补报。

第十四条 事故发生单位负责人接到事故报告后，应当立即启动事故相应应急预案，或者采取有效措施，组织抢救，防止事故扩大，减少人员伤亡和财产损失。

第十五条 事故发生地有关地方人民政府、安全生产监督管理部门和负有安全生产监督管理职责的有关部门接到事故报告后，其负责人应当立即赶赴事故现场，组织事故救援。

第十六条 事故发生后，有关单位和人员应当妥善保护事故现场以及相关证据，任何单位和个人不得破坏事故现场、毁灭相关证据。

因抢救人员、防止事故扩大以及疏通交通等原因，需要移动事故现场物件的，应当做出标志，绘制现场简图并做出书面记录，妥善保存现场重要痕迹、物证。

第十七条　事故发生地公安机关根据事故的情况，对涉嫌犯罪的，应当依法立案侦查，采取强制措施和侦查措施。犯罪嫌疑人逃匿的，公安机关应当迅速追捕归案。

第十八条　安全生产监督管理部门和负有安全生产监督管理职责的有关部门应当建立值班制度，并向社会公布值班电话，受理事故报告和举报。

第三章　事 故 调 查

第十九条　特别重大事故由国务院或者国务院授权有关部门组织事故调查组进行调查。

重大事故、较大事故、一般事故分别由事故发生地省级人民政府、设区的市级人民政府、县级人民政府负责调查。省级人民政府、设区的市级人民政府、县级人民政府可以直接组织事故调查组进行调查，也可以授权或者委托有关部门组织事故调查组进行调查。

未造成人员伤亡的一般事故，县级人民政府也可以委托事故发生单位组织事故调查组进行调查。

第二十条　上级人民政府认为必要时，可以调查由下级人民政府负责调查的事故。

自事故发生之日起30日内（道路交通事故、火灾事故自发生之日起7日内），因事故伤亡人数变化导致事故等级发生变化，依照本条例规定应当由上级人民政府负责调查的，上级人民政府可以另行组织事故调查组进行调查。

第二十一条　特别重大事故以下等级事故，事故发生地与事故发生单位不在同一个县级以上行政区域的，由事故发生地人民政府负责调查，事故发生单位所在地人民政府应当派人参加。

第二十二条　事故调查组的组成应当遵循精简、效能的原则。

根据事故的具体情况，事故调查组由有关人民政府、安全生产监督管理部门、负有安全生产监督管理职责的有关部门、监察机关、公安机关以及工会派人组成，并应当邀请人民检察院派人参加。

事故调查组可以聘请有关专家参与调查。

第二十三条 事故调查组成员应当具有事故调查所需要的知识和专长，并与所调查的事故没有直接利害关系。

第二十四条 事故调查组组长由负责事故调查的人民政府指定。事故调查组组长主持事故调查组的工作。

第二十五条 事故调查组履行下列职责：

（一）查明事故发生的经过、原因、人员伤亡情况及直接经济损失；

（二）认定事故的性质和事故责任；

（三）提出对事故责任者的处理建议；

（四）总结事故教训，提出防范和整改措施；

（五）提交事故调查报告。

第二十六条 事故调查组有权向有关单位和个人了解与事故有关的情况，并要求其提供相关文件、资料，有关单位和个人不得拒绝。

事故发生单位的负责人和有关人员在事故调查期间不得擅离职守，并应当随时接受事故调查组的询问，如实提供有关情况。

事故调查中发现涉嫌犯罪的，事故调查组应当及时将有关材料或者其复印件移交司法机关处理。

第二十七条 事故调查中需要进行技术鉴定的，事故调查组应当委托具有国家规定资质的单位进行技术鉴定。必要时，事故调查组可以直接组织专家进行技术鉴定。技术鉴定所需时间不计入事故调查期限。

第二十八条 事故调查组成员在事故调查工作中应当诚信公正、恪尽职守，遵守事故调查组的纪律，保守事故调查的秘密。

未经事故调查组组长允许，事故调查组成员不得擅自发布有关事故的信息。

第二十九条 事故调查组应当自事故发生之日起60日内提交事故调查报告；特殊情况下，经负责事故调查的人民政府批准，提交事故调查报告的期限可以适当延长，但延长的期限最长不超过60日。

第三十条 事故调查报告应当包括下列内容：

（一）事故发生单位概况；

（二）事故发生经过和事故救援情况；

（三）事故造成的人员伤亡和直接经济损失；

（四）事故发生的原因和事故性质；

（五）事故责任的认定以及对事故责任者的处理建议；

（六）事故防范和整改措施。

事故调查报告应当附具有关证据材料。事故调查组成员应当在事故调查报告上签名。

第三十一条　事故调查报告报送负责事故调查的人民政府后，事故调查工作即告结束。事故调查的有关资料应当归档保存。

第四章　事 故 处 理

第三十二条　重大事故、较大事故、一般事故，负责事故调查的人民政府应当自收到事故调查报告之日起15日内做出批复；特别重大事故，30日内做出批复，特殊情况下，批复时间可以适当延长，但延长的时间最长不超过30日。

有关机关应当按照人民政府的批复，依照法律、行政法规规定的权限和程序，对事故发生单位和有关人员进行行政处罚，对负有事故责任的国家工作人员进行处分。

事故发生单位应当按照负责事故调查的人民政府的批复，对本单位负有事故责任的人员进行处理。

负有事故责任的人员涉嫌犯罪的，依法追究刑事责任。

第三十三条　事故发生单位应当认真吸取事故教训，落实防范和整改措施，防止事故再次发生。防范和整改措施的落实情况应当接受工会和职工的监督。

安全生产监督管理部门和负有安全生产监督管理职责的有关部门应当对事故发生单位落实防范和整改措施的情况进行监督检查。

第三十四条　事故处理的情况由负责事故调查的人民政府或者其授权的有关部门、机构向社会公布，依法应当保密的除外。

第五章 法律责任

第三十五条 事故发生单位主要负责人有下列行为之一的，处上一年年收入40%至80%的罚款；属于国家工作人员的，并依法给予处分；构成犯罪的，依法追究刑事责任：

（一）不立即组织事故抢救的；

（二）迟报或者漏报事故的；

（三）在事故调查处理期间擅离职守的。

第三十六条 事故发生单位及其有关人员有下列行为之一的，对事故发生单位处100万元以上500万元以下的罚款；对主要负责人、直接负责的主管人员和其他直接责任人员处上一年年收入60%至100%的罚款；属于国家工作人员的，并依法给予处分；构成违反治安管理行为的，由公安机关依法给予治安管理处罚；构成犯罪的，依法追究刑事责任：

（一）谎报或者瞒报事故的；

（二）伪造或者故意破坏事故现场的；

（三）转移、隐匿资金、财产，或者销毁有关证据、资料的；

（四）拒绝接受调查或者拒绝提供有关情况和资料的；

（五）在事故调查中作伪证或者指使他人作伪证的；

（六）事故发生后逃匿的。

第三十七条 事故发生单位对事故发生负有责任的，依照下列规定处以罚款：

（一）发生一般事故的，处10万元以上20万元以下的罚款；

（二）发生较大事故的，处20万元以上50万元以下的罚款；

（三）发生重大事故的，处50万元以上200万元以下的罚款；

（四）发生特别重大事故的，处200万元以上500万元以下的罚款。

第三十八条 事故发生单位主要负责人未依法履行安全生产管理职责，导致事故发生的，依照下列规定处以罚款；属于国家工作人员的，并依法给予处分；构成犯罪的，依法追究刑事责任：

（一）发生一般事故的，处上一年年收入30%的罚款；

（二）发生较大事故的，处上一年年收入40%的罚款；

（三）发生重大事故的，处上一年年收入60%的罚款；

（四）发生特别重大事故的，处上一年年收入80%的罚款。

第三十九条　有关地方人民政府、安全生产监督管理部门和负有安全生产监督管理职责的有关部门有下列行为之一的，对直接负责的主管人员和其他直接责任人员依法给予处分；构成犯罪的，依法追究刑事责任：

（一）不立即组织事故抢救的；

（二）迟报、漏报、谎报或者瞒报事故的；

（三）阻碍、干涉事故调查工作的；

（四）在事故调查中作伪证或者指使他人作伪证的。

第四十条　事故发生单位对事故发生负有责任的，由有关部门依法暂扣或者吊销其有关证照；对事故发生单位负有事故责任的有关人员，依法暂停或者撤销其与安全生产有关的执业资格、岗位证书；事故发生单位主要负责人受到刑事处罚或者撤职处分的，自刑罚执行完毕或者受处分之日起，5年内不得担任任何生产经营单位的主要负责人。

为发生事故的单位提供虚假证明的中介机构，由有关部门依法暂扣或者吊销其有关证照及其相关人员的执业资格；构成犯罪的，依法追究刑事责任。

第四十一条　参与事故调查的人员在事故调查中有下列行为之一的，依法给予处分；构成犯罪的，依法追究刑事责任：

（一）对事故调查工作不负责任，致使事故调查工作有重大疏漏的；

（二）包庇、袒护负有事故责任的人员或者借机打击报复的。

第四十二条　违反本条例规定，有关地方人民政府或者有关部门故意拖延或者拒绝落实经批复的对事故责任人的处理意见的，由监察机关对有关责任人员依法给予处分。

第四十三条　本条例规定的罚款的行政处罚，由安全生产监督管理部门决定。

法律、行政法规对行政处罚的种类、幅度和决定机关另有规定的，依照其规定。

第六章　附　　则

第四十四条　没有造成人员伤亡，但是社会影响恶劣的事故，国务院或者有关地方人民政府认为需要调查处理的，依照本条例的有关规定执行。

国家机关、事业单位、人民团体发生的事故的报告和调查处理，参照本条例的规定执行。

第四十五条　特别重大事故以下等级事故的报告和调查处理，有关法律、行政法规或者国务院另有规定的，依照其规定。

第四十六条　本条例自2007年6月1日起施行。国务院1989年3月29日公布的《特别重大事故调查程序暂行规定》和1991年2月22日公布的《企业职工伤亡事故报告和处理规定》同时废止。

大型群众性活动安全管理条例

（2007年9月14日国务院令第505号公布
自2007年10月1日起施行）

第一章　总　　则

第一条　为了加强对大型群众性活动的安全管理，保护公民生命和财产安全，维护社会治安秩序和公共安全，制定本条例。

第二条　本条例所称大型群众性活动，是指法人或者其他组织面向社会公众举办的每场次预计参加人数达到1000人以上的下列活动：

（一）体育比赛活动；

（二）演唱会、音乐会等文艺演出活动；

（三）展览、展销等活动；

（四）游园、灯会、庙会、花会、焰火晚会等活动；

（五）人才招聘会、现场开奖的彩票销售等活动。

影剧院、音乐厅、公园、娱乐场所等在其日常业务范围内举办的活动，不适用本条例的规定。

第三条　大型群众性活动的安全管理应当遵循安全第一、预防为主的方针，坚持承办者负责、政府监管的原则。

第四条　县级以上人民政府公安机关负责大型群众性活动的安全管理工作。

县级以上人民政府其他有关主管部门按照各自的职责，负责大型群众性活动的有关安全工作。

第二章　安 全 责 任

第五条　大型群众性活动的承办者（以下简称承办者）对其承办活动的

安全负责，承办者的主要负责人为大型群众性活动的安全责任人。

第六条 举办大型群众性活动，承办者应当制订大型群众性活动安全工作方案。

大型群众性活动安全工作方案包括下列内容：

（一）活动的时间、地点、内容及组织方式；

（二）安全工作人员的数量、任务分配和识别标志；

（三）活动场所消防安全措施；

（四）活动场所可容纳的人员数量以及活动预计参加人数；

（五）治安缓冲区域的设定及其标识；

（六）入场人员的票证查验和安全检查措施；

（七）车辆停放、疏导措施；

（八）现场秩序维护、人员疏导措施；

（九）应急救援预案。

第七条 承办者具体负责下列安全事项：

（一）落实大型群众性活动安全工作方案和安全责任制度，明确安全措施、安全工作人员岗位职责，开展大型群众性活动安全宣传教育；

（二）保障临时搭建的设施、建筑物的安全，消除安全隐患；

（三）按照负责许可的公安机关的要求，配备必要的安全检查设备，对参加大型群众性活动的人员进行安全检查，对拒不接受安全检查的，承办者有权拒绝其进入；

（四）按照核准的活动场所容纳人员数量、划定的区域发放或者出售门票；

（五）落实医疗救护、灭火、应急疏散等应急救援措施并组织演练；

（六）对妨碍大型群众性活动安全的行为及时予以制止，发现违法犯罪行为及时向公安机关报告；

（七）配备与大型群众性活动安全工作需要相适应的专业保安人员以及其他安全工作人员；

（八）为大型群众性活动的安全工作提供必要的保障。

第八条 大型群众性活动的场所管理者具体负责下列安全事项：

（一）保障活动场所、设施符合国家安全标准和安全规定；

（二）保障疏散通道、安全出口、消防车通道、应急广播、应急照明、疏散指示标志符合法律、法规、技术标准的规定；

（三）保障监控设备和消防设施、器材配置齐全、完好有效；

（四）提供必要的停车场地，并维护安全秩序。

第九条　参加大型群众性活动的人员应当遵守下列规定：

（一）遵守法律、法规和社会公德，不得妨碍社会治安、影响社会秩序；

（二）遵守大型群众性活动场所治安、消防等管理制度，接受安全检查，不得携带爆炸性、易燃性、放射性、毒害性、腐蚀性等危险物质或者非法携带枪支、弹药、管制器具；

（三）服从安全管理，不得展示侮辱性标语、条幅等物品，不得围攻裁判员、运动员或者其他工作人员，不得投掷杂物。

第十条　公安机关应当履行下列职责：

（一）审核承办者提交的大型群众性活动申请材料，实施安全许可；

（二）制订大型群众性活动安全监督方案和突发事件处置预案；

（三）指导对安全工作人员的教育培训；

（四）在大型群众性活动举办前，对活动场所组织安全检查，发现安全隐患及时责令改正；

（五）在大型群众性活动举办过程中，对安全工作的落实情况实施监督检查，发现安全隐患及时责令改正；

（六）依法查处大型群众性活动中的违法犯罪行为，处置危害公共安全的突发事件。

第三章　安 全 管 理

第十一条　公安机关对大型群众性活动实行安全许可制度。《营业性演出管理条例》对演出活动的安全管理另有规定的，从其规定。

举办大型群众性活动应当符合下列条件：

（一）承办者是依照法定程序成立的法人或者其他组织；

（二）大型群众性活动的内容不得违反宪法、法律、法规的规定，不得违反社会公德；

（三）具有符合本条例规定的安全工作方案，安全责任明确、措施有效；

（四）活动场所、设施符合安全要求。

第十二条 大型群众性活动的预计参加人数在1000人以上5000人以下的，由活动所在地县级人民政府公安机关实施安全许可；预计参加人数在5000人以上的，由活动所在地设区的市级人民政府公安机关或者直辖市人民政府公安机关实施安全许可；跨省、自治区、直辖市举办大型群众性活动的，由国务院公安部门实施安全许可。

第十三条 承办者应当在活动举办日的20日前提出安全许可申请，申请时，应当提交下列材料：

（一）承办者合法成立的证明以及安全责任人的身份证明；

（二）大型群众性活动方案及其说明，2个或者2个以上承办者共同承办大型群众性活动的，还应当提交联合承办的协议；

（三）大型群众性活动安全工作方案；

（四）活动场所管理者同意提供活动场所的证明。

依照法律、行政法规的规定，有关主管部门对大型群众性活动的承办者有资质、资格要求的，还应当提交有关资质、资格证明。

第十四条 公安机关收到申请材料应当依法做出受理或者不予受理的决定。对受理的申请，应当自受理之日起7日内进行审查，对活动场所进行查验，对符合安全条件的，做出许可的决定；对不符合安全条件的，做出不予许可的决定，并书面说明理由。

第十五条 对经安全许可的大型群众性活动，承办者不得擅自变更活动的时间、地点、内容或者扩大大型群众性活动的举办规模。

承办者变更大型群众性活动时间的，应当在原定举办活动时间之前向做出许可决定的公安机关申请变更，经公安机关同意方可变更。

承办者变更大型群众性活动地点、内容以及扩大大型群众性活动举办规模的，应当依照本条例的规定重新申请安全许可。

承办者取消举办大型群众性活动的，应当在原定举办活动时间之前书面告知做出安全许可决定的公安机关，并交回公安机关颁发的准予举办大型群众性活动的安全许可证件。

第十六条 对经安全许可的大型群众性活动，公安机关根据安全需要组织相应警力，维持活动现场周边的治安、交通秩序，预防和处置突发治安事件，查处违法犯罪活动。

第十七条　在大型群众性活动现场负责执行安全管理任务的公安机关工作人员，凭值勤证件进入大型群众性活动现场，依法履行安全管理职责。

公安机关和其他有关主管部门及其工作人员不得向承办者索取门票。

第十八条　承办者发现进入活动场所的人员达到核准数量时，应当立即停止验票；发现持有划定区域以外的门票或者持假票的人员，应当拒绝其入场并向活动现场的公安机关工作人员报告。

第十九条　在大型群众性活动举办过程中发生公共安全事故、治安案件的，安全责任人应当立即启动应急救援预案，并立即报告公安机关。

第四章　法 律 责 任

第二十条　承办者擅自变更大型群众性活动的时间、地点、内容或者擅自扩大大型群众性活动的举办规模的，由公安机关处 1 万元以上 5 万元以下罚款；有违法所得的，没收违法所得。

未经公安机关安全许可的大型群众性活动由公安机关予以取缔，对承办者处 10 万元以上 30 万元以下罚款。

第二十一条　承办者或者大型群众性活动场所管理者违反本条例规定致使发生重大伤亡事故、治安案件或者造成其他严重后果构成犯罪的，依法追究刑事责任；尚不构成犯罪的，对安全责任人和其他直接责任人员依法给予处分、治安管理处罚，对单位处 1 万元以上 5 万元以下罚款。

第二十二条　在大型群众性活动举办过程中发生公共安全事故，安全责任人不立即启动应急救援预案或者不立即向公安机关报告的，由公安机关对安全责任人和其他直接责任人员处 5000 元以上 5 万元以下罚款。

第二十三条　参加大型群众性活动的人员有违反本条例第九条规定行为的，由公安机关给予批评教育；有危害社会治安秩序、威胁公共安全行为的，公安机关可以将其强行带离现场，依法给予治安管理处罚；构成犯罪的，依法追究刑事责任。

第二十四条　有关主管部门的工作人员和直接负责的主管人员在履行大

型群众性活动安全管理职责中，有滥用职权、玩忽职守、徇私舞弊行为的，依法给予处分；构成犯罪的，依法追究刑事责任。

第五章　附　　则

第二十五条　县级以上各级人民政府、国务院部门直接举办的大型群众性活动的安全保卫工作，由举办活动的人民政府、国务院部门负责，不实行安全许可制度，但应当按照本条例的有关规定，责成或者会同有关公安机关制订更加严格的安全保卫工作方案，并组织实施。

第二十六条　本条例自2007年10月1日起施行。

铁路交通事故应急救援和调查处理条例

（2007年7月11日国务院令第501号公布　根据2012年11月9日国务院令第628号《关于修改和废止部分行政法规的决定》修订）

第一章　总　　则

第一条　为了加强铁路交通事故的应急救援工作，规范铁路交通事故调查处理，减少人员伤亡和财产损失，保障铁路运输安全和畅通，根据《中华人民共和国铁路法》和其他有关法律的规定，制定本条例。

第二条　铁路机车车辆在运行过程中与行人、机动车、非机动车、牲畜及其他障碍物相撞，或者铁路机车车辆发生冲突、脱轨、火灾、爆炸等影响铁路正常行车的铁路交通事故（以下简称事故）的应急救援和调查处理，适用本条例。

第三条　国务院铁路主管部门应当加强铁路运输安全监督管理，建立健全事故应急救援和调查处理的各项制度，按照国家规定的权限和程序，负责组织、指挥、协调事故的应急救援和调查处理工作。

第四条　铁路管理机构应当加强日常的铁路运输安全监督检查，指导、督促铁路运输企业落实事故应急救援的各项规定，按照规定的权限和程序，组织、参与、协调本辖区内事故的应急救援和调查处理工作。

第五条　国务院其他有关部门和有关地方人民政府应当按照各自的职责和分工，组织、参与事故的应急救援和调查处理工作。

第六条　铁路运输企业和其他有关单位、个人应当遵守铁路运输安全管理的各项规定，防止和避免事故的发生。

事故发生后，铁路运输企业和其他有关单位应当及时、准确地报告事故情况，积极开展应急救援工作，减少人员伤亡和财产损失，尽快恢复铁路正常行车。

第七条 任何单位和个人不得干扰、阻碍事故应急救援、铁路线路开通、列车运行和事故调查处理。

第二章 事故等级

第八条 根据事故造成的人员伤亡、直接经济损失、列车脱轨辆数、中断铁路行车时间等情形，事故等级分为特别重大事故、重大事故、较大事故和一般事故。

第九条 有下列情形之一的，为特别重大事故：

（一）造成30人以上死亡，或者100人以上重伤（包括急性工业中毒，下同），或者1亿元以上直接经济损失的；

（二）繁忙干线客运列车脱轨18辆以上并中断铁路行车48小时以上的；

（三）繁忙干线货运列车脱轨60辆以上并中断铁路行车48小时以上的。

第十条 有下列情形之一的，为重大事故：

（一）造成10人以上30人以下死亡，或者50人以上100人以下重伤，或者5000万元以上1亿元以下直接经济损失的；

（二）客运列车脱轨18辆以上的；

（三）货运列车脱轨60辆以上的；

（四）客运列车脱轨2辆以上18辆以下，并中断繁忙干线铁路行车24小时以上或者中断其他线路铁路行车48小时以上的；

（五）货运列车脱轨6辆以上60辆以下，并中断繁忙干线铁路行车24小时以上或者中断其他线路铁路行车48小时以上的。

第十一条 有下列情形之一的，为较大事故：

（一）造成3人以上10人以下死亡，或者10人以上50人以下重伤，或者1000万元以上5000万元以下直接经济损失的；

（二）客运列车脱轨2辆以上18辆以下的；

（三）货运列车脱轨6辆以上60辆以下的；

（四）中断繁忙干线铁路行车6小时以上的；

（五）中断其他线路铁路行车 10 小时以上的。

第十二条　造成 3 人以下死亡，或者 10 人以下重伤，或者 1000 万元以下直接经济损失的，为一般事故。

除前款规定外，国务院铁路主管部门可以对一般事故的其他情形作出补充规定。

第十三条　本章所称的“以上”包括本数，所称的“以下”不包括本数。

第三章　事故报告

第十四条　事故发生后，事故现场的铁路运输企业工作人员或者其他人员应当立即报告邻近铁路车站、列车调度员或者公安机关。有关单位和人员接到报告后，应当立即将事故情况报告事故发生地铁路管理机构。

第十五条　铁路管理机构接到事故报告，应当尽快核实有关情况，并立即报告国务院铁路主管部门；对特别重大事故、重大事故，国务院铁路主管部门应当立即报告国务院并通报国家安全生产监督管理等有关部门。

发生特别重大事故、重大事故、较大事故或者有人员伤亡的一般事故，铁路管理机构还应当通报事故发生地县级以上地方人民政府及其安全生产监督管理部门。

第十六条　事故报告应当包括下列内容：

（一）事故发生的时间、地点、区间（线名、公里、米）、事故相关单位和人员；

（二）发生事故的列车种类、车次、部位、计长、机车型号、牵引辆数、吨数；

（三）承运旅客人数或者货物品名、装载情况；

（四）人员伤亡情况，机车车辆、线路设施、道路车辆的损坏情况，对铁路行车的影响情况；

（五）事故原因的初步判断；

（六）事故发生后采取的措施及事故控制情况；

（七）具体救援请求。

事故报告后出现新情况的，应当及时补报。

第十七条 国务院铁路主管部门、铁路管理机构和铁路运输企业应当向社会公布事故报告值班电话，受理事故报告和举报。

第四章 事故应急救援

第十八条 事故发生后，列车司机或者运转车长应当立即停车，采取紧急处置措施；对无法处置的，应当立即报告邻近铁路车站、列车调度员进行处置。

为保障铁路旅客安全或者因特殊运输需要不宜停车的，可以不停车；但是，列车司机或者运转车长应当立即将事故情况报告邻近铁路车站、列车调度员，接到报告的邻近铁路车站、列车调度员应当立即进行处置。

第十九条 事故造成中断铁路行车的，铁路运输企业应当立即组织抢修，尽快恢复铁路正常行车；必要时，铁路运输调度指挥部门应当调整运输径路，减少事故影响。

第二十条 事故发生后，国务院铁路主管部门、铁路管理机构、事故发生地县级以上地方人民政府或者铁路运输企业应当根据事故等级启动相应的应急预案；必要时，成立现场应急救援机构。

第二十一条 现场应急救援机构根据事故应急救援工作的实际需要，可以借用有关单位和个人的设施、设备和其他物资。借用单位使用完毕应当及时归还，并支付适当费用；造成损失的，应当赔偿。

有关单位和个人应当积极支持、配合救援工作。

第二十二条 事故造成重大人员伤亡或者需要紧急转移、安置铁路旅客和沿线居民的，事故发生地县级以上地方人民政府应当及时组织开展救治和转移、安置工作。

第二十三条 国务院铁路主管部门、铁路管理机构或者事故发生地县级以上地方人民政府根据事故救援的实际需要，可以请求当地驻军、武装警察部队参与事故救援。

第二十四条 有关单位和个人应当妥善保护事故现场以及相关证据，并在事故调查组成立后将相关证据移交事故调查组。因事故救援、尽快恢复铁路正常行车需要改变事故现场的，应当做出标记、绘制现场示意图、制作现场视听资料，并做出书面记录。

任何单位和个人不得破坏事故现场，不得伪造、隐匿或者毁灭相关证据。

第二十五条　事故中死亡人员的尸体经法定机构鉴定后，应当及时通知死者家属认领；无法查找死者家属的，按照国家有关规定处理。

第五章　事故调查处理

第二十六条　特别重大事故由国务院或者国务院授权的部门组织事故调查组进行调查。

重大事故由国务院铁路主管部门组织事故调查组进行调查。

较大事故和一般事故由事故发生地铁路管理机构组织事故调查组进行调查；国务院铁路主管部门认为必要时，可以组织事故调查组对较大事故和一般事故进行调查。

根据事故的具体情况，事故调查组由有关人民政府、公安机关、安全生产监督管理部门、监察机关等单位派人组成，并应当邀请人民检察院派人参加。事故调查组认为必要时，可以聘请有关专家参与事故调查。

第二十七条　事故调查组应当按照国家有关规定开展事故调查，并在下列调查期限内向组织事故调查组的机关或者铁路管理机构提交事故调查报告：

（一）特别重大事故的调查期限为 60 日；

（二）重大事故的调查期限为 30 日；

（三）较大事故的调查期限为 20 日；

（四）一般事故的调查期限为 10 日。

事故调查期限自事故发生之日起计算。

第二十八条　事故调查处理，需要委托有关机构进行技术鉴定或者对铁路设备、设施及其他财产损失状况以及中断铁路行车造成的直接经济损失进行评估的，事故调查组应当委托具有国家规定资质的机构进行技术鉴定或者评估。技术鉴定或者评估所需时间不计入事故调查期限。

第二十九条　事故调查报告形成后，报经组织事故调查组的机关或者铁路管理机构同意，事故调查组工作即告结束。组织事故调查组的机关或者铁路管理机构应当自事故调查组工作结束之日起 15 日内，根据事故调查报告，制作事故认定书。

事故认定书是事故赔偿、事故处理以及事故责任追究的依据。

第三十条 事故责任单位和有关人员应当认真吸取事故教训，落实防范和整改措施，防止事故再次发生。

国务院铁路主管部门、铁路管理机构以及其他有关行政机关应当对事故责任单位和有关人员落实防范和整改措施的情况进行监督检查。

第三十一条 事故的处理情况，除依法应当保密的外，应当由组织事故调查组的机关或者铁路管理机构向社会公布。

第六章 事故赔偿

第三十二条 事故造成人身伤亡的，铁路运输企业应当承担赔偿责任；但是人身伤亡是不可抗力或者受害人自身原因造成的，铁路运输企业不承担赔偿责任。

违章通过平交道口或者人行过道，或者在铁路线路上行走、坐卧造成的人身伤亡，属于受害人自身的原因造成的人身伤亡。

~~**第三十三条** 事故造成铁路旅客人身伤亡和自带行李损失的，铁路运输企业对每名铁路旅客人身伤亡的赔偿责任限额为人民币 15 万元，对每名铁路旅客自带行李损失的赔偿责任限额为人民币 2000 元。~~

~~铁路运输企业与铁路旅客可以书面约定高于前款规定的赔偿责任限额。~~（2012 年 11 月 9 日删除）

第三十四条 事故造成铁路运输企业承运的货物、包裹、行李损失的，铁路运输企业应当依照《中华人民共和国铁路法》的规定承担赔偿责任。

第三十五条 除本条例第三十三条、第三十四条的规定外，事故造成其他人身伤亡或者财产损失的，依照国家有关法律、行政法规的规定赔偿。

第三十六条 事故当事人对事故损害赔偿有争议的，可以通过协商解决，或者请求组织事故调查组的机关或者铁路管理机构组织调解，也可以直接向人民法院提起民事诉讼。

第七章　法 律 责 任

第三十七条　铁路运输企业及其职工违反法律、行政法规的规定，造成事故的，由国务院铁路主管部门或者铁路管理机构依法追究行政责任。

第三十八条　违反本条例的规定，铁路运输企业及其职工不立即组织救援，或者迟报、漏报、瞒报、谎报事故的，对单位，由国务院铁路主管部门或者铁路管理机构处 10 万元以上 50 万元以下的罚款；对个人，由国务院铁路主管部门或者铁路管理机构处 4000 元以上 2 万元以下的罚款；属于国家工作人员的，依法给予处分；构成犯罪的，依法追究刑事责任。

第三十九条　违反本条例的规定，国务院铁路主管部门、铁路管理机构以及其他行政机关未立即启动应急预案，或者迟报、漏报、瞒报、谎报事故的，对直接负责的主管人员和其他直接责任人员依法给予处分；构成犯罪的，依法追究刑事责任。

第四十条　违反本条例的规定，干扰、阻碍事故救援、铁路线路开通、列车运行和事故调查处理的，对单位，由国务院铁路主管部门或者铁路管理机构处 4 万元以上 20 万元以下的罚款；对个人，由国务院铁路主管部门或者铁路管理机构处 2000 元以上 1 万元以下的罚款；情节严重的，对单位，由国务院铁路主管部门或者铁路管理机构处 20 万元以上 100 万元以下的罚款；对个人，由国务院铁路主管部门或者铁路管理机构处 1 万元以上 5 万元以下的罚款；属于国家工作人员的，依法给予处分；构成违反治安管理行为的，由公安机关依法给予治安管理处罚；构成犯罪的，依法追究刑事责任。

第八章　附　　则

第四十一条　本条例于 2007 年 9 月 1 日起施行。1979 年 7 月 16 日国务院批准发布的《火车与其他车辆碰撞和铁路路外人员伤亡事故处理暂行规定》和 1994 年 8 月 13 日国务院批准发布的《铁路旅客运输损害赔偿规定》同时废止。

铁路安全管理条例

（2013年8月17日国务院令第639号公布
自2014年1月1日起施行）

第一章 总 则

第一条 为了加强铁路安全管理，保障铁路运输安全和畅通，保护人身安全和财产安全，制定本条例。

第二条 铁路安全管理坚持安全第一、预防为主、综合治理的方针。

第三条 国务院铁路行业监督管理部门负责全国铁路安全监督管理工作，国务院铁路行业监督管理部门设立的铁路监督管理机构负责辖区内的铁路安全监督管理工作。国务院铁路行业监督管理部门和铁路监督管理机构统称铁路监管部门。

国务院有关部门依照法律和国务院规定的职责，负责铁路安全管理的有关工作。

第四条 铁路沿线地方各级人民政府和县级以上地方人民政府有关部门应当按照各自职责，加强保障铁路安全的教育，落实护路联防责任制，防范和制止危害铁路安全的行为，协调和处理保障铁路安全的有关事项，做好保障铁路安全的有关工作。

第五条 从事铁路建设、运输、设备制造维修的单位应当加强安全管理，建立健全安全生产管理制度，落实企业安全生产主体责任，设置安全管理机构或者配备安全管理人员，执行保障生产安全和产品质量安全的国家标准、行业标准，加强对从业人员的安全教育培训，保证安全生产所必需的资金投入。

铁路建设、运输、设备制造维修单位的工作人员应当严格执行规章制度，实行标准化作业，保证铁路安全。

第六条　铁路监管部门、铁路运输企业等单位应当按照国家有关规定制定突发事件应急预案，并组织应急演练。

第七条　禁止扰乱铁路建设、运输秩序。禁止损坏或者非法占用铁路设施设备、铁路标志和铁路用地。

任何单位或者个人发现损坏或者非法占用铁路设施设备、铁路标志、铁路用地以及其他影响铁路安全的行为，有权报告铁路运输企业，或者向铁路监管部门、公安机关或者其他有关部门举报。接到报告的铁路运输企业、接到举报的部门应当根据各自职责及时处理。

对维护铁路安全作出突出贡献的单位或者个人，按照国家有关规定给予表彰奖励。

第二章　铁路建设质量安全

第八条　铁路建设工程的勘察、设计、施工、监理以及建设物资、设备的采购，应当依法进行招标。

第九条　从事铁路建设工程勘察、设计、施工、监理活动的单位应当依法取得相应资质，并在其资质等级许可的范围内从事铁路工程建设活动。

第十条　铁路建设单位应当选择具备相应资质等级的勘察、设计、施工、监理单位进行工程建设，并对建设工程的质量安全进行监督检查，制作检查记录留存备查。

第十一条　铁路建设工程的勘察、设计、施工、监理应当遵守法律、行政法规关于建设工程质量和安全管理的规定，执行国家标准、行业标准和技术规范。

铁路建设工程的勘察、设计、施工单位依法对勘察、设计、施工的质量负责，监理单位依法对施工质量承担监理责任。

高速铁路和地质构造复杂的铁路建设工程实行工程地质勘察监理制度。

第十二条　铁路建设工程的安全设施应当与主体工程同时设计、同时施工、同时投入使用。安全设施投资应当纳入建设项目概算。

第十三条　铁路建设工程使用的材料、构件、设备等产品，应当符合有关产品质量的强制性国家标准、行业标准。

第十四条 铁路建设工程的建设工期，应当根据工程地质条件、技术复杂程度等因素，按照国家标准、行业标准和技术规范合理确定、调整。

任何单位和个人不得违反前款规定要求铁路建设、设计、施工单位压缩建设工期。

第十五条 铁路建设工程竣工，应当按照国家有关规定组织验收，并由铁路运输企业进行运营安全评估。经验收、评估合格，符合运营安全要求的，方可投入运营。

第十六条 在铁路线路及其邻近区域进行铁路建设工程施工，应当执行铁路营业线施工安全管理规定。铁路建设单位应当会同相关铁路运输企业和工程设计、施工单位制定安全施工方案，按照方案进行施工。施工完毕应当及时清理现场，不得影响铁路运营安全。

第十七条 新建、改建设计开行时速 120 公里以上列车的铁路或者设计运输量达到国务院铁路行业监督管理部门规定的较大运输量标准的铁路，需要与道路交叉的，应当设置立体交叉设施。

新建、改建高速公路、一级公路或者城市道路中的快速路，需要与铁路交叉的，应当设置立体交叉设施，并优先选择下穿铁路的方案。

已建成的属于前两款规定情形的铁路、道路为平面交叉的，应当逐步改造为立体交叉。

新建、改建高速铁路需要与普通铁路、道路、渡槽、管线等设施交叉的，应当优先选择高速铁路上跨方案。

第十八条 设置铁路与道路立体交叉设施及其附属安全设施所需费用的承担，按照下列原则确定：

（一）新建、改建铁路与既有道路交叉的，由铁路方承担建设费用；道路方要求超过既有道路建设标准建设所增加的费用，由道路方承担；

（二）新建、改建道路与既有铁路交叉的，由道路方承担建设费用；铁路方要求超过既有铁路线路建设标准建设所增加的费用，由铁路方承担；

（三）同步建设的铁路和道路需要设置立体交叉设施以及既有铁路道口改造为立体交叉的，由铁路方和道路方按照公平合理的原则分担建设费用。

第十九条 铁路与道路立体交叉设施及其附属安全设施竣工验收合格后，

应当按照国家有关规定移交有关单位管理、维护。

第二十条　专用铁路、铁路专用线需要与公用铁路网接轨的，应当符合国家有关铁路建设、运输的安全管理规定。

第三章　铁路专用设备质量安全

第二十一条　设计、制造、维修或者进口新型铁路机车车辆，应当符合国家标准、行业标准，并分别向国务院铁路行业监督管理部门申请领取型号合格证、制造许可证、维修许可证或者进口许可证，具体办法由国务院铁路行业监督管理部门制定。

铁路机车车辆的制造、维修、使用单位应当遵守有关产品质量的法律、行政法规以及国家其他有关规定，确保投入使用的机车车辆符合安全运营要求。

第二十二条　生产铁路道岔及其转辙设备、铁路信号控制软件和控制设备、铁路通信设备、铁路牵引供电设备的企业，应当符合下列条件并经国务院铁路行业监督管理部门依法审查批准：

（一）有按照国家标准、行业标准检测、检验合格的专业生产设备；

（二）有相应的专业技术人员；

（三）有完善的产品质量保证体系和安全管理制度；

（四）法律、行政法规规定的其他条件。

第二十三条　铁路机车车辆以外的直接影响铁路运输安全的铁路专用设备，依法应当进行产品认证的，经认证合格方可出厂、销售、进口、使用。

第二十四条　用于危险化学品和放射性物品运输的铁路罐车、专用车辆以及其他容器的生产和检测、检验，依照有关法律、行政法规的规定执行。

第二十五条　用于铁路运输的安全检测、监控、防护设施设备，集装箱和集装化用具等运输器具，专用装卸机械、索具、篷布、装载加固材料或者装置，以及运输包装、货物装载加固等，应当符合国家标准、行业标准和技术规范。

第二十六条　铁路机车车辆以及其他铁路专用设备存在缺陷，即由于设计、制造、标识等原因导致同一批次、型号或者类别的铁路专用设备普遍存在不符合保障人身、财产安全的国家标准、行业标准的情形或者其他危及人身、财产安全的不合理危险的，应当立即停止生产、销售、进口、使用；设备制造者应当召回缺陷产品，采取措施消除缺陷。具体办法由国务院铁路行业监督管理部门制定。

第四章　铁路线路安全

第二十七条　铁路线路两侧应当设立铁路线路安全保护区。铁路线路安全保护区的范围，从铁路线路路堤坡脚、路堑坡顶或者铁路桥梁（含铁路、道路两用桥，下同）外侧起向外的距离分别为：

（一）城市市区高速铁路为 10 米，其他铁路为 8 米；

（二）城市郊区居民居住区高速铁路为 12 米，其他铁路为 10 米；

（三）村镇居民居住区高速铁路为 15 米，其他铁路为 12 米；

（四）其他地区高速铁路为 20 米，其他铁路为 15 米。

前款规定距离不能满足铁路运输安全保护需要的，由铁路建设单位或者铁路运输企业提出方案，铁路监督管理机构或者县级以上地方人民政府依照本条第三款规定程序划定。

在铁路用地范围内划定铁路线路安全保护区的，由铁路监督管理机构组织铁路建设单位或者铁路运输企业划定并公告。在铁路用地范围外划定铁路线路安全保护区的，由县级以上地方人民政府根据保障铁路运输安全和节约用地的原则，组织有关铁路监督管理机构、县级以上地方人民政府国土资源等部门划定并公告。

铁路线路安全保护区与公路建筑控制区、河道管理范围、水利工程管理和保护范围、航道保护范围或者石油、电力以及其他重要设施保护区重叠的，由县级以上地方人民政府组织有关部门依照法律、行政法规的规定协商划定并公告。

新建、改建铁路的铁路线路安全保护区范围，应当自铁路建设工程初步设计批准之日起 30 日内，由县级以上地方人民政府依照本条例的规定划定并公告。铁路建设单位或者铁路运输企业应当根据工程竣工资料进行勘界，绘制铁路线路安全保护区平面图，并根据平面图设立标桩。

第二十八条　设计开行时速 120 公里以上列车的铁路应当实行全封闭管理。铁路建设单位或者铁路运输企业应当按照国务院铁路行业监督管理部门的规定在铁路用地范围内设置封闭设施和警示标志。

第二十九条　禁止在铁路线路安全保护区内烧荒、放养牲畜、种植影响铁路线路安全和行车瞭望的树木等植物。

禁止向铁路线路安全保护区排污、倾倒垃圾以及其他危害铁路安全的物质。

第三十条　在铁路线路安全保护区内建造建筑物、构筑物等设施，取土、挖砂、挖沟、采空作业或者堆放、悬挂物品，应当征得铁路运输企业同意并签订安全协议，遵守保证铁路安全的国家标准、行业标准和施工安全规范，采取措施防止影响铁路运输安全。铁路运输企业应当派员对施工现场实行安全监督。

第三十一条　铁路线路安全保护区内既有的建筑物、构筑物危及铁路运输安全的，应当采取必要的安全防护措施；采取安全防护措施后仍不能保证安全的，依照有关法律的规定拆除。

拆除铁路线路安全保护区内的建筑物、构筑物，清理铁路线路安全保护区内的植物，或者对他人在铁路线路安全保护区内已依法取得的采矿权等合法权利予以限制，给他人造成损失的，应当依法给予补偿或者采取必要的补救措施。但是，拆除非法建设的建筑物、构筑物的除外。

第三十二条　在铁路线路安全保护区及其邻近区域建造或者设置的建筑物、构筑物、设备等，不得进入国家规定的铁路建筑限界。

第三十三条　在铁路线路两侧建造、设立生产、加工、储存或者销售易燃、易爆或者放射性物品等危险物品的场所、仓库，应当符合国家标准、行业标准规定的安全防护距离。

第三十四条　在铁路线路两侧从事采矿、采石或者爆破作业，应当遵守有关采矿和民用爆破的法律法规，符合国家标准、行业标准和铁路安全保护要求。

在铁路线路路堤坡脚、路堑坡顶、铁路桥梁外侧起向外各 1000 米范围内，以及在铁路隧道上方中心线两侧各 1000 米范围内，确需从事露天采矿、采石或者爆破作业的，应当与铁路运输企业协商一致，依照有关法律法规的规定报县级以上地方人民政府有关部门批准，采取安全防护措施后方可进行。

第三十五条 高速铁路线路路堤坡脚、路堑坡顶或者铁路桥梁外侧起向外各 200 米范围内禁止抽取地下水。

在前款规定范围外，高速铁路线路经过的区域属于地面沉降区域，抽取地下水危及高速铁路安全的，应当设置地下水禁止开采区或者限制开采区，具体范围由铁路监督管理机构会同县级以上地方人民政府水行政主管部门提出方案，报省、自治区、直辖市人民政府批准并公告。

第三十六条 在电气化铁路附近从事排放粉尘、烟尘及腐蚀性气体的生产活动，超过国家规定的排放标准，危及铁路运输安全的，由县级以上地方人民政府有关部门依法责令整改，消除安全隐患。

第三十七条 任何单位和个人不得擅自在铁路桥梁跨越处河道上下游各 1000 米范围内围垦造田、拦河筑坝、架设浮桥或者修建其他影响铁路桥梁安全的设施。

因特殊原因确需在前款规定的范围内进行围垦造田、拦河筑坝、架设浮桥等活动的，应当进行安全论证，负责审批的机关在批准前应当征求有关铁路运输企业的意见。

第三十八条 禁止在铁路桥梁跨越处河道上下游的下列范围内采砂、淘金：

（一）跨河桥长 500 米以上的铁路桥梁，河道上游 500 米，下游 3000 米；

（二）跨河桥长 100 米以上不足 500 米的铁路桥梁，河道上游 500 米，下游 2000 米；

（三）跨河桥长不足 100 米的铁路桥梁，河道上游 500 米，下游 1000 米。

有关部门依法在铁路桥梁跨越处河道上下游划定的禁采范围大于前款规定的禁采范围的，按照划定的禁采范围执行。

县级以上地方人民政府水行政主管部门、国土资源主管部门应当按照各自职责划定禁采区域、设置禁采标志，制止非法采砂、淘金行为。

第三十九条 在铁路桥梁跨越处河道上下游各 500 米范围内进行疏浚作业，应当进行安全技术评价，有关河道、航道管理部门应当征求铁路运输企业的意见，确认安全或者采取安全技术措施后，方可批准进行疏浚作业。但是，依法进行河道、航道日常养护、疏浚作业的除外。

第四十条　铁路、道路两用桥由所在地铁路运输企业和道路管理部门或者道路经营企业定期检查、共同维护，保证桥梁处于安全的技术状态。

铁路、道路两用桥的墩、梁等共用部分的检测、维修由铁路运输企业和道路管理部门或者道路经营企业共同负责，所需费用按照公平合理的原则分担。

第四十一条　铁路的重要桥梁和隧道按照国家有关规定由中国人民武装警察部队负责守卫。

第四十二条　船舶通过铁路桥梁应当符合桥梁的通航净空高度并遵守航行规则。

桥区航标中的桥梁航标、桥柱标、桥梁水尺标由铁路运输企业负责设置、维护，水面航标由铁路运输企业负责设置，航道管理部门负责维护。

第四十三条　下穿铁路桥梁、涵洞的道路应当按照国家标准设置车辆通过限高、限宽标志和限高防护架。城市道路的限高、限宽标志由当地人民政府指定的部门设置并维护，公路的限高、限宽标志由公路管理部门设置并维护。限高防护架在铁路桥梁、涵洞、道路建设时设置，由铁路运输企业负责维护。

机动车通过下穿铁路桥梁、涵洞的道路，应当遵守限高、限宽规定。

下穿铁路涵洞的管理单位负责涵洞的日常管理、维护，防止淤塞、积水。

第四十四条　铁路线路安全保护区内的道路和铁路线路路堑上的道路、跨越铁路线路的道路桥梁，应当按照国家有关规定设置防止车辆以及其他物体进入、坠入铁路线路的安全防护设施和警示标志，并由道路管理部门或者道路经营企业维护、管理。

第四十五条　架设、铺设铁路信号和通信线路、杆塔应当符合国家标准、行业标准和铁路安全防护要求。铁路运输企业、为铁路运输提供服务的电信企业应当加强对铁路信号和通信线路、杆塔的维护和管理。

第四十六条　设置或者拓宽铁路道口、铁路人行过道，应当征得铁路运输企业的同意。

第四十七条　铁路与道路交叉的无人看守道口应当按照国家标准设置警示标志；有人看守道口应当设置移动栏杆、列车接近报警装置、警示灯、警示标志、铁路道口路段标线等安全防护设施。

道口移动栏杆、列车接近报警装置、警示灯等安全防护设施由铁路运输企业设置、维护；警示标志、铁路道口路段标线由铁路道口所在地的道路管理部门设置、维护。

第四十八条 机动车或者非机动车在铁路道口内发生故障或者装载物掉落的，应当立即将故障车辆或者掉落的装载物移至铁路道口停止线以外或者铁路线路最外侧钢轨 5 米以外的安全地点。无法立即移至安全地点的，应当立即报告铁路道口看守人员；在无人看守道口，应当立即在道口两端采取措施拦停列车，并就近通知铁路车站或者公安机关。

第四十九条 履带车辆等可能损坏铁路设施设备的车辆、物体通过铁路道口，应当提前通知铁路道口管理单位，在其协助、指导下通过，并采取相应的安全防护措施。

第五十条 在下列地点，铁路运输企业应当按照国家标准、行业标准设置易于识别的警示、保护标志：

（一）铁路桥梁、隧道的两端；

（二）铁路信号、通信光（电）缆的埋设、铺设地点；

（三）电气化铁路接触网、自动闭塞供电线路和电力贯通线路等电力设施附近易发生危险的地点。

第五十一条 禁止毁坏铁路线路、站台等设施设备和铁路路基、护坡、排水沟、防护林木、护坡草坪、铁路线路封闭网及其他铁路防护设施。

第五十二条 禁止实施下列危及铁路通信、信号设施安全的行为：

（一）在埋有地下光（电）缆设施的地面上方进行钻探，堆放重物、垃圾，焚烧物品，倾倒腐蚀性物质；

（二）在地下光（电）缆两侧各 1 米的范围内建造、搭建建筑物、构筑物等设施；

（三）在地下光（电）缆两侧各 1 米的范围内挖砂、取土；

（四）在过河光（电）缆两侧各 100 米的范围内挖砂、抛锚或者进行其他危及光（电）缆安全的作业。

第五十三条 禁止实施下列危害电气化铁路设施的行为：

（一）向电气化铁路接触网抛掷物品；

（二）在铁路电力线路导线两侧各 500 米的范围内升放风筝、气球等低空飘浮物体；

（三）攀登铁路电力线路杆塔或者在杆塔上架设、安装其他设施设备；

（四）在铁路电力线路杆塔、拉线周围 20 米范围内取土、打桩、钻探或者倾倒有害化学物品；

（五）触碰电气化铁路接触网。

第五十四条　县级以上各级人民政府及其有关部门、铁路运输企业应当依照地质灾害防治法律法规的规定，加强铁路沿线地质灾害的预防、治理和应急处理等工作。

第五十五条　铁路运输企业应当对铁路线路、铁路防护设施和警示标志进行经常性巡查和维护；对巡查中发现的安全问题应当立即处理，不能立即处理的应当及时报告铁路监督管理机构。巡查和处理情况应当记录留存。

第五章　铁路运营安全

第五十六条　铁路运输企业应当依照法律、行政法规和国务院铁路行业监督管理部门的规定，制定铁路运输安全管理制度，完善相关作业程序，保障铁路旅客和货物运输安全。

第五十七条　铁路机车车辆的驾驶人员应当参加国务院铁路行业监督管理部门组织的考试，考试合格方可上岗。具体办法由国务院铁路行业监督管理部门制定。

第五十八条　铁路运输企业应当加强铁路专业技术岗位和主要行车工种岗位从业人员的业务培训和安全培训，提高从业人员的业务技能和安全意识。

第五十九条　铁路运输企业应当加强运输过程中的安全防护，使用的运输工具、装载加固设备以及其他专用设施设备应当符合国家标准、行业标准和安全要求。

第六十条　铁路运输企业应当建立健全铁路设施设备的检查防护制度，加强对铁路设施设备的日常维护检修，确保铁路设施设备性能完好和安全运行。

铁路运输企业的从业人员应当按照操作规程使用、管理铁路设施设备。

第六十一条　在法定假日和传统节日等铁路运输高峰期或者恶劣气象条

件下，铁路运输企业应当采取必要的安全应急管理措施，加强铁路运输安全检查，确保运输安全。

第六十二条 铁路运输企业应当在列车、车站等场所公告旅客、列车工作人员以及其他进站人员遵守的安全管理规定。

第六十三条 公安机关应当按照职责分工，维护车站、列车等铁路场所和铁路沿线的治安秩序。

第六十四条 铁路运输企业应当按照国务院铁路行业监督管理部门的规定实施火车票实名购买、查验制度。

实施火车票实名购买、查验制度的，旅客应当凭有效身份证件购票乘车；对车票所记载身份信息与所持身份证件或者真实身份不符的持票人，铁路运输企业有权拒绝其进站乘车。

铁路运输企业应当采取有效措施为旅客实名购票、乘车提供便利，并加强对旅客身份信息的保护。铁路运输企业工作人员不得窃取、泄露旅客身份信息。

第六十五条 铁路运输企业应当依照法律、行政法规和国务院铁路行业监督管理部门的规定，对旅客及其随身携带、托运的行李物品进行安全检查。

从事安全检查的工作人员应当佩戴安全检查标志，依法履行安全检查职责，并有权拒绝不接受安全检查的旅客进站乘车和托运行李物品。

第六十六条 旅客应当接受并配合铁路运输企业在车站、列车实施的安全检查，不得违法携带、夹带管制器具，不得违法携带、托运烟花爆竹、枪支弹药等危险物品或者其他违禁物品。

禁止或者限制携带的物品种类及其数量由国务院铁路行业监督管理部门会同公安机关规定，并在车站、列车等场所公布。

第六十七条 铁路运输托运人托运货物、行李、包裹，不得有下列行为：

（一）匿报、谎报货物品名、性质、重量；

（二）在普通货物中夹带危险货物，或者在危险货物中夹带禁止配装的货物；

（三）装车、装箱超过规定重量。

第六十八条 铁路运输企业应当对承运的货物进行安全检查，并不得有下列行为：

（一）在非危险货物办理站办理危险货物承运手续；

（二）承运未接受安全检查的货物；

（三）承运不符合安全规定、可能危害铁路运输安全的货物。

第六十九条　运输危险货物应当依照法律法规和国家其他有关规定使用专用的设施设备，托运人应当配备必要的押运人员和应急处理器材、设备以及防护用品，并使危险货物始终处于押运人员的监管之下；危险货物发生被盗、丢失、泄漏等情况，应当按照国家有关规定及时报告。

第七十条　办理危险货物运输业务的工作人员和装卸人员、押运人员，应当掌握危险货物的性质、危害特性、包装容器的使用特性和发生意外的应急措施。

第七十一条　铁路运输企业和托运人应当按照操作规程包装、装卸、运输危险货物，防止危险货物泄漏、爆炸。

第七十二条　铁路运输企业和托运人应当依照法律法规和国家其他有关规定包装、装载、押运特殊药品，防止特殊药品在运输过程中被盗、被劫或者发生丢失。

第七十三条　铁路管理信息系统及其设施的建设和使用，应当符合法律法规和国家其他有关规定的安全技术要求。

铁路运输企业应当建立网络与信息安全应急保障体系，并配备相应的专业技术人员负责网络和信息系统的安全管理工作。

第七十四条　禁止使用无线电台（站）以及其他仪器、装置干扰铁路运营指挥调度无线电频率的正常使用。

铁路运营指挥调度无线电频率受到干扰的，铁路运输企业应当立即采取排查措施并报告无线电管理机构、铁路监管部门；无线电管理机构、铁路监管部门应当依法排除干扰。

第七十五条　电力企业应当依法保障铁路运输所需电力的持续供应，并保证供电质量。

铁路运输企业应当加强用电安全管理，合理配置供电电源和应急自备电源。

遇有特殊情况影响铁路电力供应的，电力企业和铁路运输企业应当按照各自职责及时组织抢修，尽快恢复正常供电。

第七十六条 铁路运输企业应当加强铁路运营食品安全管理，遵守有关食品安全管理的法律法规和国家其他有关规定，保证食品安全。

第七十七条 禁止实施下列危害铁路安全的行为：

（一）非法拦截列车、阻断铁路运输；

（二）扰乱铁路运输指挥调度机构以及车站、列车的正常秩序；

（三）在铁路线路上放置、遗弃障碍物；

（四）击打列车；

（五）擅自移动铁路线路上的机车车辆，或者擅自开启列车车门、违规操纵列车紧急制动设备；

（六）拆盗、损毁或者擅自移动铁路设施设备、机车车辆配件、标桩、防护设施和安全标志；

（七）在铁路线路上行走、坐卧或者在未设道口、人行过道的铁路线路上通过；

（八）擅自进入铁路线路封闭区域或者在未设置行人通道的铁路桥梁、隧道通行；

（九）擅自开启、关闭列车的货车阀、盖或者破坏施封状态；

（十）擅自开启列车中的集装箱箱门，破坏箱体、阀、盖或者施封状态；

（十一）擅自松动、拆解、移动列车中的货物装载加固材料、装置和设备；

（十二）钻车、扒车、跳车；

（十三）从列车上抛扔杂物；

（十四）在动车组列车上吸烟或者在其他列车的禁烟区域吸烟；

（十五）强行登乘或者以拒绝下车等方式强占列车；

（十六）冲击、堵塞、占用进出站通道或者候车区、站台。

第六章 监督检查

第七十八条 铁路监管部门应当对从事铁路建设、运输、设备制造维修的企业执行本条例的情况实施监督检查，依法查处违反本条例规定的行为，依法组织或者参与铁路安全事故的调查处理。

铁路监管部门应当建立企业违法行为记录和公告制度，对违反本条例被依法追究法律责任的从事铁路建设、运输、设备制造维修的企业予以公布。

第七十九条　铁路监管部门应当加强对铁路运输高峰期和恶劣气象条件下运输安全的监督管理，加强对铁路运输的关键环节、重要设施设备的安全状况以及铁路运输突发事件应急预案的建立和落实情况的监督检查。

第八十条　铁路监管部门和县级以上人民政府安全生产监督管理部门应当建立信息通报制度和运输安全生产协调机制。发现重大安全隐患，铁路运输企业难以自行排除的，应当及时向铁路监管部门和有关地方人民政府报告。地方人民政府获悉铁路沿线有危及铁路运输安全的重要情况，应当及时通报有关的铁路运输企业和铁路监管部门。

第八十一条　铁路监管部门发现安全隐患，应当责令有关单位立即排除。重大安全隐患排除前或者排除过程中无法保证安全的，应当责令从危险区域内撤出人员、设备，停止作业；重大安全隐患排除后方可恢复作业。

第八十二条　实施铁路安全监督检查的人员执行监督检查任务时，应当佩戴标志或者出示证件。任何单位和个人不得阻碍、干扰安全监督检查人员依法履行安全检查职责。

第七章　法律责任

第八十三条　铁路建设单位和铁路建设的勘察、设计、施工、监理单位违反本条例关于铁路建设质量安全管理的规定的，由铁路监管部门依照有关工程建设、招标投标管理的法律、行政法规的规定处罚。

第八十四条　铁路建设单位未对高速铁路和地质构造复杂的铁路建设工程实行工程地质勘察监理，或者在铁路线路及其邻近区域进行铁路建设工程施工不执行铁路营业线施工安全管理规定，影响铁路运营安全的，由铁路监管部门责令改正，处 10 万元以上 50 万元以下的罚款。

第八十五条　依法应当进行产品认证的铁路专用设备未经认证合格，擅自出厂、销售、进口、使用的，依照《中华人民共和国认证认可条例》的规定处罚。

第八十六条　铁路机车车辆以及其他专用设备制造者未按规定召回缺陷

产品，采取措施消除缺陷的，由国务院铁路行业监督管理部门责令改正；拒不改正的，处缺陷产品货值金额1%以上10%以下的罚款；情节严重的，由国务院铁路行业监督管理部门吊销相应的许可证件。

第八十七条 有下列情形之一的，由铁路监督管理机构责令改正，处2万元以上10万元以下的罚款：

（一）用于铁路运输的安全检测、监控、防护设施设备，集装箱和集装化用具等运输器具、专用装卸机械、索具、篷布、装载加固材料或者装置、运输包装、货物装载加固等，不符合国家标准、行业标准和技术规范；

（二）不按照国家有关规定和标准设置、维护铁路封闭设施、安全防护设施；

（三）架设、铺设铁路信号和通信线路、杆塔不符合国家标准、行业标准和铁路安全防护要求，或者未对铁路信号和通信线路、杆塔进行维护和管理；

（四）运输危险货物不依照法律法规和国家其他有关规定使用专用的设施设备。

第八十八条 在铁路线路安全保护区内烧荒、放养牲畜、种植影响铁路线路安全和行车瞭望的树木等植物，或者向铁路线路安全保护区排污、倾倒垃圾以及其他危害铁路安全的物质的，由铁路监督管理机构责令改正，对单位可以处5万元以下的罚款，对个人可以处2000元以下的罚款。

第八十九条 未经铁路运输企业同意或者未签订安全协议，在铁路线路安全保护区内建造建筑物、构筑物等设施，取土、挖砂、挖沟、采空作业或者堆放、悬挂物品，或者违反保证铁路安全的国家标准、行业标准和施工安全规范，影响铁路运输安全的，由铁路监督管理机构责令改正，可以处10万元以下的罚款。

铁路运输企业未派员对铁路线路安全保护区内施工现场进行安全监督的，由铁路监督管理机构责令改正，可以处3万元以下的罚款。

第九十条 在铁路线路安全保护区及其邻近区域建造或者设置的建筑物、构筑物、设备等进入国家规定的铁路建筑限界，或者在铁路线路两侧建造、设立生产、加工、储存或者销售易燃、易爆或者放射性物品等危险物品的场所、仓库不符合国家标准、行业标准规定的安全防护距离的，由铁路监督管理机构责令改正，对单位处5万元以上20万元以下的罚款，对个人处1万元以上5万元以下的罚款。

第九十一条　有下列行为之一的，分别由铁路沿线所在地县级以上地方人民政府水行政主管部门、国土资源主管部门或者无线电管理机构等依照有关水资源管理、矿产资源管理、无线电管理等法律、行政法规的规定处罚：

（一）未经批准在铁路线路两侧各1000米范围内从事露天采矿、采石或者爆破作业；

（二）在地下水禁止开采区或者限制开采区抽取地下水；

（三）在铁路桥梁跨越处河道上下游各1000米范围内围垦造田、拦河筑坝、架设浮桥或者修建其他影响铁路桥梁安全的设施；

（四）在铁路桥梁跨越处河道上下游禁止采砂、淘金的范围内采砂、淘金；

（五）干扰铁路运营指挥调度无线电频率正常使用。

第九十二条　铁路运输企业、道路管理部门或者道路经营企业未履行铁路、道路两用桥检查、维护职责的，由铁路监督管理机构或者上级道路管理部门责令改正；拒不改正的，由铁路监督管理机构或者上级道路管理部门指定其他单位进行养护和维修，养护和维修费用由拒不履行义务的铁路运输企业、道路管理部门或者道路经营企业承担。

第九十三条　机动车通过下穿铁路桥梁、涵洞的道路未遵守限高、限宽规定的，由公安机关依照道路交通安全管理法律、行政法规的规定处罚。

第九十四条　违反本条例第四十八条、第四十九条关于铁路道口安全管理的规定的，由铁路监督管理机构责令改正，处1000元以上5000元以下的罚款。

第九十五条　违反本条例第五十一条、第五十二条、第五十三条、第七十七条规定的，由公安机关责令改正，对单位处1万元以上5万元以下的罚款，对个人处500元以上2000元以下的罚款。

第九十六条　铁路运输托运人托运货物、行李、包裹时匿报、谎报货物品名、性质、重量，或者装车、装箱超过规定重量的，由铁路监督管理机构责令改正，可以处2000元以下的罚款；情节较重的，处2000元以上2万元以下的罚款；将危险化学品谎报或者匿报为普通货物托运的，处10万元以上20万元以下的罚款。

铁路运输托运人在普通货物中夹带危险货物，或者在危险货物中夹带禁止配装的货物的，由铁路监督管理机构责令改正，处3万元以上20万元以下的罚款。

第九十七条 铁路运输托运人运输危险货物未配备必要的应急处理器材、设备、防护用品，或者未按照操作规程包装、装卸、运输危险货物的，由铁路监督管理机构责令改正，处1万元以上5万元以下的罚款。

第九十八条 铁路运输托运人运输危险货物不按照规定配备必要的押运人员，或者发生危险货物被盗、丢失、泄漏等情况不按照规定及时报告的，由公安机关责令改正，处1万元以上5万元以下的罚款。

第九十九条 旅客违法携带、夹带管制器具或者违法携带、托运烟花爆竹、枪支弹药等危险物品或者其他违禁物品的，由公安机关依法给予治安管理处罚。

第一百条 铁路运输企业有下列情形之一的，由铁路监管部门责令改正，处2万元以上10万元以下的罚款：

（一）在非危险货物办理站办理危险货物承运手续；

（二）承运未接受安全检查的货物；

（三）承运不符合安全规定、可能危害铁路运输安全的货物；

（四）未按照操作规程包装、装卸、运输危险货物。

第一百零一条 铁路监管部门及其工作人员应当严格按照本条例规定的处罚种类和幅度，根据违法行为的性质和具体情节行使行政处罚权，具体办法由国务院铁路行业监督管理部门制定。

第一百零二条 铁路运输企业工作人员窃取、泄露旅客身份信息的，由公安机关依法处罚。

第一百零三条 从事铁路建设、运输、设备制造维修的单位违反本条例规定，对直接负责的主管人员和其他直接责任人员依法给予处分。

第一百零四条 铁路监管部门及其工作人员不依照本条例规定履行职责的，对负有责任的领导人员和直接责任人员依法给予处分。

第一百零五条 违反本条例规定，给铁路运输企业或者其他单位、个人财产造成损失的，依法承担民事责任。

违反本条例规定，构成违反治安管理行为的，由公安机关依法给予治安管理处罚；构成犯罪的，依法追究刑事责任。

第八章　附　　则

第一百零六条　专用铁路、铁路专用线的安全管理参照本条例的规定执行。

第一百零七条　本条例所称高速铁路，是指设计开行时速 250 公里以上（含预留），并且初期运营时速 200 公里以上的客运列车专线铁路。

第一百零八条　本条例自 2014 年 1 月 1 日起施行。2004 年 12 月 27 日国务院公布的《铁路运输安全保护条例》同时废止。

危险化学品安全管理条例

（2002年1月26日国务院令第344号公布　2011年3月2日国务院令第591号修订公布　根据2013年12月7日国务院令第645号《关于修改部分行政法规的决定》修订）

第一章　总　　则

第一条　为了加强危险化学品的安全管理，预防和减少危险化学品事故，保障人民群众生命财产安全，保护环境，制定本条例。

第二条　危险化学品生产、储存、使用、经营和运输的安全管理，适用本条例。

废弃危险化学品的处置，依照有关环境保护的法律、行政法规和国家有关规定执行。

第三条　本条例所称危险化学品，是指具有毒害、腐蚀、爆炸、燃烧、助燃等性质，对人体、设施、环境具有危害的剧毒化学品和其他化学品。

危险化学品目录，由国务院安全生产监督管理部门会同国务院工业和信息化、公安、环境保护、卫生、质量监督检验检疫、交通运输、铁路、民用航空、农业主管部门，根据化学品危险特性的鉴别和分类标准确定、公布，并适时调整。

第四条　危险化学品安全管理，应当坚持安全第一、预防为主、综合治理的方针，强化和落实企业的主体责任。

生产、储存、使用、经营、运输危险化学品的单位（以下统称危险化学品单位）的主要负责人对本单位的危险化学品安全管理工作全面负责。

危险化学品单位应当具备法律、行政法规规定和国家标准、行业标准要求的安全条件，建立、健全安全管理规章制度和岗位安全责任制度，对从业人员进行安全教育、法制教育和岗位技术培训。从业人员应当接受教育和培训，考核合格后上岗作业；对有资格要求的岗位，应当配备依法取得相应资格的人员。

第五条　任何单位和个人不得生产、经营、使用国家禁止生产、经营、使用的危险化学品。

国家对危险化学品的使用有限制性规定的，任何单位和个人不得违反限制性规定使用危险化学品。

第六条　对危险化学品的生产、储存、使用、经营、运输实施安全监督管理的有关部门（以下统称负有危险化学品安全监督管理职责的部门），依照下列规定履行职责：

（一）安全生产监督管理部门负责危险化学品安全监督管理综合工作，组织确定、公布、调整危险化学品目录，对新建、改建、扩建生产、储存危险化学品（包括使用长输管道输送危险化学品，下同）的建设项目进行安全条件审查，核发危险化学品安全生产许可证、危险化学品安全使用许可证和危险化学品经营许可证，并负责危险化学品登记工作。

（二）公安机关负责危险化学品的公共安全管理，核发剧毒化学品购买许可证、剧毒化学品道路运输通行证，并负责危险化学品运输车辆的道路交通安全管理。

（三）质量监督检验检疫部门负责核发危险化学品及其包装物、容器（不包括储存危险化学品的固定式大型储罐，下同）生产企业的工业产品生产许可证，并依法对其产品质量实施监督，负责对进出口危险化学品及其包装实施检验。

（四）环境保护主管部门负责废弃危险化学品处置的监督管理，组织危险化学品的环境危害性鉴定和环境风险程度评估，确定实施重点环境管理的危险化学品，负责危险化学品环境管理登记和新化学物质环境管理登记；依照职责分工调查相关危险化学品环境污染事故和生态破坏事件，负责危险化学品事故现场的应急环境监测。

（五）交通运输主管部门负责危险化学品道路运输、水路运输的许可以及运输工具的安全管理，对危险化学品水路运输安全实施监督，负责危险化学品道路运输企业、水路运输企业驾驶人员、船员、装卸管理人员、押运人员、申报人员、集装箱装箱现场检查员的资格认定。铁路监管部门负责危险化学品铁路运输及其运输工具的安全管理。民用航空主管部门负责危险化学品航空运输以及航空运输企业及其运输工具的安全管理。

（六）卫生主管部门负责危险化学品毒性鉴定的管理，负责组织、协调危险化学品事故受伤人员的医疗卫生救援工作。

（七）工商行政管理部门依据有关部门的许可证件，核发危险化学品生产、储存、经营、运输企业营业执照，查处危险化学品经营企业违法采购危险化学品的行为。

（八）邮政管理部门负责依法查处寄递危险化学品的行为。

第七条 负有危险化学品安全监督管理职责的部门依法进行监督检查，可以采取下列措施：

（一）进入危险化学品作业场所实施现场检查，向有关单位和人员了解情况，查阅、复制有关文件、资料；

（二）发现危险化学品事故隐患，责令立即消除或者限期消除；

（三）对不符合法律、行政法规、规章规定或者国家标准、行业标准要求的设施、设备、装置、器材、运输工具，责令立即停止使用；

（四）经本部门主要负责人批准，查封违法生产、储存、使用、经营危险化学品的场所，扣押违法生产、储存、使用、经营、运输的危险化学品以及用于违法生产、使用、运输危险化学品的原材料、设备、运输工具；

（五）发现影响危险化学品安全的违法行为，当场予以纠正或者责令限期改正。

负有危险化学品安全监督管理职责的部门依法进行监督检查，监督检查人员不得少于 2 人，并应当出示执法证件；有关单位和个人对依法进行的监督检查应当予以配合，不得拒绝、阻碍。

第八条 县级以上人民政府应当建立危险化学品安全监督管理工作协调机制，支持、督促负有危险化学品安全监督管理职责的部门依法履行职责，协调、解决危险化学品安全监督管理工作中的重大问题。

负有危险化学品安全监督管理职责的部门应当相互配合、密切协作，依法加强对危险化学品的安全监督管理。

第九条 任何单位和个人对违反本条例规定的行为，有权向负有危险化学品安全监督管理职责的部门举报。负有危险化学品安全监督管理职责的部门接到举报，应当及时依法处理；对不属于本部门职责的，应当及时移送有关部门处理。

第十条　国家鼓励危险化学品生产企业和使用危险化学品从事生产的企业采用有利于提高安全保障水平的先进技术、工艺、设备以及自动控制系统，鼓励对危险化学品实行专门储存、统一配送、集中销售。

第二章　生产、储存安全

第十一条　国家对危险化学品的生产、储存实行统筹规划、合理布局。

国务院工业和信息化主管部门以及国务院其他有关部门依据各自职责，负责危险化学品生产、储存的行业规划和布局。

地方人民政府组织编制城乡规划，应当根据本地区的实际情况，按照确保安全的原则，规划适当区域专门用于危险化学品的生产、储存。

第十二条　新建、改建、扩建生产、储存危险化学品的建设项目（以下简称建设项目），应当由安全生产监督管理部门进行安全条件审查。

建设单位应当对建设项目进行安全条件论证，委托具备国家规定的资质条件的机构对建设项目进行安全评价，并将安全条件论证和安全评价的情况报告报建设项目所在地设区的市级以上人民政府安全生产监督管理部门；安全生产监督管理部门应当自收到报告之日起45日内作出审查决定，并书面通知建设单位。具体办法由国务院安全生产监督管理部门制定。

新建、改建、扩建储存、装卸危险化学品的港口建设项目，由港口行政管理部门按照国务院交通运输主管部门的规定进行安全条件审查。

第十三条　生产、储存危险化学品的单位，应当对其铺设的危险化学品管道设置明显标志，并对危险化学品管道定期检查、检测。

进行可能危及危险化学品管道安全的施工作业，施工单位应当在开工的7日前书面通知管道所属单位，并与管道所属单位共同制定应急预案，采取相应的安全防护措施。管道所属单位应当指派专门人员到现场进行管道安全保护指导。

第十四条　危险化学品生产企业进行生产前，应当依照《安全生产许可证条例》的规定，取得危险化学品安全生产许可证。

生产列入国家实行生产许可证制度的工业产品目录的危险化学品的企业，应当依照《中华人民共和国工业产品生产许可证管理条例》的规定，取得工业产品生产许可证。

负责颁发危险化学品安全生产许可证、工业产品生产许可证的部门，应当将其颁发许可证的情况及时向同级工业和信息化主管部门、环境保护主管部门和公安机关通报。

第十五条 危险化学品生产企业应当提供与其生产的危险化学品相符的化学品安全技术说明书，并在危险化学品包装（包括外包装件）上粘贴或者拴挂与包装内危险化学品相符的化学品安全标签。化学品安全技术说明书和化学品安全标签所载明的内容应当符合国家标准的要求。

危险化学品生产企业发现其生产的危险化学品有新的危险特性的，应当立即公告，并及时修订其化学品安全技术说明书和化学品安全标签。

第十六条 生产实施重点环境管理的危险化学品的企业，应当按照国务院环境保护主管部门的规定，将该危险化学品向环境中释放等相关信息向环境保护主管部门报告。环境保护主管部门可以根据情况采取相应的环境风险控制措施。

第十七条 危险化学品的包装应当符合法律、行政法规、规章的规定以及国家标准、行业标准的要求。

危险化学品包装物、容器的材质以及危险化学品包装的型式、规格、方法和单件质量（重量），应当与所包装的危险化学品的性质和用途相适应。

第十八条 生产列入国家实行生产许可证制度的工业产品目录的危险化学品包装物、容器的企业，应当依照《中华人民共和国工业产品生产许可证管理条例》的规定，取得工业产品生产许可证；其生产的危险化学品包装物、容器经国务院质量监督检验检疫部门认定的检验机构检验合格，方可出厂销售。

运输危险化学品的船舶及其配载的容器，应当按照国家船舶检验规范进行生产，并经海事管理机构认定的船舶检验机构检验合格，方可投入使用。

对重复使用的危险化学品包装物、容器，使用单位在重复使用前应当进行检查；发现存在安全隐患的，应当维修或者更换。使用单位应当对检查情况作出记录，记录的保存期限不得少于 2 年。

第十九条　危险化学品生产装置或者储存数量构成重大危险源的危险化学品储存设施（运输工具加油站、加气站除外），与下列场所、设施、区域的距离应当符合国家有关规定：

（一）居住区以及商业中心、公园等人员密集场所；

（二）学校、医院、影剧院、体育场（馆）等公共设施；

（三）饮用水源、水厂以及水源保护区；

（四）车站、码头（依法经许可从事危险化学品装卸作业的除外）、机场以及通信干线、通信枢纽、铁路线路、道路交通干线、水路交通干线、地铁风亭以及地铁站出入口；

（五）基本农田保护区、基本草原、畜禽遗传资源保护区、畜禽规模化养殖场（养殖小区）、渔业水域以及种子、种畜禽、水产苗种生产基地；

（六）河流、湖泊、风景名胜区、自然保护区；

（七）军事禁区、军事管理区；

（八）法律、行政法规规定的其他场所、设施、区域。

已建的危险化学品生产装置或者储存数量构成重大危险源的危险化学品储存设施不符合前款规定的，由所在地设区的市级人民政府安全生产监督管理部门会同有关部门监督其所属单位在规定期限内进行整改；需要转产、停产、搬迁、关闭的，由本级人民政府决定并组织实施。

储存数量构成重大危险源的危险化学品储存设施的选址，应当避开地震活动断层和容易发生洪灾、地质灾害的区域。

本条例所称重大危险源，是指生产、储存、使用或者搬运危险化学品，且危险化学品的数量等于或者超过临界量的单元（包括场所和设施）。

第二十条　生产、储存危险化学品的单位，应当根据其生产、储存的危险化学品的种类和危险特性，在作业场所设置相应的监测、监控、通风、防晒、调温、防火、灭火、防爆、泄压、防毒、中和、防潮、防雷、防静电、防腐、防泄漏以及防护围堤或者隔离操作等安全设施、设备，并按照国家标准、行业标准或者国家有关规定对安全设施、设备进行经常性维护、保养，保证安全设施、设备的正常使用。

生产、储存危险化学品的单位，应当在其作业场所和安全设施、设备上设置明显的安全警示标志。

第二十一条 生产、储存危险化学品的单位，应当在其作业场所设置通信、报警装置，并保证处于适用状态。

第二十二条 生产、储存危险化学品的企业，应当委托具备国家规定的资质条件的机构，对本企业的安全生产条件每3年进行一次安全评价，提出安全评价报告。安全评价报告的内容应当包括对安全生产条件存在的问题进行整改的方案。

生产、储存危险化学品的企业，应当将安全评价报告以及整改方案的落实情况报所在地县级人民政府安全生产监督管理部门备案。在港区内储存危险化学品的企业，应当将安全评价报告以及整改方案的落实情况报港口行政管理部门备案。

第二十三条 生产、储存剧毒化学品或者国务院公安部门规定的可用于制造爆炸物品的危险化学品（以下简称易制爆危险化学品）的单位，应当如实记录其生产、储存的剧毒化学品、易制爆危险化学品的数量、流向，并采取必要的安全防范措施，防止剧毒化学品、易制爆危险化学品丢失或者被盗；发现剧毒化学品、易制爆危险化学品丢失或者被盗的，应当立即向当地公安机关报告。

生产、储存剧毒化学品、易制爆危险化学品的单位，应当设置治安保卫机构，配备专职治安保卫人员。

第二十四条 危险化学品应当储存在专用仓库、专用场地或者专用储存室（以下统称专用仓库）内，并由专人负责管理；剧毒化学品以及储存数量构成重大危险源的其他危险化学品，应当在专用仓库内单独存放，并实行双人收发、双人保管制度。

危险化学品的储存方式、方法以及储存数量应当符合国家标准或者国家有关规定。

第二十五条 储存危险化学品的单位应当建立危险化学品出入库核查、登记制度。

对剧毒化学品以及储存数量构成重大危险源的其他危险化学品，储存单位应当将其储存数量、储存地点以及管理人员的情况，报所在地县级人民政府安全生产监督管理部门（在港区内储存的，报港口行政管理部门）和公安机关备案。

第二十六条 危险化学品专用仓库应当符合国家标准、行业标准的要求，并设置明显的标志。储存剧毒化学品、易制爆危险化学品的专用仓库，应当按照国家有关规定设置相应的技术防范设施。

储存危险化学品的单位应当对其危险化学品专用仓库的安全设施、设备定期进行检测、检验。

第二十七条 生产、储存危险化学品的单位转产、停产、停业或者解散的，应当采取有效措施，及时、妥善处置其危险化学品生产装置、储存设施以及库存的危险化学品，不得丢弃危险化学品；处置方案应当报所在地县级人民政府安全生产监督管理部门、工业和信息化主管部门、环境保护主管部门和公安机关备案。安全生产监督管理部门应当会同环境保护主管部门和公安机关对处置情况进行监督检查，发现未依照规定处置的，应当责令其立即处置。

第三章 使用安全

第二十八条 使用危险化学品的单位，其使用条件（包括工艺）应当符合法律、行政法规的规定和国家标准、行业标准的要求，并根据所使用的危险化学品的种类、危险特性以及使用量和使用方式，建立、健全使用危险化学品的安全管理规章制度和安全操作规程，保证危险化学品的安全使用。

第二十九条 使用危险化学品从事生产并且使用量达到规定数量的化工企业（属于危险化学品生产企业的除外，下同），应当依照本条例的规定取得危险化学品安全使用许可证。

前款规定的危险化学品使用量的数量标准，由国务院安全生产监督管理部门会同国务院公安部门、农业主管部门确定并公布。

第三十条 申请危险化学品安全使用许可证的化工企业，除应当符合本条例第二十八条的规定外，还应当具备下列条件：

（一）有与所使用的危险化学品相适应的专业技术人员；

（二）有安全管理机构和专职安全管理人员；

（三）有符合国家规定的危险化学品事故应急预案和必要的应急救援器

材、设备；

（四）依法进行了安全评价。

第三十一条 申请危险化学品安全使用许可证的化工企业，应当向所在地设区的市级人民政府安全生产监督管理部门提出申请，并提交其符合本条例第三十条规定条件的证明材料。设区的市级人民政府安全生产监督管理部门应当依法进行审查，自收到证明材料之日起45日内作出批准或者不予批准的决定。予以批准的，颁发危险化学品安全使用许可证；不予批准的，书面通知申请人并说明理由。

安全生产监督管理部门应当将其颁发危险化学品安全使用许可证的情况及时向同级环境保护主管部门和公安机关通报。

第三十二条 本条例第十六条关于生产实施重点环境管理的危险化学品的企业的规定，适用于使用实施重点环境管理的危险化学品从事生产的企业；第二十条、第二十一条、第二十三条第一款、第二十七条关于生产、储存危险化学品的单位的规定，适用于使用危险化学品的单位；第二十二条关于生产、储存危险化学品的企业的规定，适用于使用危险化学品从事生产的企业。

第四章 经营安全

第三十三条 国家对危险化学品经营（包括仓储经营，下同）实行许可制度。未经许可，任何单位和个人不得经营危险化学品。

依法设立的危险化学品生产企业在其厂区范围内销售本企业生产的危险化学品，不需要取得危险化学品经营许可。

依照《中华人民共和国港口法》的规定取得港口经营许可证的港口经营人，在港区内从事危险化学品仓储经营，不需要取得危险化学品经营许可。

第三十四条 从事危险化学品经营的企业应当具备下列条件：

（一）有符合国家标准、行业标准的经营场所，储存危险化学品的，还应当有符合国家标准、行业标准的储存设施；

（二）从业人员经过专业技术培训并经考核合格；

（三）有健全的安全管理规章制度；

（四）有专职安全管理人员；

（五）有符合国家规定的危险化学品事故应急预案和必要的应急救援器材、设备；

（六）法律、法规规定的其他条件。

第三十五条　从事剧毒化学品、易制爆危险化学品经营的企业，应当向所在地设区的市级人民政府安全生产监督管理部门提出申请，从事其他危险化学品经营的企业，应当向所在地县级人民政府安全生产监督管理部门提出申请（有储存设施的，应当向所在地设区的市级人民政府安全生产监督管理部门提出申请）。申请人应当提交其符合本条例第三十四条规定条件的证明材料。设区的市级人民政府安全生产监督管理部门或者县级人民政府安全生产监督管理部门应当依法进行审查，并对申请人的经营场所、储存设施进行现场核查，自收到证明材料之日起30日内作出批准或者不予批准的决定。予以批准的，颁发危险化学品经营许可证；不予批准的，书面通知申请人并说明理由。

设区的市级人民政府安全生产监督管理部门和县级人民政府安全生产监督管理部门应当将其颁发危险化学品经营许可证的情况及时向同级环境保护主管部门和公安机关通报。

申请人持危险化学品经营许可证向工商行政管理部门办理登记手续后，方可从事危险化学品经营活动。法律、行政法规或者国务院规定经营危险化学品还需要经其他有关部门许可的，申请人向工商行政管理部门办理登记手续时还应当持相应的许可证件。

第三十六条　危险化学品经营企业储存危险化学品的，应当遵守本条例第二章关于储存危险化学品的规定。危险化学品商店内只能存放民用小包装的危险化学品。

第三十七条　危险化学品经营企业不得向未经许可从事危险化学品生产、经营活动的企业采购危险化学品，不得经营没有化学品安全技术说明书或者化学品安全标签的危险化学品。

第三十八条　依法取得危险化学品安全生产许可证、危险化学品安全使用许可证、危险化学品经营许可证的企业，凭相应的许可证件购买剧毒化学品、易制爆危险化学品。民用爆炸物品生产企业凭民用爆炸物品生产许可证购买易制爆危险化学品。

前款规定以外的单位购买剧毒化学品的，应当向所在地县级人民政府公安机关申请取得剧毒化学品购买许可证；购买易制爆危险化学品的，应当持本单位出具的合法用途说明。

个人不得购买剧毒化学品（属于剧毒化学品的农药除外）和易制爆危险化学品。

第三十九条 申请取得剧毒化学品购买许可证，申请人应当向所在地县级人民政府公安机关提交下列材料：

（一）营业执照或者法人证书（登记证书）的复印件；

（二）拟购买的剧毒化学品品种、数量的说明；

（三）购买剧毒化学品用途的说明；

（四）经办人的身份证明。

县级人民政府公安机关应当自收到前款规定的材料之日起 3 日内，作出批准或者不予批准的决定。予以批准的，颁发剧毒化学品购买许可证；不予批准的，书面通知申请人并说明理由。

剧毒化学品购买许可证管理办法由国务院公安部门制定。

第四十条 危险化学品生产企业、经营企业销售剧毒化学品、易制爆危险化学品，应当查验本条例第三十八条第一款、第二款规定的相关许可证件或者证明文件，不得向不具有相关许可证件或者证明文件的单位销售剧毒化学品、易制爆危险化学品。对持剧毒化学品购买许可证购买剧毒化学品的，应当按照许可证载明的品种、数量销售。

禁止向个人销售剧毒化学品（属于剧毒化学品的农药除外）和易制爆危险化学品。

第四十一条 危险化学品生产企业、经营企业销售剧毒化学品、易制爆危险化学品，应当如实记录购买单位的名称、地址、经办人的姓名、身份证号码以及所购买的剧毒化学品、易制爆危险化学品的品种、数量、用途。销售记录以及经办人的身份证明复印件、相关许可证件复印件或者证明文件的保存期限不得少于 1 年。

剧毒化学品、易制爆危险化学品的销售企业、购买单位应当在销售、购买后 5 日内，将所销售、购买的剧毒化学品、易制爆危险化学品的品种、数量以及流向信息报所在地县级人民政府公安机关备案，并输入计算机系统。

第四十二条　使用剧毒化学品、易制爆危险化学品的单位不得出借、转让其购买的剧毒化学品、易制爆危险化学品；因转产、停产、搬迁、关闭等确需转让的，应当向具有本条例第三十八条第一款、第二款规定的相关许可证件或者证明文件的单位转让，并在转让后将有关情况及时向所在地县级人民政府公安机关报告。

第五章　运 输 安 全

第四十三条　从事危险化学品道路运输、水路运输的，应当分别依照有关道路运输、水路运输的法律、行政法规的规定，取得危险货物道路运输许可、危险货物水路运输许可，并向工商行政管理部门办理登记手续。

危险化学品道路运输企业、水路运输企业应当配备专职安全管理人员。

第四十四条　危险化学品道路运输企业、水路运输企业的驾驶人员、船员、装卸管理人员、押运人员、申报人员、集装箱装箱现场检查员应当经交通运输主管部门考核合格，取得从业资格。具体办法由国务院交通运输主管部门制定。

危险化学品的装卸作业应当遵守安全作业标准、规程和制度，并在装卸管理人员的现场指挥或者监控下进行。水路运输危险化学品的集装箱装箱作业应当在集装箱装箱现场检查员的指挥或者监控下进行，并符合积载、隔离的规范和要求；装箱作业完毕后，集装箱装箱现场检查员应当签署装箱证明书。

第四十五条　运输危险化学品，应当根据危险化学品的危险特性采取相应的安全防护措施，并配备必要的防护用品和应急救援器材。

用于运输危险化学品的槽罐以及其他容器应当封口严密，能够防止危险化学品在运输过程中因温度、湿度或者压力的变化发生渗漏、洒漏；槽罐以及其他容器的溢流和泄压装置应当设置准确、起闭灵活。

运输危险化学品的驾驶人员、船员、装卸管理人员、押运人员、申报人员、集装箱装箱现场检查员，应当了解所运输的危险化学品的危险特性及其包装物、容器的使用要求和出现危险情况时的应急处置方法。

第四十六条　通过道路运输危险化学品的，托运人应当委托依法取得危险货物道路运输许可的企业承运。

第四十七条 通过道路运输危险化学品的，应当按照运输车辆的核定载质量装载危险化学品，不得超载。

危险化学品运输车辆应当符合国家标准要求的安全技术条件，并按照国家有关规定定期进行安全技术检验。

危险化学品运输车辆应当悬挂或者喷涂符合国家标准要求的警示标志。

第四十八条 通过道路运输危险化学品的，应当配备押运人员，并保证所运输的危险化学品处于押运人员的监控之下。

运输危险化学品途中因住宿或者发生影响正常运输的情况，需要较长时间停车的，驾驶人员、押运人员应当采取相应的安全防范措施；运输剧毒化学品或者易制爆危险化学品的，还应当向当地公安机关报告。

第四十九条 未经公安机关批准，运输危险化学品的车辆不得进入危险化学品运输车辆限制通行的区域。危险化学品运输车辆限制通行的区域由县级人民政府公安机关划定，并设置明显的标志。

第五十条 通过道路运输剧毒化学品的，托运人应当向运输始发地或者目的地县级人民政府公安机关申请剧毒化学品道路运输通行证。

申请剧毒化学品道路运输通行证，托运人应当向县级人民政府公安机关提交下列材料：

（一）拟运输的剧毒化学品品种、数量的说明；

（二）运输始发地、目的地、运输时间和运输路线的说明；

（三）承运人取得危险货物道路运输许可、运输车辆取得营运证以及驾驶人员、押运人员取得上岗资格的证明文件；

（四）本条例第三十八条第一款、第二款规定的购买剧毒化学品的相关许可证件，或者海关出具的进出口证明文件。

县级人民政府公安机关应当自收到前款规定的材料之日起7日内，作出批准或者不予批准的决定。予以批准的，颁发剧毒化学品道路运输通行证；不予批准的，书面通知申请人并说明理由。

剧毒化学品道路运输通行证管理办法由国务院公安部门制定。

第五十一条 剧毒化学品、易制爆危险化学品在道路运输途中丢失、被盗、被抢或者出现流散、泄漏等情况的，驾驶人员、押运人员应当立即采取相应的警示措施和安全措施，并向当地公安机关报告。公安机关接到报告后，应当根据实际情况立即向安全生产监督管理部门、环境保护主管部门、卫生主管部门通报。有关部门应当采取必要的应急处置措施。

第五十二条　通过水路运输危险化学品的，应当遵守法律、行政法规以及国务院交通运输主管部门关于危险货物水路运输安全的规定。

第五十三条　海事管理机构应当根据危险化学品的种类和危险特性，确定船舶运输危险化学品的相关安全运输条件。

拟交付船舶运输的化学品的相关安全运输条件不明确的，货物所有人或者代理人应当委托相关技术机构进行评估，明确相关安全运输条件并经海事管理机构确认后，方可交付船舶运输。

第五十四条　禁止通过内河封闭水域运输剧毒化学品以及国家规定禁止通过内河运输的其他危险化学品。

前款规定以外的内河水域，禁止运输国家规定禁止通过内河运输的剧毒化学品以及其他危险化学品。

禁止通过内河运输的剧毒化学品以及其他危险化学品的范围，由国务院交通运输主管部门会同国务院环境保护主管部门、工业和信息化主管部门、安全生产监督管理部门，根据危险化学品的危险特性、危险化学品对人体和水环境的危害程度以及消除危害后果的难易程度等因素规定并公布。

第五十五条　国务院交通运输主管部门应当根据危险化学品的危险特性，对通过内河运输本条例第五十四条规定以外的危险化学品（以下简称通过内河运输危险化学品）实行分类管理，对各类危险化学品的运输方式、包装规范和安全防护措施等分别作出规定并监督实施。

第五十六条　通过内河运输危险化学品，应当由依法取得危险货物水路运输许可的水路运输企业承运，其他单位和个人不得承运。托运人应当委托依法取得危险货物水路运输许可的水路运输企业承运，不得委托其他单位和个人承运。

第五十七条　通过内河运输危险化学品，应当使用依法取得危险货物适装证书的运输船舶。水路运输企业应当针对所运输的危险化学品的危险特性，制定运输船舶危险化学品事故应急救援预案，并为运输船舶配备充足、有效的应急救援器材和设备。

通过内河运输危险化学品的船舶，其所有人或者经营人应当取得船舶污染损害责任保险证书或者财务担保证明。船舶污染损害责任保险证书或者财务担保证明的副本应当随船携带。

第五十八条 通过内河运输危险化学品，危险化学品包装物的材质、型式、强度以及包装方法应当符合水路运输危险化学品包装规范的要求。国务院交通运输主管部门对单船运输的危险化学品数量有限制性规定的，承运人应当按照规定安排运输数量。

第五十九条 用于危险化学品运输作业的内河码头、泊位应当符合国家有关安全规范，与饮用水取水口保持国家规定的距离。有关管理单位应当制定码头、泊位危险化学品事故应急预案，并为码头、泊位配备充足、有效的应急救援器材和设备。

用于危险化学品运输作业的内河码头、泊位，经交通运输主管部门按照国家有关规定验收合格后方可投入使用。

第六十条 船舶载运危险化学品进出内河港口，应当将危险化学品的名称、危险特性、包装以及进出港时间等事项，事先报告海事管理机构。海事管理机构接到报告后，应当在国务院交通运输主管部门规定的时间内作出是否同意的决定，通知报告人，同时通报港口行政管理部门。定船舶、定航线、定货种的船舶可以定期报告。

在内河港口内进行危险化学品的装卸、过驳作业，应当将危险化学品的名称、危险特性、包装和作业的时间、地点等事项报告港口行政管理部门。港口行政管理部门接到报告后，应当在国务院交通运输主管部门规定的时间内作出是否同意的决定，通知报告人，同时通报海事管理机构。

载运危险化学品的船舶在内河航行，通过过船建筑物的，应当提前向交通运输主管部门申报，并接受交通运输主管部门的管理。

第六十一条 载运危险化学品的船舶在内河航行、装卸或者停泊，应当悬挂专用的警示标志，按照规定显示专用信号。

载运危险化学品的船舶在内河航行，按照国务院交通运输主管部门的规定需要引航的，应当申请引航。

第六十二条 载运危险化学品的船舶在内河航行，应当遵守法律、行政法规和国家其他有关饮用水水源保护的规定。内河航道发展规划应当与依法经批准的饮用水水源保护区划定方案相协调。

第六十三条　托运危险化学品的，托运人应当向承运人说明所托运的危险化学品的种类、数量、危险特性以及发生危险情况的应急处置措施，并按照国家有关规定对所托运的危险化学品妥善包装，在外包装上设置相应的标志。

运输危险化学品需要添加抑制剂或者稳定剂的，托运人应当添加，并将有关情况告知承运人。

第六十四条　托运人不得在托运的普通货物中夹带危险化学品，不得将危险化学品匿报或者谎报为普通货物托运。

任何单位和个人不得交寄危险化学品或者在邮件、快件内夹带危险化学品，不得将危险化学品匿报或者谎报为普通物品交寄。邮政企业、快递企业不得收寄危险化学品。

对涉嫌违反本条第一款、第二款规定的，交通运输主管部门、邮政管理部门可以依法开拆查验。

第六十五条　通过铁路、航空运输危险化学品的安全管理，依照有关铁路、航空运输的法律、行政法规、规章的规定执行。

第六章　危险化学品登记与事故应急救援

第六十六条　国家实行危险化学品登记制度，为危险化学品安全管理以及危险化学品事故预防和应急救援提供技术、信息支持。

第六十七条　危险化学品生产企业、进口企业，应当向国务院安全生产监督管理部门负责危险化学品登记的机构（以下简称危险化学品登记机构）办理危险化学品登记。

危险化学品登记包括下列内容：

（一）分类和标签信息；

（二）物理、化学性质；

（三）主要用途；

（四）危险特性；

（五）储存、使用、运输的安全要求；

（六）出现危险情况的应急处置措施。

对同一企业生产、进口的同一品种的危险化学品，不进行重复登记。危险化学品生产企业、进口企业发现其生产、进口的危险化学品有新的危险特性的，应当及时向危险化学品登记机构办理登记内容变更手续。

危险化学品登记的具体办法由国务院安全生产监督管理部门制定。

第六十八条 危险化学品登记机构应当定期向工业和信息化、环境保护、公安、卫生、交通运输、铁路、质量监督检验检疫等部门提供危险化学品登记的有关信息和资料。

第六十九条 县级以上地方人民政府安全生产监督管理部门应当会同工业和信息化、环境保护、公安、卫生、交通运输、铁路、质量监督检验检疫等部门，根据本地区实际情况，制定危险化学品事故应急预案，报本级人民政府批准。

第七十条 危险化学品单位应当制定本单位危险化学品事故应急预案，配备应急救援人员和必要的应急救援器材、设备，并定期组织应急救援演练。

危险化学品单位应当将其危险化学品事故应急预案报所在地设区的市级人民政府安全生产监督管理部门备案。

第七十一条 发生危险化学品事故，事故单位主要负责人应当立即按照本单位危险化学品应急预案组织救援，并向当地安全生产监督管理部门和环境保护、公安、卫生主管部门报告；道路运输、水路运输过程中发生危险化学品事故的，驾驶人员、船员或者押运人员还应当向事故发生地交通运输主管部门报告。

第七十二条 发生危险化学品事故，有关地方人民政府应当立即组织安全生产监督管理、环境保护、公安、卫生、交通运输等有关部门，按照本地区危险化学品事故应急预案组织实施救援，不得拖延、推诿。

有关地方人民政府及其有关部门应当按照下列规定，采取必要的应急处置措施，减少事故损失，防止事故蔓延、扩大：

（一）立即组织营救和救治受害人员，疏散、撤离或者采取其他措施保护危害区域内的其他人员；

（二）迅速控制危害源，测定危险化学品的性质、事故的危害区域及危害程度；

（三）针对事故对人体、动植物、土壤、水源、大气造成的现实危害和可能产生的危害，迅速采取封闭、隔离、洗消等措施；

（四）对危险化学品事故造成的环境污染和生态破坏状况进行监测、评估，并采取相应的环境污染治理和生态修复措施。

第七十三条　有关危险化学品单位应当为危险化学品事故应急救援提供技术指导和必要的协助。

第七十四条　危险化学品事故造成环境污染的，由设区的市级以上人民政府环境保护主管部门统一发布有关信息。

第七章　法律责任

第七十五条　生产、经营、使用国家禁止生产、经营、使用的危险化学品的，由安全生产监督管理部门责令停止生产、经营、使用活动，处 20 万元以上 50 万元以下的罚款，有违法所得的，没收违法所得；构成犯罪的，依法追究刑事责任。

有前款规定行为的，安全生产监督管理部门还应当责令其对所生产、经营、使用的危险化学品进行无害化处理。

违反国家关于危险化学品使用的限制性规定使用危险化学品的，依照本条第一款的规定处理。

第七十六条　未经安全条件审查，新建、改建、扩建生产、储存危险化学品的建设项目的，由安全生产监督管理部门责令停止建设，限期改正；逾期不改正的，处 50 万元以上 100 万元以下的罚款；构成犯罪的，依法追究刑事责任。

未经安全条件审查，新建、改建、扩建储存、装卸危险化学品的港口建设项目的，由港口行政管理部门依照前款规定予以处罚。

第七十七条　未依法取得危险化学品安全生产许可证从事危险化学品生产，或者未依法取得工业产品生产许可证从事危险化学品及其包装物、容器生产的，分别依照《安全生产许可证条例》、《中华人民共和国工业产品生产许可证管理条例》的规定处罚。

违反本条例规定，化工企业未取得危险化学品安全使用许可证，使用危险化学品从事生产的，由安全生产监督管理部门责令限期改正，处10万元以上20万元以下的罚款；逾期不改正的，责令停产整顿。

违反本条例规定，未取得危险化学品经营许可证从事危险化学品经营的，由安全生产监督管理部门责令停止经营活动，没收违法经营的危险化学品以及违法所得，并处10万元以上20万元以下的罚款；构成犯罪的，依法追究刑事责任。

第七十八条 有下列情形之一的，由安全生产监督管理部门责令改正，可以处5万元以下的罚款；拒不改正的，处5万元以上10万元以下的罚款；情节严重的，责令停产停业整顿：

（一）生产、储存危险化学品的单位未对其铺设的危险化学品管道设置明显的标志，或者未对危险化学品管道定期检查、检测的；

（二）进行可能危及危险化学品管道安全的施工作业，施工单位未按照规定书面通知管道所属单位，或者未与管道所属单位共同制定应急预案、采取相应的安全防护措施，或者管道所属单位未指派专门人员到现场进行管道安全保护指导的；

（三）危险化学品生产企业未提供化学品安全技术说明书，或者未在包装（包括外包装件）上粘贴、拴挂化学品安全标签的；

（四）危险化学品生产企业提供的化学品安全技术说明书与其生产的危险化学品不相符，或者在包装（包括外包装件）粘贴、拴挂的化学品安全标签与包装内危险化学品不相符，或者化学品安全技术说明书、化学品安全标签所载明的内容不符合国家标准要求的；

（五）危险化学品生产企业发现其生产的危险化学品有新的危险特性不立即公告，或者不及时修订其化学品安全技术说明书和化学品安全标签的；

（六）危险化学品经营企业经营没有化学品安全技术说明书和化学品安全标签的危险化学品的；

（七）危险化学品包装物、容器的材质以及包装的型式、规格、方法和单件质量（重量）与所包装的危险化学品的性质和用途不相适应的；

（八）生产、储存危险化学品的单位未在作业场所和安全设施、设备上设置明显的安全警示标志，或者未在作业场所设置通信、报警装置的；

（九）危险化学品专用仓库未设专人负责管理，或者对储存的剧毒化学品以及储存数量构成重大危险源的其他危险化学品未实行双人收发、双人保管制度的；

（十）储存危险化学品的单位未建立危险化学品出入库核查、登记制度的；

（十一）危险化学品专用仓库未设置明显标志的；

（十二）危险化学品生产企业、进口企业不办理危险化学品登记，或者发现其生产、进口的危险化学品有新的危险特性不办理危险化学品登记内容变更手续的。

从事危险化学品仓储经营的港口经营人有前款规定情形的，由港口行政管理部门依照前款规定予以处罚。储存剧毒化学品、易制爆危险化学品的专用仓库未按照国家有关规定设置相应的技术防范设施的，由公安机关依照前款规定予以处罚。

生产、储存剧毒化学品、易制爆危险化学品的单位未设置治安保卫机构、配备专职治安保卫人员的，依照《企业事业单位内部治安保卫条例》的规定处罚。

第七十九条　危险化学品包装物、容器生产企业销售未经检验或者经检验不合格的危险化学品包装物、容器的，由质量监督检验检疫部门责令改正，处 10 万元以上 20 万元以下的罚款，有违法所得的，没收违法所得；拒不改正的，责令停产停业整顿；构成犯罪的，依法追究刑事责任。

将未经检验合格的运输危险化学品的船舶及其配载的容器投入使用的，由海事管理机构依照前款规定予以处罚。

第八十条　生产、储存、使用危险化学品的单位有下列情形之一的，由安全生产监督管理部门责令改正，处 5 万元以上 10 万元以下的罚款；拒不改正的，责令停产停业整顿直至由原发证机关吊销其相关许可证件，并由工商行政管理部门责令其办理经营范围变更登记或者吊销其营业执照；有关责任人员构成犯罪的，依法追究刑事责任：

（一）对重复使用的危险化学品包装物、容器，在重复使用前不进行检查的；

（二）未根据其生产、储存的危险化学品的种类和危险特性，在作业场所设置相关安全设施、设备，或者未按照国家标准、行业标准或者国家有关规定对安全设施、设备进行经常性维护、保养的；

（三）未依照本条例规定对其安全生产条件定期进行安全评价的；

（四）未将危险化学品储存在专用仓库内，或者未将剧毒化学品以及储存数量构成重大危险源的其他危险化学品在专用仓库内单独存放的；

（五）危险化学品的储存方式、方法或者储存数量不符合国家标准或者国家有关规定的；

（六）危险化学品专用仓库不符合国家标准、行业标准的要求的；

（七）未对危险化学品专用仓库的安全设施、设备定期进行检测、检验的。

从事危险化学品仓储经营的港口经营人有前款规定情形的，由港口行政管理部门依照前款规定予以处罚。

第八十一条 有下列情形之一的，由公安机关责令改正，可以处 1 万元以下的罚款；拒不改正的，处 1 万元以上 5 万元以下的罚款：

（一）生产、储存、使用剧毒化学品、易制爆危险化学品的单位不如实记录生产、储存、使用的剧毒化学品、易制爆危险化学品的数量、流向的；

（二）生产、储存、使用剧毒化学品、易制爆危险化学品的单位发现剧毒化学品、易制爆危险化学品丢失或者被盗，不立即向公安机关报告的；

（三）储存剧毒化学品的单位未将剧毒化学品的储存数量、储存地点以及管理人员的情况报所在地县级人民政府公安机关备案的；

（四）危险化学品生产企业、经营企业不如实记录剧毒化学品、易制爆危险化学品购买单位的名称、地址、经办人的姓名、身份证号码以及所购买的剧毒化学品、易制爆危险化学品的品种、数量、用途，或者保存销售记录和相关材料的时间少于 1 年的；

（五）剧毒化学品、易制爆危险化学品的销售企业、购买单位未在规定的时限内将所销售、购买的剧毒化学品、易制爆危险化学品的品种、数量以及流向信息报所在地县级人民政府公安机关备案的；

（六）使用剧毒化学品、易制爆危险化学品的单位依照本条例规定转让其购买的剧毒化学品、易制爆危险化学品，未将有关情况向所在地县级人民政府公安机关报告的。

生产、储存危险化学品的企业或者使用危险化学品从事生产的企业未按照本条例规定将安全评价报告以及整改方案的落实情况报安全生产监督管理部门或者港口行政管理部门备案，或者储存危险化学品的单位未将其剧毒化学品以及储存数量构成重大危险源的其他危险化学品的储存数量、储存地点以及管理人员的情况报安全生产监督管理部门或者港口行政管理部门备案的，分别由安全生产监督管理部门或者港口行政管理部门依照前款规定予以处罚。

生产实施重点环境管理的危险化学品的企业或者使用实施重点环境管理的危险化学品从事生产的企业未按照规定将相关信息向环境保护主管部门报告的，由环境保护主管部门依照本条第一款的规定予以处罚。

第八十二条 生产、储存、使用危险化学品的单位转产、停产、停业或者解散，未采取有效措施及时、妥善处置其危险化学品生产装置、储存设施以及库存的危险化学品，或者丢弃危险化学品的，由安全生产监督管理部门责令改正，处5万元以上10万元以下的罚款；构成犯罪的，依法追究刑事责任。

生产、储存、使用危险化学品的单位转产、停产、停业或者解散，未依照本条例规定将其危险化学品生产装置、储存设施以及库存危险化学品的处置方案报有关部门备案的，分别由有关部门责令改正，可以处1万元以下的罚款；拒不改正的，处1万元以上5万元以下的罚款。

第八十三条 危险化学品经营企业向未经许可违法从事危险化学品生产、经营活动的企业采购危险化学品的，由工商行政管理部门责令改正，处10万元以上20万元以下的罚款；拒不改正的，责令停业整顿直至由原发证机关吊销其危险化学品经营许可证，并由工商行政管理部门责令其办理经营范围变更登记或者吊销其营业执照。

第八十四条 危险化学品生产企业、经营企业有下列情形之一的，由安全生产监督管理部门责令改正，没收违法所得，并处10万元以上20万元以下的罚款；拒不改正的，责令停产停业整顿直至吊销其危险化学品安全生产许可证、危险化学品经营许可证，并由工商行政管理部门责令其办理经营范围变更登记或者吊销其营业执照：

（一）向不具有本条例第三十八条第一款、第二款规定的相关许可证件或者证明文件的单位销售剧毒化学品、易制爆危险化学品的；

（二）不按照剧毒化学品购买许可证载明的品种、数量销售剧毒化学品的；

（三）向个人销售剧毒化学品（属于剧毒化学品的农药除外）、易制爆危险化学品的。

不具有本条例第三十八条第一款、第二款规定的相关许可证件或者证明文件的单位购买剧毒化学品、易制爆危险化学品，或者个人购买剧毒化学品（属于剧毒化学品的农药除外）、易制爆危险化学品的，由公安机关没收所购买的剧毒化学品、易制爆危险化学品，可以并处5000元以下的罚款。

使用剧毒化学品、易制爆危险化学品的单位出借或者向不具有本条例第三十八条第一款、第二款规定的相关许可证件的单位转让其购买的剧毒化学品、易制爆危险化学品，或者向个人转让其购买的剧毒化学品（属于剧毒化学品的农药除外）、易制爆危险化学品的，由公安机关责令改正，处10万元以上20万元以下的罚款；拒不改正的，责令停产停业整顿。

第八十五条 未依法取得危险货物道路运输许可、危险货物水路运输许可，从事危险化学品道路运输、水路运输的，分别依照有关道路运输、水路运输的法律、行政法规的规定处罚。

第八十六条 有下列情形之一的，由交通运输主管部门责令改正，处5万元以上10万元以下的罚款；拒不改正的，责令停产停业整顿；构成犯罪的，依法追究刑事责任：

（一）危险化学品道路运输企业、水路运输企业的驾驶人员、船员、装卸管理人员、押运人员、申报人员、集装箱装箱现场检查员未取得从业资格上岗作业的；

（二）运输危险化学品，未根据危险化学品的危险特性采取相应的安全防护措施，或者未配备必要的防护用品和应急救援器材的；

（三）使用未依法取得危险货物适装证书的船舶，通过内河运输危险化学品的；

（四）通过内河运输危险化学品的承运人违反国务院交通运输主管部门对单船运输的危险化学品数量的限制性规定运输危险化学品的；

（五）用于危险化学品运输作业的内河码头、泊位不符合国家有关安全规范，或者未与饮用水取水口保持国家规定的安全距离，或者未经交通运输主管部门验收合格投入使用的；

（六）托运人不向承运人说明所托运的危险化学品的种类、数量、危险特性以及发生危险情况的应急处置措施，或者未按照国家有关规定对所托运的危险化学品妥善包装并在外包装上设置相应标志的；

（七）运输危险化学品需要添加抑制剂或者稳定剂，托运人未添加或者未将有关情况告知承运人的。

第八十七条　有下列情形之一的，由交通运输主管部门责令改正，处10万元以上20万元以下的罚款，有违法所得的，没收违法所得；拒不改正的，责令停产停业整顿；构成犯罪的，依法追究刑事责任：

（一）委托未依法取得危险货物道路运输许可、危险货物水路运输许可的企业承运危险化学品的；

（二）通过内河封闭水域运输剧毒化学品以及国家规定禁止通过内河运输的其他危险化学品的；

（三）通过内河运输国家规定禁止通过内河运输的剧毒化学品以及其他危险化学品的；

（四）在托运的普通货物中夹带危险化学品，或者将危险化学品谎报或者匿报为普通货物托运的。

在邮件、快件内夹带危险化学品，或者将危险化学品谎报为普通物品交寄的，依法给予治安管理处罚；构成犯罪的，依法追究刑事责任。

邮政企业、快递企业收寄危险化学品的，依照《中华人民共和国邮政法》的规定处罚。

第八十八条　有下列情形之一的，由公安机关责令改正，处5万元以上10万元以下的罚款；构成违反治安管理行为的，依法给予治安管理处罚；构成犯罪的，依法追究刑事责任：

（一）超过运输车辆的核定载质量装载危险化学品的；

（二）使用安全技术条件不符合国家标准要求的车辆运输危险化学品的；

（三）运输危险化学品的车辆未经公安机关批准进入危险化学品运输车辆限制通行的区域的；

（四）未取得剧毒化学品道路运输通行证，通过道路运输剧毒化学品的。

第八十九条　有下列情形之一的，由公安机关责令改正，处1万元以上5万元以下的罚款；构成违反治安管理行为的，依法给予治安管理处罚：

（一）危险化学品运输车辆未悬挂或者喷涂警示标志，或者悬挂或者喷涂的警示标志不符合国家标准要求的；

（二）通过道路运输危险化学品，不配备押运人员的；

（三）运输剧毒化学品或者易制爆危险化学品途中需要较长时间停车，驾驶人员、押运人员不向当地公安机关报告的；

（四）剧毒化学品、易制爆危险化学品在道路运输途中丢失、被盗、被抢或者发生流散、泄露等情况，驾驶人员、押运人员不采取必要的警示措施和安全措施，或者不向当地公安机关报告的。

第九十条 对发生交通事故负有全部责任或者主要责任的危险化学品道路运输企业，由公安机关责令消除安全隐患，未消除安全隐患的危险化学品运输车辆，禁止上道路行驶。

第九十一条 有下列情形之一的，由交通运输主管部门责令改正，可以处1万元以下的罚款；拒不改正的，处1万元以上5万元以下的罚款：

（一）危险化学品道路运输企业、水路运输企业未配备专职安全管理人员的；

（二）用于危险化学品运输作业的内河码头、泊位的管理单位未制定码头、泊位危险化学品事故应急救援预案，或者未为码头、泊位配备充足、有效的应急救援器材和设备的。

第九十二条 有下列情形之一的，依照《中华人民共和国内河交通安全管理条例》的规定处罚：

（一）通过内河运输危险化学品的水路运输企业未制定运输船舶危险化学品事故应急救援预案，或者未为运输船舶配备充足、有效的应急救援器材和设备的；

（二）通过内河运输危险化学品的船舶的所有人或者经营人未取得船舶污染损害责任保险证书或者财务担保证明的；

（三）船舶载运危险化学品进出内河港口，未将有关事项事先报告海事管理机构并经其同意的；

（四）载运危险化学品的船舶在内河航行、装卸或者停泊，未悬挂专用的警示标志，或者未按照规定显示专用信号，或者未按照规定申请引航的。

未向港口行政管理部门报告并经其同意，在港口内进行危险化学品的装卸、过驳作业的，依照《中华人民共和国港口法》的规定处罚。

第九十三条　伪造、变造或者出租、出借、转让危险化学品安全生产许可证、工业产品生产许可证，或者使用伪造、变造的危险化学品安全生产许可证、工业产品生产许可证的，分别依照《安全生产许可证条例》、《中华人民共和国工业产品生产许可证管理条例》的规定处罚。

伪造、变造或者出租、出借、转让本条例规定的其他许可证，或者使用伪造、变造的本条例规定的其他许可证的，分别由相关许可证的颁发管理机关处 10 万元以上 20 万元以下的罚款，有违法所得的，没收违法所得；构成违反治安管理行为的，依法给予治安管理处罚；构成犯罪的，依法追究刑事责任。

第九十四条　危险化学品单位发生危险化学品事故，其主要负责人不立即组织救援或者不立即向有关部门报告的，依照《生产安全事故报告和调查处理条例》的规定处罚。

危险化学品单位发生危险化学品事故，造成他人人身伤害或者财产损失的，依法承担赔偿责任。

第九十五条　发生危险化学品事故，有关地方人民政府及其有关部门不立即组织实施救援，或者不采取必要的应急处置措施减少事故损失，防止事故蔓延、扩大的，对直接负责的主管人员和其他直接责任人员依法给予处分；构成犯罪的，依法追究刑事责任。

第九十六条　负有危险化学品安全监督管理职责的部门的工作人员，在危险化学品安全监督管理工作中滥用职权、玩忽职守、徇私舞弊，构成犯罪的，依法追究刑事责任；尚不构成犯罪的，依法给予处分。

第八章　附　　则

第九十七条　监控化学品、属于危险化学品的药品和农药的安全管理，依照本条例的规定执行；法律、行政法规另有规定的，依照其规定。

民用爆炸物品、烟花爆竹、放射性物品、核能物质以及用于国防科研生产的危险化学品的安全管理，不适用本条例。

法律、行政法规对燃气的安全管理另有规定的，依照其规定。

危险化学品容器属于特种设备的，其安全管理依照有关特种设备安全的法律、行政法规的规定执行。

第九十八条 危险化学品的进出口管理，依照有关对外贸易的法律、行政法规、规章的规定执行；进口的危险化学品的储存、使用、经营、运输的安全管理，依照本条例的规定执行。

危险化学品环境管理登记和新化学物质环境管理登记，依照有关环境保护的法律、行政法规、规章的规定执行。危险化学品环境管理登记，按照国家有关规定收取费用。

第九十九条 公众发现、捡拾的无主危险化学品，由公安机关接收。公安机关接收或者有关部门依法没收的危险化学品，需要进行无害化处理的，交由环境保护主管部门组织其认定的专业单位进行处理，或者交由有关危险化学品生产企业进行处理。处理所需费用由国家财政负担。

第一百条 化学品的危险特性尚未确定的，由国务院安全生产监督管理部门、国务院环境保护主管部门、国务院卫生主管部门分别负责组织对该化学品的物理危险性、环境危害性、毒理特性进行鉴定。根据鉴定结果，需要调整危险化学品目录的，依照本条例第三条第二款的规定办理。

第一百零一条 本条例施行前已经使用危险化学品从事生产的化工企业，依照本条例规定需要取得危险化学品安全使用许可证的，应当在国务院安全生产监督管理部门规定的期限内，申请取得危险化学品安全使用许可证。

第一百零二条 本条例自 2011 年 12 月 1 日起施行。

民用爆炸物品安全管理条例

（2006年5月10日国务院令第466号公布　根据2014年7月29日国务院令第653号《关于修改部分行政法规的决定》修订）

第一章　总　　则

第一条　为了加强对民用爆炸物品的安全管理，预防爆炸事故发生，保障公民生命、财产安全和公共安全，制定本条例。

第二条　民用爆炸物品的生产、销售、购买、进出口、运输、爆破作业和储存以及硝酸铵的销售、购买，适用本条例。

本条例所称民用爆炸物品，是指用于非军事目的、列入民用爆炸物品品名表的各类火药、炸药及其制品和雷管、导火索等点火、起爆器材。

民用爆炸物品品名表，由国务院民用爆炸物品行业主管部门会同国务院公安部门制订、公布。

第三条　国家对民用爆炸物品的生产、销售、购买、运输和爆破作业实行许可证制度。

未经许可，任何单位或者个人不得生产、销售、购买、运输民用爆炸物品，不得从事爆破作业。

严禁转让、出借、转借、抵押、赠送、私藏或者非法持有民用爆炸物品。

第四条　民用爆炸物品行业主管部门负责民用爆炸物品生产、销售的安全监督管理。

公安机关负责民用爆炸物品公共安全管理和民用爆炸物品购买、运输、爆破作业的安全监督管理，监控民用爆炸物品流向。

安全生产监督、铁路、交通、民用航空主管部门依照法律、行政法规的规定，负责做好民用爆炸物品的有关安全监督管理工作。

民用爆炸物品行业主管部门、公安机关、工商行政管理部门按照职责分工，负责组织查处非法生产、销售、购买、储存、运输、邮寄、使用民用爆炸物品的行为。

第五条 民用爆炸物品生产、销售、购买、运输和爆破作业单位（以下称民用爆炸物品从业单位）的主要负责人是本单位民用爆炸物品安全管理责任人，对本单位的民用爆炸物品安全管理工作全面负责。

民用爆炸物品从业单位是治安保卫工作的重点单位，应当依法设置治安保卫机构或者配备治安保卫人员，设置技术防范设施，防止民用爆炸物品丢失、被盗、被抢。

民用爆炸物品从业单位应当建立安全管理制度、岗位安全责任制度，制订安全防范措施和事故应急预案，设置安全管理机构或者配备专职安全管理人员。

第六条 无民事行为能力人、限制民事行为能力人或者曾因犯罪受过刑事处罚的人，不得从事民用爆炸物品的生产、销售、购买、运输和爆破作业。

民用爆炸物品从业单位应当加强对本单位从业人员的安全教育、法制教育和岗位技术培训，从业人员经考核合格的，方可上岗作业；对有资格要求的岗位，应当配备具有相应资格的人员。

第七条 国家建立民用爆炸物品信息管理系统，对民用爆炸物品实行标识管理，监控民用爆炸物品流向。

民用爆炸物品生产企业、销售企业和爆破作业单位应当建立民用爆炸物品登记制度，如实将本单位生产、销售、购买、运输、储存、使用民用爆炸物品的品种、数量和流向信息输入计算机系统。

第八条 任何单位或者个人都有权举报违反民用爆炸物品安全管理规定的行为；接到举报的主管部门、公安机关应当立即查处，并为举报人员保密，对举报有功人员给予奖励。

第九条 国家鼓励民用爆炸物品从业单位采用提高民用爆炸物品安全性能的新技术，鼓励发展民用爆炸物品生产、配送、爆破作业一体化的经营模式。

第二章 生 产

第十条 设立民用爆炸物品生产企业，应当遵循统筹规划、合理布局的原则。

第十一条　申请从事民用爆炸物品生产的企业，应当具备下列条件：

（一）符合国家产业结构规划和产业技术标准；

（二）厂房和专用仓库的设计、结构、建筑材料、安全距离以及防火、防爆、防雷、防静电等安全设备、设施符合国家有关标准和规范；

（三）生产设备、工艺符合有关安全生产的技术标准和规程；

（四）有具备相应资格的专业技术人员、安全生产管理人员和生产岗位人员；

（五）有健全的安全管理制度、岗位安全责任制度；

（六）法律、行政法规规定的其他条件。

第十二条　申请从事民用爆炸物品生产的企业，应当向国务院民用爆炸物品行业主管部门提交申请书、可行性研究报告以及能够证明其符合本条例第十一条规定条件的有关材料。国务院民用爆炸物品行业主管部门应当自受理申请之日起45日内进行审查，对符合条件的，核发《民用爆炸物品生产许可证》；对不符合条件的，不予核发《民用爆炸物品生产许可证》，书面向申请人说明理由。

民用爆炸物品生产企业为调整生产能力及品种进行改建、扩建的，应当依照前款规定申请办理《民用爆炸物品生产许可证》。

民用爆炸物品生产企业持《民用爆炸物品生产许可证》到工商行政管理部门办理工商登记，并在办理工商登记后3日内，向所在地县级人民政府公安机关备案。

第十三条　取得《民用爆炸物品生产许可证》的企业应当在基本建设完成后，向省、自治区、直辖市人民政府民用爆炸物品行业主管部门申请安全生产许可。省、自治区、直辖市人民政府民用爆炸物品行业主管部门应当依照《安全生产许可证条例》的规定对其进行查验，对符合条件的，核发《民用爆炸物品安全生产许可证》。民用爆炸物品生产企业取得《民用爆炸物品安全生产许可证》后，方可生产民用爆炸物品。

第十四条　民用爆炸物品生产企业应当严格按照《民用爆炸物品生产许可证》核定的品种和产量进行生产，生产作业应当严格执行安全技术规程的规定。

第十五条 民用爆炸物品生产企业应当对民用爆炸物品做出警示标识、登记标识，对雷管编码打号。民用爆炸物品警示标识、登记标识和雷管编码规则，由国务院公安部门会同国务院民用爆炸物品行业主管部门规定。

第十六条 民用爆炸物品生产企业应当建立健全产品检验制度，保证民用爆炸物品的质量符合相关标准。民用爆炸物品的包装，应当符合法律、行政法规的规定以及相关标准。

第十七条 试验或者试制民用爆炸物品，必须在专门场地或者专门的试验室进行。严禁在生产车间或者仓库内试验或者试制民用爆炸物品。

第三章 销售和购买

第十八条 申请从事民用爆炸物品销售的企业，应当具备下列条件：

（一）符合对民用爆炸物品销售企业规划的要求；

（二）销售场所和专用仓库符合国家有关标准和规范；

（三）有具备相应资格的安全管理人员、仓库管理人员；

（四）有健全的安全管理制度、岗位安全责任制度；

（五）法律、行政法规规定的其他条件。

第十九条 申请从事民用爆炸物品销售的企业，应当向所在地省、自治区、直辖市人民政府民用爆炸物品行业主管部门提交申请书、可行性研究报告以及能够证明其符合本条例第十八条规定条件的有关材料。省、自治区、直辖市人民政府民用爆炸物品行业主管部门应当自受理申请之日起 30 日内进行审查，并对申请单位的销售场所和专用仓库等经营设施进行查验，对符合条件的，核发《民用爆炸物品销售许可证》；对不符合条件的，不予核发《民用爆炸物品销售许可证》，书面向申请人说明理由。

民用爆炸物品销售企业持《民用爆炸物品销售许可证》到工商行政管理部门办理工商登记后，方可销售民用爆炸物品。

民用爆炸物品销售企业应当在办理工商登记后 3 日内，向所在地县级人民政府公安机关备案。

第二十条 民用爆炸物品生产企业凭《民用爆炸物品生产许可证》，可以销售本企业生产的民用爆炸物品。

民用爆炸物品生产企业销售本企业生产的民用爆炸物品，不得超出核定的品种、产量。

第二十一条 民用爆炸物品使用单位申请购买民用爆炸物品的，应当向所在地县级人民政府公安机关提出购买申请，并提交下列有关材料：

（一）工商营业执照或者事业单位法人证书；

（二）《爆破作业单位许可证》或者其他合法使用的证明；

（三）购买单位的名称、地址、银行账户；

（四）购买的品种、数量和用途说明。

受理申请的公安机关应当自受理申请之日起 5 日内对提交的有关材料进行审查，对符合条件的，核发《民用爆炸物品购买许可证》；对不符合条件的，不予核发《民用爆炸物品购买许可证》，书面向申请人说明理由。

《民用爆炸物品购买许可证》应当载明许可购买的品种、数量、购买单位以及许可的有效期限。

第二十二条 民用爆炸物品生产企业凭《民用爆炸物品生产许可证》购买属于民用爆炸物品的原料，民用爆炸物品销售企业凭《民用爆炸物品销售许可证》向民用爆炸物品生产企业购买民用爆炸物品，民用爆炸物品使用单位凭《民用爆炸物品购买许可证》购买民用爆炸物品，还应当提供经办人的身份证明。

销售民用爆炸物品的企业，应当查验前款规定的许可证和经办人的身份证明；对持《民用爆炸物品购买许可证》购买的，应当按照许可的品种、数量销售。

第二十三条 销售、购买民用爆炸物品，应当通过银行账户进行交易，不得使用现金或者实物进行交易。

销售民用爆炸物品的企业，应当将购买单位的许可证、银行账户转账凭证、经办人的身份证明复印件保存 2 年备查。

第二十四条 销售民用爆炸物品的企业，应当自民用爆炸物品买卖成交之日起 3 日内，将销售的品种、数量和购买单位向所在地省、自治区、直辖市人民政府民用爆炸物品行业主管部门和所在地县级人民政府公安机关备案。

购买民用爆炸物品的单位，应当自民用爆炸物品买卖成交之日起 3 日内，将购买的品种、数量向所在地县级人民政府公安机关备案。

第二十五条 进出口民用爆炸物品，应当经国务院民用爆炸物品行业主管部门审批。进出口民用爆炸物品审批办法，由国务院民用爆炸物品行业主管部门会同国务院公安部门、海关总署规定。

进出口单位应当将进出口的民用爆炸物品的品种、数量向收货地或者出境口岸所在地县级人民政府公安机关备案。

第四章 运　　输

第二十六条 运输民用爆炸物品，收货单位应当向运达地县级人民政府公安机关提出申请，并提交包括下列内容的材料：

（一）民用爆炸物品生产企业、销售企业、使用单位以及进出口单位分别提供的《民用爆炸物品生产许可证》、《民用爆炸物品销售许可证》、《民用爆炸物品购买许可证》或者进出口批准证明；

（二）运输民用爆炸物品的品种、数量、包装材料和包装方式；

（三）运输民用爆炸物品的特性、出现险情的应急处置方法；

（四）运输时间、起始地点、运输路线、经停地点。

受理申请的公安机关应当自受理申请之日起 3 日内对提交的有关材料进行审查，对符合条件的，核发《民用爆炸物品运输许可证》；对不符合条件的，不予核发《民用爆炸物品运输许可证》，书面向申请人说明理由。

《民用爆炸物品运输许可证》应当载明收货单位、销售企业、承运人，一次性运输有效期限、起始地点、运输路线、经停地点，民用爆炸物品的品种、数量。

第二十七条 运输民用爆炸物品的，应当凭《民用爆炸物品运输许可证》，按照许可的品种、数量运输。

第二十八条 经由道路运输民用爆炸物品的，应当遵守下列规定：

（一）携带《民用爆炸物品运输许可证》；

（二）民用爆炸物品的装载符合国家有关标准和规范，车厢内不得载人；

（三）运输车辆安全技术状况应当符合国家有关安全技术标准的要求，并按照规定悬挂或者安装符合国家标准的易燃易爆危险物品警示标志；

（四）运输民用爆炸物品的车辆应当保持安全车速；

（五）按照规定的路线行驶，途中经停应当有专人看守，并远离建筑设施和人口稠密的地方，不得在许可以外的地点经停；

（六）按照安全操作规程装卸民用爆炸物品，并在装卸现场设置警戒，禁止无关人员进入；

（七）出现危险情况立即采取必要的应急处置措施，并报告当地公安机关。

第二十九条 民用爆炸物品运达目的地，收货单位应当进行验收后在《民用爆炸物品运输许可证》上签注，并在3日内将《民用爆炸物品运输许可证》交回发证机关核销。

第三十条 禁止携带民用爆炸物品搭乘公共交通工具或者进入公共场所。

禁止邮寄民用爆炸物品，禁止在托运的货物、行李、包裹、邮件中夹带民用爆炸物品。

第五章 爆破作业

第三十一条 申请从事爆破作业的单位，应当具备下列条件：

（一）爆破作业属于合法的生产活动；

（二）有符合国家有关标准和规范的民用爆炸物品专用仓库；

（三）有具备相应资格的安全管理人员、仓库管理人员和具备国家规定执业资格的爆破作业人员；

（四）有健全的安全管理制度、岗位安全责任制度；

（五）有符合国家标准、行业标准的爆破作业专用设备；

（六）法律、行政法规规定的其他条件。

第三十二条 申请从事爆破作业的单位，应当按照国务院公安部门的规定，向有关人民政府公安机关提出申请，并提供能够证明其符合本条例第三十一条规定条件的有关材料。受理申请的公安机关应当自受理申请之日起20日内进行审查，对符合条件的，核发《爆破作业单位许可证》；对不符合条件的，不予核发《爆破作业单位许可证》，书面向申请人说明理由。

营业性爆破作业单位持《爆破作业单位许可证》到工商行政管理部门办理工商登记后，方可从事营业性爆破作业活动。

爆破作业单位应当在办理工商登记后3日内，向所在地县级人民政府公安机关备案。

第三十三条 爆破作业单位应当对本单位的爆破作业人员、安全管理人员、仓库管理人员进行专业技术培训。爆破作业人员应当经设区的市级人民政府公安机关考核合格，取得《爆破作业人员许可证》后，方可从事爆破作业。

第三十四条 爆破作业单位应当按照其资质等级承接爆破作业项目，爆破作业人员应当按照其资格等级从事爆破作业。爆破作业的分级管理办法由国务院公安部门规定。

第三十五条 在城市、风景名胜区和重要工程设施附近实施爆破作业的，应当向爆破作业所在地设区的市级人民政府公安机关提出申请，提交《爆破作业单位许可证》和具有相应资质的安全评估企业出具的爆破设计、施工方案评估报告。受理申请的公安机关应当自受理申请之日起20日内对提交的有关材料进行审查，对符合条件的，作出批准的决定；对不符合条件的，作出不予批准的决定，并书面向申请人说明理由。

实施前款规定的爆破作业，应当由具有相应资质的安全监理企业进行监理，由爆破作业所在地县级人民政府公安机关负责组织实施安全警戒。

第三十六条 爆破作业单位跨省、自治区、直辖市行政区域从事爆破作业的，应当事先将爆破作业项目的有关情况向爆破作业所在地县级人民政府公安机关报告。

第三十七条 爆破作业单位应当如实记载领取、发放民用爆炸物品的品种、数量、编号以及领取、发放人员姓名。领取民用爆炸物品的数量不得超过当班用量，作业后剩余的民用爆炸物品必须当班清退回库。

爆破作业单位应当将领取、发放民用爆炸物品的原始记录保存2年备查。

第三十八条 实施爆破作业，应当遵守国家有关标准和规范，在安全距离以外设置警示标志并安排警戒人员，防止无关人员进入；爆破作业结束后应当及时检查、排除未引爆的民用爆炸物品。

第三十九条 爆破作业单位不再使用民用爆炸物品时，应当将剩余的民用爆炸物品登记造册，报所在地县级人民政府公安机关组织监督销毁。

发现、拣拾无主民用爆炸物品的，应当立即报告当地公安机关。

第六章　储　　存

第四十条　民用爆炸物品应当储存在专用仓库内，并按照国家规定设置技术防范设施。

第四十一条　储存民用爆炸物品应当遵守下列规定：

（一）建立出入库检查、登记制度，收存和发放民用爆炸物品必须进行登记，做到账目清楚，账物相符；

（二）储存的民用爆炸物品数量不得超过储存设计容量，对性质相抵触的民用爆炸物品必须分库储存，严禁在库房内存放其他物品；

（三）专用仓库应当指定专人管理、看护，严禁无关人员进入仓库区内，严禁在仓库区内吸烟和用火，严禁把其他容易引起燃烧、爆炸的物品带入仓库区内，严禁在库房内住宿和进行其他活动；

（四）民用爆炸物品丢失、被盗、被抢，应当立即报告当地公安机关。

第四十二条　在爆破作业现场临时存放民用爆炸物品的，应当具备临时存放民用爆炸物品的条件，并设专人管理、看护，不得在不具备安全存放条件的场所存放民用爆炸物品。

第四十三条　民用爆炸物品变质和过期失效的，应当及时清理出库，并予以销毁。销毁前应当登记造册，提出销毁实施方案，报省、自治区、直辖市人民政府民用爆炸物品行业主管部门、所在地县级人民政府公安机关组织监督销毁。

第七章　法 律 责 任

第四十四条　非法制造、买卖、运输、储存民用爆炸物品，构成犯罪的，依法追究刑事责任；尚不构成犯罪，有违反治安管理行为的，依法给予治安管理处罚。

违反本条例规定，在生产、储存、运输、使用民用爆炸物品中发生重大事故，造成严重后果或者后果特别严重，构成犯罪的，依法追究刑事责任。

违反本条例规定，未经许可生产、销售民用爆炸物品的，由民用爆炸物品行业主管部门责令停止非法生产、销售活动，处 10 万元以上 50 万元以下的罚款，并没收非法生产、销售的民用爆炸物品及其违法所得。

违反本条例规定，未经许可购买、运输民用爆炸物品或者从事爆破作业的，由公安机关责令停止非法购买、运输、爆破作业活动，处 5 万元以上 20 万元以下的罚款，并没收非法购买、运输以及从事爆破作业使用的民用爆炸物品及其违法所得。

民用爆炸物品行业主管部门、公安机关对没收的非法民用爆炸物品，应当组织销毁。

第四十五条 违反本条例规定，生产、销售民用爆炸物品的企业有下列行为之一的，由民用爆炸物品行业主管部门责令限期改正，处 10 万元以上 50 万元以下的罚款；逾期不改正的，责令停产停业整顿；情节严重的，吊销《民用爆炸物品生产许可证》或者《民用爆炸物品销售许可证》：

（一）超出生产许可的品种、产量进行生产、销售的；

（二）违反安全技术规程生产作业的；

（三）民用爆炸物品的质量不符合相关标准的；

（四）民用爆炸物品的包装不符合法律、行政法规的规定以及相关标准的；

（五）超出购买许可的品种、数量销售民用爆炸物品的；

（六）向没有《民用爆炸物品生产许可证》、《民用爆炸物品销售许可证》、《民用爆炸物品购买许可证》的单位销售民用爆炸物品的；

（七）民用爆炸物品生产企业销售本企业生产的民用爆炸物品未按照规定向民用爆炸物品行业主管部门备案的；

（八）未经审批进出口民用爆炸物品的。

第四十六条 违反本条例规定，有下列情形之一的，由公安机关责令限期改正，处 5 万元以上 20 万元以下的罚款；逾期不改正的，责令停产停业整顿：

（一）未按照规定对民用爆炸物品做出警示标识、登记标识或者未对雷管编码打号的；

（二）超出购买许可的品种、数量购买民用爆炸物品的；

（三）使用现金或者实物进行民用爆炸物品交易的；

（四）未按照规定保存购买单位的许可证、银行账户转账凭证、经办人的身份证明复印件的；

（五）销售、购买、进出口民用爆炸物品，未按照规定向公安机关备案的；

（六）未按照规定建立民用爆炸物品登记制度，如实将本单位生产、销售、购买、运输、储存、使用民用爆炸物品的品种、数量和流向信息输入计算机系统的；

（七）未按照规定将《民用爆炸物品运输许可证》交回发证机关核销的。

第四十七条　违反本条例规定，经由道路运输民用爆炸物品，有下列情形之一的，由公安机关责令改正，处 5 万元以上 20 万元以下的罚款：

（一）违反运输许可事项的；

（二）未携带《民用爆炸物品运输许可证》的；

（三）违反有关标准和规范混装民用爆炸物品的；

（四）运输车辆未按照规定悬挂或者安装符合国家标准的易燃易爆危险物品警示标志的；

（五）未按照规定的路线行驶，途中经停没有专人看守或者在许可以外的地点经停的；

（六）装载民用爆炸物品的车厢载人的；

（七）出现危险情况未立即采取必要的应急处置措施、报告当地公安机关的。

第四十八条　违反本条例规定，从事爆破作业的单位有下列情形之一的，由公安机关责令停止违法行为或者限期改正，处 10 万元以上 50 万元以下的罚款；逾期不改正的，责令停产停业整顿；情节严重的，吊销《爆破作业单位许可证》：

（一）爆破作业单位未按照其资质等级从事爆破作业的；

（二）营业性爆破作业单位跨省、自治区、直辖市行政区域实施爆破作业，未按照规定事先向爆破作业所在地的县级人民政府公安机关报告的；

（三）爆破作业单位未按照规定建立民用爆炸物品领取登记制度、保存领取登记记录的；

（四）违反国家有关标准和规范实施爆破作业的。

爆破作业人员违反国家有关标准和规范的规定实施爆破作业的，由公安机关责令限期改正，情节严重的，吊销《爆破作业人员许可证》。

第四十九条 违反本条例规定，有下列情形之一的，由民用爆炸物品行业主管部门、公安机关按照职责责令限期改正，可以并处5万元以上20万元以下的罚款；逾期不改正的，责令停产停业整顿；情节严重的，吊销许可证：

（一）未按照规定在专用仓库设置技术防范设施的；

（二）未按照规定建立出入库检查、登记制度或者收存和发放民用爆炸物品，致使账物不符的；

（三）超量储存、在非专用仓库储存或者违反储存标准和规范储存民用爆炸物品的；

（四）有本条例规定的其他违反民用爆炸物品储存管理规定行为的。

第五十条 违反本条例规定，民用爆炸物品从业单位有下列情形之一的，由公安机关处2万元以上10万元以下的罚款；情节严重的，吊销其许可证；有违反治安管理行为的，依法给予治安管理处罚：

（一）违反安全管理制度，致使民用爆炸物品丢失、被盗、被抢的；

（二）民用爆炸物品丢失、被盗、被抢，未按照规定向当地公安机关报告或者故意隐瞒不报的；

（三）转让、出借、转借、抵押、赠送民用爆炸物品的。

第五十一条 违反本条例规定，携带民用爆炸物品搭乘公共交通工具或者进入公共场所，邮寄或者在托运的货物、行李、包裹、邮件中夹带民用爆炸物品，构成犯罪的，依法追究刑事责任；尚不构成犯罪的，由公安机关依法给予治安管理处罚，没收非法的民用爆炸物品，处1000元以上1万元以下的罚款。

第五十二条 民用爆炸物品从业单位的主要负责人未履行本条例规定的安全管理责任，导致发生重大伤亡事故或者造成其他严重后果，构成犯罪的，依法追究刑事责任；尚不构成犯罪的，对主要负责人给予撤职处分，对个人经营的投资人处2万元以上20万元以下的罚款。

第五十三条 民用爆炸物品行业主管部门、公安机关、工商行政管理部门的工作人员，在民用爆炸物品安全监督管理工作中滥用职权、玩忽职守或者徇私舞弊，构成犯罪的，依法追究刑事责任；尚不构成犯罪的，依法给予行政处分。

第八章　附　　则

第五十四条　《民用爆炸物品生产许可证》、《民用爆炸物品销售许可证》，由国务院民用爆炸物品行业主管部门规定式样；《民用爆炸物品购买许可证》、《民用爆炸物品运输许可证》、《爆破作业单位许可证》、《爆破作业人员许可证》，由国务院公安部门规定式样。

第五十五条　本条例自2006年9月1日起施行。1984年1月6日国务院发布的《中华人民共和国民用爆炸物品管理条例》同时废止。

烟花爆竹安全管理条例

（2006年1月21日国务院令第455号公布　根据2016年2月6日国务院令第666号《关于修改部分行政法规的决定》修订）

第一章　总　　则

第一条　为了加强烟花爆竹安全管理，预防爆炸事故发生，保障公共安全和人身、财产的安全，制定本条例。

第二条　烟花爆竹的生产、经营、运输和燃放，适用本条例。

本条例所称烟花爆竹，是指烟花爆竹制品和用于生产烟花爆竹的民用黑火药、烟火药、引火线等物品。

第三条　国家对烟花爆竹的生产、经营、运输和举办焰火晚会以及其他大型焰火燃放活动，实行许可证制度。

未经许可，任何单位或者个人不得生产、经营、运输烟花爆竹，不得举办焰火晚会以及其他大型焰火燃放活动。

第四条　安全生产监督管理部门负责烟花爆竹的安全生产监督管理；公安部门负责烟花爆竹的公共安全管理；质量监督检验部门负责烟花爆竹的质量监督和进出口检验。

第五条　公安部门、安全生产监督管理部门、质量监督检验部门、工商行政管理部门应当按照职责分工，组织查处非法生产、经营、储存、运输、邮寄烟花爆竹以及非法燃放烟花爆竹的行为。

第六条　烟花爆竹生产、经营、运输企业和焰火晚会以及其他大型焰火燃放活动主办单位的主要负责人，对本单位的烟花爆竹安全工作负责。

烟花爆竹生产、经营、运输企业和焰火晚会以及其他大型焰火燃放活动主办单位应当建立健全安全责任制，制定各项安全管理制度和操作规程，并对从业人员定期进行安全教育、法制教育和岗位技术培训。

中华全国供销合作总社应当加强对本系统企业烟花爆竹经营活动的管理。

第七条 国家鼓励烟花爆竹生产企业采用提高安全程度和提升行业整体水平的新工艺、新配方和新技术。

第二章 生产安全

第八条 生产烟花爆竹的企业，应当具备下列条件：

（一）符合当地产业结构规划；

（二）基本建设项目经过批准；

（三）选址符合城乡规划，并与周边建筑、设施保持必要的安全距离；

（四）厂房和仓库的设计、结构和材料以及防火、防爆、防雷、防静电等安全设备、设施符合国家有关标准和规范；

（五）生产设备、工艺符合安全标准；

（六）产品品种、规格、质量符合国家标准；

（七）有健全的安全生产责任制；

（八）有安全生产管理机构和专职安全生产管理人员；

（九）依法进行了安全评价；

（十）有事故应急救援预案、应急救援组织和人员，并配备必要的应急救援器材、设备；

（十一）法律、法规规定的其他条件。

第九条 生产烟花爆竹的企业，应当在投入生产前向所在地设区的市人民政府安全生产监督管理部门提出安全审查申请，并提交能够证明符合本条例第八条规定条件的有关材料。设区的市人民政府安全生产监督管理部门应当自收到材料之日起20日内提出安全审查初步意见，报省、自治区、直辖市人民政府安全生产监督管理部门审查。省、自治区、直辖市人民政府安全生产监督管理部门应当自受理申请之日起45日内进行安全审查，对符合条件的，核发《烟花爆竹安全生产许可证》；对不符合条件的，应当说明理由。

第十条 生产烟花爆竹的企业为扩大生产能力进行基本建设或者技术改造的，应当依照本条例的规定申请办理安全生产许可证。

生产烟花爆竹的企业，持《烟花爆竹安全生产许可证》到工商行政管理部门办理登记手续后，方可从事烟花爆竹生产活动。

第十一条 生产烟花爆竹的企业，应当按照安全生产许可证核定的产品种类进行生产，生产工序和生产作业应当执行有关国家标准和行业标准。

第十二条 生产烟花爆竹的企业，应当对生产作业人员进行安全生产知识教育，对从事药物混合、造粒、筛选、装药、筑药、压药、切引、搬运等危险工序的作业人员进行专业技术培训。从事危险工序的作业人员经设区的市人民政府安全生产监督管理部门考核合格，方可上岗作业。

第十三条 生产烟花爆竹使用的原料，应当符合国家标准的规定。生产烟花爆竹使用的原料，国家标准有用量限制的，不得超过规定的用量。不得使用国家标准规定禁止使用或者禁忌配伍的物质生产烟花爆竹。

第十四条 生产烟花爆竹的企业，应当按照国家标准的规定，在烟花爆竹产品上标注燃放说明，并在烟花爆竹包装物上印制易燃易爆危险物品警示标志。

第十五条 生产烟花爆竹的企业，应当对黑火药、烟火药、引火线的保管采取必要的安全技术措施，建立购买、领用、销售登记制度，防止黑火药、烟火药、引火线丢失。黑火药、烟火药、引火线丢失的，企业应当立即向当地安全生产监督管理部门和公安部门报告。

第三章 经营安全

第十六条 烟花爆竹的经营分为批发和零售。

从事烟花爆竹批发的企业和零售经营者的经营布点，应当经安全生产监督管理部门审批。

禁止在城市市区布设烟花爆竹批发场所；城市市区的烟花爆竹零售网点，应当按照严格控制的原则合理布设。

第十七条 从事烟花爆竹批发的企业，应当具备下列条件：

（一）具有企业法人条件；

（二）经营场所与周边建筑、设施保持必要的安全距离；

（三）有符合国家标准的经营场所和储存仓库；

（四）有保管员、仓库守护员；

（五）依法进行了安全评价；

（六）有事故应急救援预案、应急救援组织和人员，并配备必要的应急救援器材、设备；

（七）法律、法规规定的其他条件。

第十八条　烟花爆竹零售经营者，应当具备下列条件：

（一）主要负责人经过安全知识教育；

（二）实行专店或者专柜销售，设专人负责安全管理；

（三）经营场所配备必要的消防器材，张贴明显的安全警示标志；

（四）法律、法规规定的其他条件。

第十九条　申请从事烟花爆竹批发的企业，应当向所在地设区的市人民政府安全生产监督管理部门提出申请，并提供能够证明符合本条例第十七条规定条件的有关材料。受理申请的安全生产监督管理部门应当自受理申请之日起30日内对提交的有关材料和经营场所进行审查，对符合条件的，核发《烟花爆竹经营（批发）许可证》；对不符合条件的，应当说明理由。

申请从事烟花爆竹零售的经营者，应当向所在地县级人民政府安全生产监督管理部门提出申请，并提供能够证明符合本条例第十八条规定条件的有关材料。受理申请的安全生产监督管理部门应当自受理申请之日起20日内对提交的有关材料和经营场所进行审查，对符合条件的，核发《烟花爆竹经营（零售）许可证》；对不符合条件的，应当说明理由。

《烟花爆竹经营（零售）许可证》，应当载明经营负责人、经营场所地址、经营期限、烟花爆竹种类和限制存放量。

第二十条　从事烟花爆竹批发的企业，应当向生产烟花爆竹的企业采购烟花爆竹，向从事烟花爆竹零售的经营者供应烟花爆竹。从事烟花爆竹零售的经营者，应当向从事烟花爆竹批发的企业采购烟花爆竹。

从事烟花爆竹批发的企业、零售经营者不得采购和销售非法生产、经营的烟花爆竹。

从事烟花爆竹批发的企业，不得向从事烟花爆竹零售的经营者供应按照国家标准规定应由专业燃放人员燃放的烟花爆竹。从事烟花爆竹零售的经营者，不得销售按照国家标准规定应由专业燃放人员燃放的烟花爆竹。

第二十一条 生产、经营黑火药、烟火药、引火线的企业，不得向未取得烟花爆竹安全生产许可的任何单位或者个人销售黑火药、烟火药和引火线。

第四章 运 输 安 全

第二十二条 经由道路运输烟花爆竹的，应当经公安部门许可。

经由铁路、水路、航空运输烟花爆竹的，依照铁路、水路、航空运输安全管理的有关法律、法规、规章的规定执行。

第二十三条 经由道路运输烟花爆竹的，托运人应当向运达地县级人民政府公安部门提出申请，并提交下列有关材料：

（一）承运人从事危险货物运输的资质证明；

（二）驾驶员、押运员从事危险货物运输的资格证明；

（三）危险货物运输车辆的道路运输证明；

（四）托运人从事烟花爆竹生产、经营的资质证明；

（五）烟花爆竹的购销合同及运输烟花爆竹的种类、规格、数量；

（六）烟花爆竹的产品质量和包装合格证明；

（七）运输车辆牌号、运输时间、起始地点、行驶路线、经停地点。

第二十四条 受理申请的公安部门应当自受理申请之日起 3 日内对提交的有关材料进行审查，对符合条件的，核发《烟花爆竹道路运输许可证》；对不符合条件的，应当说明理由。

《烟花爆竹道路运输许可证》应当载明托运人、承运人、一次性运输有效期限、起始地点、行驶路线、经停地点、烟花爆竹的种类、规格和数量。

第二十五条 经由道路运输烟花爆竹的，除应当遵守《中华人民共和国道路交通安全法》外，还应当遵守下列规定：

（一）随车携带《烟花爆竹道路运输许可证》；

（二）不得违反运输许可事项；

（三）运输车辆悬挂或者安装符合国家标准的易燃易爆危险物品警示标志；

（四）烟花爆竹的装载符合国家有关标准和规范；

（五）装载烟花爆竹的车厢不得载人；

（六）运输车辆限速行驶，途中经停必须有专人看守；

（七）出现危险情况立即采取必要的措施，并报告当地公安部门。

第二十六条 烟花爆竹运达目的地后，收货人应当在3日内将《烟花爆竹道路运输许可证》交回发证机关核销。

第二十七条 禁止携带烟花爆竹搭乘公共交通工具。

禁止邮寄烟花爆竹，禁止在托运的行李、包裹、邮件中夹带烟花爆竹。

第五章 燃放安全

第二十八条 燃放烟花爆竹，应当遵守有关法律、法规和规章的规定。县级以上地方人民政府可以根据本行政区域的实际情况，确定限制或者禁止燃放烟花爆竹的时间、地点和种类。

第二十九条 各级人民政府和政府有关部门应当开展社会宣传活动，教育公民遵守有关法律、法规和规章，安全燃放烟花爆竹。

广播、电视、报刊等新闻媒体，应当做好安全燃放烟花爆竹的宣传、教育工作。

未成年人的监护人应当对未成年人进行安全燃放烟花爆竹的教育。

第三十条 禁止在下列地点燃放烟花爆竹：

（一）文物保护单位；

（二）车站、码头、飞机场等交通枢纽以及铁路线路安全保护区内；

（三）易燃易爆物品生产、储存单位；

（四）输变电设施安全保护区内；

（五）医疗机构、幼儿园、中小学校、敬老院；

（六）山林、草原等重点防火区；

（七）县级以上地方人民政府规定的禁止燃放烟花爆竹的其他地点。

第三十一条 燃放烟花爆竹，应当按照燃放说明燃放，不得以危害公共安全和人身、财产安全的方式燃放烟花爆竹。

第三十二条 举办焰火晚会以及其他大型焰火燃放活动，应当按照举办的时间、地点、环境、活动性质、规模以及燃放烟花爆竹的种类、规格和数量，确定危险等级，实行分级管理。分级管理的具体办法，由国务院公安部门规定。

第三十三条 申请举办焰火晚会以及其他大型焰火燃放活动，主办单位应当按照分级管理的规定，向有关人民政府公安部门提出申请，并提交下列有关材料：

（一）举办焰火晚会以及其他大型焰火燃放活动的时间、地点、环境、活动性质、规模；

（二）燃放烟花爆竹的种类、规格、数量；

（三）燃放作业方案；

（四）燃放作业单位、作业人员符合行业标准规定条件的证明。

受理申请的公安部门应当自受理申请之日起 20 日内对提交的有关材料进行审查，对符合条件的，核发《焰火燃放许可证》；对不符合条件的，应当说明理由。

第三十四条 焰火晚会以及其他大型焰火燃放活动燃放作业单位和作业人员，应当按照焰火燃放安全规程和经许可的燃放作业方案进行燃放作业。

第三十五条 公安部门应当加强对危险等级较高的焰火晚会以及其他大型焰火燃放活动的监督检查。

第六章 法律责任

第三十六条 对未经许可生产、经营烟花爆竹制品，或者向未取得烟花爆竹安全生产许可的单位或者个人销售黑火药、烟火药、引火线的，由安全生产监督管理部门责令停止非法生产、经营活动，处 2 万元以上 10 万元以下的罚款，并没收非法生产、经营的物品及违法所得。

对未经许可经由道路运输烟花爆竹的，由公安部门责令停止非法运输活动，处 1 万元以上 5 万元以下的罚款，并没收非法运输的物品及违法所得。

非法生产、经营、运输烟花爆竹，构成违反治安管理行为的，依法给予治安管理处罚；构成犯罪的，依法追究刑事责任。

第三十七条 生产烟花爆竹的企业有下列行为之一的，由安全生产监督管理部门责令限期改正，处 1 万元以上 5 万元以下的罚款；逾期不改正的，责令停产停业整顿，情节严重的，吊销安全生产许可证：

（一）未按照安全生产许可证核定的产品种类进行生产的；

（二）生产工序或者生产作业不符合有关国家标准、行业标准的；

（三）雇佣未经设区的市人民政府安全生产监督管理部门考核合格的人员从事危险工序作业的；

（四）生产烟花爆竹使用的原料不符合国家标准规定的，或者使用的原料超过国家标准规定的用量限制的；

（五）使用按照国家标准规定禁止使用或者禁忌配伍的物质生产烟花爆竹的；

（六）未按照国家标准的规定在烟花爆竹产品上标注燃放说明，或者未在烟花爆竹的包装物上印制易燃易爆危险物品警示标志的。

第三十八条　从事烟花爆竹批发的企业向从事烟花爆竹零售的经营者供应非法生产、经营的烟花爆竹，或者供应按照国家标准规定应由专业燃放人员燃放的烟花爆竹的，由安全生产监督管理部门责令停止违法行为，处 2 万元以上 10 万元以下的罚款，并没收非法经营的物品及违法所得；情节严重的，吊销烟花爆竹经营许可证。

从事烟花爆竹零售的经营者销售非法生产、经营的烟花爆竹，或者销售按照国家标准规定应由专业燃放人员燃放的烟花爆竹的，由安全生产监督管理部门责令停止违法行为，处 1000 元以上 5000 元以下的罚款，并没收非法经营的物品及违法所得；情节严重的，吊销烟花爆竹经营许可证。

第三十九条　生产、经营、使用黑火药、烟火药、引火线的企业，丢失黑火药、烟火药、引火线未及时向当地安全生产监督管理部门和公安部门报告的，由公安部门对企业主要负责人处 5000 元以上 2 万元以下的罚款，对丢失的物品予以追缴。

第四十条　经由道路运输烟花爆竹，有下列行为之一的，由公安部门责令改正，处 200 元以上 2000 元以下的罚款：

（一）违反运输许可事项的；

（二）未随车携带《烟花爆竹道路运输许可证》的；

（三）运输车辆没有悬挂或者安装符合国家标准的易燃易爆危险物品警示标志的；

（四）烟花爆竹的装载不符合国家有关标准和规范的；

（五）装载烟花爆竹的车厢载人的；

（六）超过危险物品运输车辆规定时速行驶的；

（七）运输车辆途中经停没有专人看守的；

（八）运达目的地后，未按规定时间将《烟花爆竹道路运输许可证》交回发证机关核销的。

第四十一条 对携带烟花爆竹搭乘公共交通工具，或者邮寄烟花爆竹以及在托运的行李、包裹、邮件中夹带烟花爆竹的，由公安部门没收非法携带、邮寄、夹带的烟花爆竹，可以并处200元以上1000元以下的罚款。

第四十二条 对未经许可举办焰火晚会以及其他大型焰火燃放活动，或者焰火晚会以及其他大型焰火燃放活动燃放作业单位和作业人员违反焰火燃放安全规程、燃放作业方案进行燃放作业的，由公安部门责令停止燃放，对责任单位处1万元以上5万元以下的罚款。

在禁止燃放烟花爆竹的时间、地点燃放烟花爆竹，或者以危害公共安全和人身、财产安全的方式燃放烟花爆竹的，由公安部门责令停止燃放，处100元以上500元以下的罚款；构成违反治安管理行为的，依法给予治安管理处罚。

第四十三条 对没收的非法烟花爆竹以及生产、经营企业弃置的废旧烟花爆竹，应当就地封存，并由公安部门组织销毁、处置。

第四十四条 安全生产监督管理部门、公安部门、质量监督检验部门、工商行政管理部门的工作人员，在烟花爆竹安全监管工作中滥用职权、玩忽职守、徇私舞弊，构成犯罪的，依法追究刑事责任；尚不构成犯罪的，依法给予行政处分。

第七章 附 则

第四十五条 《烟花爆竹安全生产许可证》、《烟花爆竹经营（批发）许可证》、《烟花爆竹经营（零售）许可证》，由国务院安全生产监督管理部门规定式样；《烟花爆竹道路运输许可证》、《焰火燃放许可证》，由国务院公安部门规定式样。

第四十六条 本条例自公布之日起施行。

道路危险货物运输管理规定

（2013年1月23日交通运输部令2013年第2号发布　根据2016年4月11日交通运输部令2016年第36号《关于修改〈道路危险货物运输管理规定〉的决定》第一次修正　根据2019年11月28日交通运输部令2019年第42号《关于修改〈道路危险货物运输管理规定〉的决定》第二次修正）

第一章　总　　则

第一条　为规范道路危险货物运输市场秩序，保障人民生命财产安全，保护环境，维护道路危险货物运输各方当事人的合法权益，根据《中华人民共和国道路运输条例》和《危险化学品安全管理条例》等有关法律、行政法规，制定本规定。

第二条　从事道路危险货物运输活动，应当遵守本规定。军事危险货物运输除外。

法律、行政法规对民用爆炸物品、烟花爆竹、放射性物品等特定种类危险货物的道路运输另有规定的，从其规定。

第三条　本规定所称危险货物，是指具有爆炸、易燃、毒害、感染、腐蚀等危险特性，在生产、经营、运输、储存、使用和处置中，容易造成人身伤亡、财产损毁或者环境污染而需要特别防护的物质和物品。危险货物以列入国家标准《危险货物品名表》（GB 12268）的为准，未列入《危险货物品名表》的，以有关法律、行政法规的规定或者国务院有关部门公布的结果为准。

本规定所称道路危险货物运输，是指使用载货汽车通过道路运输危险货物的作业全过程。

本规定所称道路危险货物运输车辆，是指满足特定技术条件和要求，从事道路危险货物运输的载货汽车（以下简称专用车辆）。

第四条 危险货物的分类、分项、品名和品名编号应当按照国家标准《危险货物分类和品名编号》（GB 6944）、《危险货物品名表》（GB 12268）执行。危险货物的危险程度依据国家标准《危险货物运输包装通用技术条件》（GB 12463），分为Ⅰ、Ⅱ、Ⅲ等级。

第五条 从事道路危险货物运输应当保障安全，依法运输，诚实信用。

第六条 国家鼓励技术力量雄厚、设备和运输条件好的大型专业危险化学品生产企业从事道路危险货物运输，鼓励道路危险货物运输企业实行集约化、专业化经营，鼓励使用厢式、罐式和集装箱等专用车辆运输危险货物。

第七条 交通运输部主管全国道路危险货物运输管理工作。

县级以上地方人民政府交通运输主管部门负责组织领导本行政区域的道路危险货物运输管理工作。

县级以上道路运输管理机构负责具体实施道路危险货物运输管理工作。

第二章 道路危险货物运输许可

第八条 申请从事道路危险货物运输经营，应当具备下列条件：

（一）有符合下列要求的专用车辆及设备：

1. 自有专用车辆（挂车除外）5 辆以上；运输剧毒化学品、爆炸品的，自有专用车辆（挂车除外）10 辆以上。

2. 专用车辆的技术要求应当符合《道路运输车辆技术管理规定》有关规定。

3. 配备有效的通讯工具。

4. 专用车辆应当安装具有行驶记录功能的卫星定位装置。

5. 运输剧毒化学品、爆炸品、易制爆危险化学品的，应当配备罐式、厢式专用车辆或者压力容器等专用容器。

6. 罐式专用车辆的罐体应当经质量检验部门检验合格，且罐体载货后总质量与专用车辆核定载质量相匹配。运输爆炸品、强腐蚀性危险货物的罐式专用车辆的罐体容积不得超过 20 立方米，运输剧毒化学品的罐式专用车辆的罐体容积不得超过 10 立方米，但符合国家有关标准的罐式集装箱除外。

7. 运输剧毒化学品、爆炸品、强腐蚀性危险货物的非罐式专用车辆，核定载质量不得超过 10 吨，但符合国家有关标准的集装箱运输专用车辆除外。

8. 配备与运输的危险货物性质相适应的安全防护、环境保护和消防设施设备。

（二）有符合下列要求的停车场地：

1. 自有或者租借期限为 3 年以上，且与经营范围、规模相适应的停车场地，停车场地应当位于企业注册地市级行政区域内。

2. 运输剧毒化学品、爆炸品专用车辆以及罐式专用车辆，数量为 20 辆（含）以下的，停车场地面积不低于车辆正投影面积的 1.5 倍，数量为 20 辆以上的，超过部分，每辆车的停车场地面积不低于车辆正投影面积；运输其他危险货物的，专用车辆数量为 10 辆（含）以下的，停车场地面积不低于车辆正投影面积的 1.5 倍；数量为 10 辆以上的，超过部分，每辆车的停车场地面积不低于车辆正投影面积。

3. 停车场地应当封闭并设立明显标志，不得妨碍居民生活和威胁公共安全。

（三）有符合下列要求的从业人员和安全管理人员：

1. 专用车辆的驾驶人员取得相应机动车驾驶证，年龄不超过 60 周岁。

2. 从事道路危险货物运输的驾驶人员、装卸管理人员、押运人员应当经所在地设区的市级人民政府交通运输主管部门考试合格，并取得相应的从业资格证；从事剧毒化学品、爆炸品道路运输的驾驶人员、装卸管理人员、押运人员，应当经考试合格，取得注明为“剧毒化学品运输”或者“爆炸品运输”类别的从业资格证。

3. 企业应当配备专职安全管理人员。

（四）有健全的安全生产管理制度：

1. 企业主要负责人、安全管理部门负责人、专职安全管理人员安全生产责任制度。

2. 从业人员安全生产责任制度。

3. 安全生产监督检查制度。

4. 安全生产教育培训制度。

5. 从业人员、专用车辆、设备及停车场地安全管理制度。

6. 应急救援预案制度。

7. 安全生产作业规程。

8. 安全生产考核与奖惩制度。

9. 安全事故报告、统计与处理制度。

第九条 符合下列条件的企事业单位，可以使用自备专用车辆从事为本单位服务的非经营性道路危险货物运输：

（一）属于下列企事业单位之一：

1. 省级以上安全生产监督管理部门批准设立的生产、使用、储存危险化学品的企业。

2. 有特殊需求的科研、军工等企事业单位。

（二）具备第八条规定的条件，但自有专用车辆（挂车除外）的数量可以少于5辆。

第十条 申请从事道路危险货物运输经营的企业，应当依法向工商行政管理机关办理有关登记手续后，向所在地设区的市级道路运输管理机构提出申请，并提交以下材料：

（一）《道路危险货物运输经营申请表》，包括申请人基本信息、申请运输的危险货物范围（类别、项别或品名，如果为剧毒化学品应当标注“剧毒”）等内容。

（二）拟担任企业法定代表人的投资人或者负责人的身份证明及其复印件，经办人身份证明及其复印件和书面委托书。

（三）企业章程文本。

（四）证明专用车辆、设备情况的材料，包括：

1. 未购置专用车辆、设备的，应当提交拟投入专用车辆、设备承诺书。承诺书内容应当包括车辆数量、类型、技术等级、总质量、核定载质量、车轴数以及车辆外廓尺寸；通讯工具和卫星定位装置配备情况；罐式专用车辆的罐体容积；罐式专用车辆罐体载货后的总质量与车辆核定载质量相匹配情况；运输剧毒化学品、爆炸品、易制爆危险化学品的专用车辆核定载质量等有关情况。承诺期限不得超过1年。

2. 已购置专用车辆、设备的，应当提供车辆行驶证、车辆技术等级评定结论；通讯工具和卫星定位装置配备；罐式专用车辆的罐体检测合格证或者检测报告及复印件等有关材料。

（五）拟聘用专职安全管理人员、驾驶人员、装卸管理人员、押运人员的，应当提交拟聘用承诺书，承诺期限不得超过1年；已聘用的应当提交从业资格证及其复印件以及驾驶证及其复印件。

（六）停车场地的土地使用证、租借合同、场地平面图等材料。

（七）相关安全防护、环境保护、消防设施设备的配备情况清单。

（八）有关安全生产管理制度文本。

第十一条　申请从事非经营性道路危险货物运输的单位，向所在地设区的市级道路运输管理机构提出申请时，除提交第十条第（四）项至第（八）项规定的材料外，还应当提交以下材料：

（一）《道路危险货物运输申请表》，包括申请人基本信息、申请运输的物品范围（类别、项别或品名，如果为剧毒化学品应当标注“剧毒”）等内容。

（二）下列形式之一的单位基本情况证明：

1. 省级以上安全生产监督管理部门颁发的危险化学品生产、使用等证明。

2. 能证明科研、军工等企事业单位性质或者业务范围的有关材料。

（三）特殊运输需求的说明材料。

（四）经办人的身份证明及其复印件以及书面委托书。

第十二条　设区的市级道路运输管理机构应当按照《中华人民共和国道路运输条例》和《交通行政许可实施程序规定》，以及本规定所明确的程序和时限实施道路危险货物运输行政许可，并进行实地核查。

决定准予许可的，应当向被许可人出具《道路危险货物运输行政许可决定书》，注明许可事项，具体内容应当包括运输危险货物的范围（类别、项别或品名，如果为剧毒化学品应当标注“剧毒”），专用车辆数量、要求以及运输性质，并在10日内向道路危险货物运输经营申请人发放《道路运输经营许可证》，向非经营性道路危险货物运输申请人发放《道路危险货物运输许可证》。

市级道路运输管理机构应当将准予许可的企业或单位的许可事项等，及时以书面形式告知县级道路运输管理机构。

决定不予许可的，应当向申请人出具《不予交通行政许可决定书》。

第十三条 被许可人已获得其他道路运输经营许可的，设区的市级道路运输管理机构应当为其换发《道路运输经营许可证》，并在经营范围中加注新许可的事项。如果原《道路运输经营许可证》是由省级道路运输管理机构发放的，由原许可机关按照上述要求予以换发。

第十四条 被许可人应当按照承诺期限落实拟投入的专用车辆、设备。

原许可机关应当对被许可人落实的专用车辆、设备予以核实，对符合许可条件的专用车辆配发《道路运输证》，并在《道路运输证》经营范围栏内注明允许运输的危险货物类别、项别或者品名，如果为剧毒化学品应标注“剧毒”；对从事非经营性道路危险货物运输的车辆，还应当加盖“非经营性危险货物运输专用章”。

被许可人未在承诺期限内落实专用车辆、设备的，原许可机关应当撤销许可决定，并收回已核发的许可证明文件。

第十五条 被许可人应当按照承诺期限落实拟聘用的专职安全管理人员、驾驶人员、装卸管理人员和押运人员。

被许可人未在承诺期限内按照承诺聘用专职安全管理人员、驾驶人员、装卸管理人员和押运人员的，原许可机关应当撤销许可决定，并收回已核发的许可证明文件。

第十六条 道路运输管理机构不得许可一次性、临时性的道路危险货物运输。

第十七条 道路危险货物运输企业设立子公司从事道路危险货物运输的，应当向子公司注册地设区的市级道路运输管理机构申请运输许可。设立分公司的，应当向分公司注册地设区的市级道路运输管理机构备案。

第十八条 道路危险货物运输企业或者单位需要变更许可事项的，应当向原许可机关提出申请，按照本章有关许可的规定办理。

道路危险货物运输企业或者单位变更法定代表人、名称、地址等工商登记事项的，应当在 30 日内向原许可机关备案。

第十九条 道路危险货物运输企业或者单位终止危险货物运输业务的，应当在终止之日的 30 日前告知原许可机关，并在停业后 10 日内将《道路运输经营许可证》或者《道路危险货物运输许可证》以及《道路运输证》交回原许可机关。

第三章　专用车辆、设备管理

第二十条　道路危险货物运输企业或者单位应当按照《道路运输车辆技术管理规定》中有关车辆管理的规定，维护、检测、使用和管理专用车辆，确保专用车辆技术状况良好。

第二十一条　设区的市级道路运输管理机构应当定期对专用车辆进行审验，每年审验一次。审验按照《道路运输车辆技术管理规定》进行，并增加以下审验项目：

（一）专用车辆投保危险货物承运人责任险情况；

（二）必需的应急处理器材、安全防护设施设备和专用车辆标志的配备情况；

（三）具有行驶记录功能的卫星定位装置的配备情况。

第二十二条　禁止使用报废的、擅自改装的、检测不合格的、车辆技术等级达不到一级的和其他不符合国家规定的车辆从事道路危险货物运输。

除铰接列车、具有特殊装置的大型物件运输专用车辆外，严禁使用货车列车从事危险货物运输；倾卸式车辆只能运输散装硫磺、萘饼、粗蒽、煤焦沥青等危险货物。

禁止使用移动罐体（罐式集装箱除外）从事危险货物运输。

第二十三条　用于装卸危险货物的机械及工具的技术状况应当符合行业标准《汽车运输危险货物规则》（JT 617）规定的技术要求。

第二十四条　罐式专用车辆的常压罐体应当符合国家标准《道路运输液体危险货物罐式车辆第 1 部分：金属常压罐体技术要求》（GB 18564. 1）、《道路运输液体危险货物罐式车辆第 2 部分：非金属常压罐体技术要求》（GB 18564. 2）等有关技术要求。

使用压力容器运输危险货物的，应当符合国家特种设备安全监督管理部门制订并公布的《移动式压力容器安全技术监察规程》（TSG R0005）等有关技术要求。

压力容器和罐式专用车辆应当在质量检验部门出具的压力容器或者罐体检验合格的有效期内承运危险货物。

第二十五条 道路危险货物运输企业或者单位对重复使用的危险货物包装物、容器，在重复使用前应当进行检查；发现存在安全隐患的，应当维修或者更换。

道路危险货物运输企业或者单位应当对检查情况作出记录，记录的保存期限不得少于2年。

第二十六条 道路危险货物运输企业或者单位应当到具有污染物处理能力的机构对常压罐体进行清洗（置换）作业，将废气、污水等污染物集中收集，消除污染，不得随意排放，污染环境。

第四章 道路危险货物运输

第二十七条 道路危险货物运输企业或者单位应当严格按照道路运输管理机构决定的许可事项从事道路危险货物运输活动，不得转让、出租道路危险货物运输许可证件。

严禁非经营性道路危险货物运输单位从事道路危险货物运输经营活动。

第二十八条 危险货物托运人应当委托具有道路危险货物运输资质的企业承运。

危险货物托运人应当对托运的危险货物种类、数量和承运人等相关信息予以记录，记录的保存期限不得少于1年。

第二十九条 危险货物托运人应当严格按照国家有关规定妥善包装并在外包装设置标志，并向承运人说明危险货物的品名、数量、危害、应急措施等情况。需要添加抑制剂或者稳定剂的，托运人应当按照规定添加，并告知承运人相关注意事项。

危险货物托运人托运危险化学品的，还应当提交与托运的危险化学品完全一致的安全技术说明书和安全标签。

第三十条 不得使用罐式专用车辆或者运输有毒、感染性、腐蚀性危险货物的专用车辆运输普通货物。

其他专用车辆可以从事食品、生活用品、药品、医疗器具以外的普通货物运输，但应当由运输企业对专用车辆进行消除危害处理，确保不对普通货物造成污染、损害。

不得将危险货物与普通货物混装运输。

第三十一条　专用车辆应当按照国家标准《道路运输危险货物车辆标志》（GB 13392）的要求悬挂标志。

第三十二条　运输剧毒化学品、爆炸品的企业或者单位，应当配备专用停车区域，并设立明显的警示标牌。

第三十三条　专用车辆应当配备符合有关国家标准以及与所载运的危险货物相适应的应急处理器材和安全防护设备。

第三十四条　道路危险货物运输企业或者单位不得运输法律、行政法规禁止运输的货物。

法律、行政法规规定的限运、凭证运输货物，道路危险货物运输企业或者单位应当按照有关规定办理相关运输手续。

法律、行政法规规定托运人必须办理有关手续后方可运输的危险货物，道路危险货物运输企业应当查验有关手续齐全有效后方可承运。

第三十五条　道路危险货物运输企业或者单位应当采取必要措施，防止危险货物脱落、扬散、丢失以及燃烧、爆炸、泄漏等。

第三十六条　驾驶人员应当随车携带《道路运输证》。驾驶人员或者押运人员应当按照《汽车运输危险货物规则》（JT 617）的要求，随车携带《道路运输危险货物安全卡》。

第三十七条　在道路危险货物运输过程中，除驾驶人员外，还应当在专用车辆上配备押运人员，确保危险货物处于押运人员监管之下。

第三十八条　道路危险货物运输途中，驾驶人员不得随意停车。

因住宿或者发生影响正常运输的情况需要较长时间停车的，驾驶人员、押运人员应当设置警戒带，并采取相应的安全防范措施。

运输剧毒化学品或者易制爆危险化学品需要较长时间停车的，驾驶人员或者押运人员应当向当地公安机关报告。

第三十九条　危险货物的装卸作业应当遵守安全作业标准、规程和制度，并在装卸管理人员的现场指挥或者监控下进行。

危险货物运输托运人和承运人应当按照合同约定指派装卸管理人员；若合同未予约定，则由负责装卸作业的一方指派装卸管理人员。

第四十条　驾驶人员、装卸管理人员和押运人员上岗时应当随身携带从业资格证。

第四十一条 严禁专用车辆违反国家有关规定超载、超限运输。

道路危险货物运输企业或者单位使用罐式专用车辆运输货物时，罐体载货后的总质量应当和专用车辆核定载质量相匹配；使用牵引车运输货物时，挂车载货后的总质量应当与牵引车的准牵引总质量相匹配。

第四十二条 道路危险货物运输企业或者单位应当要求驾驶人员和押运人员在运输危险货物时，严格遵守有关部门关于危险货物运输线路、时间、速度方面的有关规定，并遵守有关部门关于剧毒、爆炸危险品道路运输车辆在重大节假日通行高速公路的相关规定。

第四十三条 道路危险货物运输企业或者单位应当通过卫星定位监控平台或者监控终端及时纠正和处理超速行驶、疲劳驾驶、不按规定线路行驶等违法违规驾驶行为。

监控数据应当至少保存 3 个月，违法驾驶信息及处理情况应当至少保存 3 年。

第四十四条 道路危险货物运输从业人员必须熟悉有关安全生产的法规、技术标准和安全生产规章制度、安全操作规程，了解所装运危险货物的性质、危害特性、包装物或者容器的使用要求和发生意外事故时的处置措施，并严格执行《汽车运输危险货物规则》（JT 617）、《汽车运输、装卸危险货物作业规程》（JT 618）等标准，不得违章作业。

第四十五条 道路危险货物运输企业或者单位应当通过岗前培训、例会、定期学习等方式，对从业人员进行经常性安全生产、职业道德、业务知识和操作规程的教育培训。

第四十六条 道路危险货物运输企业或者单位应当加强安全生产管理，制定突发事件应急预案，配备应急救援人员和必要的应急救援器材、设备，并定期组织应急救援演练，严格落实各项安全制度。

第四十七条 道路危险货物运输企业或者单位应当委托具备资质条件的机构，对本企业或单位的安全管理情况每 3 年至少进行一次安全评估，出具安全评估报告。

第四十八条 在危险货物运输过程中发生燃烧、爆炸、污染、中毒或者被盗、丢失、流散、泄漏等事故，驾驶人员、押运人员应当立即根据应急预案和《道路运输危险货物安全卡》的要求采取应急处置措施，并向事故发生地公安部门、交通运输主管部门和本运输企业或者单位报告。运输企业或者单位接到事故报告后，应当按照本单位危险货物应急预案组织救援，并向事故发生地安全生产监督管理部门和环境保护、卫生主管部门报告。

道路危险货物运输管理机构应当公布事故报告电话。

第四十九条　在危险货物装卸过程中，应当根据危险货物的性质，轻装轻卸，堆码整齐，防止混杂、撒漏、破损，不得与普通货物混合堆放。

第五十条　道路危险货物运输企业或者单位应当为其承运的危险货物投保承运人责任险。

第五十一条　道路危险货物运输企业异地经营（运输线路起讫点均不在企业注册地市域内）累计 3 个月以上的，应当向经营地设区的市级道路运输管理机构备案并接受其监管。

第五章　监督检查

第五十二条　道路危险货物运输监督检查按照《道路货物运输及站场管理规定》执行。

道路运输管理机构工作人员应当定期或者不定期对道路危险货物运输企业或者单位进行现场检查。

第五十三条　道路运输管理机构工作人员对在异地取得从业资格的人员监督检查时，可以向原发证机关申请提供相应的从业资格档案资料，原发证机关应当予以配合。

第五十四条　道路运输管理机构在实施监督检查过程中，经本部门主要负责人批准，可以对没有随车携带《道路运输证》又无法当场提供其他有效证明文件的危险货物运输专用车辆予以扣押。

第五十五条　任何单位和个人对违反本规定的行为，有权向道路危险货物运输管理机构举报。

道路危险货物运输管理机构应当公布举报电话，并在接到举报后及时依法处理；对不属于本部门职责的，应当及时移送有关部门处理。

第六章 法律责任

第五十六条 违反本规定，有下列情形之一的，由县级以上道路运输管理机构责令停止运输经营，有违法所得的，没收违法所得，处违法所得2倍以上10倍以下的罚款；没有违法所得或者违法所得不足2万元的，处3万元以上10万元以下的罚款；构成犯罪的，依法追究刑事责任：

（一）未取得道路危险货物运输许可，擅自从事道路危险货物运输的；

（二）使用失效、伪造、变造、被注销等无效道路危险货物运输许可证件从事道路危险货物运输的；

（三）超越许可事项，从事道路危险货物运输的；

（四）非经营性道路危险货物运输单位从事道路危险货物运输经营的。

第五十七条 违反本规定，道路危险货物运输企业或者单位非法转让、出租道路危险货物运输许可证件的，由县级以上道路运输管理机构责令停止违法行为，收缴有关证件，处2000元以上1万元以下的罚款；有违法所得的，没收违法所得。

第五十八条 违反本规定，道路危险货物运输企业或者单位有下列行为之一，由县级以上道路运输管理机构责令限期投保；拒不投保的，由原许可机关吊销《道路运输经营许可证》或者《道路危险货物运输许可证》，或者吊销相应的经营范围：

（一）未投保危险货物承运人责任险的；

（二）投保的危险货物承运人责任险已过期，未继续投保的。

第五十九条 违反本规定，道路危险货物运输企业或者单位不按照规定随车携带《道路运输证》的，由县级以上道路运输管理机构责令改正，处警告或者20元以上200元以下的罚款。

第六十条 违反本规定，道路危险货物运输企业或者单位以及托运人有下列情形之一的，由县级以上道路运输管理机构责令改正，并处5万元以上10万元以下的罚款，拒不改正的，责令停产停业整顿；构成犯罪的，依法追究刑事责任：

（一）驾驶人员、装卸管理人员、押运人员未取得从业资格上岗作业的；

（二）托运人不向承运人说明所托运的危险化学品的种类、数量、危险特性以及发生危险情况的应急处置措施，或者未按照国家有关规定对所托运的危险化学品妥善包装并在外包装上设置相应标志的；

（三）未根据危险化学品的危险特性采取相应的安全防护措施，或者未配备必要的防护用品和应急救援器材的；

（四）运输危险化学品需要添加抑制剂或者稳定剂，托运人未添加或者未将有关情况告知承运人的。

第六十一条　违反本规定，道路危险货物运输企业或者单位未配备专职安全管理人员的，由县级以上道路运输管理机构责令改正，可以处1万元以下的罚款；拒不改正的，对危险化学品运输企业或单位处1万元以上5万元以下的罚款，对运输危险化学品以外其他危险货物的企业或单位处1万元以上2万元以下的罚款。

第六十二条　违反本规定，道路危险化学品运输托运人有下列行为之一的，由县级以上道路运输管理机构责令改正，处10万元以上20万元以下的罚款，有违法所得的，没收违法所得；拒不改正的，责令停产停业整顿；构成犯罪的，依法追究刑事责任：

（一）委托未依法取得危险货物道路运输许可的企业承运危险化学品的；

（二）在托运的普通货物中夹带危险化学品，或者将危险化学品谎报或者匿报为普通货物托运的。

第六十三条　违反本规定，道路危险货物运输企业擅自改装已取得《道路运输证》的专用车辆及罐式专用车辆罐体的，由县级以上道路运输管理机构责令改正，并处5000元以上2万元以下的罚款。

第七章　附　　则

第六十四条　本规定对道路危险货物运输经营未作规定的，按照《道路货物运输及站场管理规定》执行；对非经营性道路危险货物运输未作规定的，参照《道路货物运输及站场管理规定》执行。

第六十五条　道路危险货物运输许可证件和《道路运输证》工本费的具体收费标准由省、自治区、直辖市人民政府财政、价格主管部门会同同级交通运输主管部门核定。

第六十六条 交通运输部可以根据相关行业协会的申请，经组织专家论证后，统一公布可以按照普通货物实施道路运输管理的危险货物。

第六十七条 本规定自 2013 年 7 月 1 日起施行。交通部 2005 年发布的《道路危险货物运输管理规定》（交通部令 2005 年第 9 号）及交通运输部 2010 年发布的《关于修改〈道路危险货物运输管理规定〉的决定》（交通运输部令 2010 年第 5 号）同时废止。